植民地期朝鮮の教育とジェンダー

就学・不就学をめぐる権力関係

金 富子
KIM puja

世織書房

まえがき

……女が字を習うとナマイキになるって言われた。……私がもっと勉強してたら、こうなってなかった。……学のある女なら今まで黙ってはいなかったさ。学がないから、どうすることもできないよ……。

元「慰安婦」であった朝鮮人女性六人が営む共同生活を描いたドキュメンタリー映画『ナヌムの家』（製作・監督ピョン・ヨンジュ、一九九五年）に出てくる李英淑《イヨンスク》の独白である。彼女は、植民地支配からの解放後（＝戦後）も続く自らの被害体験の源泉が「無学」「非識字」ゆえであったと考えている。もちろん、これはこのハルモニ（＝「おばあさん」という意味）に限ったことではない。「慰安婦」にされた朝鮮人女性、日本への渡航を余儀なくされた在日朝鮮人一世の女性をはじめとして、植民地期に学校教育から疎外された朝鮮人女性は膨大な数にのぼる。彼女たちの大半は、自らの選択で教育を受けなかったわけではなかった。筆者が本研究をするに至った課題意識は、このような彼女たちの証言等を直接・間接に聴いた経験から培われた。

日本による植民地支配期を生きた朝鮮人にとって、朝鮮総督府が設立した初等教育機関である普通学校（日本の小学校に当たる）への「就学」とは〝所与〟ではなく、〝獲得〟するものであった。宗主国日本とは異なり、植民地教育政策のもとで朝鮮では普通学校への授業料原則非徴収の義務教育制度は施行されなかったからである。しかし、それだけではなく、朝鮮人内部の階級やジェンダー等の差異によっても「就学」の可否は左右された。そのうえで問題となるのは、植民地期を通じて普通学校「就学」が増加したのは確かだが、「不就学」の方が常態であったことである。植民地支配末期である一九四二年段階でも朝鮮人男子の三人に一人、女子の三人に二人が、学校不入学という意味での不就学であった。「就学」が植民地教育機関への〝包摂〟であるとすれば、「不就学」は〝排除〟を意味した。〝包摂〟とともに〝排除〟もまた植民地教育の見逃せない一面であった。そして、この「就学」／「不就学」への分化が識字獲得の有無に結びつき、前述のハルモニの述懐にみられるように、その後の彼／彼女たちの境遇に大きな差異や序列化を招いたのである。

本書は、植民地期朝鮮における普通学校への「就学」／「不就学」の分化をまねいた就学構造がどのように構築されたのかについて、ジェンダー史として解明しようとした論考である。

本書は、次のように構成されている。

序章では、先行研究を検討しつつ本研究をジェンダー史として解明するために、ジェンダーを分析軸に民族、階級との相互作用を分析することの有効性に関して述べている。

第1章は、植民地期の複数の初等教育機関について概観したうえで、普通学校「就学」の時期区分が男女で大きく異なることを統計的に示し、その違いに注目した時期区分を仮説的に提起する。

第2章は、一九二〇年代に朝鮮人の就学先が在来の教育機関（＝書堂《ソダン》等）から普通学校に移行したことにより生じた「教育の学校化」と称せられる普通学校「就学」促進状況において、「就学」を規定した要因を民族・階級・ジェンダー要因として抽出・分析したうえで、とくに朝鮮人女性への不就学を正当化する際にどのようにジェンダーが作用したかを考察する。さらに、一九二九年の総督府の初等教育拡張政策が男子を対象とする就学・教育政策であったことを論証する。

第3章は、一九三三年を契機に、就学が男子を中心に全階層に及ぶ普通学校「就学の制度化」と称せられる「就学」急増状況が生じるが、この時期は農村振興運動の展開と連動して、授業料低減政策・簡易学校制度・第二次初等教育拡張政策、職業教育「徹底」が打ち出された時期である。以上のような民族・階級の相互作用によって構築された普通学校への「教育の学校化」及び「就学の制度化」過程が、「就学構造のジェンダー・バイアス化」過程にほかならなかったことを論じる。

第4章は、普通学校に「就学」しはじめた朝鮮人女性の「就学」促進要因を、ジェンダー要因と階級要因との関係性から論じる。考察の対象とするのは、学校教育をめぐるジェンダー規範の変容、学歴を媒介とする「結婚」による階層内移動という朝鮮社会の二つの変化、農村振興運動期に女子就学促進政策が不可避となっていく総督府内の変化である。さらに、独自の機能を果たした書堂・私設学術講習会についても検討する。

そのうえで、普通学校への朝鮮人の就学動機に関する先行研究が男子のみに適用される動機でしかなく、女子を等閑視した解釈であることを検証し、朝鮮人女性の就学動機を考察する。

第5章では、第4章とは逆に、朝鮮人女性の「不就学」状況とその構築要因を考察する。そのうえで、多くの普通学校「不就学」の女性たちの生涯における困難さをライフヒストリーから検証する。

以上のように本論では、ジェンダーに基づく「就学」の時期区分の新たな提示（第1章）を前提に、普通学校就学構造のジェンダー・バイアス化構築過程（第2章・第3章）を分析し、そのうえで朝鮮人女性の「就学」／「不就学」の分化と要因（第4章・第5章）を論ずるという構成になっている。

終章では、結論として先行研究に対し提示しえた新しい知見、その意義と限界に関して論じる。

本書が企図するのは、歴史研究では比較的新しい方法論であるジェンダー史的方法論を用いて、普通学校への

「就学」＝"包摂"とともに「不就学」＝"排除"の両面を分析すること、ジェンダー不在の植民地教育史ではなく民族・階級・ジェンダーが輻輳する植民地教育史である。そのためにまず、序章において、本書の課題とジェンダー史の方法論を具体的に示したい。

植民地期朝鮮の教育とジェンダー

目次

第2章　「教育の学校化」と就学構造のジェンダー化過程　069

第5章 朝鮮人女性の普通学校「不就学」

凡例

一、資料・文献の基準は次の通りである。
　1　植民地期の資料・文献は巻末にまとめた。
　2　植民地期の資料・文献での旧字体は新字体に直し、かな使いなどはそのまま用いた。
　3　資料中の算用数字は、本文中では漢数字に改めた。
　4　本文で引用した研究書・論文は〔　〕で表し、〔著者　刊行年：引用頁〕の順に記した。
二、引用資料中に「京城」「全鮮」など植民地期に用いられた地名・用語、蔑称や偏見等に満ちた表現がある場合でも歴史資料としてそのまま用いたが、本文では批判的視点を表すため「　」をつけた（「国語」等）。
三、本文・注での「女性／男性」「女子／男子」については、原則として前者が性別の一般的総称をさし、後者は学校への就学・不就学を前提とする児童という意味で用いている。
四、本文・注及び資料・文献で繰り返し用いている用語については初出で断り、略記した。
『日本植民地教育政策史料集成（朝鮮篇）』→『史料集成』／『文教の朝鮮』→『文』／『東亜日報』→『東』／『朝鮮日報』→『朝』等

植民地期朝鮮の教育とジェンダー

序章　ジェンダー史からの問い

第1節　研究の課題とジェンダー史の方法論

1　研究の課題

本研究の課題は、植民地期朝鮮における一九二〇～三〇年代中盤まで（主に第二次朝鮮教育令期）を中心に、公教育たる普通学校（朝鮮人初等教育機関）(1)への朝鮮人児童の就学機会を規定した要因を、〈ジェンダー〉を分析軸にして〈民族〉・〈階級〉との諸要因の重層的な相互作用関係を明らかにすることによって、普通学校の就学構造及び朝鮮人児童、とくに朝鮮人女性の「就学」／「不就学」がどのように構築されたのかを考察することにある。本研究が対象とするのは専ら初等教育とし、中等教育等に関しては初等教育との関係で論じることにしたい。

これまでの普通学校に関する植民地教育史研究は、主に「就学」や「同化」を対象にしてきた。しかし、朝鮮人

図1　朝鮮人男女児童の普通学校「完全不就学率」の推移
（1912〜42年）

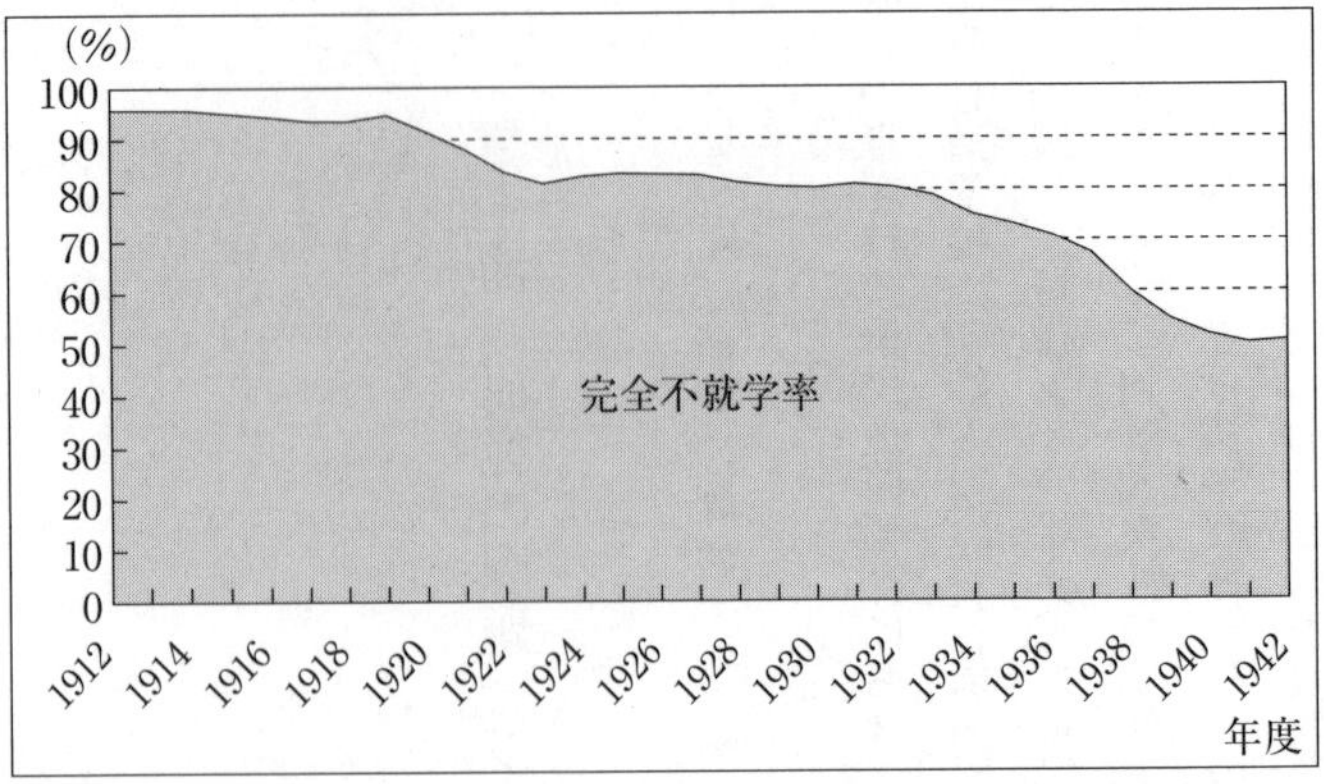

（出典）　朝鮮総督府『朝鮮総督府統計年報』各年度版。朝鮮総督府学務局『朝鮮諸学校一覧』1936年度（1912〜34年）、1943年度（1935〜42年）の「第一学年生徒数」（5月末現在）。
（注）　1．完全不就労率の算出方法は、本章第2節第2項参照。
　　　　2．詳しい数値は、巻末〈付表1〉を参照。

児童が「同化」教育の場に「就学」したうえでその「同化」からも「排除」されたこと、「就学」の外部に「就学」自体から排除された膨大な数の「不就学」が存在したこと、さらには「就学」／「不就学」が朝鮮総督府の教育政策だけでなく、朝鮮人内部の階級やジェンダー等の差異によっても相互構築されてきたことが明らかにされたとは言い難い。

とりわけ「不就学」を可視化することは、重要である。朝鮮では、宗主国日本と異なり義務教育制が施行されなかったので、ここでいう「不就学」とは、「学校に入学しない不入学」及び「中途退学」のことをさしている。前者を「完全不就学」とすれば後者は「部分不就学」となるが、本研究では前者を重視したい。図1は、朝鮮人男女児童の普通学校「完全不就学率」の推移である。一瞥してわかるように、生徒として一度も学校の門をくぐったことのない不入学者が、入学者や中途退学者よりはるかに広範囲に存在していたのである。したがって、先行研究で指摘される普通学校への就学の増大は、不就学の方が常態であったことを位置づけたうえで考察されるべきであろう。

また、「不就学」は識字習得機会からの排除を意味したため、他の教育機会を獲得しない限りは「非識字」に帰結せざるをえなかった。加えて強調したいのは、この膨大な数の「不就学」、そして「非識字」が主に朝鮮人女性に配分されたことである。植民地期の女性にとって、普通学校への就学可否が識字能力の有無に結びつき、その後の境遇に大きな違いを招いた。ジェンダーの差異を無視できない理由はここにある。したがって、普通学校への「就学」／「不就学」の構築過程を、〈ジェンダー〉を軸に〈民族〉〈階級〉の諸要因の相互作用性を分析することを通じて、植民地期の朝鮮人女性のおかれた一側面を把握できると思われる。

さて、植民地期の朝鮮には、さまざまな形態の初等教育機関が存在したが、本研究は朝鮮人児童にとって「公教育」とされた普通学校（四年制・六年制）を中心的な研究対象とする。

その理由は、第一に、朝鮮総督府が設立した普通学校は、一九一〇年代には朝鮮人に忌避されたものの、三・一独立運動（一九一九年）を経た一九二〇年代以降は生徒数・機関数とも他の諸機関を上回り入学難が常態化するに至り、その就学可否が朝鮮人児童・家族にとっても重大な意味をもったからである。第二に、朝鮮総督府も、この時期には朝鮮人に対し就学を抑制する政策を基調としながらも、学校数を漸増させる政策を展開したからである。なお、普通学校には官立・公立・私立があったが、総学校数の約九五％を公立が占めたため、特に断らない限り公立普通学校をさすことにしたい。

一方、朝鮮人が設置した「非正規」の初等教育機関である書堂《ソダン》・私設学術講習会等も、朝鮮人にとって身近な識字獲得の場として軽視できない位置を占めていた。また一九三四年に総督府が創設した簡易学校（二年制）も、その政策上の意味から軽視できない。そのため本研究ではこれら諸教育機関も補足的な考察対象とする。朝鮮人やキリスト教系諸団体が設立した私立各種学校は、「併合」以前から民族的な意識を鼓吹する教育を展開した。しかし、一九一〇年代の総督府による私立学校抑制政策により激減したこと、本研究が対象とする時期では初等教育機関よりは中等教育機関としての役割が増大したことも考えて、本研究では簡単に言及するにとどまる。

就学を扱う際には、できるだけ識字との関連についても言及したいと思う。就学の場で習得する識字の種類（日本文、ハングル、漢字）、教授用語（日本語・朝鮮語）や習得のし方が、朝鮮人の教育経験や人生設計に大きな意味をもったからである。研究の対象時期は、これらの初等教育機関が生徒数・機関数、および教育内容面で大きな変化をみせる一九二〇年代～三〇年代中盤までとする。主に第二次朝鮮教育令期に該当する時期である。(2) なお、一九三七年七月にはじまる戦時期はこれら変化の諸相が戦争動員体制へと質的転換をとげる第三次教育令期に入るので、対象としないこととする。

2　ジェンダー史の有効性と方法論

1　女性史からジェンダー史へ

次に、本研究の方法論を述べることにしたい。ここで強調したいのは、本研究がこれから行おうとする作業が従来の女性史・女性教育史の研究方法の反復ではないことである。少なくとも、それをめざしてはいない。めざすのは、植民地期朝鮮の教育史という領域を対象とし、〈ジェンダー〉を分析軸の中心に据えながら、〈民族〉・〈階級〉との関連を分析するジェンダー史である。

では、なぜ女性史ではなく、ジェンダー史なのか。

これまでの女性史研究は、女性に関する数少ない資料を発掘・収集し、あるいは既存の資料を「女性」の視点で読み直すことによって、女性に関する隠された歴史を発見・解明・叙述するという、「女性」という領域を対象とする研究であった。そもそも女性史は、第二期フェミニズムと結びついて発展した欧米圏の場合、従来の歴史叙述が普遍・中立を装いながら実際は男性に関する歴史（his-story）しか提示してこなかったという問題意識から、女性も歴史の主体であることを立証するために、女性の文化や運動、生活等が存在したという事実を発掘し叙述してきた（her-story）。その結果、女性史研究が質・量ともにすぐれた多くの研究成果を――その成り立ちや経緯は異なるにせよ、日本や韓国、台湾、中国などを含めて――産んできたのは、周知のとおりである。

しかしながら、次の点が問題として指摘できる。第一に、歴史における女性の存在の可視化が「女性」の特殊性・固有性を印象づけがちなことである。そこでは、男性との対比のなかで「女性」という性別集団の同一性が強調されるが、それがかえって女性の時空を超えた非歴史性を再確認することになりがちである。さらに、民族、人種、階級、性的指向、年齢、国籍などのさまざまな属性をもつ女性の多様なあり方を無視・軽視することにもつながってしまう。

第二に、女性史本来の意図とは逆に、女性史が歴史学全体のなかで「歴史を補充する」という周縁的な位置にとどまることである。J・スコットによれば、女性史への反応は「いちおう承認し、そのうえで隔離するか、あるいはきれいさっぱり忘れてしまう」というものであった〔Scott 1988＝一九九二：五七〕。これは欧米圏での反応に限らないであろう。歴史叙述への女性項目の追加に留まる限り、歴史学という知の体系に変革を迫ることにはならなかったのも確かである。

このように、女性史研究は固定的で非歴史的な存在としての「女性」を対象とする領域研究に閉ざされる危険性をはらんでおり、実証研究をつみあげても歴史学全体のなかでは再周縁化されることになりかねない。重要なのは、女性というカテゴリーや性別間の関係性が歴史的に構築されたことを示すことによってそれらの可変性を示すこと、同一性別集団内部（「女性」間／「男性」間）の多様性・階層性を示すこと、「歴史を補充する」ことではなく「歴史を書き直す」こと、歴史学という知の体系を組み替えることである。その可能性を切り開くキー概念が、〈ジェンダー〉なのである。

「ジェンダー」とは実に多義的な概念であるが、本研究では、『ジェンダーと歴史学』を著しフェミニズム歴史学の立場から歴史学へのジェンダー概念導入の理論的有効性を論じたJ・スコットにより「肉体的差異に意味を付与する知」〔スコット同前：一六〕と定義されたジェンダー概念を採用し、民族や人種、階級などと並んで社会関係を構成する不可欠の要素であるとともに、その歴史的社会関係の構築において性別の機能と両性間の権力関係を問うことを可能にする歴史分析概念(3)と定義したい。その場合、ジェンダーをスコットのいう両性間の差異＝性差

gender difference ではなく、C・デルフィーのいう両性間の階層性を重視する「性階級」概念［1984＝一九九六］により導きだされた両性間の分割＝性別 gender division という意味で用いたい［舘 一九九五：一四六］。[4]ジェンダー概念導入の有効性が、両性間の差異そのものではなく、差異の非対称性、即ち両性間の分割及び序列化という権力関係の構築性の分析にあることを明確にしたいからである。言うまでもなく、こうした議論の前提にあるのは、生物学的に決定され本能、自然であるとされた性別を脱自然化すること、即ち「性別は社会的につくられるもの」というパラダイムへの転換である。その意味で、ジェンダー概念とは「社会構築的性別概念」［舘 一九九八］と定義することができよう。

　このようなジェンダー概念を歴史学に導入することによって、研究の核心的な問いは、「ジェンダーのようなヒエラルヒーがどのようにして構築され、あるいは正当化されるのか」［スコット前掲：二〇］となる。具体的には「起源ではなく過程について、単一ではなく多数の原因について、イデオロギーや意識ではなくレトリックや言説について研究すること」［同前］が課題となる。即ち、研究方法が、「女性」の固有性の発見・発掘、実態の解明ではなく、「どのようにして」という〈ジェンダー〉の構築過程の分析に移ったのである。

2　〈ジェンダー〉〈民族〉〈階級〉の視点の重要性と相互関連性

　以上をふまえながら、本研究が分析概念として用いる〈ジェンダー〉及び〈民族〉〈階級〉について、これらの分析に関連する事象・実践や先行研究等にふれながら、三者の相互関係性について述べることにしたい。

　一九九〇年代に金学順《キムハクスン》（故人）という韓国の被害当事者の証言により一気に顕在化した「慰安婦」問題は、女性史をふくめ従来の歴史研究の枠組みの見直しを迫るものであった。「慰安婦」制度という名の日本軍性奴隷制は、言うまでもなく、天皇制・植民地支配・戦争・占領・貧困・公娼制度等を背景とした広範囲で組織的な戦時性暴力である。この問題を読み解く際には、女性の性を戦争遂行の道具とするという天皇の軍隊の〈性（セクシュアリテイ）〉、日本の近代公娼制度とその植民地への移植を背景に女性たちの徴集において「家婦／娼婦」に二分化する際に作用した〈階級〉、さらにそれを宗主国日本と植民地・占領地の女性に二分化する際に作用した〈民族〉の、少なくとも三者に関しての政治的・社会的な諸関係への視点が不可欠であると思われる。しかしながら、日本では、従来の女性史研究が「女性」という領域に閉じられており、また従来の歴史学研究の枠組みも一国主義的で文献中心であったこと、植民地・占領地研究が遅れていたこと、ジェンダー不在であったことなどのために、「慰安婦」問題にアプローチしえなかったのである。この点に関連して、二〇〇〇年一二月に東京で開かれた「日本軍性奴隷制を裁く女性国際戦犯法廷」とその一年後に下されたハーグ最終判決は、「慰安婦」制度・認識の深化においても新たな地平を切り開くものであった。法廷で展示・提出された被害者・加害者の証言、専門家の証言、公文書等の証拠を審議・検討のうえで下されたハーグ判決では、「慰安婦」への「女性の選別は、民族・人種、貧富、ジェンダーによる差別が交差したもの」［VAWW-NET Japan 編 二〇〇二：四〇一］(5)と結論づけたが、このことは意義深い。

一方、日本の女性史研究において階級や民族への視点の欠如を指摘し、対象の全体像をとらえるためには、「『性』・『階級』・『民族』の統合的把握」が不可欠であるという重要な問題提起をしたのは、藤目ゆきの研究［一九九七］(6)であった。そのような認識から藤目は、近現代日本の性・生殖社会運動を、無産階級の立場から把握すること、国際比較・関係史的にとらえなおすことの二点を重視し、性と階級、性と民族との関係性から詳細に論じた。

また、舘かおるの研究［一九九四b］(7)では、戦前日本の「（男子）普通選挙」制度における参政権付与の要件としてジェンダー、階級、エスニシティを抽出しそれら相互の関係性と、参政権運動におけるジェンダー規範変革へのアプローチを論じ、ジェンダー史の方法論を提示した。歴史研究ではないが、伊藤るりの研究［一九九五］(8)では、階級・民族という社会関係がジェンダー媒介的な構築物であることを理論化するとともに、先進諸国への途上国出身移住女性を事例にジェンダー、階級、民族という三つの社会関係の交差がもたらす状況を論じた。

本研究とも関連が深い宋連玉《ソンヨノク》による一連の近代朝鮮女性史研究も、見逃せない。植民地期の朝鮮人女性運動研究

［一九八一・一九八五］[9]、公娼制度研究［一九九三・一九九四］[10]、新女性研究［一九九八・二〇〇一］[11]に代表される宋の研究は、植民地期朝鮮人女性の諸相を、性と民族との関係性を中心にしながらも階級を見落とさない複合的な視点をもってとらえようとした点で、本研究がめざすジェンダー史研究に直接つらなる先駆的な研究といえよう。

以上のように、〈性〉〈階級〉〈民族〉の三者の視点の重要性を浮上させた「慰安婦」問題や「女性国際戦犯法廷」の実践、藤目・舘・伊藤・宋の先行研究は、本研究の方法論の開拓に重要な示唆を与えるものであった。

その場合、問題となるのは、〈ジェンダー〉・〈民族〉・〈階級〉の相互の関係性であり、さらに〈ジェンダー〉が分析軸として〈民族〉〈階級〉の連結環（＝the nexus［安川悦子　一九九七：一七九］[12]）になりうる必然性である。詳しくは終章で論じるが、本論への前提として三者相互の関係を考察しておきたい。

まず、〈民族〉と〈ジェンダー〉との関係をみたい。ここで注目したいのは、民族の境界維持をめぐる女性の役割である。これに関し伊藤は、民族の境界には生物学的境界や領土的境界のほかに文化的境界があり、その民族に属する女性には「生物学的境界再生産の役割」とともに「文化的境界の標識」としての役割が割り当てられることを指摘している。重要なのは、女性が文化を伝達するだけでなく、自身が文化の象徴とみなされること、さらに「生物学的境界」という考え方自体が民族言説の一端を担ってしまうことによって、民族の境界維持をめぐって女性に対する統制が強化されることである［Yubal-Davis, Anthias 1990, pp. 6—11. 伊藤前掲：二一四—二一九］。そのため、民族の文化的境界とジェンダーとの関わり、そして民族の生物学的境界とジェンダーとの関わりが考察の対象となるのである。

次に、〈階級〉と〈ジェンダー〉の関係である。両者は当該社会の「内部の差異」であるが、前者が経済力という変更可能な差異であるのに対して、後者は生物学的に変更不可能な差異であることを踏まえなければならない。

最後にみるのは〈民族〉と〈階級〉との関係である。強調したいのは、伊藤［同前：二一九］が指摘する〈民族〉・〈階級〉という社会関係のジェンダー媒介的な性格についてである。両者は、中立的・中性的存在のようにみえながら、それら自身のもつ男性中心的構築性を見逃してはならない。〈階級〉では、その世帯主の大部分は男性であり世帯主の階級的帰属によってその他世帯成員のそれを代表させてきた［伊藤同前］。〈民族〉においても、子どもの姓は父系血統主義であったため父親の民族的帰属がその子女の帰属を決定し、また女性の役割を「妻・母」など男性の付属的な存在とみなしてきた。そのような〈階級〉〈民族（あるいは国民）〉の男性中心的構築性は、宗主国である日本でも同様だった。

このように、〈民族〉・〈階級〉はともにジェンダーを媒介とする男性優位のジェンダー・システムとして構築されているのであり、ここに〈民族〉〈階級〉をつなぐ連結環として〈ジェンダー〉を設定しうる必然性がある。

3　ジェンダー史の有効性と方法論

前述のように、歴史学へのジェンダー概念導入の有効性を理論的に体系づけたのはスコットであるが、日本でもその有効性が論じられるようになった［上野千鶴子　一九九五、荻野美穂　一九九七・二〇〇〇、舘　一九九九a］。ジェンダー概念導入及びジェンダー史の有効性に関する議論を、次のように整理するとともに、あわせて本研究の方法論を述べることにする。

第一に、ジェンダーを社会構築物ととらえる思考方式であるために、民族、人種、階級等とともに歴史的な社会関係の構成要素として分析することが可能になったことである。その場合、性別の機能を問う分析概念がジェンダーとなる。これによって、研究対象を民族、人種、階級などという個々別々の分析概念でとらえられていた諸問題を、ジェンダーを分析軸（連結環）にしながら包括的に分析する研究方法を開拓できるようになった。そのうえで重要なのは、これらの構成要素の重層的な作用のなかで、その時々において、より強力な規定力が何であったかを分析することである。

植民地期朝鮮における普通学校への就学を研究対象とする本研究は、基本的にこのような研究方法による分析を試みるものである。普通学校への就学に際して、ジェンダーは女性の排除や従属を正当化するものとして機能した。その結果、普通学校就学に性別による格差や時間差が構築された。学校教育への性別に関する固定的な意味生成が行われることによって、就学という領域で「男／女」というジェンダー関係が新たに構造化されることになった。にもかかわらず、就学を扱う従来の植民地期朝鮮の教育史や歴史学においても、研究者自身がこうしたジェンダーの作用を明確に意識化しなかったために、就学における非対称的なジェンダー関係構築の意味や位置づけが等閑視されてきたのである。そのため、近年浮上した朝鮮人「慰安婦」をはじめとして植民地期に生を受けた朝鮮人女性の大部分が、そもそも就学機会をもたず不就学・非識字であったという経験は、植民地期を対象とする教育史や歴史学においても長らく可視化されてこなかった。また、朝鮮人女性の就学動機も、男性ほどには追及されてこなかった。

しかし、〈民族〉・〈階級〉とともに〈ジェンダー〉を導入し、就学機会を規定した社会関係を構成する諸要因としてそれらの関係性を分析することによって、植民地期の朝鮮人の教育経験が一様ではないこと、即ち、民族間、階級間だけではなく、性別間においても非対称性、序列化、権力関係が重層的に構築されたことを浮きぼりにできると思われる。

第二に、第一点めに関連するが、ジェンダーと民族、人種、階級などの相互的作用を分析することにより、「女性」間／「男性」間という同一の性別集団内部の多様性や階層性をも考察の対象にすることができることである。本研究の場合では、〈ジェンダー〉と〈民族〉の相互作用により日本人女性と朝鮮人女性における就学（あるいは識字）状況の差異や階層性を、また〈階級〉との相互作用により朝鮮人女性内部——たとえば地主階級と小作階級の間——のそれらを考察することになるだろう。これは、もちろん男性についても応用できる。

第三に、歴史的文脈のなかで「女性」が何を意味したのかという「女性というカテゴリー」自体の構築過程を分析することによって、その歴史的構築性、したがって可変性を示すことができることである。即ち、「〈女性〉の意味が不確定で文脈に応じて多様に変化すること」が分析の前提となり、その〈女性〉をめぐる定義が「誰にとっての、どのような利害を主張したり擁護するためであったか」［荻野 一九九七：一三二］が併せて分析の課題となるわけである。

本研究では、朝鮮人女性を就学から排除する際に機能したジェンダーが、逆に就学を正当化する際にも機能したことを分析することになるだろう。就学をめぐって朝鮮人女性というカテゴリーの意味するものが、ある場合は教育機会からの「排除」、別の場合では「参入」というように歴史的文脈に応じて変化したのである。そして、こうした変化は、〈あるべき女性像〉という「女性というカテゴリー」の構築とその構築方法としての女子教育論という「言説の闘い」のなかでおこったのだが、その背後にある植民地権力や朝鮮社会双方及びその内部でのヘゲモニー争いや、そこにどのようにナショナリズムや階級、ジェンダーが交差したかにもふれたいと思う。このような分析を通じて、「女性というカテゴリー」の可変性を示すことができるのである。

第四に、性別間の関係性を研究対象化できるため、性別間の権力関係とその歴史性・可変性を問うことができるようになったことである。先述のように、ジェンダーとは、男性か／女性かという一方の性でなく、性別という分割と序列化の機能を問う概念であるからである。また、第三点めと関連するが、歴史的文脈に応じて「女性というカテゴリー」が変化するということは、性別の一方を女性との対比で構成する「男性というカテゴリー」や両性間の関係性の変化も意味するからである。

本研究での例でいえば、一九二〇～三〇年代の普通学校「就学」において〈民族〉及び〈階級〉要因の相互作用を分析することにより、その就学構造が階級限定的かつ男性優位的にジェンダー化されて構築されたことを解明することができよう。また、朝鮮王朝時代から男性専用教育機関であった書堂は、一九三〇年代以降に朝鮮人女性も就学する機関に変化したが、このことは書堂をめぐる両性間の関係性が変化した事例といえよう。

第五として、統計的分析などの手法に対してもジェンダー概念を導入できることである。研究対象をジェンダー分析する際には性別の序列化状況を明らかにすることが必要となるが、その場合、「ジェンダー統計」という手法をつかうことができる。ジェンダー統計とは、①単なる男女別の数値を示した統計を示すのではなく、ジェンダーの不平等を客観的数値として明示し、②不平等をもたらすものが何であるかの分析を可能にする統計を示すことである［法政大学日本統計研究所・伊藤陽一 一九九四、舘 一九九九b］[13]。既存の資料・統計類の読み直しは、歴史研究、とくに資料の少ない女性や性別に関する研究において必須であるが、それらにひそむ性別の序列化状況やジェンダー・バイアスの存在（統計のとり方・書かれ方も含む）などを目に見えるものにするために、このジェンダー統計の考え方を導入することは有効である。

本研究では、就学に関する新たな算出方法（入学率・完全不就学率＝後述）を用いて性別の差異をより明確に示すとともに、各教育機関における女子比率や機関別の性別統計を算出した。また、一般的に農家の階級別経済状況を示す資料として使われることの多い朝鮮農会『農家経済調査』を用い、就学における階級横断的な性別の不平等の存在を顕在化した。資料面での制約はあるものの、可能な限りジェンダー統計の考え方を取り入れて分析の糧にするものである。

このようにジェンダー史の方法論とは、従来の女性史のような「女性」の「実態の解明」ではなく、「男性／女性」という性別の分割と序列化、女性間または男性間の序列化、あるいは「女性」というジェンダーの「構築過程の分析」にあるために、〈ジェンダー〉を分析軸の中心にして、〈民族〉や〈階級〉等との関連から研究対象を分析することと定義したい。そして、これが本研究の方法論となる。

以上から、本研究の性格を「ジェンダー史」研究と位置づけている。本研究がめざすのは、植民地期の普通学校就学構造の〈ジェンダー〉化過程の分析であるとともに、〈ジェンダー〉化した就学構造の分析なのである。そして、それらの構築過程の歴史性を分析することによってその可変性を示すこと、フェミニズム歴史学の立場から植民地教育史をエンジェンダーリング（ジェンダー化）[14]し、「歴史を書き直す」営為にささやかでも貢献することなのである。

3 規定要因としての民族・階級・ジェンダー

以上をふまえて、本研究において用いる初等教育機関への就学機会を規定した要因としての〈民族〉・〈階級〉・〈ジェンダー〉について、何を直接的にさすのかを述べておこう。これらの概念は、学問分野によりその規定も異なるが、本研究では歴史分析に有効な概念として設定し、用いることにする。

1 〈民族〉要因

まず、本研究における〈民族〉要因とは、「日本人／朝鮮人」というカテゴリーに基づいて児童の就学機会を民族別に序列化した朝鮮総督府の植民地教育政策による就学規定要因のことである。

ここでいう民族とは、近代に生み出された共通の祖先や文化をもち歴史的政治的経験を共有する集団とみなされる概念と定義しておく。日本人／朝鮮人というカテゴリーもまた近代的構築物であるが、留意したいのは植民地期の「日本人／朝鮮人」というカテゴリーには、次のような二重基準が適用されたことである。一つは、「日本人／朝鮮人」がともに日本「国籍」をもつ「日本人」(日本「臣民」)とされながら、日本本国・台湾・樺太には施行した「国籍法」が朝鮮には施行されなかったため、朝鮮人は日本国籍＝「日本人」を離脱できない仕組みにされたこと[15]。もう一つは、そのうえで「日本人／朝鮮人」の区別が本籍の所在地を示す戸籍制度によって厳格になされ、しかも戸籍の移動＝転籍が禁じられたことである[16]。即ち、「朝鮮人」は「国籍」によって「日本人」に包摂されながら、「戸籍」によって「日本人」から排除〔小熊 一九九八：六三七〕されるという、「日本人であって日本人ではない」包摂と排除が貫徹する二律背反的な支配の下に置かれたことになる。換言すれば、朝鮮人が日本「臣民」になるということは、「日本人」を中核とする帝国日本の「民族」秩序の周縁部に位置づけられ、しかも国籍離脱や転籍が禁じられていたために、大日本帝国が設定した「朝鮮人」というカテゴリーから逃れることができないことを意味した。

植民地期を通じて朝鮮には、宗主国日本とは異なり義務教育制度は施行されなかった。そのことを前提に問題にしたいのは、前記の二律背反的な支配構造・論理が教育政策にも貫徹されたことである。即ち、植民地期の在朝日本人と朝鮮人はともに日本「臣民」とされ、とりわけ第二次朝鮮教育令以降に「一視同仁」「差別撤廃」「内地と同一の制度」「朝鮮内に於ける教育に人種的区別を設けず」(同令発布時の政務総監水野錬太郎「声明」)が標榜されたが、実態的には植民地支配全期間を通じて初等教育は別学であり民族別に異なる就学政策がとられた。具体的には、在朝日本人児童には「国語を常用する者」として「小学校」が、朝鮮人児童は「国語を常用せざる者」として「普通学校」が割り当てられ別学とされた。この別学原則は、学校名称が戦時期にはいり日本人児童と同一名称である「小学校」(一九三八年〜)、ついで「国民学校」(一九四一年〜)と変わっても、植民地が終焉するまで変わらなかった。加えて、総督府は、民族別に異なる授業料徴収額規定や学校設置政策(後述)にみられるように、在朝日本人児童には「就学歩合ハ九九・八七ニシテ……実質上義務教育制ヲ実施セルト同様ノ状態」を前提とする就学政策を、他方で朝鮮人児童には「義務教育ノ制……早急ノ実施ハ不可能」を前提とする就学政策をとった。あからさまに言えば、在朝日本人児童には就学優遇策、朝鮮人児童には就学抑制策がとられた。在朝日本人児童が義務教育制同然の「皆学」状況でも義務教育制の法的明文化が避けられたのは、「一視同仁」「差別撤廃」の建前を維持する必要からと考えられる。ここに二重基準の狡猾さをみてとることができるのだが、こうした別学原則と民族別就学政策が結果的にそれぞれの就学機会の有無と序列化を構築したのである。

日本国内に眼を転じると、さらに興味深い事実が浮上する。在日朝鮮人児童は一九三〇年の文部省通知により義務教育の対象とされるようになった。しかし、実態としては入学申し出制・許可制であったため、日本でも民族別

図2　総督府学務行政機構系統図（1920～30年代後半まで）

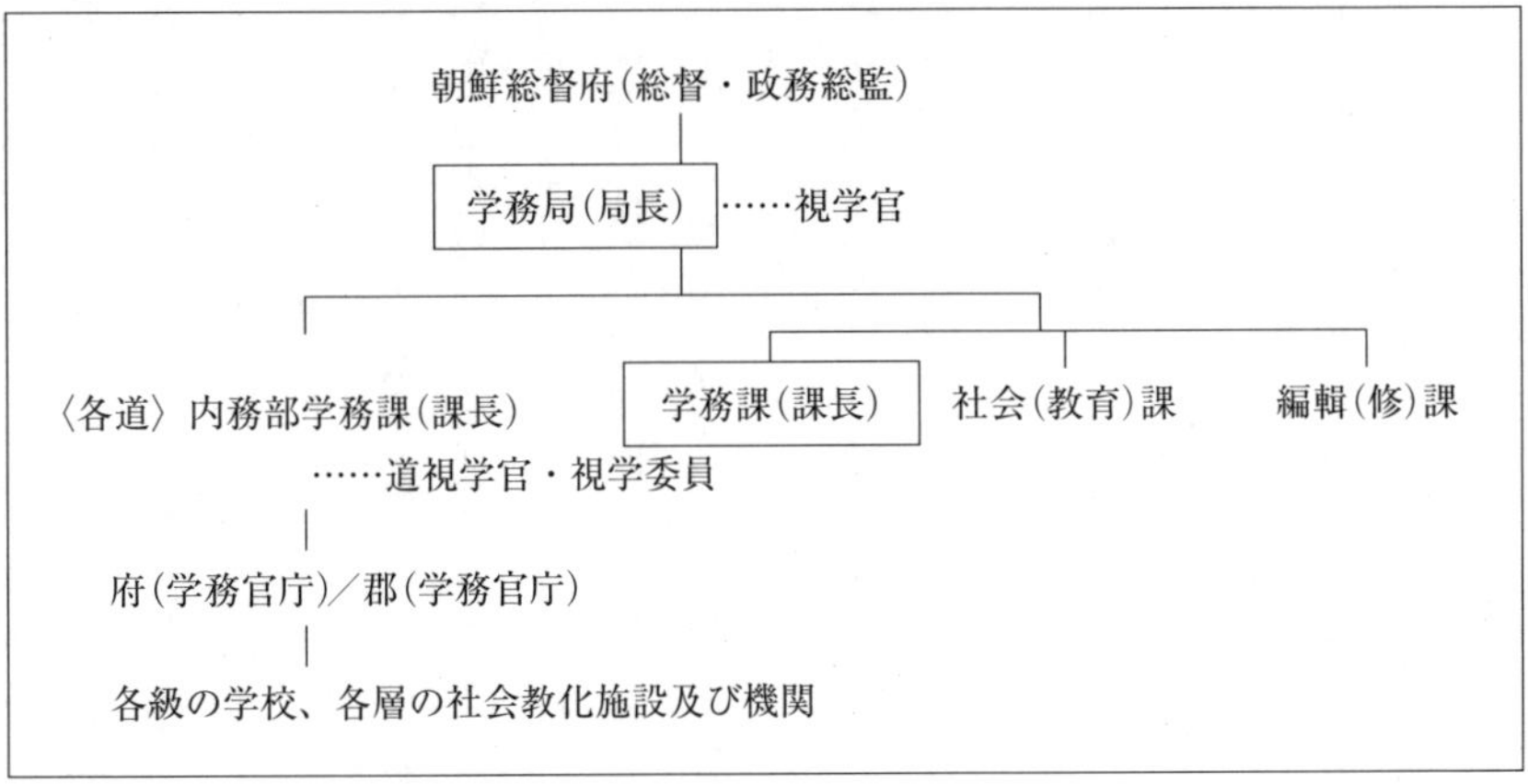

（出典）　李ミョンファ「朝鮮総督府学務局の機構変遷と機能」『韓国独立運動史研究』6、1992年、57及び64頁を参考に作成。

（注）　1．主に1920～30年代後半までの系統図であり、1939年以降は名称が変化する。

2．三・一独立運動（1919年）を経て宗教課（1919～32年）や古蹟調査課（1921～24年）が新設された。1932年に宗教課廃止に伴い社会課が内務部から移管され、宗教も含めた社会（教育）事業を管掌したが、1936年に社会教育課に改称された。

に就学機会が序列化されていたのである。[20] つまり、義務教育制は宗主国日本でのみ属地的に施行されたようにみえながら、実態的には帝国日本―植民地朝鮮をまたいで「日本人／朝鮮人」というカテゴリーに基づき属人的に施行されていたと言い得るのである。

ここで、総督府内で学校教育行政を担った学務局学務課について、李ミョンファ［一九九二］に依りながら簡単にふれておきたい。「併合」当初は内務部の傘下に置かれた学務局は、一九一九年の斉藤実総督就任後の総督府官制改革に伴い総督府直属に昇格し、以後も一貫して教育行政を担った。系統図（図2）に示されるように、学務局の最高命令権者は総督であり、総督を補佐する政務総監が学務局の行政事務を監督した。朝鮮の教育政策は朝鮮教育令に基づき執行されたが、いわゆる朝鮮の特殊事情に規定された事項、即ち学校の設立と廃止、学生入学資格、教員資格、教育施設及び設備、修業年限、授業料等の規定を定めるのは総督であり、学務行政における総督の権限は絶対的であった。学務局は、教育令の施行と総督の教育方針の実施・運営を監視する部署として、学務局長（勅任）、視学官（奏任、学事に関する視察及び事務）、そして所属部署である学務課、社会（教育）課、編輯（修）課等には事務官（課長：奏任）、理事官（奏任）がおかれた。学務局長は、総督府と地方内務部の学務業務の統括、各道内務部長会議等の主催など総督府教育政策を主導する役割を果たした。各課のうち、学務課が担当する事務は、①教育・学芸に関する事項、②教員に関する事項、③学校・幼稚園及び図書館に関する事項（④⑤略）であり、学校教育と教員に関する関連事務すべてを含んでいた。編輯（修）課は普通学校で使用する教科書すべてを編纂した。

このように、学務局学務課が、普通学校などの学校教育行政の中心的な役割を果たした。歴代の朝鮮総督府・政務総監・学務局長・学務課長は、表1の通りである。歴代学務局長のほとんどは東京帝大法科出身で高等文官試験に合格したエリートによって占められた。教育専門家や教育専門行政官僚出身は二名（松浦、武部）だけであり、ほかは一般行政、治安関係行政官僚出身であった。その点は学務課長も同様であり、教育専門または教育行政官僚出身は隈本、福士、高尾の三人程度である。なお、局長中、唯一の朝鮮人である李軫鎬は武官出身である（以上［李ミョンファ前掲］）。

以上をふまえて、主に植民地朝鮮において民族別に就学機会の序列化をもたらした植民地教育政策を〈民族〉要因と措定し、具体的には総督府、とりわけ学務局学務課の施策を中心に考察することにする。

2 〈階級〉要因

次に、〈階級〉要因とは、授業料を含む教育費負担を左右した朝鮮人家庭の経済的基盤に基づく就学規定要因をさす。

植民地支配のなかで生存条件が規定された朝鮮人家庭の教育費負担の可否を左右する経済力が、朝鮮人児童の就学機会の有無を規定し、さらに初等教育機関への選択を序列化したからである。一般的に「階級」とは「生産手段の所有・非所有とそれに由来する生産関係における地位のちがい」によって相互に区別され、かつ相互に対立する

表1　歴代朝鮮総督・政務総監・学務局長・学務課長の対応表
（主に第1次・第2次教育令期）

朝鮮総督	政務総監	学務局長	学務課長
寺内正毅 （1910.10.1～16.10.14） 長谷川好道 （1916.10.14～10.8.12）	山形伊三郎 （1910.10.1～19.8.12）	関屋貞三郎 （1910.10.1～19.8.20）	隈本繁吉 （1910.10.1～11.2.17） 弓削幸太郎 （1911.4.11～21.2.12）
斉藤実 （1919.8.13～27.12.10）	水野錬太郎 （1919.8.12～22.6.12）	柴田善三郎 （1919.8.20～22.10.16）	松村松盛 （1921.2.12～22.10.3）
	有吉忠一 （1922.6.15～24.7.4）	長野　幹 （1922.10.16～24.12.1）	半井　清 （1922.10.3～23.5.4） 萩原彦三 （1923.5.19～24.12.6）
＊臨時　宇垣一成 （1927.4.15～27.10.1）	下岡忠治 （1924.7.4～25.11.22） 湯浅倉平 （1925.12.3～27.12.23）	李 軫 鎬 （1924.12.12～29.1.19）	平井三男 （1924.12.6～28.2.24）
山梨半造 （1927.12.10～29.8.17）	池上四郎 （1927.12.23～29.4.4） ［約２ヶ月間欠員］	＊事務取扱 松浦鎮次郎 （1929.2.1～10.9）	福士末之助 （1928.2.24～29.11.8）
斉藤実 （1929.8.17～31.6.17）	児玉秀雄 （1929.6.22～31.6.19）	武部欽一 （1929.10.9～31.6.27）	神尾弌春 （1929.11.8～33.1.19）
宇垣一成 （1931.6.17～36.8.5）	今井田清徳 （1931.6.19～36.8.5）	牛島省三 （1931.6.27～9.23） 林　茂樹 （1931.9.23～33.8.4） 渡辺豊日子 （1933.8.4～36.5.21）	大野謙一 （1933.1.19～36.10.16）
南　次郎 （1936.8.5～42.5.29）	大野緑一郎 （1936.8.5～42.5.29）	富永文一 （1936.5.21～37.7.3）	高尾甚造 （1936.10.16～39.1）

（出典）　朝鮮総督・政務総監は、岡本真希子作成「歴史朝鮮総督・政務総監・内閣対応表」（「未公開資料　朝鮮総督府関係者　録音記録（３）」『東洋文化研究』第４号、172頁）、学務局長・課長は、大野謙一『朝鮮教育問題管見』（朝鮮教育会、1936年、459頁。『史料集成』第28巻所収）、李ミョンファ前掲より作成。

人間の集群（『社会学小辞典〔新版〕』有斐閣、一九九七年）をさすが、本研究では農業人口・戸数が八割前後を占めた植民地期を対象とするので、農村における土地所有形態を指標にした「地主／自作農／自小作農／小作農」を〈階級〉として措定することにしたい[21]。なお、ここでいう教育費とは、普通学校就学の場合、授業料、教科書代、学用品代、通学費（遊学費）、父母会費など就学に関わる費用のことであり、すべて現金による負担であった。これら私費負担以外に、公立普通学校設置区域内の住民として学校費という賦課金が所得に応じて徴収された（公費負担）。なかでも朝鮮人児童の就学可否を左右したのは、高額な授業料負担であった。現金収入が多いとはいえない農村部の朝鮮人家庭にとって、その子女の就学に際して現金でほぼ毎月支払わねばならない授業料はかなりの負担となった。

そのため、本研究での〈階級〉要因の分析においては、朝鮮人の生存条件を左右した植民地経済政策とともに、それぞれの〈階級〉における授業料負担とその基盤となった朝鮮人家族集団の経済力に焦点をおくことにしたい。〈民族〉要因が朝鮮人にとって外部的な要因であるとすれば、〈階級〉要因は朝鮮人内部の要因である。

3 〈ジェンダー〉要因

最後に、〈ジェンダー〉要因とは、「男／女」という性別カテゴリーへの偏向に基づいて就学可否を序列化した、学校教育に関するジェンダー規範の作用による就学規定要因のことである。

そもそも規範とは、その集団・社会の成員の社会的行為に拘束を加えて規整する規則一般（前掲『社会学小辞典』）を意味する。規範論で重要なのは、その当該社会における制度化、個人における内面化、それらの作用形態といえる同調、葛藤、逸脱等に注目することにある〔舘 一九九五：一四九〕。本研究で「規範」を強調するのは、朝鮮王朝時代から植民地期にかけて教育に関する男性優位的なジェンダー規範が社会的に制度化され個人にも内面化されており、そうした「規範」によって朝鮮人の教育行動が規制されてきたと考えられるからである。朝鮮王朝時代、男子には書堂という漢文教育機関が庶民にまで普及したのに対し、支配層の女子は家庭で識字等の教育を受けた［山内弘一　一九九〇］ものの女子のための教育機関はなかった［孫直銖《ソンジクス》　一九八二］。その意味で、旧来の朝鮮社会では、女性に対し教育機関への就学を保障しないジェンダー規範が固定的に成立していたといえよう。旧韓末の私立女学校の設立は、学校教育を受けた「新女性」とよばれる女性たちを産み出し、旧来のジェンダー規範を動揺させ新たな規範生成への可能性を垣間見みせた。しかし植民地期に入るとその進展は阻まれ、旧来からの教育に関する強固なジェンダー規範が再編されることとなるのである。

本研究ではジェンダー要因の分析対象を、朝鮮総督府及び朝鮮社会の双方に設定したいと思う。前者については女子教育政策理念と実際の政策展開を検討したい。政策意図として理念化されたものが「規範」として、朝鮮人の教育行動に対し制約、反発、同調、葛藤などの影響を与えたと考えられるからである。理念と実際の政策展開との関係（実行、乖離など）は、その理念の内実を浮き彫りにするであろう。後者では『東亜日報』等の民族紙・誌などに掲載された論説・投稿などに表れた女子教育に関する言説を通じて検討することにしたい。そのうえで、総督府・朝鮮社会双方の教育に関するジェンダー規範が、どのように葛藤し作用しあったのか考察するものとする。したがって、本論における〈ジェンダー〉要因分析は、前記の〈民族〉・〈階級〉要因の分析が総督府の政策・制度や統計データを多用するのに対して、政策理念・言説に関する分析が柱の一つになる。加えて、朝鮮人男性とは異なる朝鮮人女性の就学動機を女子の就学状況や産業構造、結婚による階層内移動に連結させて示したいと思う。(22)

以上の三つの規定要因によって分析をすすめるが、注意したいのは、これらが朝鮮人児童の就学志向・行動等の個々人の意思や実践を「規定」するものではあっても、「決定」したわけではないことである。たとえば、小作農など下層でしかも朝鮮人女子であっても、即ち普通学校就学には不利な〈民族〉・〈階級〉・〈ジェンダー〉要因が相互作用しあうという関係性にある個人であっても、朝鮮人家庭の判断で就学したケースもあれば、逆に上層に属しても就学しなかった場合もあったからである。また、三・一独立運動（一九一九年）後の一九二〇年代には、朝鮮人が夜間に設立した私設学術講習会である「夜学」に通学する既婚女性・女子が急増した。これら朝鮮人女性たちの「教育熱」に基づく夜学通学は、三要因の規定性を動揺させる社会的な行為であったといえよう。

また、これら三要因以外に、朝鮮人児童間の就学格差をもたらしたものとして、農村部にあたる「郡部」／都市部にあたる「府部」という居住地に基づく格差や、植民地期以前の私立学校・書堂等分布の地域格差等が考えられる。府部は郡部よりも初等教育機関への就学率が高く、また工業化に伴う都市化が一九二〇〜三〇年代に進展したのは確かである。しかし、橋谷弘によれば、朝鮮社会全体に占める都市部の比重と影響力は、日本や台湾に比してかなり小規模であったのであり、一九三〇年時点での比較では日本本国では市部人口が全人口の一八・〇％、台湾でも市部人口が九・七％であるのに対し、朝鮮の府部（一四府）人口は五・七％にとどまり、一九三五年時点でもそれ（一七府）は七・〇％にすぎなかった。しかも、都市部で増加したのは近代工業部門の賃金労働者ではなく、雑業層であった（以上［橋谷 一九九〇a：一三四—一三八］）。また、私立学校や書堂等も総督府の統制策により機関数・就学者数が急減した。こうした事態を考慮すると、本研究の対象時期においては、前記三要因と同程度に決定的な就学規定要因として作用したとは考えにくい。それでも軽視できない要因なので、本論のなかで可能な限り言及したい。

第2節　先行研究と本研究の分析視角

本研究の研究対象と重なる植民地期の初等教育に関連する主要な研究を、一九九〇年代以降の研究を中心に普通学校研究、植民地教育政策研究、女子教育研究の三つの分野に分類して検討したうえで、本書の分析視角を提示してみたい。

1　先行研究の検討

1　普通学校研究――支配と抵抗の二分法克服のために

これまでの研究は、長らく植民地教育政策史・制度史〔呉天錫《オチョンソク》 一九七九、鄭在哲《チョンジェチョル》 一九八五〕[23]という支配政策と、これに対抗的に朝鮮人によって展開された私立学校、書堂や私設学術講習会などに関する民族民衆教育史〔孫仁銖《ソンインス》 一九七一、盧榮澤《ノヨンテク》 一九七九＝一九九二等〕[24]という植民地教育対民族教育、即ち「支配と対抗」という二分法的な研究枠組みであった。これに対し、普通学校と書堂・私設学術講習会などの教育機関との関係に注目し、「公立普通学校体制」という概念を使ってそれら相互の関係性をとらえようとした渡部学による一連の先駆的な研究〔一九六〇・一九六一・一九六四・一九七四・一九七五など〕[25]がある。ほかに、概説的な研究〔佐野通夫 一九九三〕[26]などがある。

以上をふまえて、一九九〇年代以降の「就学」を対象とした研究動向を中心に検討したい。

(1)　就学率の通時的解明

一九九〇年代には、普通学校の就学率推移を土台に朝鮮総督府の政策と朝鮮人の対応との双方を検証しようとする実証的な研究がすすみ、多くの成果を生みだした。古川宣子、韓祐熙《ハンウヒ》、呉成哲《オソンチョル》らによる一連の研究がそれである。木村光彦の研究もこれに含めることができる。それまでは、普通学校を対象とする、実態をふまえた制度史・政策史研究がほとんどなかっただけでなく、就学率の推移という基本的なデータさえ算出されていなかった。植民地期の初等教育の実態に関する多面的で実証的な研究は、緒に就いたばかりなのである。本書も、一九九〇年以降活発になったこれら先行研究の成果に大きく負っている。

以下では、それぞれの先行研究を検討し、併せて本書の分析視角を示すものとする。

まず、就学率の算出に先鞭をつけたのは木村光彦の研究［一九八八・一九九七］[27]であるが、その主な分析時期は「教育爆発」と名づけた一九三〇年代と「解放」直後である。古川宣子の研究［一九九三］[28]は、普通学校・私立学校・書堂の数量的推移と位置関係についてより詳細な就学率を提示した。従来、これら諸機関に対する朝鮮人の就学動向に関しては、義務教育制でないため「就学させる義務をもつ期間の子弟の年齢《ママ》」としての「学齢」「学齢人口」が成立しないこと、総督府の諸統計において朝鮮人学齢人口の記載がないこと、また普通学校の入学年齢・修業年限が朝鮮教育令の改定により変化したため、就学率という基本的なデータさえ算出できなかった。古川の研究では朝鮮人の「学齢」を一旦「六歳以上六年間」（＝六歳から一一歳）と通時的に設定することで前記諸機関の推定就学率を算出した。これにより、植民地全期間を通じて学校不就学者が多数存在する一方で、普通学校への就学者が増加し続けたこと、普通学校、私立学校、書堂の各教育機関における就学者数・就学率の動向とその差異が数量的なデータとして明らかになり、研究史上の空白を埋めることとなった。

しかし問題として残されたのは、普通学校への就学者増加をもたらした歴史的かつ社会的な要因に関する具体的な分析である。たとえば、就学者増大の要因に関し、古川は朝鮮人の教育を受ける権利要求と日帝の支配上の利益［一九九〇］、そして朝鮮人の教育要求［一九九三］を示唆しているが、それらの要求の内実についての具体的な検証はしていない。

(2) 朝鮮人の就学動機に関する諸見解への検討

一般的に就学率や識字率の高低は、その国・地域の「近代化」の度合をはかる指標とみなされる傾向がある。植民地教育機関である普通学校という場への朝鮮人の就学率〝上昇〟を現象面でのみ把握すれば、〝朝鮮総督府の支配政策を朝鮮人が受容し、結局日本は朝鮮の教育近代化を推進した〟、あるいは〝戦後の韓国の発展は植民地期の教育の成果〟という植民地支配肯定論・植民地近代化貢献論に容易に結びつきかねない[29]。したがって、被支配民族児童の植民地教育機関への就学動向をテーマとする研究には、就学率の高低という現象面の解明に留まることなく、その高低を構築した要因の具体的な分析——統治側の意図と被統治側の就学動機・教育要求の双方——が不可欠である。

その意味で、普通学校に対する朝鮮人の就学動機を分析した韓祐熙と呉成哲の研究には刮目すべきものがある。まず韓祐熙の研究では、一九二〇年代の朝鮮人の普通学校「教育熱」を対象にして小作人・貧民の生活状態と授業料を本格的に分析したうえで、一九二〇年代普通学校を主導したのは有産階級であるとしてその階級性に着目した［一九九〇］[30]。さらに一九二〇年代に勃興した普通学校「教育熱」の要因は、①実力養成論の拡大伝播、②朝鮮人の地位獲得要求、③学校教育を官吏となるための手段とみなす伝統的教育観の三点であると分析した［一九九一］[31]。呉成哲は一九三〇年代を中心に普通学校「膨張」とその要因である朝鮮人の就学動機、そして朝鮮総督府の政策との関係を、就学率等の各種データをふまえて多面的かつ体系的に分析した［一九九六・二〇〇〇a］[32]。呉の研究は、近年における植民地期朝鮮の初等教育研究の集大成というべきものである。呉は普通学校を「植民教育機関」／「新式学校」という二重性を帯びた存在ととらえ、一九三〇年代を「新式学校」としての普通学校が朝鮮社会に定着した時期とし、普通学校が「植民地支配集団（原文—植民支配集団）と朝鮮人の異なる期待が出会う、いわば〝同床異夢〟の場」［二〇〇〇a：五］であったという仮説を提出する。この仮説を出発点に、一九三〇年代の初等教育膨張の「最も際だつ要因は、朝鮮人の積極的な教育行為」［同前：一八六］であったと主張する。その「朝鮮人の教育行為と運動を可能にした、より根本的な要因、即ち朝鮮人の普通学校就学動機」［同］に関して、次の四点を提示した。

この見解は本書の課題に密接に関連するので、やや詳しくみておこう。

その第一は、集団的な行動を正当化する政治的実力の養成という共同体的動機である。三・一独立運動を担った集団が新式教育を受けた学生であったという事実から朝鮮人の新式学校への認識が変化し、その結果朝鮮人は政治的な実力養成のために普通学校を志向するようになったという。即ち、朝鮮人が集団的に普通学校設立運動を推進するときに〝民族の独立や実力養成のため新式学校を設立すべき〟という理念が公的に標榜され、この公式的な言説が朝鮮人の教育行為を共同体的運動に発展させるのに一定程度寄与したとみている。

しかし、これを過度に強調するのは民族全体の行為を神秘化・美化する危険があるとして第二にあげたのが、個人的次元での上昇的社会移動機会の捕捉という〝新しい〟動機である。植民地期に出現した近代的な職業、たとえば植民地支配機構の官吏や銀行・会社の事務員、教員等に要求される学歴は、植民地教育体系を通じてのみ履修・判定されるために、植民地教育機関は伝統教育機関に替わる上昇的社会移動の制度的通路と認識されはじめた。それは既存の社会移動から疎外された階層には身分的差別なく移動できる新しい機会とみなされ、伝統的な科挙制とその準備教育を通じて社会的地位を維持してきた集団にとってはその維持及び獲得の新しい通路となったとする。そのジレンマは新式教育が同時に植民地教育であったことだが、三・一独立運動後には普通学校就学が反民族的な行為と糾弾されることから自由になり、民族運動的正当性を付与され支障がなくなったとする。

そのうえで、このような経済的利益や特定職業の獲得を前提とせず、教育可否が社会的身分の区別や地位維持の重要な条件であった伝統社会に由来する仮説として提起したのが、第三点めの動機である。即ち、教育を通じて社会的差別から脱皮し社会生活のための基本的な条件を確保しようとする〝伝統的〟教育観に基づく動機である。特権階層である両班が独占した〝修学〟への民衆層の渇望が植民地期に学校への就学として表現されたが、その渇望は両班のように〝人間らしく〟生きたいという漠然とした概念に由来するとする。

さらに、朝鮮人の教育行為が各階層に普遍化し普通学校増設のための集団的教育運動が全国的に展開されたのが一九三〇年代であったという時期的な特定性から、第四番めの動機として、一九三〇年代の農村経済の疲弊と近代的産業部門の未成熟を伴う植民地地主制中心の植民地的収奪経済体制下で、学校教育に活路を求める生存戦略であったとする。こうした農村経済状況、「子息《マ マ》」の教育を父母と家門の重要な責任とする慣行、そして別の合理的代案の不在等が結合して、一九三〇年代に学校就学行為が急激に拡大したというのである。ここで注目したいのは、学校就学がもつ生存戦略の性格上、呉が「文解能力（これは主に日本語能力を意味するが〔―呉自身の注〕）の獲得自体が生存の重要条件として浮上」したと指摘している点〔呉前掲：二〇六―二〇七〕である。ここでいう「文解能力」とは、日本語識字・言語能力を意味する。

以上のように、呉は、①政治的実力養成という共同体的動機、②個人的次元での上昇的社会移動機会の捕捉（＝脱農）という〝新しい〟動機、③社会的差別から脱皮しようとする〝伝統的〟動機、④一九三〇年代に特有の植民地的収奪経済体制下で学校教育に活路を求める生存戦略、という四つを就学動機とする「朝鮮人の積極的な教育行為」こそが、普通教育膨張の最も主要な要因と位置づける。[33]そのうえで、もう一つの重要な要因が、このような朝鮮人の教育要求を「植民地支配体制の維持に必要な朝鮮人からの同意創出の意図をもって制限的、段階的に〝受容〟〔同前：二一九〕して実施した総督府の初等教育拡大政策であったという。したがって、普通学校膨張は、植民地権力の立場からは朝鮮人の同意創出のために部分的に〝容認〟した一種の〝糖衣〟的政策であり、朝鮮人の立場からは支配集団から〝争取〟した結果だとするのである。総督府は一九二九年以降に導入した職業科によって上級学校進学を予定しない終結的な職業教育を施そうとしたが、朝鮮人は上級学校への準備教育とみて社会移動要求を高揚させた。その意味で、普通学校は総督府・朝鮮人それぞれにとって「同床異夢の場」であったというのが、呉の仮説の核心であろう。

韓・呉の研究の意義は、第一に、朝鮮人の積極的な教育行為という朝鮮人の主体性（就学動機）を具体的に分析したこと、第二に、とくに呉の研究では、普通学校の場を「同床異夢」と規定することによって普通学校をめぐる総督府と朝鮮人の関係性を概念化し、普通学校就学が必ずしも就学児童「同化」教育の内面化を意味しないことを明らかにしたところにある。第三に、呉の研究では、上級学校への進学が可能な「準備教育 preparatory education」を朝鮮人が望んだのに対し、総督府が打ち出したのは進学が制度上困難あるいは不可能な「終結教育 terminal education」であったという見解を提起したことである。第四に、朝鮮人に対する職業教育を重視した一九三〇年代の「教育の実際化」政策に関して具体的に分析し、植民地教育の性格をより明確化したことも呉の業績としてあげられよう。(34)

しかしながら、以上の先行研究には、次のような疑問がある。

第一は、普通学校就学者分析にジェンダーが明確に意識化されていないために、結果的に「就学した朝鮮人男性の教育経験」のみが抽出されてしまっていることである。呉の研究では普通学校に就学した朝鮮人女性への考察は、「上層集団出身なので就学動機は、社会移動機会捕捉というより、初歩的な文化的教養習得」［同前：三八五］という指摘に留まる。果たしてそれだけだろうか。韓・呉が分析した朝鮮人の就学動機やその説明原理は朝鮮人男子に当てはまるのであって、朝鮮人女子のそれは別個に存在すると筆者は考えている。前述の古川の研究［一九九〇］でも不就学者の多数存在の指摘はあるが、それが女子で占められていたことへの考察はとくにない。本研究は、以上の韓・呉による就学動機に関する見解をジェンダーの視点から再検討することを企図している。

第二に、呉の研究にいえることだが、初等教育「膨張」について朝鮮人の教育行為を「最も際立つ要因」であると強調するあまり、植民地権力の初等教育拡大政策の役割を過小評価する傾向があることである。しかし、朝鮮人内部の差異である「階級」や「ジェンダー」に注目すれば、農村振興運動期の総督府による一連の教育政策がそれらに積極的に対応したものであることが可視化できると思われる。本論を先取りしていえば、「階級」に関しては「一面一校計画」（一九二九〜三六年）、授業料低減策や簡易学校創設（一九三四年〜）という教育政策が、「ジェンダー」に関しては第二次初等教育拡張政策（「第二次計画」）時の女子教育振興策（一九三七年〜）によって対応したと考えられる。また、一九三〇年代から強化された書堂・私設学術講習会に対する利用策も、そうした対応策の一環ととらえることができるだろう。

このように、植民地教育機関である普通学校の就学動向に関する研究では、就学率の動向や高低という現象面だけでなく、「民族」という植民地教育政策を立案・実施した植民地権力と教育要求を出し続けた朝鮮人相互の関係、そして「階級」「ジェンダー」という朝鮮人内部の力学に対し、時期的な変化をふまえて考察することが不可欠である。

(3)　普通学校の「近代性」と「植民地性」をめぐって

普通学校をめぐるもう一つの重要な論点は、その性格をどのように規定するかにある。

古川は、これまでの「植民地教育（普通学校）vs 民族教育（私立学校、書堂、私設学術講習会）」という二分法に対して、「近代教育（普通学校、私立学校）vs 前近代教育（書堂）」という分析視角を提示した［一九九七］[35]。その場合、価値的側面を含めて多様な評価が付着している「近代教育」という用語に対して、古川は「制度的側面における属性を表すもの」に限定するという立場を明確にし、具体的には「学年・教科別に編成された教科書を使用し、学年・学班制をとり、計画的に構成された教科課程に従い資格をもつ教師が教授にあたる等の近代学校の出現」を特徴とすると定義している［同前：五三］。これまでの「民族教育 vs 植民地教育」という二分法が設立主体による民族別の分類とすれば、古川の見解は制度的側面からの分類となる。

一方、呉成哲の研究では、普通学校を「植民教育機関」／「新式学校」という二重性を帯びた存在ととらえ、「近代」という用語は価値的評価を伴うためにあえて使用しないという。その理由として、呉は、「近代教育」及び近代性の概念の明確な規定と植民地性との複合的関連を概念的に精密化する作業と、植民地教育の実態に対する厳密で豊かな実証的究明という二つの作業が達成するまでは、「近代教育」概念の適用には慎重であるべきとしている［前掲：二一—三］。

両者の指摘は、普通学校の性格や朝鮮人の就学動機を分析するために重要である。また、朝鮮人が設立した私設学術講習会や改良書堂の性格をどうみるかにも関わる。

しかし、次のような疑問が残る。第一に、古川の見解では、上級学校への進学が制度上できない四年制普通学校が一九三〇年代に復活（「一面一校計画」一九二九年〜）し、二年制簡易学校が創設（一九三四年）され、さらに六年制普通学校でも袋小路的な終結教育がめざされたことをどう説明するのだろうか。とりわけ四年制普通学校・二年制簡易学校は、同時代の宗主国日本にも在朝日本人対象の小学校にも存在しない、制度的な側面での「植民地性」を具現するものと考えられるからである。第二に、呉が「近代」という用語を留保するのは、呉自身が「近代」を価値肯定的にとらえていることの裏返しではないだろうか。解放後（一九四五年〜）の韓国社会の問題にもつながる「近代」の抑圧性や否定的な側面にむしろ注目する［金・チョン 一九九七：一七—一八］ことによって、植民地教育史研究における「近代」概念を鍛えることが肝要であると考える。第三に、呉が「近代性」と「植民地性」の「複合的関連」の分析をめざしながら、古川も指摘する［二〇〇二］ように、むしろ本論のなかでは普通学校の「前近代性」が強調されていることも疑問である。たとえば、一八八〇年の改正教育令において「修身」科目を教科目の筆頭に置く制度と慣行に関し「日本の天皇制教育に内包された前近代的特殊性の産物」であるため「西欧的な近代教育とは全く関係がない」とし、このような「日本初等教育の前近代的特質は植民地教育にもそのまま反映」したと叙述する［前掲：二二六］。他に、普通学校における学生行動訓練方式の総称として「規律」概念を使用し分析した際も、結論として普通学校規律を「前近代的な天皇制イデオロギーの呼び名過程」と規定する［同前：三六六、三六八］。しかし、天皇制教育や学校空間での生徒の規律訓練が「近代」の発明品であったことは論をまたないだろう。

本書では、呉成哲のいうところの「近代性」と「植民地性」の「複合的関連」——本書では「植民地近代性」と呼称したい——についての分析の必要性を念頭におきつつ、古川が述べるような意味で「近代」学校制度を導入したという点に同意しながら、次の点に留意したい。第一に、朝鮮人児童にだけ終結教育である四年制普通学校や二年制簡易学校を普及させたことが端的に示すように、制度面でも「植民地性」が具現化されたことを明らかにすることである。第二に、教育内容面においても、朝鮮人教育にだけ職業教育（事実上、農業教育）の制度化がなされ「植民地性」が貫徹されたことを展開過程に即して考察することである。第三に、就学した朝鮮人は、植民地教育の要である「国語」＝日本語言語・識字技能の習得という言語の「日本化」を通路とせざるをえなかったが、そこに表れる「近代性」と「植民地性」との相剋・葛藤・同調等について検証することである。第四に、学校制度の外部に広範囲に存在した普通学校「不就学」に着目することである。ここでも「不就学」に注目するのは、学校の普及過程そのものが「近代」に固有の就学や識字を価値とする考え方が社会に定着していく過程でもあったために、それから疎外された人々――主に女性たち――にとっては、「就学」とは異なる意味で抑圧的な機能――たとえば剥奪感・疎外感として――を果したと考えられるからである。

第一・二・三点めは植民地教育を具現した普通学校への「就学」という〝包摂の暴力〟から生じたものであり、第四点めはそもそも学校に入学できない「不就学」という〝排除の暴力〟によって生じたものである。この両面から考察することによって、普通学校制度のもつ「植民地近代性」の意味を考えたいと思う。

(4)　就学率算出の妥当性の検討

ところで、以上の先行研究に共通するのは就学率を土台にしていることであるが、その場合に植民地期の就学率の妥当性に関して次のような留意が必要である。

第一に、就学率算出に関して従来の研究が問題としてきたのは、朝鮮人の学齢人口数及びその算出方法であって[36]、就学率それ自体の算出方法や宗主国日本及び在朝日本人の就学率算出方法との違い、それらのもつ意味は明確にされてこなかった。『朝鮮総督府統計年報』等の公式統計類には、在朝鮮日本人児童の就学者数・不就学者数・就学率の記載があるのに対して、朝鮮人の場合は記載がない。その違いは、在朝鮮日本人児童は義務教育に準じた処遇を受け、朝鮮人児童はそうではなかったことに関係すると思われる。

図3　就学率算出方法の比較

$$\text{（在朝）日本人児童の場合} = \frac{\text{「就学」（「現在就学」＋「卒業」）}}{\text{「学齢人口（「現在就学」＋「卒業」＋「不就学」）}}$$

$$\text{朝鮮人児童の場合} = \frac{\text{「現在就学」}}{\text{「推定学齢児童」（「6〜11歳」推定学齢人口）}}$$

在朝日本人児童の場合は、就学義務を明記した小学校令の適用をうけた（第二次朝鮮教育令第2条「国語ヲ常用スル者ノ普通学校ハ小学校令ニ……依ル」）ため、文部省の就学率算出方法に依拠したと推測される。日本の小学校令では「学齢」は六歳から一三歳までの八年間である（その八年間に尋常小学校を卒業させる）。『文部省年報』における「就学」（一八九五年以降）とは、「学齢児童」のうちの「現在小学校尋常科に就学している児童と卒業した児童の合計」［土方 一九九四：一〇七］と定義されている。その場合、「学齢児童」数は人口調査の数値からではなく、「現在就学」「卒業」「不就学」の各項目の合計値が充てられる［同前：一七四］。即ち、図3に示したように、「現在就学」「卒業」「不就学」の各項目合計を「学齢人口」（＝分母）とし、「現在就学」「卒業」を「就学」（＝分子）として就学率を割り出すという算出方法なのである(37)。土方によれば、この文部省方式の就学率算出方法では、実際上の不就学（長期欠席、中途退学）の存在（の統計不記載）により就学率が高くなる理由になるという［同］。前記の『朝鮮総督府統計年報』における在朝日本人児童の就学率は、この文部省の算出方法に依拠して算出されている(38)。

一方、朝鮮総督府は、朝鮮人児童には——就学が義務化されていないためと思われるが——文部省とは異なる就学率の算出方法を採用している。具体的には、「推定学齢児童数」を「人口ノ一割三分五厘」とし、「在学児童数」を「各年五月末現在の官公私立普通学校在学児童数」としたうえで、「就学歩合」、即ち就学率を「推定学齢児童ニ対スル在学児童ノ百分比」（傍点引用者）として図3のように算出している(39)。この算出方法による「就学」には、「現在就学」だけで「卒業」は入らない。また、土方の指摘する中退者も除かれている。古川・呉等による就学率の動向を土台とする研究も、

「学齢人口」比率に相違はあっても、就学率算出方法では前記の朝鮮総督府のそれを踏襲している。したがって、朝鮮人児童の就学率は、卒業者数や中退者数が入らない分、低く算出されざるをえない。即ち、在朝日本人を含めた日本人児童の就学率は、「就学」に実際上の不就学者である中退者を差し引かないために高くなり、朝鮮人の場合では「就学」に卒業者・中退者を入れないために低くなるわけである。

もちろん、朝鮮人児童の就学率算出に関しては、学齢人口は推定に過ぎないこと、義務教育ではないので入学年齢を特定できないこと、普通学校には六年制と四年制が混在することから就学率そのものが近似値にすぎない。それでも、就学率がある程度有効なのは、以上を考慮したうえでの在朝日本人児童との比較や、同じ日本の植民地支配下におかれた台湾における就学率と比較する際に、同一の物差し＝算出方法を用いる必要があるからである。

しかしながら、他の初等教育機関との就学率を比較する場合、修業年限が普通学校と同じではないにもかかわらず、古川［一九九三］・呉［二〇〇〇a］やかつての筆者［二〇〇〇］の研究のように、六年分の同一年齢人口を分母とする前記就学率を用いることには無理がある。私立各種学校は六年ないし四年制であるため普通学校に準ずるが、簡易学校は二年制であり、書堂には統一的な修業年限はなかった［朴来鳳 一九七七：六〇］。そのため、就学率よりは就学者の実数による比較が望ましい。

以上の点をふまえて本書では、第一に、在朝日本人と比較をするときのみ学齢を「六歳から一一歳まで」と想定し、呉成哲にならって一九三〇年国勢調査報告からこの学齢に基づく人口比率である一四・四％［前掲：一三二］から推定学齢人口を割り出したうえで、各年度別の就学者数から就学率を算出する方法を採用する。第二に、就学動向に関する普通学校の相対的な位置関係を他の初等教育機関と比較して考察する場合は、就学者数という実数から比較することにしたい。第三に、以上の問題点を補うために、「入学率」及び「完全不就学率」という新たな算出方法を用いることにする（後述）。

補足　なお、以上では言及しなかったが、井上薫による「併合」前後及び植民地末期の普通学校を含む日本語普及・強制政策に焦点をあてた一連の研究［一九九一・一九九二・一九九五・一九九七・二〇〇一］や一九二〇年代の四年制普通学校に着目した研究［一九九九］、板垣竜太による一地域における普通学校の社会化の過程を通時的に迫った研究［二〇〇二］も、普通学校研究の水準を高めたものとして注目される。

2　植民地教育政策研究――「同化」概念の再検討

次に検討するのは、「同化」概念である。植民地教育政策研究のキー概念は、長らく「同化」「同化政策」「同化主義」であった。普通学校に「就学」した朝鮮人児童を対象とする教育政策を扱う本書にとっても、これらの概念をどう把握し、研究対象時期に位置づけるのかは重要な課題である。

植民地統治者側の資料を使って学校を媒介とする「文化統合」という位相に焦点をあて「政策をささえた思想」を分析した駒込武［一九九六］(40)の研究では、「同化」という言葉が、これまでの研究で「分析概念としてきわめて安直に用いられ」てきたために「植民地支配の理念も実態も見えにくくなっている」［同前：一二］という問題意識のもとに、「同化政策」概念の再検討を提唱している。即ち、従来の研究が、①政策展開の時期における差異、②植民地・占領地における地域的差異、③「日本」「天皇」の意味するところの差異を等閑視する、という多様性を無視した一枚岩的な「同化政策」概念に基づく歴史叙述をしてきたことによって、「他者」としての異民族の存在を抹消してきたと批判する。そのうえで、植民地支配者による「同化」という言葉は、「それ自体分析され説明されるべき概念」［同：二〇］であると述べている。

本書にとって有効なのは、第一に、従来の研究に顕著だった、「同化主義」という表層的な言説と実際の政策展開との乖離、なかでも「教育内容がいかに『日本的』だったとしても、学校が普及していないかぎり、効果も限定的なはず」［同：三六三―三六四］という指摘である。第二に、「当時の台湾・朝鮮人が『日本』『日本人』『日本文化』に対して」抱いた「利害意識と思想と感情」［同：三七〇］を分析の対象とすべきという課題の提示である。

以上のような駒込による「同化」概念の再検討という提起をふまえ、本書では次のように課題を設定したい。

第一に、「学校の普及」如何に関し、本研究が対象とする第二次朝鮮教育令期の朝鮮人就学政策の時期的な特徴を示すことである。この時期は、朝鮮人就学を最小限に抑制した第一次教育令期の政策を修正して、初等教育拡張政策として一定の学校漸増をはかる「一面一校計画」（一九二九〜三六年）、授業料低減政策及び簡易学校創設（一九三四年）、さらに第二次初等教育拡張政策（「第二次計画」一九三七年〜）を実施していった時期であるが、第三次教育令期（一九三八年〜）以降とは異なり義務教育制度を実施しようとする意向はなかったとみられる。この就学政策の時期別差異は、以下に述べる「同化」概念の時期別差異や有効性に密接に関わっている。[41]

第二に、この時期の「同化」概念の二律背反性、即ち「同化」だけでなくその「同化」からの「排除」の諸相を政策展開に即して明らかにすることである。なぜなら、統治者にとっての「同化」が、『思想・感情』面で日本人になれ」ということであったとしても、「日本人と対等であれ」ということではなかったからである。そのため、植民地権力が朝鮮人に求めた具体的な人間像の分析が必要となる。たとえば、朝鮮総督宇垣一成が提唱した農村振興運動の展開過程（一九三二〜四〇年）で一九三四年に創設されたのが、二年制簡易学校である。普通学校不入学児童を対象とする簡易学校の目標として提示された朝鮮人像とは、「一、一人前の日本国民となる。二、国語を読み書き話す事が出来る様になる。三、職業に対し理解と能力を有する人となる。それに尽きる」（傍点ママ）というものであった。これは総督宇垣が求める朝鮮人像、即ち「頭や口の働きは少々劣つても、腹の据つた確かりした、腕に働きのある、コセコセしないゆとりのある人物」を具現したものである。[42][43]

ここにおいて植民地権力が朝鮮人教育に求めた「一人前の日本国民」とは、カテゴリーとしての「日本人」になることではなく、必要最低限の「国語」＝日本語識字・言語能力を有し、植民地支配に役立つ農業「能力」と規律を身につけ、支配に従順な「朝鮮人」であればよかったのである。むしろ、「日本人」と同等・対等の権利を決して主張したりせず、「頭や口の働きは少々劣つても」被支配民族としての分をわきまえた「朝鮮人」でなければならなかった。即ち、「日本人への同化」の場に「就学」させたうえで、「日本人から排除」したのである。

このことを強調したいのは、「同化」政策や植民地統治を「朝鮮人を日本人並みに引き上げようとした」（傍点ママ）として、その「善意」を評価する人々が少なくないからである。[44]「同化」政策によって何を達成しようとしたのかは、時期や朝鮮人の属する階級・性別によって差異があったとしても、その意味するところが「日本人並み」＝日本人と同等・対等ではなく、永遠にカテゴリーとしての「日本人」になることのない隷属的な人格の育成にあったことが明らかにされなければならない。そのために、朝鮮人初等教育の制度や教育内容の差異性・階層性——日本人児童より低い修業年限・終結教育や職業教育・簡易学校創設等に示される植民地的性格——を具体的に分析することが肝要になる。本書ではそれらを〈民族〉要因のなかで考察することにしたい。

第三に、朝鮮人児童が、職業教育（農業教育）や日本語教育などに対して、どのような就学動機や前記の「利害意識」を有していたかを分析したい。朝鮮人にとって普通学校「就学」による支配言語習得や学歴取得が植民地社会を生き抜くために必要と判断されざるをえなかった歴史的文脈や、そのために普通学校が朝鮮人にとっては「面従腹背」が強いられる場であり、したがって支配者・被支配者双方にとって「同床異夢」［呉前掲］の教育空間であったこと、そうした教育空間への就学が朝鮮人の自己同定を否定する契機——皇民化教育期に極限に達する——につらなったことを明らかにしたい。

3　植民地朝鮮女子教育史研究——抑圧と対抗の二分法を超えるために

最後に、女子教育に関する個別研究の分野ではどうか。隠された〈女性〉の歴史を発掘し叙述する従来の「女性史」の一分野に属する研究である。「女性史」の方法論への批判的な見解は前述したので、ここでは主にこれまでの研究対象について検討することにしたい。

植民地期の女子教育史研究では、鄭世華《チョンセファ》［一九七二］[45]や丁堯燮《チョンヨソップ》［一九七〇］[46]、孫仁銖《ソンインス》［一九七七］[47]等があるが、概説の域をでるものでない。また、個別研究も開港期・韓末に比べて蓄積の少なさが指摘されているが(48)、おおよそ次の二つに分類できる。

第一に、階級的にはエリートに属する女性たちが就学した女子高等・中等教育［朴《パク》チヒャン 一九八八、金《キム》ソンウン 一九九二、洪良姫《ホンヤンヒ》 一九九七、玄敬美《ヒョンキョンミ》 一九九八、朴宣美《パクソンミ》 一九九八］(49)の研究である。朴チヒャンは梨花女子専門学校、玄敬美は京城女子高等普通学校などの具体的な教育機関を対象として学生の社会的出身階層や教育内容を分析する研究を行っている。洪の研究では日本が朝鮮に女性教育政策を通じて移植した「賢母良妻」女性観の目的の究明をめざしている。金は植民地的状況と旧来の男尊女卑の慣習という二重の矛盾構造のなかで、女性たちが受けた教育機会の不平等とそのなかでの女性教育の成長過程を明らかにしようとした。これらは、主に中等教育機関に現れた総督府の女子教育政策と朝鮮人女性たちの対応に関する研究であった。また、朴宣美は、「女子教員」としての社会進出をめざして日本に留学した「近代的産物」としての朝鮮人女性と、帰国後の彼女たちの社会的役割や教員として「非近代的なもの」を伝えざるを得ない矛盾に関して、聴き取りを含めて分析した。また、近年盛んになった「新女性」に関する研究も、中等教育以上の学校教育を受けた女性というのがその定義の一つであるため、部分的にエリート女性の教育史に関わっている［申榮淑《シンヨンスク》 一九八五・一九九六・一九九七、牟田和恵・愼芝苑《シンジウォン》 一九九八、山下英《ヨン》愛《エ》 二〇〇〇、宋連玉《ソンヨノク》 二〇〇一］。

第二に、それと対照的なのが、下層に属する女性たちが通学した一九二〇～三〇年代の「女子夜学」に関する研究である。まず、盧栄澤《ノヨンテク》［一九七五］と呂運實《ヨウンシル》［一九九四］の研究(50)は、ともに一九二〇年代以降に全国各地で設立された朝鮮人による女子夜学の設立主体、教育内容とその背景等を分析した論文である。ただし、この研究における夜学の対象者は一五歳以上の既婚女性が中心であるため、学齢期の朝鮮人女子に対する初等教育とは必ずしもいえない。次に、文昭丁《ムンソジョン》［一九九〇］の研究(51)は、小作農子女の生活と普通学校・夜学への教育行動を分析し、就学における階級と性別に基づく格差に言及している先駆的で貴重な研究である。ただし、女子の就学における一九二〇年代と三〇年代の差異が明らかではなく、また研究対象も主に小作農に限られている。

これらの先行研究は、これまで周縁化されてきた植民地期の女性教育史を発掘・可視化する作業として貴重な研究成果である。[52] しかし、主な研究対象が①階級的には超エリート女性、あるいは逆に下層女性、②教育機関については前者は中等・高等教育、後者は「女子夜学」に関心が集まることによって、総督府の教育政策による朝鮮人女性への抑圧と対抗の解明に偏在してきたことが指摘できる。こうした女性教育史が女性の固有性の解明という陥穽に陥りがちなのは、前述した通りである。さらに、普通学校への女子就学を扱った研究は、管見の限りでは文昭丁の研究以外はあまりない。あらゆる初等教育機関への「不就学」、その結果「非識字」に追い込まれた女性に関する研究もほとんどない。

一方、注目すべきものとして、韓国の女性史研究メンバーが集まった韓国挺身隊研究所（前・研究会）を中心に、一九九〇年代にはじまった朝鮮人元「慰安婦」たちの証言記録集の刊行がある。『証言―強制連行された朝鮮人軍慰安婦たち』のシリーズ［一九九三＝一九九五・一九九七・一九九九・二〇〇〇・二〇〇一］である。[53] 非識字／不就学も含め多様な教育経験をもつ彼女たちのライフヒストリーは、はからずも植民地社会に生を受けた朝鮮人女性の教育経験／教育疎外経験の実相を物語ってくれる。

そのため本書では、一九二〇〜三〇年代を中心に、第一に、超エリート女性と下層女性の中間に位置する普通学校への女子就学に関する研究、第二に、独自の識字技能獲得の場となった書堂や私設学術講習会への女子就学に関する研究、第三に、あらゆる初等教育機関に不就学／非識字となった女性に関する研究をめざしたいと考える。

とくに、第三番目の研究は重要な課題であると思われる。元「慰安婦」や在日朝鮮人一世の女性たちの大部分が不就学／非識字であった。彼女たちは特殊ではなく、一九三〇年の朝鮮国勢調査などの識字調査によれば朝鮮人女性の識字率は八・〇％（日本文・ハングル双方）に過ぎず、そうした状況は植民地支配末期に至るまで根本的な変化がなかった［拙稿 一九九八・一九九九］からである。植民地期を通じて朝鮮人女性の大半が不就学／非識字の状態に置かれたのである。ここで問題となるのは、植民地権力などの公文書・統計類や民族紙・誌などにその実相に関する記録があまりないこと、植民地期に識字技能を獲得した女性が少ないために女性自身によって書かれた資料、とくに下層階級の女性に関する資料が少ないことである。そのため、既存の資料・統計類を読み直すことと併行しながら、前記の「慰安婦」被害者の証言集や、在日朝鮮人一世の女性たちの証言を筆者によるインタビューも含めて活かしたいと思う（資料については後述）。

また、「良妻賢母」研究を中心とする女子教育や初等教育に関する多年にわたる蓄積がある日本の研究や、近年著しく進展した台湾・中国の女子教育研究の成果に関しても、できるだけ取り入れたいと思う。

2　本研究の分析視角と資料

以上、先行研究を検討しながらそれぞれの論点への筆者の見解も併せて述べてきた。従来の植民地教育史研究は、普通学校への「就学」を前提に「同化」を強要したことに関心が集中してきたといえる。「植民地教育vs民族教育」、「近代教育vs前近代教育」という枠組みにおいても、その前提が「就学」である点では同様である。これに対して、本書は新たに「就学vs不就学」という枠組みを示したいと思う。以下では本研究が目的とする「就学」と「不就学」に関して、どのような分析視角をもっているかを示しておきたい。

1　植民地就学構造の両面としての「就学」と「不就学」

そこでまず、本書の「就学」に対する分析視角を示しておこう。

第一に、総督府による朝鮮人初等教育政策を教育内容面だけではなく、どのような就学政策をとったのか、さらに両者の関連性に注目することである。就学政策とは、就学をどのように促進したのか、あるいはどのように抑制する政策をとったのかということである。表2は、公教育初等教育機関に関する基本法令、呼称、教育目標、就学政策、重要な教科目等の変遷を、本研究の課題に即して見取り図的にまとめたものである。本研究が対象とする(2)第二次教育令期をみてみよう。就学政策では抑制政策を基調としながらも「三面一校計画」、「一面一校計画」などの軌道修正を行った。教育内容面では、日本語偏重であったため「日本語専門学校」(『東亜日報』一九二七年一月一二日付社説)などと揶揄され、一九二〇年初頭に後退した「農業」などの実業科目が一九二九年の制度改変により必修科目(=「職業科」)となった時期である。

第二に、朝鮮人の対応である就学動機・就学行動の時期的変化とその特徴を重視したい。この時期は、主な就学先が一九二三年を起点に書堂から普通学校に変わり、それが一九三〇年代以降(一九三三年〜)には富裕層だけではなく全階層に及ぶという重大な変化が起こった時期に該当する。本書では前者の変化を「教育の学校化」、後者を「就学の制度化」と定義することにしたい。こうした就学急増に関する朝鮮人の就学動機・行動の分析に際しては、日本語や職業教育への利害得失や「思想・感情」も対象にする。

第三に、ジェンダー史的方法論を導入することによって、総督府の教育・就学政策及び朝鮮人の就学動機・行動の双方に、ジェンダーが不可欠に関与していること、この時期に普通学校が植民地社会で社会生活を送るための唯一の公式的なルートとなる植民地「就学」構造が構築され、第三次教育令からはじまる皇民化教育が功を奏するに至る下地が準備されたことが明らかになるだろう。

次に、「不就学」に関してである。

これまで述べたように、「就学」だけでは植民地教育史の片面を語ったにすぎない。普通学校や諸教育機関への就学者が増加していったことは確かだが、それらの外部に広範に存在した膨大な数の「不就学」児童——こちらの方が圧倒的に多数であった——を併せて視野にいれる必要がある。そもそも就学を果たさなければ「同化」されようがないし、就学者数が本格的に増えたのは一九三三・一九三四年以降、とりわけ戦時期に入って皇民化教育が始

表2　植民地期朝鮮における公教育初等教育機関の変遷

時期	1911年8月～	1922年2月～	1929年6月～	1938年3月～	1943年4月～45年8月
基本法令	(1) 第1次朝鮮教育令(→20年改定)	(2) 第2次朝鮮教育令		(3) 第3次朝鮮教育令(→41年改定)	(4) 第4次朝鮮教育令
初等教育法令	①1911年10月「普通学校規則」	②1922年2月「普通学校規程」(→29年6月改定)		③1938年3月「小学校規程」	④1941年3月「国民学校規程」
学校呼称	普通学校			小学校	国民学校
教育目標	「忠良ナル国民」育成（教育令第2条)／「国民タルノ性格」涵養・「国語」普及（同令第5条)	「国民タルノ性格」涵養・「国語」習得（普通学校規程第8条)		「忠良ナル皇国臣民」育成（同規程第1条)	「皇国臣民タルノ自覚」徹底／「国語教育ノ徹底」ほか（同規程第2条)
修業年限	4年（3年）	原則6年・4年（5年）		6年（4年）	6年
学校設置政策	＊三面一校計画 1919～22年 →	＊一面一校計画 1929～36年	＊簡易学校 1934年～ ＊第2次計画 1937年～→	＊第2次計画短縮 1938～42年	＊1942年12月、義務教育制度計画、1946年実施を発表→敗戦により未実施
就学政策	就業抑制政策が基調			就学促進政策	
教授用語	日本語				
日本語占有率	「国語」(必須) 37.7%	「国語」(必須) 39.4%→29年37.6%		「国語」(必須) 35.0%	「国民科国語」(必須) 29.0%
朝鮮語占有率	「朝鮮語及漢文」(必須) 20.8%→20年19.8%	「朝鮮語」(必須) 12.3%→29年11.8%		「朝鮮語」(随意、8.7%)＝事実上廃止	「朝鮮語」廃止
実業科目	「農業初歩」「商業初歩」（男子のみ随意)	「農業」「商業」(随意)(四年制不設)→26年改定で設置可能に	「職業」（男女とも必須)（農業・工業・商業・水産等)		「職業科農業」「職業科商業」「職業科水産」「職業科工業」
女子科目	「裁縫及手芸」(随意)	「裁縫」(必須)	「家事及裁縫」(必須)		「芸能科家事」「芸能科裁縫」

（参考）　教育史編纂会編『明治以降教育制度発達史』第10巻、教育資料調査会、1939年。朝鮮総督府学務局学務課編纂『朝鮮学事例規』1938年（『史料集成』第6巻所収)。近代日本教育制度史料編纂会編『近代日本教育制度史料』第8巻、東京：大日本雄弁会講談社、1956年。鄭在哲『日帝の対韓国植民地教育政策史』一志社、1985年。

（注）　日本語、朝鮮語占有率は学年平均より算出した。第2次教育令以降は6年制のみ算出した。

まる一九三八年以降なのである。それでも一九四二年段階で男子の三人に一人、女子の三人に二人は、学校の門をくぐったことがないという意味での「不入学」、即ち「完全不就学」であった。その意味で、植民地期の朝鮮人初等教育の現実は〝就学急増〟よりも〝常態的不就学（あるいは不就学の遍在）〟にあったのである。

したがって重要なのは、普通学校を中心とする植民地初等教育政策の「包摂のレトリックと排除の実践との緊張」［Stoler 1997, p.203］を示すこと、そして朝鮮人にとっても「就学」という教育経験だけでなく、「不就学」という教育疎外経験をも可視化することである。

ここで、植民地教育史研究における「不就学」研究の意義を、日本の場合と比較しながら述べてみたい。

日本の義務教育制度成立以降の小学校における「不就学」を研究した土方苑子［一九九四］は、「不就学」が近代学校制度の成立過程において例外的な存在ではなく、「近代教育の歴史を理解する上で、『就学』に対応する基本的な概念」であり、就学者増加のなかで「不就学が何故、いつまで存続し続け、また消滅していくのか、という問題は学校の意味を考える上で大変重要」［同前：一四二］と研究上の意義を位置づけたうえで、義務教育制度下の「不就学」を「学校に入学しない未就学」「許可を得た猶予・免除」「一旦入学した後の長期欠席」「中途退学」等全体をさすとしている［同］。本書でも、このような「不就学」に対する研究の意義をふまえたいと思う。

しかし、朝鮮人児童の場合は義務教育制の対象ではなかったため、普通学校への「不就学」といっても前記のような「許可を得た猶予・免除」はありえない。「一旦入学した後の長期欠席」は統計に表れない。植民地朝鮮での「不就学」とは、就学義務を前提にしないため厳密には「未入学」ですらなく、「不入学」及び「中途退学」ということになろう。前者は「完全不就学」、後者は「部分不就学」をさし、不就学といっても質が異なる。それに加えて、植民地朝鮮では一旦は学校に就学する後者よりも、そもそも学校に入学しない前者が大多数を占めた。この点も宗主国日本とは異なる。

ここで問題となるのは、「就学」と「不就学」の関係性である。そもそも学校制度が歴史社会に定着する過程は、どの社会においても「就学」の影の部分として不可避的に「不就学」を生み出していったと考えられる。土方によれば、日本でも一八七二年「学制」以降一九〇〇年頃までの東京には、江戸時代の寺子屋などを継承した私立小学校が高額授業料設定の公立小学校から排除された児童を対象とする階層対応的な教育機関として重層的に存在していた［二〇〇二］。さらに近代教育制度が成立したとされる一九〇〇年第三次小学校令によって授業料廃止を含む就学督励が強化された以降も、実態的には中途退学という意味での不就学が女子に偏在し、その女子が卒業まで就学を継続するほど小学校教育が普及したのは一九三〇年代［一九九四：一六］であるという。ここで重要なのは、就学の普及が「近代」教育成立の条件ではなく、「近代」以降の問題であるという指摘である［二〇〇二：一九二］。即ち、義務教育制が施行された日本でも、〈階級〉や〈ジェンダー〉の差異が小学校の「就学」／「不就学」を左右したのであり、「就学」＝包摂と「不就学」＝排除を繰り返しながら、「就学」が日本「国民」全体にとって不可欠の意味をもつに至る過程自体が「近代」以降にあらわれた問題であったわけである。

これに対し、義務教育制が施行されなかった植民地朝鮮では、授業料撤廃も就学督励もなかった。「就学」は朝鮮人にとって〝所与〟ではなく、まさに〝獲得〟するものであったのである。逆に、「国民」統合という場合「国民」とは異民族「日本」のそれであったために、一九一〇年代に顕著であったような積極的な就学忌避という選択もありえた。したがって、不就学を示す不入学や中途退学が問題となるのは、制度としての学校への「就学」の有用性が植民地社会のなかで、人々の意識のなかで確立していることが前提となる。たとえば、朝鮮人児童の多くが普通学校を忌避し書堂を選択した一九一〇年代には普通学校への不入学や中途退学がどの時期より高くても（第1章参照）、社会問題化することはなかった。しかし、一九二〇年以降に普通学校への就学志向が高まり入学志望者が急増すると、不入学や中途退学数が一九一〇年代より減少したにもかかわらず、就学を規定した授業料の多寡や学校施設数不足等が社会問題化していくのである（第2章）。さらに一九三〇年代になると、入学競争の激化（第3章）によって朝鮮社会のなかで「不就学」が一層深刻化していき、そのことが不就学当事者に剥奪感・疎外感を抱かせしめるまでに至っている（第5章）。制度としての普通学校が朝鮮社会に定着する過程で確立していった「就学」概念が、「不就学」という現実を社会問題化し、「不就学」に帰結した者たちの剥奪感・疎外感を生み出していったといえるのである。

このように、普通学校就学の普及にあたっては、日本における小学校就学普及過程以上に、就学可否を規定した要因である〈階級〉〈ジェンダー〉が、朝鮮人就学抑制政策という〈民族〉要因に根底的に規定されながら強く作用し、「不就学」がより露骨に広範囲に複雑な形をとって——ある意味で暴力的な形で——表出せざるをえなかったと思われる。「不就学」の実態が、日本の場合は中途退学をさすが、朝鮮では不入学をさすというように。

その意味で、植民地期朝鮮での普通学校への就学普及過程は、「近代」以降の学校教育の普及過程がもつ包摂と排除の反復という諸問題をより鮮明に映し出すものといえよう。そして、このような包摂と排除の反復に現れた暴力性に植民地近代性が表れているのである。

したがって、これまでの「就学」概念を「不就学」から見直す必要があると考える。呉は就学率の動向に基づき時期区分論を提起［二〇〇〇a：一三四—一三五］したが、就学者の量だけでなく、中途退学の比率に現れた就学の質や、不入学者の動向を併せて考察されなければならない。

2　就学／不就学の算出方法としての入学率／完全不就学率

しかしながら、普通学校「不就学」について考察しようとすると、就学率とは別途の算出方法が必要となってくることが判明する。なぜなら、「就学」と「不就学」との間には、図4に示したように、①そもそも学校に入学しない不入学（「完全不就学」）、②一旦入学したあとの中途退学（「部分不就学」）、③卒業にいたる「完全就学」の少なくとも三つの段階を想定する必要があるからである。そして、朝鮮人児童がこの三段階のうちどの段階で多数を占めたのかは、日本語の言語・識字技能習得や学歴取得において大きな意味がもったからである。

この三段階を示すにあたって、区別が困難なのは①不入学＝完全不就学と②中途退学＝部分不就学である。図4のように、二学年から六学年の退学者の総数が②であるため二学年以上では①と②の区別がつかないからである。しかし、入学時の一年だけは②がないため、①の「完全不就学率」が算出できることになる。即ち、「完全不就学率」を算出するためには、①と②の区別ができない前述の「就学率」とは別途の算出方法が必要となる。

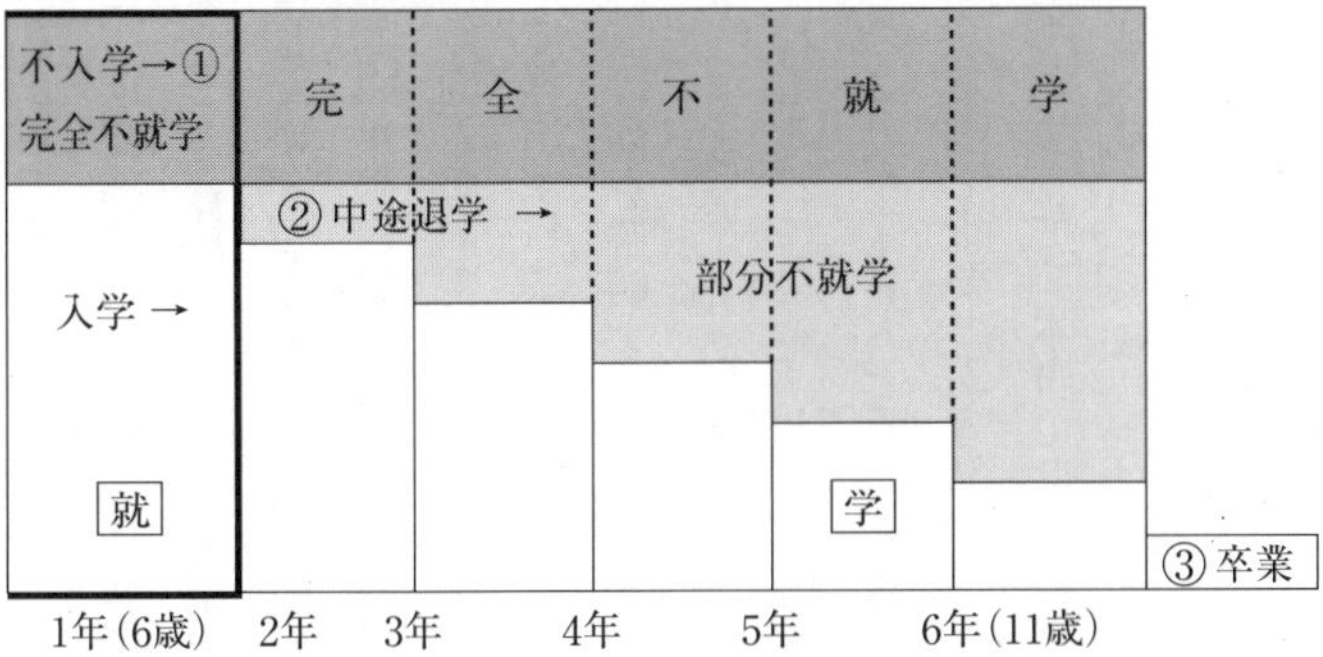

図4　「完全不就学」「部分不就学」「就学」の概念図
（各年5月末現在）

本書では①について、入学可能年齢である六歳児（第二次朝鮮教育令第五条）の各年毎の「入学率」を反転することによって「完全不就学率」を示すことを提起したい。もちろん、義務教育制ではないので朝鮮人児童は必ずしも六歳で入学するわけではないが、一旦六歳と設定して「入学率」と「完全不就学率」を算出することにより時期的な比較が可能となる。その具体的な算出方法は、次の通りである。

一九三〇年朝鮮国勢調査で示された六歳児人口の総人口に占める人口比〇・〇二六%から各年毎の「六歳児人口」（推定）を割り出し、各年毎の五月末現在の「第一学年」（入学者）の比率である「入学率」を算出し、それを反転させて「完全不就学率」を通時的に算出するのである[54]。

したがって、本書では「就学率」ではなく「入学率」という算出方法を新たに用いる。それは第一に、就学率が全学年の就学者を対象にするのに対して、入学率では一学年を対象とするので、朝鮮人の就学志向の時期的変化を就学率以上に敏感に反映すると思われること、第二に、本書が「就学」と「不就学」の双方を研究対象とするので、その差異が鮮明に表出する「入学率」及びその反転としての「完全不就学率」の双方をより厳密に分析する必要があるからである。

また、前記②に関しては、普通学校入学者数に対する未卒業者数の比率を示す中途退学者の比率（「中途退学率（中退率）」）を算出し、③では入学者数に対する卒業者数の比率（「卒業率」）を算出して、それぞれ通時的に示すことにしたい[55]。「卒業率」算出の問題点は、普通学校の修業年限が第一次教育令期は四年制、第二次教育令期では四年制と六年制が混在することである。前者の場合は入学年度に四年をプラスした卒業年度の卒業者数を、後者の場合は原則六年制であり六年制学校数が四年制を下回ったことがないことから、入学年度に六年をプラスすることによって算出することとしたい。

この三段階を解明するのは、次のようなメリットがある。①の「完全不就学率」が低下することは就学の土台（すそ野）が拡大したことを意味し、②の「中退率」が低くなり、③の「卒業率」が高くなることは就学の継続性が示されることになる。とくに②③の場合では、朝鮮人が、学歴や日本語習得という点からも就学の完成に意味を見出したことを示すとともに、中等教育への進学圧力となるために就学における階級格差がさらに拡大することをも意味する点で重要である。

以上をふまえて、本書では、第一に、朝鮮人の就学志向の変化を鮮明にするために「就学率」に替わって「入学率」を用いること、第二に、朝鮮人児童の就学の質的動向である「完全不就学」「部分不就学」「完全就学（＝卒業）」の三段階を明らかにするために、それぞれ「完全不就学率」・「中退率」・「卒業率」を用いることとしたい。

3　本書の分析視角

以上のような「就学」と「不就学」、その両極間に存在したさまざまな様態は、植民地社会のなかでの朝鮮人の言語（日本語・朝鮮語）や識字技能（日本文・朝鮮文・漢文）の習得やその後の人生に大きく関わっていく。とりわけ、ほとんどの朝鮮人女性が不就学、そのために非識字に帰結したことに顕著に表出した。このことも問題としたい。ただし、留意が必要なのは、不就学／非識字という事実それ自体が従属性を表すわけではないことである。不就学／非識字という状況に「就学という価値」「識字という価値」が与えられることによって、従属的存在とされたのである。それは、一九二〇年代以降の朝鮮社会の「教育の学校化」「就学の制度化」過程で起こった「就学・識字の社会化」に伴う変化である。「就学・識字の価値」の構築過程において、就学機会からの疎外がもつ社会的な意味が従属性を帯びていったと考えられる。以上について、本書では、史料による実証研究だけでなく、朝鮮人女性のオーラル・ヒストリーからも考察を深めたいと思う。

したがって、本書の目的とする植民地期の普通学校に対する就学／不就学に関する分析では、総督府の教育・就学政策と朝鮮人の就学動機・行動の時期的特徴と両者の相互関係に留意しながら、普通学校への「就学（あるいは同化）のうえでの排除」がどう実践されたのか、「就学」自体からの排除である「不就学」にも焦点をあて、「不就学」が「就学」に転ずる過程に伴って「就学・識字の価値」が確固たるものになっていく朝鮮社会の変化のプロセス自体を問題視したいと思う。朝鮮人女性の教育疎外経験を視野の外に置いてきた植民地教育史の枠組み自体を再検討しなければならないのである。

その意味で、本書は、先述した普通学校研究、植民地教育政策研究の蓄積に依拠しながら、これらを男性史として相対化し、女性史の方法論に依らずにジェンダーを分析軸に民族・階級の視点を明確にしつつ領域横断的に植民地教育史を再構成すること、言い換えれば、植民地教育史という知の体系をジェンダー概念に立脚して組み替えるという点で、植民地教育史をエンジェンダーリングする試みといえよう。

4　資料

最後に、資料に関して述べて序章をしめくくりたい。

植民地期の就学動向に関する資料は、『朝鮮総督府統計年報』『朝鮮諸学校一覧』『朝鮮国勢調査報告』『朝鮮総督府調査月報』『官報』などの朝鮮総督府刊行の資料に負うほかはないが、本書ではこのような統計類に表れない私設学術講習会や地域での教育動向等も補足的に扱うので、地方教育誌なども用いた。これら地方教育誌をふくめ植民地期朝鮮の教育関係資料を幅広く収録した渡部学・阿部洋編『日本植民地教育政策史料集成（朝鮮編）』[56]は、本論文執筆に不可欠の植民地権力側教育資料の宝庫であった。また、朝鮮総督府の教育政策や各種法令、普通学校での教科内容に関する実践報告等の教育動向は、主に朝鮮教育会の機関誌である『文教の朝鮮』[57]を使用した。

朝鮮社会の学校教育をめぐるジェンダー規範に関する朝鮮人の言説や動向については、主に『東亜日報』社説・論説及び記事、一部『朝鮮日報』社説・論説や、雑誌『開闢』『新女性』なども参照にした。また、入手が困難な植民地期の各種新聞の社説や記事などを収録した『朝鮮思想通信』[58]を多用した。同通信には、マイクロフィルムには欠けている論説が掲載された例もあった。貴重だったのは、朝鮮人元「慰安婦」たちの証言集である『証言——強制連行された朝鮮人軍慰安婦たち』[59]であった。先述のように、「慰安婦」にされる前史は当事者でなければ語りえない植民地期の朝鮮人女性の教育経験／教育疎外経験の実相が語られているからである。また、在日朝鮮人一世の女性にインタビューをしたので、それらの証言を盛り込もうとした。

本論での分析は、これらの資料を土台にして論じるものだが、以下の制約や限界を免れないことをあらかじめ述べておきたい。

第一に、資料面の制約から、普通学校を中心とする全道的な統計にほぼ限定されていることである。本論文が使用する民族別・性別等の入学率／就学率の算出は、大部分が前記『朝鮮総督府統計年報』『朝鮮諸学校一覧』等に依拠している。しかし、初等教育の場合、小学校（日本人児童）、普通学校（朝鮮人児童）に関しては詳細な記載があるが、私立各種学校や書堂の記載は簡潔すぎて実態がつかめない。たとえば、私立各種学校の場合は性別統計や初等・中等の区別がある場合とない場合があるし、書堂では施設数・教員数・生徒数・経費しか記載がない。私設学術講習会は記載すらない。また、小学校と普通学校の場合でも記載に差異があり、前者では就学率や不就学の事由の記載があるが、後者にはない。これらのことは、総督府の統計類にはその取り方・記載のし方にバイアスがあったこと、それぞれの初等教育機関が植民地権力側の必要度や重要度の認識に応じて序列化されていたことを示している。しかし、それは朝鮮人にとっての必要度や重要度を意味しない。書堂や私設学術講習会は、朝鮮人にとって身近な識字習得機関であったからである。全国的な統計類に記載がない私設学術講習会は地方教育誌等にわずかに登場するので、それらで補う必要があるが、現状では通時的かつ全道的に収集することは困難であった。そのため、断片的な数値をつなぎあわせるしかなかった。今後の課題にしたい。

第二に、就学における〈階級〉要因の分析は本書の目的の一つだが、一九二〇年代の分析には全羅南道に関する総督府の統計資料を用い、一九三〇年代の場合は朝鮮人が独自の視点で行った全道的な統計調査を使用した。しかし、現状では全道的で通時的な調査資料を収集することは望みがたかった。その意味でも、一定の限界がある。

第三に、資料面の制約における最も肝要な点だが、植民地期の朝鮮人女性に関する資料が少ないことである。とくに、不就学／非識字の女性に関する同時代の個別具体的な資料がほとんどない。それは、植民地権力や朝鮮社会の家父長権力が朝鮮人女性に視点を向けなかったし、向けた場合でもその利害の範囲内でしかなく、しかも朝鮮人への民族的なバイアスだけでなく、ジェンダーに基づくバイアスもあったからであろう。さらに、識字技能を獲得した女性が極端に少ないこと、その女性たちが知を産み出す主体になる機会がさらに少なかったこと、あったとしても下層の女性たちの具体的様相に目を向けてこなかったこと等にも起因すると思われる。

そのため、前述の元「慰安婦」や在日朝鮮人女性一世の証言集の活用や、女性たちに独自にインタビューを試みてそれらを補おうとした。しかし、前者は性的被害が証言の中心なので、家族や家庭の経済状況や教育経験に関する記述はあるものの不明な点が少なくなかった。在日一世の女性の聞き書き記録[60]は聞き手が教育経験を意識化していない場合が多く、活用できなかった。筆者によるインタビューは近親者や知人等に偏ったこと、年代的に戦時期に学齢期を迎えた人々が多かったため、本書では十分生かせなかった。知人でない場合は、非識字や不就学であることを「恥」と思うためであろうが、その要因（貧困など）を聞き出すのは困難な場合が多かった（このことは、教育からの疎外経験が過去のものではなく、現在に及んでいることを示している）。この点では、女性だけでなく男性を含めて、教育経験を中心とする聞き書きの進展、植民地期文学のなかの教育に関する記述や教育経験が書かれた自伝・伝記類の収集・活用などが今後の課題となろうが、現状では証言記録も含めた資料面の限界があることは確かである。

なお、以上の資料がもつ個々の性格・特徴の詳細は本論で述べたいと思う。

第1章

普通学校「就学」と時期区分論の仮説的提示

本章では、普通学校「就学」に関する論を進める前提として、まず、普通学校の性格と特徴を相対化するために、植民地期の多様な初等教育機関の特徴を言語・識字教育を中心に概観する。次に植民地期を通じて普通学校への入学率や中退率を男女別に分けて分析して、普通学校「就学」の時期区分論に対し、新たな視点を提起したいと思う。

第1節　植民地期の各初等教育機関の特徴

植民地期の朝鮮における初等教育機関には、植民地期以前からあったもの、日本がもちこんだもの、植民地期に創設または発達したものなどのさまざまな形態があった。

本節では、一九二〇年代を中心に、第1項では民族別の公教育、第2項では朝鮮人児童を対象とした初等教育機関の特徴をみていこう。

1　民族別の公教育体系

「併合」後、在朝日本人児童及び朝鮮人児童に対する公教育とされたのは、それぞれ尋常小学校及び普通学校であった。[1]両者はともに教育目標として、「忠良ナル国民」育成（朝鮮公立小学校規則第九条、第一次朝鮮教育令第二条等）を掲げた。しかし、表1が示すように、民族別に名称、修業年数、教育内容が異なっており、上級学校も含めて厳格に区別されていた。ここでは、それらを制度上から確認したい。

まず、第一次朝鮮教育令期に該当する一九一〇年代からみてみよう。

在朝日本人児童に対しては、第一次朝鮮教育令（一九一一年八月発布）は適用されず、別途に一九一二年三月朝鮮公立小学校規則が発布された。小学校は「内地人ノ児童ヲ教育スル所」（同規則第一条）と位置づけられ、その教科及び編成や六年の修業年限は日本国内の小学校令・小学校令施行規則と同一であった。中等教育も日本国内に準じており、男子＝中学校（五年制）／女子＝高等女学校（五年制）という教育体系であった。

これに対して、朝鮮人児童を対象とした普通学校では、入学年齢は日本人児童より二歳上の八歳以上、修業年限は日本人児童より二年短い四年であった。その基本方針は、「時勢及民度」（同教育令第三条）に応じて、「修身、国語、朝鮮語及漢文、算術」を必須科目とする「読、書、算」[2]中心の教育であった。なかでも重視されたのは「国語」とされた日本語であり、そして実業科、とくに農業科（農業初歩）であった。農業科は必須科目ではなかったにもかかわらず一九一四年段階で普通学校の約七割に置かれ[3]、「総ての農村普通学校に於て事実上の必須科目」[4]とされた。そのうえで「必スシモ上級学校ノ予備教育ヲ為ス所ニ非ス」[5]と学校教育の最終段階とされた。即ち、普通学校は日本語と農業実習を中心とする「簡易実用」を旨とし、中等教育への進学が考慮されない修業年限四年制の終結教育機関と位置づけられたわけである。なお、上級学校として中等教育には、男子＝高等普通学校（四年

表1　植民地期の「民族」別教育体系（1911～37年）

		1911年～21年	1922年～37年
在朝日本人児童	法令	朝鮮公立小学校規則（1912年3月）（＊第一次朝鮮教育令の適用なし）	第二次朝鮮教育令（1922年2月）及び小学校規程（1922年2月）
	名称	尋常小学校	尋常小学校
	入学年齢	6歳以上	6歳以上
	修業年限	6年	6年
朝鮮人児童	法令	第一次朝鮮教育令（1911年8月）及び普通学校規則（1911年10月）	第二次朝鮮教育令（1922年2月）及び普通学校規程（1922年2月）
	名称	普通学校	普通学校
	入学年齢	8歳以上	6歳以上
	修業年限	4年（3年可） ＊1920年に原則6年に改定	6年（5年又は4年可）

（出典）　教育史編纂会編『明治以降教育制度発達史』第10巻、教育資料調査会、1939年。

制）／女子＝女子高等普通学校（三年制）／実業学校（二～三年制）があったが、この修業年限も前記の日本人向けの中学校／高等女学校に比べて短かった。

次に第二次教育令期をみてみよう。三・一独立運動（一九一九年）を経て融和政策に切り替えた朝鮮総督府は、第一次朝鮮教育令期の「簡易実用」の朝鮮人教育方針が低度であると批判されたのを受け、一九二〇年一一月の同教育令及び普通学校規則の改定を経て、一九二二年二月に第二次朝鮮教育令を公布した。それによって、それまで別々だった在朝日本人と朝鮮人の教育は同一法令下におかれ、普通学校の入学年齢は六歳、修業年限も六年（五年又は四年に短縮可）等とほぼ同程度に規定されることとなった。中等教育の修業年限も、高等普通学校五年、女子高等普通学校五年または四年（三年も可）に延長された。これらをもって、植民地権力は「一視同仁」「差別撤廃」「内地と同一の制度」[6]であるとした。

その内実はどうだろうか。日本人と朝鮮人はそれぞれ「国語を常用する者」「国語を常用せざる者」と区別され、民族別に異なる公教育体系＝別学原則に基本的な変化はなかった。制度的に日本人が普通学校に、朝鮮人が小学校に相互入学できる道が開けたが、例外的な規定であった[7]。普通学校では四年制と六年制の二種類が併存した（五年制はほとんどない）が、上級学校への進学が制度上閉ざされた四年制は一九二〇年代末でも学校数で三割（一九二八年学校数二九・六％、学級数は一五・七％）を占めた［呉 二〇〇〇：一二二］。また、六年制には別途に日本歴史・地理が新設され、「国民タルノ志操」養成・「愛国心ノ養成」（普通学校規程第一三・一四条）の方針の下に、朝鮮史における朝鮮人の主体性を否定する歴史観注入の場となった。(8)

注目したいのは、これらの法令改正により一九二〇年代初頭には一時的に後退したとされる農業などの実業科目が一九二三年に江原道などで復活し、一九二六年には普通学校規程の改定により全道の普通学校に普及、事実上必修科目化したことである［井上薫 二〇〇〇］。一九一〇年代の「簡易実用」という朝鮮人教育の基本方針は、一九二〇年代初頭を除いて実態的には一九二〇年代にも踏襲されたのである。

このように、一九一〇年代ほど露骨ではなかったが、「一視同仁」「差別撤廃」が掲げられた一九二〇年代においても朝鮮人児童と在朝日本人児童は、別学原則のもとで朝鮮人児童のそれは明らかに低水準に設定されていた。「別学」と「簡易実用」が公教育における朝鮮人初等教育の基本だったのである。

2 朝鮮人を対象にした初等教育機関

植民地期の朝鮮人児童を対象とする常設的な初等教育機関には、前述の①普通学校以外に、②私立各種学校、③書堂《ソダン》、④私設学術講習会の四つがあった。注目したいのは、それぞれが設立主体や言語・識字教育においてかなりの差異があったため、どの教育機関に就学したかによって朝鮮人の識字能力形成や教育経験に影響があったとみられることである。そこでここでは、一九二〇年代までを中心に、それぞれを概観してみよう。

1　普通学校

そもそも普通学校は、一九〇六年に統監府によって設置された初等教育機関である。「併合」以後は、先述のように「普通学校規則」（一九一一年）、「普通学校規程」（二二年）の適用を受けた。経営主体は官立は「国（総督府）」、公立は「学校費（後に府も追加）」、私立は「私人」である。[9] その九五％内外が公立普通学校であった（巻末〈付表2〉参照）。

カリキュラムに占める日本語の割合をみてみよう。保護国期に「日語」と呼ばれた日本語は、「国語」である朝鮮語とすでに同時数（全二八〜三〇時間中六時間、一九〇六年普通学校令施行規則第一号表〔井上 一九九二：一六七〕）を占めたが、「併合」後に日本語が「国語」の位置につき教授用語も日本語とされ、名実とも支配言語となった。日本語授業占有率は、表2から明らかなように、第一次教育令期に最大三八・五％だったのが第二次教育令期には最大四八・〇％に増大した。その比率は、教授用語及び朝鮮語・漢文以外の教科書が日本語なのでさらに増大する。

日本語の使用は教室の内外を問わず、朝鮮人教員・児童双方に「奨励」された。たとえば、一九一〇年代の平安南道の普通学校での実践報告をみると、[10] 朝鮮人教員や児童に対し、休み時間、放課後、休業日や家庭を含む日常生活にまで入り込んだ「国語奨励」が、日本語練習のための筆述も含めてこと細かく行われている。このなかには児童に対し、学校休憩時の「鮮語《ママ》」使用者は国語練習帳に記入させ校長が注意するという事項があった。このことから、すでに相互監視体制がつくられていたことがわかる。一九二〇年代にも、普通学校内で朝鮮語一句につき罰金一銭ずつ徴集するという記事や、朝鮮人教員（訓導）が朝鮮語を使った生徒を殴打した事件の報道がある。[11] 普通学校は、民族紙などに「日本語専門学校」と揶揄され、「語学（＝日本語）に偏った結果、他の学課が犠牲となる」と批判されたのである。[12]

このように普通学校には「国語」＝日本語常用の教育空間が濃密に構築されていた。といっても、日本語普及による日本「国民」創出という政策理念のわりに、この時期の就学者数が少なかったこと、総督府も財政と教員増の困難を理由に普通学校設置に抑制的だった（後述）。この政策理念が実質的意味をもち始めるのは、就学者が急増した一九三〇年代からである。

表2　普通学校の毎週教授時数における言語別比率

（1）1911年「普通学校規則」＝第一次朝鮮教育令期

学年	日本語	朝鮮語・漢文	全時数	日本語比率	朝鮮語・漢文比率
1	10	6	26	38.5%	23.1%
2	10	6	26	38.5%	23.1%
3	10	5	27	37.0%	18.5%
4	10	5	27	37.0%	18.5%
合計	40	22	106	37.7%	20.8%

（2）1922年「普通学校規程」＝第二次朝鮮教育令期

①6年制

学年	日本語	朝鮮語	全時数	日本語比率	朝鮮語比率
1	10	4	22	45.5%	18.2%
2	12	4	25	48.0%	16.0%
3	12	3	27	44.4%	11.1%
4	12	3	男29 女30	男41.4% 女40.0%	男10.3% 女10.0%
5	9	3	男29 女30	男41.4% 女40.0%	男10.3% 女10.0%
6	9	3	男29 女30	男41.4% 女40.0%	男10.3% 女10.0%
合計	64	20	162.5	39.4%	12.3%

②4年制

学年	日本語	朝鮮語	全時数	日本語比率	朝鮮語比率
1	10	4	23	43.5%	17.4%
2	12	4	25	48.0%	16.0%
3	12	3	男27 女28	男44.4% 女42.9%	男11.1% 女 9.3%
4	12	3	男30 女31	男40.0% 女38.7%	男10.0% 女 9.7%
合計	46	14	106	43.4%	13.2%

（出典）　教育史編纂会編『明治以降教育制度発達史』第10巻、1939年、83-84、674-675及び677-678頁。

2　私立各種学校

私立各種学校（以下、「私立学校」と略記する）は、朝鮮人が設立した一般系と宗教団体（主にキリスト教）による宗教系に分けられる。一九世紀末及び日露戦後の愛国啓蒙運動期に急増した。抗日民族意識の鼓吹とともにハングル教育が重視される一方、多数の「日語学校」も存在した［稲葉 一九九七］(13)。とりわけキリスト教系は女子教育を重視したため、多くの私立女学校が設立された（［丁 一九七三、尹惠源 一九八七、尹健次 一九八二：一八三―一八五］他）。

こうした私立学校の性格を恐れた統監府は、「併合」前から統制策に乗り出した。統監府は、一九〇八年「私立学校令」施行時に、「日語」（＝日本語）を当時国語であった朝鮮語三時数より一時数多い四時数を配当し(14)、学部編纂教科書以外の教科書を厳しく取り締まった。

「併合」後は一九一一年の「私立学校規則」、及びそれに続く一九一五年の同規則改定による法的措置等により、①教科課程には「普通学校規則」準用が定められたためそれ以外の教科課程の加設が禁じられ、②教員の資格を制限し「国語ニ通達」することが求められた。このように、一九〇八～一九一五年までの一連の私立学校統制策によって、教科書・教科課程・教師に関する規制が行われた。そのため、学校数は激減し、存続した私立学校も言語・識字教育も含めて植民地的な教育内容を受容せざるをえなくなった（［古川 一九九六b、阿部洋 一九六〇、井上薫 一九九五b・一九九六］参照）。ただし、実際上は教科課程において一般系と宗教系では教授時数に異同があり、一般系が普通学校に準じていたのに対し、宗教系では日本語を減らし宗教教育にあてたりした場合もあったようである(15)。

3　書堂《ソダン》

書堂は、朝鮮王朝後期から発達した在来の漢文教育機関であり、原則として六歳以上の男子が通った。書堂は私立学校の衰退、普通学校の未整備、書堂に対する総督府の温存利用策のため、一九一〇年代から二〇年代初盤にかけて最も普及した。

一九一八年二月、書堂に関する最初の法令である「書堂規則」及び朝鮮総督府訓令第九号「書堂規則発布ニ関スル件」が出された。その特徴は、①許可制の私立学校と異なり届け出制であったこと、②生徒数は三〇人を超えない（「非学校」化）という性格を付与したこと、③漢文教授の義務化のうえで日本語及び算術を普及させせようした（「改良書堂」化）ことである。即ち、制定の目的は、朝鮮人による書堂から私立学校等の「学校類似」の教育機関への自主的発展を許さず、日本語普及機関として温存利用することにあった。しかし、同規則によって届け出た書堂機関数（一九一八年）二一、六一九のうち、漢文以外の教科を教授する改良書堂数は二、二八六（＝一〇・六％）［古川 一九九七：五〇―五二］に過ぎなかったので、この時点では約九割が漢文中心の在来書堂で占められていたことになる。

その教育方法をみてみよう。書堂は基本的に『千字文』『通鑑』『小学』『啓蒙編』等の漢文教本を講読教授したが、重要なことはハングル（朝鮮文字）教育も伴ったことである。書堂で最初に学ぶ読み書きの必修教本である『千字文』には、漢字の両側に朝鮮語での朝鮮語の意味（韓訳）と発音法（韓音）が付記されており、漢字を覚える際には教師による音読―生徒一斉の暗唱／書写（習字）の反復を通じてその韓音と韓訳を同時に覚えるため、両者の習得が有機的に結びついていた［渡部学 一九五五］(16)。即ち、「漢文の講読は釈字と音が必要であるので、漢学を修学すれば自然に朝鮮語を習得することができる仕組みになって」いたのである［朴来鳳 一九七四Ⅰ：一〇五］。書堂における修学とは、朝鮮人を講師に朝鮮語を教授用語として「主に漢文の講読、算術、習字であり、講読と併せて朝鮮語、算術、一部改良書堂においては日語が付加」［朴同前：一〇七］するという内容であった。書堂は、朝鮮人児童にとって漢字とともにハングルの識字技能をも習得する身近な民族的識字教育の場であったといえる。

ここで注目したいのは、普通学校と書堂との関係である。井上卓也［一九九五］によれば、一九一〇～二〇年代では、両者への就学者は別々ではなく重層的であったのである。一九一〇年代の普通学校の書堂出身者の割合は一九一二年度で七〇・一％、一九一八年度では一〇年代で最高の八二・一％を占めていた。第一次朝鮮教育令（一九一一年八月）では普通学校入学年齢は「八歳以上」（同令第一〇条）であったため、書堂に七〜八歳で通学した後、普通学校に入学するというルートがある程度できていたことになる。第二次朝鮮教育令（一九二二年）によって入学年齢が「六歳以上」（第五条）に引き下げられたため、一九二三年度に六六・五％と［井上前掲：四六―四七］一九二〇年代には書堂出身者の割合は減少していく。一九三〇年代にはさらに三割台に減少する［呉 二〇〇〇ａ：一一七］。それでも、一九一〇〜一九二〇年代を通じて書堂と普通学校への就学者は男子に限って重複していたことになる。男子を中心に普通学校就学児童のかなりの部分が漢字及びハングルの識字技能を習得していたことを窺わせる点で注意が必要である。

4　私設学術講習会

書堂が減少する一九二〇年代初盤から台頭したのが私設学術講習会（以下、「講習会」と略記する）である。このうち、夜間に行われたのが夜学である。愛国啓蒙運動期や一九一〇年代にも存在したが、一九二〇年代の教育熱勃興のなかで不就学児童や教育機会を逃した成人を対象に全国各地で盛んになった。これらは、一九一三年発布「私設学術講習会ニ関スル件」によって統制されたが、唯一統制を免れたのが官吏等による「国語（日本語）講習会（所）」であった［井上薫 一九九五ａ］。ところが、講習会は総督府の全国統計や公式資料には登場せず、『東亜日報』『朝鮮日報』等の民族紙や各道教育誌等にその足跡が断片的に散見されるだけである。そのため研究も、『東亜日報』等を基本資料とする盧榮澤［一九七五］や石川武敏［一九八二］、李明実［一九九四］などの夜学を中心とする研究と、地方教育誌を資料とする渡部学［一九六一など］の不入学児童対象の学校補助機関を強調する研究に分かれており、全体像の把握は容易ではない。ここでは、先行研究に依拠しつつ他の資料も用いて概観してみよう。

夜学には農民夜学、女子夜学、労働夜学などの形態[17]があり下層民衆を対象とした。書堂と異なるのは受講生に女性が多いことだった。「女子夜学」「婦女夜学」「婦人夜学」等と呼称された女子夜学数は一九二〇年代で全体の四〇％に達し[18]、主に教育機会がなかった既婚女性が通った[19]。夜学の基本科目は「算術・朝鮮語・日本語・漢文」、教科書は総督府編纂教科書や朝鮮農民社がつくったハングルの『農民読本』や『労働読本』等があった［盧 一九七九］。このように、講習会は教育機会のなかった朝鮮人にとって、初歩的な読み書きを教える身近な初等教育機関であった。

しかし、成人への識字習得機関という側面と重複しながら、講習会は「不就学児童の救済機関」という役割を担った。むしろ各道教育誌ではその役割が強調されている。釜山府の一九二一年六月一四日付「私設学術講習会ニ関スル件」[20]や江原道の一九二五年三月一六日付「私設学術講習会取締ニ関スル件」[21]などは、いずれも「（私立）学校」の名称使用を禁じている。しかし、これから逆に講習会が不就学児童を対象にした「学校類似」の教科課程や学年制を具備した常設的な教育機関であったことが窺える。こうした状況が二〇年代末に全道化していたことを示すのが、「私立学校規則改正」（一九二九年）「書堂規則改正」（一九三〇年）である。前者は「名ヲ学術講習ニ籍リ学校事業ナス」講習会を統制しようし、それを逃れようとした講習会が今度は「改良書堂」と称するケースが「簇出」したので、後者によって書堂を学校、講習会との区別に留意して認可制にしたのである。

このように、私設学術講習会は漢文以外の教科目、学年制、修業年限を設定する等の点で、植民地権力から「学校類似」機関と把握されていた。朝鮮人の手で初等教育を制度的な側面から「近代的」に体系づけようとしたのである。

講習会では朝鮮人が講師となり朝鮮語で教授した。講師は植民地権力をして「年少ニシテ朝鮮教育ノ本義ヲ解セザルガ如キ者ヲ招聘」する例があり「害アリテ益ナシ[22]」と記されたり、また「名ヲ学術講習会ニ籍リ密ニ不穏思想ノ宣伝ヲ為サントスル者[23]」の存在が記されている。講習会はしばしば「忠良ナル国民ノ育成」とは反する民族意識（あるいは階級意識）を鼓吹する教育空間としても機能していたのである。しかも、慶尚北道（一九二四年）では講習会の生徒数が諸機関のうち二割を占めるなど[24]、軽視できない勢力であったことも見逃せない。

こうした諸教育機関に対し総督府は、普通学校・私立各種学校を「学校」、書堂・私設学術講習会を「非学校」と区別し、明白な序列化を行った[25]。さらに、四機関（小学校も含めると五）は、教科課程、教員の民族別、教科書、習得する言語の種類（日本語・朝鮮語）や識字の種類（日本文・朝鮮文・漢文）、授業料、総督府の統制の度合い等に異同があり、相互に構造的な関連性を有していた。しかも、一九三〇年現在の普通学校の三分の一は、朝鮮人設立による諸機関の「換骨奪胎」により成立した［渡部 一九六四：七五］。このことは、朝鮮人が植民地権力への拮抗関係のなかで生みだした多様な識字教育機関が、普通学校という日本語習得に重点化した教育空間へと改編させられたことを意味する。宗主国日本には存在しない多様で複雑な、そして設立主体によって序列化され、かつ書堂と普通学校のように就学者が重複していたという教育環境は、朝鮮人初等教育の植民地的様式を示すものだったといえよう。

以上の諸教育機関のなかで、普通学校が一九二〇年以降に中心的な存在となっていくのである。

第2節　普通学校「就学」の男女別の時期区分論の仮説的提示

本節では、第2章以下の論を進める前提として、普通学校が朝鮮人男女にとってどのような存在であったかをみるために、性別にわけて普通学校「就学」に関する新たな時期区分論を試みたいと思う。そのため、入学率と中退率という新たな算出方法を導入して考察するものとする。

図1　公立普通学校への男女別入学率の推移（1912～42年）

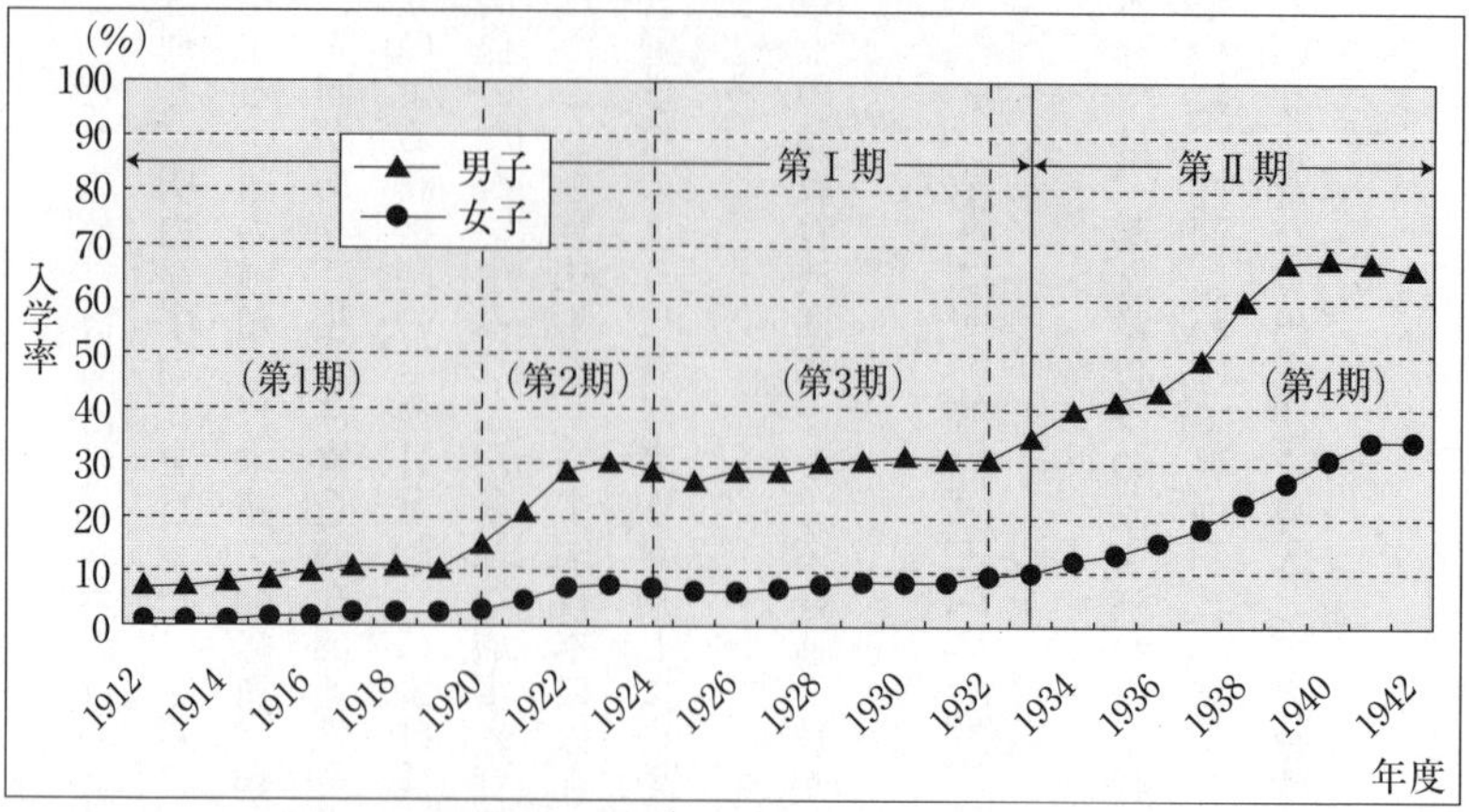

（出典）　人口は朝鮮総督府『朝鮮総督府統計年報』各年度版。入学者数は朝鮮総督府学務局『朝鮮諸学校一覧』1936年度（1912～34年）、1934年度（1935～42年）の「第一学年生徒数」（5月末現在）。

（注）　1.「推定6歳人口」＝総人口×0.026（『昭和五年朝鮮国勢調査報告』朝鮮人総人口に対する6歳児人口比0.026より算出）。

2. 第Ⅰ期・第Ⅱ期は筆者による時期区分、第1・2・3・4期は呉成哲による時期区分である。

1　普通学校「就学」と男女別の増加過程

呉成哲《オソンチョル》［二〇〇〇a：一三四―一三五］は、植民地期の普通学校への就学率の変動を次の4期に時期区分している。第1期（一九一二～一九年）＝普通学校への抵抗と書堂教育を志向した時期、第2期（一九二〇～二三年）＝三・一独立運動を機に就学率が急激に上昇し普通学校志向に変化した時期、第3期（一九二四～三一年）＝就学率の横ばい期、第4期（一九三二～四二年）＝飛躍的上昇期である（図1の（　）部分参照）。

これに対し、筆者は、就学率にかわって入学率・中退率という新たな算出方法を用いることと、性別の差異に留意して就学動向の推移を追うことにより、時期区分論に新たな視点を提起したいと思う。序章でも述べたように、その年々の一学年の入学者数だけを示す入学率は、六年間（ないし四年間）の就学者総数を示す就学率よりもダイレクトに就学動向を反映する。また、入学率における性別の差異を鮮明化することは、呉の時期区分では隠されてしまう就学の性別格差や性別に基づく時差を明らかにするとともに、男性とは異なる朝鮮人女性の就学動機を分析する際に重要な意味をもつからである。

まず、植民地期を通じた男女別の入学率の推移を示す図1から、それぞれの時期区分とその特徴をみてみよう。図1から確認できることは、入学率には性別の格差があるとともに、入学率が急増する時期にも性別の時差があることである。

まず、朝鮮人男子に関しては第2期及び第4期に急増しており、前記の呉による4期の区分にほぼ沿って変動している。ただし、本書では第4期の区分は、入学率が二〇～二五％を超える一九三三年からの方が合理的と考えるので、第1期を一九一二～一九一九年、第2期を一九二〇～二三年、第3期を一九二四～三二年、第4期を一九三三年以降と修正したいと思う。

これを巻末〈付表1〉から細かく推移をみると、朝鮮人男子の入学率は、第1期は一五％以下で推移したが、第2期一九二一年に二〇・九％、一九二三年三〇・三％と急増し、その後第3期には停滞・横ばいをへて、第4期の一九三四年三四・九％、三七年四九・〇％となり、三八年・三九年にはそれぞれ一〇％を越す勢いで「激増」していることがわかる。

次に、女子の場合だが、第1期は四％にも満たない状況であり、第2期一九二三年においても七・三％であった。男子が同年三〇・三％であったからその四分の一にすぎない。その後第3期に横ばいとなったが、第4期である一九三四年には一〇％台に急増する。女子入学率が一〇％に達するのに一二年かかったが、一〇％台から二〇％になるのは四年にすぎない。女子入学率は一九三〇年代、とりわけ第4期である一九三三年以降に急増したのである。

以上からいえるのは、男子は第2期・第4期に、女子は第4期に入学率が急増するが、共通するのはともに第4期に急増したことである。言い換えれば、呉の時期区分は男子には妥当であるが、女子にはそれとは異なる時期区分が必要となるのである。即ち、女子に関しては一九三三年の前と後に二分化できるので、男子の時期区分とは異なる表記を用いて、第Ⅰ期の一九一二～三二年までと、第Ⅱ期の一九三三年以降にする方が適切であると考える。

2 普通学校「就学」と時期区分論の仮説的提示

次に、以上の入学率に基づく時期区分論を、中途退学率（以下、「中退率」と略記する）からも検討することによって、普通学校入学者が入学後にどのような就学行動をとったのかを考察してみよう。入学率が就学の量を示すのに対し、その入学者に対する中退率の増減は、入学者の就学行動・要求の質――就学の完成である卒業に意味を見出すか否か――に関わる。

表3は、公立普通学校への入学者数に対する未卒業者数の比率を示す中退率の推移（一九一二～四二年）を示している。まず指摘できるのは、植民地期を通じての中退率の高さである。このことは中途退学者が例外的ではなく植民地社会の就学構造に起因することを示している。それでも時代を下るにつれて明らかに減少していくのは、朝鮮人にとっての普通学校「就学」のもつ意味の変化を示していよう。

即ち、就学低迷期である第1期には、男女とも入学者の過半数以上が中途退学している。その傾向は女子に著しく、一九一七年度入学者の八五・六％が退学した。入学後に、ほとんどが退学していることになる。ところが、男子就学者が急増する第2期には中退率も男女とも急減する。六年制に改変された第2期になって中退卒は減少していく。注目したいのは、就学者数が停滞した第3期にむしろ中退率が漸減しはじめ、一九三〇年に入ると急減していることである。一九三二年度入学者の中退率は男子二二・九％、女子三六・七％、合計二五・七％である。

男子とともに女子の就学者数が激増する第4期はどうだろうか。卒業者数の統計が一九四二年までないため一九三八年度以降の中退率は算出できなかったが、一九三三年度から一九三七年度までに関していえば、中退率は三〇％前後に「安定」したばかりではなく、男女の差が減縮するようになった。とくに一九三七年には女子が男子を

表3　公立普通学校の男女別中途退学率・卒業率の推移（1912～37年）

入学年	卒業年		人数		中途退学率				卒業率（卒業/入学）		
			男子	女子	合計	男子	女子	男女差	合計	男子	女子
1912 年	1915 年	入学 卒業	20,738 7,763	2,091 455	64.0%	62.6%	78.2%	－15.7%	36.0%	37.4%	21.8%
1913 年	1916 年	入学 卒業	22,803 8,671	2,646 578	63.7%	62.0%	78.2%	－16.2%	36.3%	38.0%	21.8%
1914 年	1917 年	入学 卒業	22,593 9,406	2,939 597	60.8%	58.4%	79.7%	－21.3%	39.2%	41.6%	20.3%
1915 年	1918 年	入学 卒業	26,913 10,683	3,689 780	62.5%	60.3%	78.9%	－18.6%	37.5%	39.7%	21.1%
1916 年	1919 年	入学 卒業	30,016 10,967	3,933 930	65.0%	63.5%	76.4%	－12.9%	35.0%	36.5%	23.6%
1917 年	1920 年	入学 卒業	31,865 8,055	5,133 737	76.2%	74.7%	85.6%	－10.9%	23.8%	25.3%	14.4%
1918 年	1921 年	入学 卒業	31,046 8,711	5,330 810	73.8%	71.9%	84.8%	－12.9%	26.2%	28.1%	15.2%
1919 年	1922 年	入学 卒業	32,412 12,361	5,008 934	64.5%	61.9%	81.3%	－19.5%	35.5%	38.1%	18.7%
1920 年	1925 年	入学 卒業	53,757 36,140	7,719 3,754	35.1%	32.8%	51.4%	－18.6%	64.9%	67.2%	48.6%
1921 年	1926 年	入学 卒業	73,895 42,879	11,873 5,281	43.8%	42.0%	55.5%	－13.5%	56.2%	58.0%	44.5%
1922 年	1927 年	入学 卒業	107,007 52,524	17,879 6,737	52.5%	50.9%	62.3%	－11.4%	47.5%	49.1%	37.7%
1923 年	1928 年	入学 卒業	116,251 53,902	20,935 7,598	55.2%	53.6%	63.7%	－10.1%	44.8%	46.4%	36.3%
1924 年	1929 年	入学 卒業	117,326 53,034	23,169 7,913	56.6%	54.8%	65.8%	－11.0%	43.4%	45.2%	34.2%
1925 年	1930 年	入学 卒業	105,885 53,188	20,734 8,032	51.7%	49.8%	61.3%	－11.5%	48.3%	50.2%	38.7%
1926 年	1931 年	入学 卒業	115,270 54,820	23,511 8,428	54.4%	52.4%	64.2%	－11.7%	45.6%	47.6%	35.8%
1927 年	1932 年	入学 卒業	110,716 57,600	23,021 9,354	49.9%	48.0%	59.4%	－11.4%	50.1%	52.0%	40.6%
1928 年	1933 年	入学 卒業	111,230 62,965	24,438 10,748	45.7%	43.4%	56.0%	－12.6%	54.3%	56.6%	44.0%
1929 年	1934 年	入学 卒業	118,059 70,130	26,074 12,332	42.8%	40.6%	52.7%	－12.1%	57.2%	59.4%	47.3%
1930 年	1935 年	入学 卒業	121,144 78,935	27,760 14,660	37.1%	34.8%	47.2%	－12.3%	62.9%	65.2%	52.8%
1931 年	1936 年	入学 卒業	121,467 89,060	28,195 16,718	29.3%	26.7%	40.7%	－14.0%	70.7%	73.3%	59.3%
1932 年	1937 年	入学 卒業	125,923 97,028	31,268 19,795	25.7%	22.9%	36.7%	－13.7%	74.3%	77.1%	63.3%
1933 年	1938 年	入学 卒業	145,119 104,802	35,722 22,931	29.4%	27.8%	35.8%	－8.0%	70.6%	72.2%	64.2%
1934 年	1939 年	入学 卒業	166,023 112,199	42,156 26,983	33.1%	32.4%	36.0%	－3.6%	66.9%	67.6%	64.0%
1935 年	1940 年	入学 卒業	164,920 120,115	47,032 31,486	28.5%	27.2%	33.1%	－5.9%	71.5%	72.8%	66.9%
1936 年	1941 年	入学 卒業	173,397 124,254	54,739 38,481	28.7%	28.3%	29.7%	－1.4%	71.3%	71.7%	70.3%
1937 年	1942 年	入学 卒業	198,166 144,066	64,809 47,780	27.0%	27.3%	26.3%	1.0%	73.0%	72.7%	73.7%

（出典）　朝鮮総督府『朝鮮総督府統計年報』1924 年版（1912～24 年）・1933 年版（1925～33 年）・1942 年版（1934～42 年）。

（注）　1．1912 年から 1919 年は 4 年制なので、入学年度 4 月の入学者数と 4 年後の年度 3 月の卒業者数から算出した。1920 年の第 1 次朝鮮教育令改定以降は原則 6 年制なので、入学年度 4 月の入学者数と 6 年後の年度 3 月の卒業者数から算出した。したがって、その狭間にあった 1923-24 年度の卒業年度は除いてある。2．中途退学率は、卒業率を反転させたものである。

（参考）　阿部宗光・天野郁夫「開発段階にあるアジア諸国における初等教育の WASTAGE」『国立教育研究所紀要』第 56 集、1967 年、51 頁。

図2　男女別による朝鮮人の普通学校「就学」の時期区分

朝鮮人男子	第1期	第2期	第3期	第4期
	1912〜19年	1920〜23年	1924〜32年	1933年〜
	低就学・高退学期	就学急増・退学急減期	就学横ばい・退学漸減期	就学激増・退学低位安定期
朝鮮人女子	第Ⅰ期			第Ⅱ期
	1912〜32年			1933年〜
	低就学・退学漸減期			就学激増・退学低位安定期

下回ってさえいる（男子二七・三%、女子二六・三%）。

したがって、入学率の男女別時期区分を考慮しながら、以上の中退率と組み合わせると、普通学校「就学」の時期区分に関して、次のような指摘ができるだろう。

第一に、植民地期の普通学校就学者の急増期は、第2期と第4期の二回あったが、前述のように、第2期の急増は朝鮮人男子の「就学」によってもたらされ、第4期の急増は男子及び女子の「就学」によってもたらされた。

第二に、第2期には中退率が減ったとはいえ過半数の中退者が存在し、とくに女子の中退者が多かった時期であったのに比して、第二次就学（男女）急増期（第4期）の中退率は男女とも低くなり、ある意味で「安定」してきたといえるだろう。もちろん、第二次就学急増期にあっても三人に一人は退学せざるをえなかったのは確かだが、植民地期を通時的にみた場合、相対的には朝鮮人男女にとって普通学校就学・卒業の意味がどの時期よりも増大してきたことを示している。その意味で、ともに急増期とはいえ就学の質が両者では異なるのである。とくに女子にとっては、第二次急増期に「就学」の量・質の双方に大きな変化があったといえよう。このように、普通学校「就学」においては男女別に時期区分が異なるだけでなく、その質に関しても時期別に異なっていることが明らかになった。

したがって、普通学校の「就学」に関しておおよその傾向として整理すると、図2のようになる。即ち、朝鮮人男子の場合は第1期（一九一二〜一九年）は低就学・高退学期、第2期（一九二〇〜二三年）は就学急増・退学急減期、第３期は就学横ばい・退学漸減期、第４期は就学激増・退学低位安定期と四つに分けられる。一方、朝鮮人女子では第Ⅰ期（一九一二～三二年）は低就学・退学漸減期、第Ⅱ期（一九三三～）は就学激増・退学低位安定期と二分することができると思われる。

以上のように、朝鮮人のなかでも性別によって「就学」の量的・質的な時期区分が異なるのは、植民地社会（植民地権力や朝鮮人社会）が男子／女子に対して、教育に求めたものや就学動機、教育の効能がそれぞれ異なることに起因すると思われる。以下の章では、ジェンダーを分析軸にしてこれらを考察していきたい。

そのために、朝鮮人女性の「就学」の時期区分によって、第２章では男子の就学が急増し女子の就学が低迷した第Ⅰ期（一九一二～三二年）を扱い、第３章では男女とも就学者が急増した第Ⅱ期（一九三三年～）を対象に分析したうえで、第４章では朝鮮人女性の「就学」に焦点化して植民地社会の変化や朝鮮人女性の就学動機を考察したいと思う。

第2章 「教育の学校化」と就学構造のジェンダー化過程

本章がめざすのは、第I期（一九一二〜三二年）を対象に、一九二〇年代以降の普通学校への「就学」可否を規定する要因を〈民族〉〈階級〉〈ジェンダー〉に分類してその内実を具体的に示しながら〈ジェンダー〉を軸に分析することによって、普通学校を中心とする植民地就学構造がどのように階級限定的でかつジェンダー化されていったのかという構築過程を考察することである。

そのために、第1節では、第I期の普通学校「就学熱」を民族別格差や性別格差に留意して概観する。先行研究は一九二〇年代に朝鮮人の就学先に重大な変化が起こったこと［韓祐熙《ハンウヒ》 一九九一、古川 一九九三］、就学者が有産階級に限定されたこと［韓 一九九〇］を明らかにした。しかし、ジェンダーの視点を導入するとこの変化は主に朝鮮人男子に生じたものであり、女子はあらゆる教育機関への就学者数自体が少なかったことを明らかにしたい。第2節では、朝鮮人児童の普通学校への就学機会を規定した要因である〈民族〉〈階級〉〈ジェンダー〉の内実とその関係性を分析する。第3節では、一九二四年以降の入学率停滞の要因とその対応策である朝鮮総督府の初等教育拡張政策を〈民族〉要因の変化として検討するが、ジェンダーの視点からはこれも朝鮮人男子対象とする就学・教育政策の推進であったことを明らかにしたい。

第1節　普通学校「就学」をとりまく諸状況とジェンダーバイアス

1　民族別の就学動向

朝鮮人児童の普通学校就学動向に関して、在朝日本人児童の就学率との対比によって、第Ⅰ期を中心にみてみよう。ここで留意すべきは、序章で検証したように、在朝日本人児童と朝鮮人児童では就学率の算出方法が異なるため、前者は高く、後者は低く算出されることである。

しかし本項のねらいは、朝鮮人児童の就学動向を在朝日本人児童との対比によって提示することにあるので、補足的に在朝日本人児童の就学率を示してみたい。

まず、在朝日本人児童の就学率は、『朝鮮総督府統計年報』一九二四年版によれば、男女とも「併合」直後に九五%を超え、一九二四年度末にはすでに男子九九・六%、女子九九・六%とほぼ全入状態であった。朝鮮では義務教育制が不施行であったが、在朝日本人児童は「実質上義務教育制ヲ実施セルト同様ノ状態」[1]にあったのである。この趨勢は、植民地支配末期まで変化はなかった。

これに対し、朝鮮人児童はどうか。図1は官公私立普通学校への朝鮮人児童の就学率を示している。ここでは一九一〇～一九二〇年代を中心に推移をみてみよう（詳しい数値は巻末〈付表2〉を参照されたい）。

官公私立を併せた普通学校の就学率をみても一九一〇年代では五%以下、一九二〇年代末には就学率が上昇したとはいえ一六・三%（一九二九年）に過ぎなかった。

図1　官公私立普通学校就学率の動向（1912〜42年）

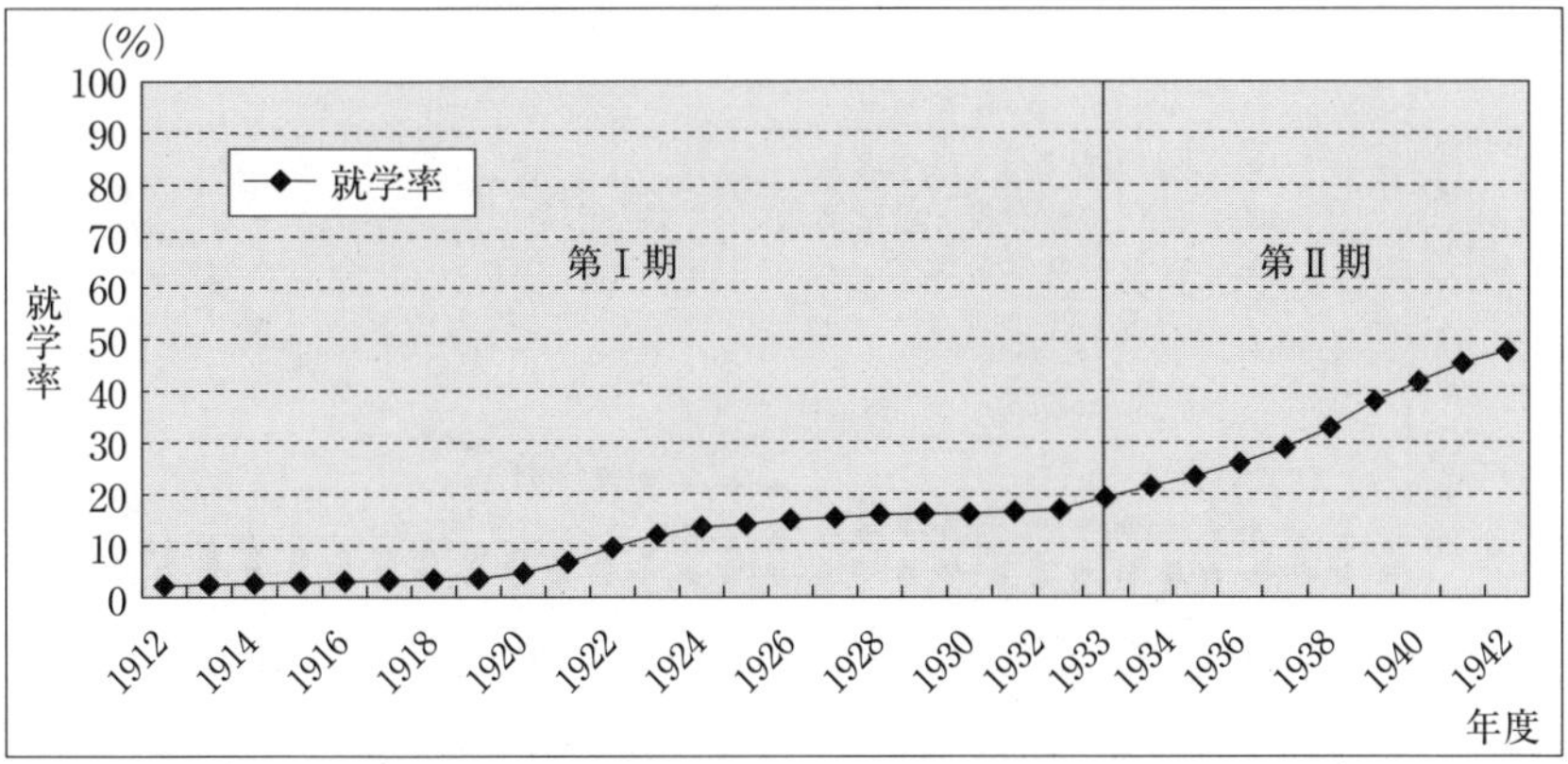

（出典）　朝鮮総督府『朝鮮総督府統計年報』1932年度版（1912〜32年）・1933年度版・1942年度版（1934〜42年）より作成。
（注）　1．学齢推定人口は、『朝鮮総督府統計年報』各年度版の朝鮮人総人口×「0.144」（[呉成哲 2000 a：132] による）。
　　2．数値は、巻末〈付表2〉参照。

このように、就学率算出方法の違いを勘案しても、在朝日本人児童の「皆学」状況に比して、第Ⅰ期における朝鮮人の就学状況はきわめて劣位にあったのである。

2　第一次普通学校「就学熱」と「教育の学校化」

しかしながら、私立学校（＝私立各種学校）、書堂などの初等教育機関の就学動向との比較に目を転じると、一九二〇年代から朝鮮人児童の就学先に重大な変化が生じたことがわかる。ここでは主に就学者の実数により、普通学校、私立学校、書堂の動向を比較してみよう。

図2は、これら三機関への就学者数の通時的な推移を示したものである。一九一〇〜二〇年代の推移に着目してみよう。「併合」直後は私立学校・書堂の就学者数が優勢であった。しかし、普通学校は一九一五年に私立学校の就学者数を超え、一九二三年には書堂を上回り、一九二〇年代後半からは他機関を圧倒しはじめる。その傾向は植民地支配末期にいたるほど顕著になっていく。先行研究［古川 一九九三、呉成哲《オソンチョル》 二〇〇〇a］が明らかにしたように、一九二三年を分岐点として普通学校が植民地朝鮮における初等

図2　各初等教育機関別の就学者数の推移（1912～42 年）

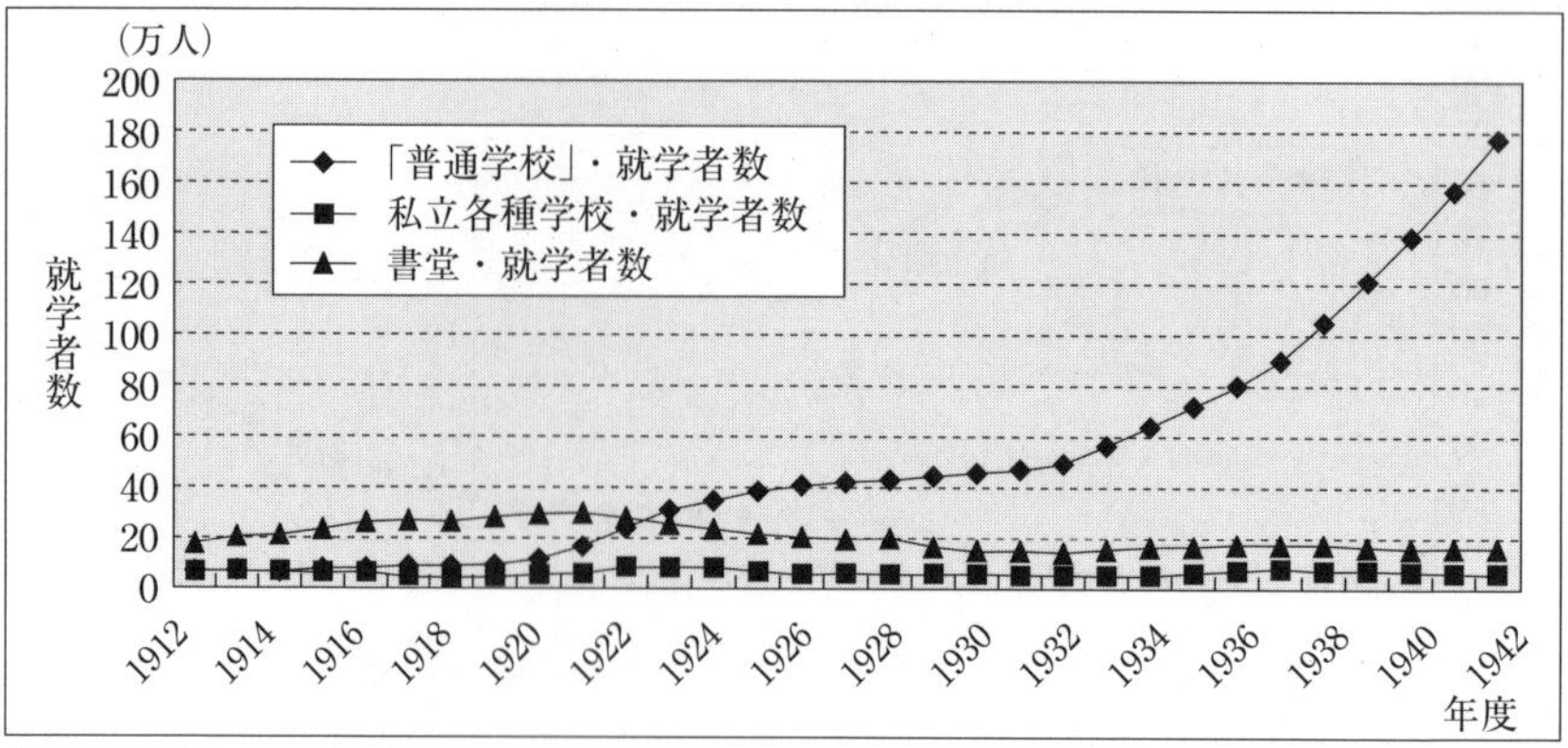

（出典）　朝鮮総督府『朝鮮総督府統計年報』1911 年度版・1932 年度版・1942年度版より作成。
（注）　数値は、巻末〈付表 3〉参照。

教育機関の中心的位置を占めるようになったのである（詳しい数値は巻末〈付表3〉参照）。

朝鮮人児童の就学先が一九二三年を起点に書堂から普通学校へと変化したという意味で、一九二〇年代の朝鮮社会では「教育の学校化」と呼びうる現象が進行したことになる。従来の研究では、渡部学が公立普通学校を中心に私立学校、書堂や私設学術講習会などの「副次」的な初等教育機関を求心的に包摂しようとする体制を構築しようとしたことを「公立普通学校体制」［渡部学 一九七五：二五四—二五七、他］と呼称して定説化しているが、本書では、朝鮮人の就学志向（教育行動）の時期的変化とその特徴を重視しそれを明確化するために、この用語を使いたいと思う。

それでは、「教育の学校化」はなぜ起こったのか。

一九二〇年代に普通学校への就学者が急増した現象は、一九一〇年代に総督府が私立学校に対する抑圧策や書堂への統制策に乗り出したことが影響しているが、韓祐熙［一九九一］は、それだけでなく、一九一〇年代に普通学校を忌避した朝鮮人が一九二〇年代になると積極的に普通学校を就学の対象として選択したためと説明する[2]。その理由として韓は、①愛国啓蒙運動期に根をもつ実力養成論が三・一独立運動（一九一九年）の挫折を経て拡大伝播され、実力養成の場が従来の私立学校から普通学校に変わったこと、②普通学校が官吏及び事務職進出のための通路として定着することによって朝鮮人の地位獲得要求を満足させたこと、③学校教育を官吏となるための手段とみる伝統的な教育観、の三つをあげている。即ち、普通学校への就学熱は、民族的次元、個人的次元での実力養成論と普通学校を通じた社会的上昇の通路という認識が広がったことによって引き起こされたというのである。

問題は、この見解が朝鮮人男子にあてはまるにすぎないことである。韓は、朝鮮人女子の就学者数が極端に少なかったことを見逃して、就学者急増の解釈を行っているのであって、この説明原理は女子には適用できないと思われる。そこで、次項ではこれを検証するために普通学校や他の機関への男女別の就学動向に関して、ジェンダー統計によって考察したい。

３　初等教育機関「就学」のジェンダーバイアス

普通学校を中心とする初等教育機関への「就学」に関する性別の偏りを具体的に考察するために、図３及び巻末の〈付表４〉からみてみよう。

まず、普通学校からみてみよう。図３から男子と女子では普通学校就学者数の伸び方に違いがあることがわかる。男子は一九二三年を起点として普通学校就学者数が書堂のそれを上回りその後も上昇傾向にあるが、女子はそうではない。これを普通学校就学率に関する男女別数値を記載した巻末の〈付表４〉からみると、男子就学率は一九一〇年代には五％前後であったのが二〇年代後半には二五％を超えた。これに対し、女子の場合は一〇年代で一％以下であり、五％を超えたのは二〇年代後半であった。即ち、二〇年代の普通学校就学率上昇を牽引したのは男子であり、女子ではなかった。

次に私立学校の就学者数では、男子は一〇年代より二〇年代後半に減少し、逆に女子は増えたが、男女とも就学

図3　各機関別の男子就学者数（上）・女子就学者数の推移（下）（1912～42 年）

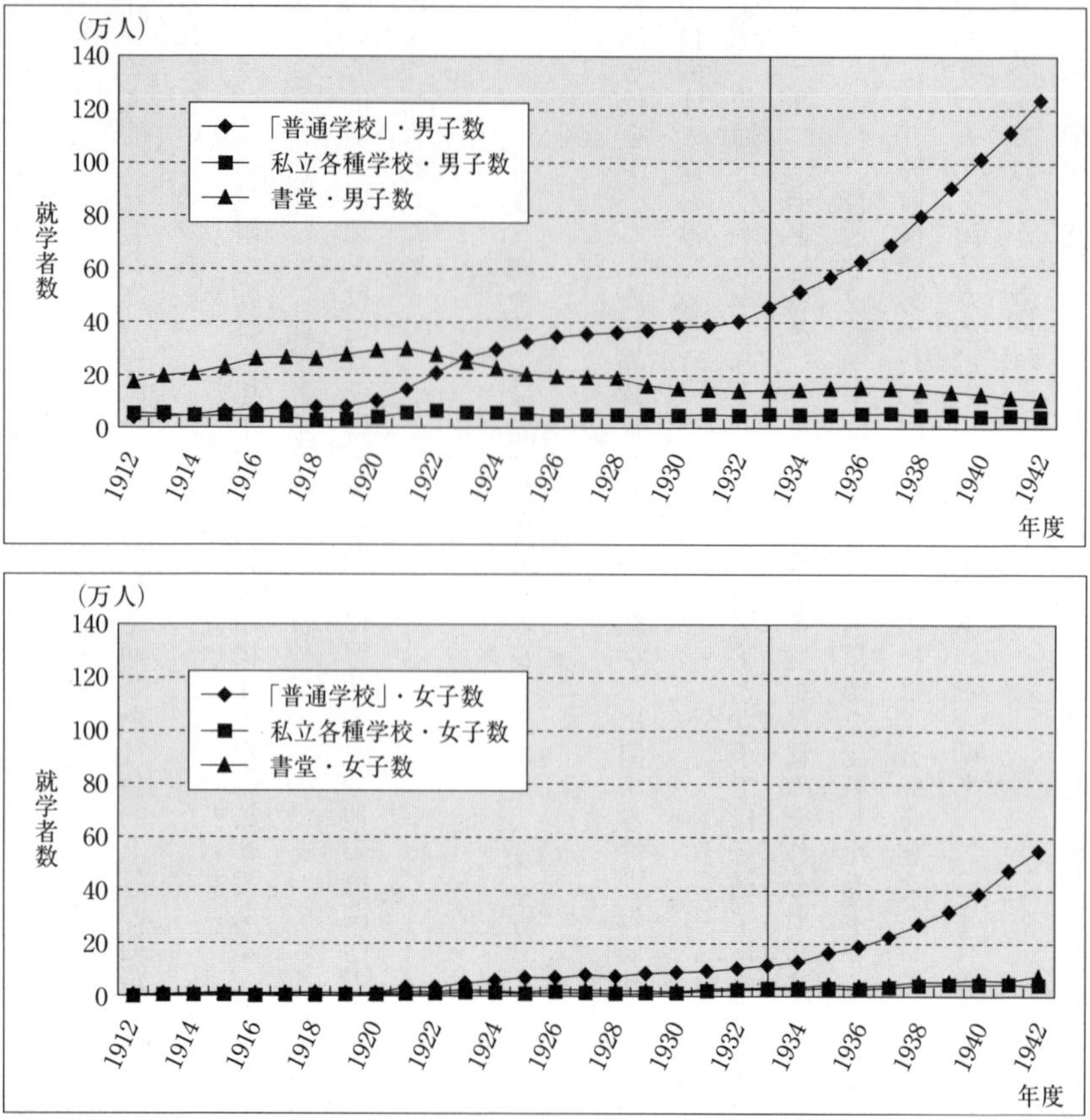

（出典）　朝鮮総督府『朝鮮総督府統計年報』1911年度版・1932年度版・1942年度版より作成。
（注）　数値は巻末〈付表 4〉参照。

者数自体が少ない。

書堂では、一九二〇年代後半に就学者数が減った男子に比べて女子は漸増したが、そもそも女子就学者の絶対数が極端に低かった。さらに、三機関就学者数を併せた男女比をみると減縮傾向にあるが、それでも一九二八年の男女比は、女子は男子の七分の一に過ぎなかった。即ち、どの機関においても、第I期の朝鮮人女子就学者の絶対数は少なかったのである。

このように三機関の就学者数の推移を性別に分けることによって、前項で提示した「教育の学校化」は朝鮮人男子にのみ起こった現象であったこと、したがって韓の見解も男子にのみ適用可能な説明原理であることが明らかになった。一九二〇年代の「教育の学校化」と普通学校就学者の急増から、女子は予め排除されていたのである。

第2節　「就学」規定要因としての民族・階級・ジェンダー

それでは、以上のような第Ⅰ期における在朝日本人児童と対比的な朝鮮人児童の普通学校入学率・就学率の低さ、とりわけ女子に顕著な就学者数の少なさは何によってもたらされたのか。

本節では、一九二〇年代を中心に、普通学校への朝鮮人児童の就学規定要因を〈民族〉要因、〈階級〉要因、〈ジェンダー〉要因に分類しそれぞれの内実を考察したうえで、〈ジェンダー〉を軸にそれら相互間の関係性を分析することにしたい。一九二〇年代は、植民地教育機関である普通学校「就学」が朝鮮人児童にとって職業選択や人生設計にとって重要な意味をもちはじめ、したがって朝鮮人の教育上の関心がその就学可否に向かったからこそ、これらの諸規定要因が機能しはじめたと考えられるからである。

1　〈民族〉要因

これまでみてきたように、日本人児童は六年制小学校に、朝鮮人は四年制・六年制普通学校に就学し制度上別学であり、就学率にも民族格差があった。問題は、就学状況の民族格差の要因である。本項では、その要因と考えられる総督府の民族別に異なる就学政策を〈民族〉要因として、学校の設置状況や授業料の設定からみていこう。

1　民族別の就学政策

日本人児童の小学校就学は、植民地朝鮮でも重視された。日本人居住地にはもれなく小学校が設置され、また学校未設置地に住む児童には児童寄宿舎が用意された[3]。生徒数二人でも小学校が設置された例[4]があるなど、どのような「僻地」にも小学校は設立された。一九二〇年初頭段階ですでに、「内地に於ては学齢児童にして就学せざる者も幾分ある様で朝鮮に於ける学校組合員中には不就学者は殆ど無い様[5]」と称されるなど、日本本国よりも就学率が高いとされていた。植民地権力も在朝日本人児童の「皆学」に近い就学率の高さから、前述の通り「実質上義務教育制ヲ実施セルト同様ノ状態[6]」と認識していたのである。

一方、朝鮮人児童の場合は、「三面一校計画[7]」（一九一九〜二二年）が実施され一九二〇年代に普通学校数が漸増したのは確かである。しかし、一九二八年段階でも面数二、四九三（面は行政の末端単位）に比して公立普通学校数は一、四二三校、一・七面に公立普通学校一校の割合で配分されたに過ぎない。これを面の下部にある朝鮮人にとって基本的な生活単位である洞里数二八、二四〇に即してみると、一九・八個の洞里に普通学校一校が配分されたことになる[8]。そのため「当時（一九二〇年代末—引用者）の公立普通学校が農民層の生活空間である村に位置せず、農村と距離がかなり離れた長距離の箇所や面所在地付近に設立され」［文昭丁《ムンソジョン》 一九九〇：一〇七］たことになり、遠隔地に居住する朝鮮人児童の通学はかなりの支障を来していた。通学時間が徒歩で一時間半〜二時間という例も珍しくなかった[9]。一九二〇年代には各地方で朝鮮人による公立普通学校新設・誘致運動が展開されたが、学校許認可権を掌握していたのは植民地権力であった。たとえば、学校新設に際しては面内における寄付金募集能力が設立の指標の一つとされたが[10]、寄付金が集まっても植民地権力に学校増設の意思がない場合は不許可になった事例[11]が少なくなかった。このように総督府は、一九二〇年代には普通学校設置に積極的ではなく抑制的であったといえよう[12]。

これに対し、朝鮮人は、日本人児童と対比的な公教育機関数の少なさを批判しながら「義務教育要求、少なくとも一面一校制」の要求を出し[13]、総督府の標榜する「一視同仁」「差別撤廃」の欺瞞性をついた。しかし、総督府は朝鮮人の教育要求を部分的に受容しただけであり、施設数不足に反比例した就学志望者（主に男子）増加により、特に都市部では入学に際して試験または抽選等の方法を行う場合もあるなど、入学難が深刻化した。[14]「入学したくても学校がない」――朝鮮人の入学率・就学率の低さは、総督府の就学抑制策の表れともいうべき教育機関の未整備に規定されていたのである。

２　民族別に異なる授業料の設定

授業料の多寡は、「皆学」の日本人児童と異なり、朝鮮人児童の就学可否を大きく左右する要因の一つであった。その授業料金額を左右したのが民族別に異なる学校財政制度である。学校財政制度は、①公費負担としての設置者負担と国庫補助金、②私費負担の授業料によって構成されていた。①公費負担のうち設置者負担としては、公立普通学校に対しては「学校費」、公立（尋常）小学校は「学校組合費」[15]が定められ、朝鮮人・在朝日本人に対してそれぞれ「賦課金」が課された。

学校費と学校組合費の負担額を民族別に比較してみよう。たとえば、慶尚北道（一九二三年）の一戸当たりの賦課金平均は、朝鮮人世帯二・五四円、日本人世帯二一・八一円、[16]全羅南道（一九二七年）では朝鮮人世帯〇・七六円、日本人世帯二五・一二円であった。[17]このことが示すように、その負担額は日本人世帯の方がはるかに大きかった。しかし、賦課金は所得に応じて賦課されたので、両者の負担額の格差は日本人世帯・朝鮮人世帯の間に顕著な経済的格差があったことを示すものといえよう。[18]

授業料徴収額は、以上のように学校費（公立普通学校）／学校組合費（公立小学校）の負担額に基づいて決定されたため、公立小学校学校組合では授業料を徴収しないケースもあった。[19]しかし、学校財政制度と授業料の関係性を構造的に把握するのは現状では資料的に難しいので、ここでは法規上から比較してみたい。

第二次教育令期に注目して表1をみると、授業料徴収額の上限に民族別に差異があったことがわかる。即ち、朝

表1　「民族」別授業料規定

	第一次教育令期（1911～21年）	第二次教育令期（1922～37年）
日本人児童（公立尋常小学校）	「一月40銭以下」（1912年「朝鮮公立小学校規則」第20条）	「一月50銭以内」（1922年「小学校規程」第83条）
朝鮮人児童（公立普通学校）	「授業料ヲ徴収スルコトヲ得」（1911年「普通学校規則」第32条。金額の明示なし）	「一月一円以内」（1922年「普通学校規程」第81条）

（出典）　教育史編纂会編『明治以降教育制度発達史』第10巻、教育資料調査会、1939年。

鮮人は月額「一円以内」、日本人は「五〇銭以内」と定められいた。より脆弱な経済的基盤しかもたない朝鮮人家庭の方が、より高額な授業料を負担しなければならなかった。高額授業料の設定自体が朝鮮人の「就学」に抑制的な作用をもたらし、結果的に授業料負担に耐えられる階級の出身者以外は「就学」からの排除＝「不就学」（不入学・中途退学）の要因となったと考えられる。

このことは「不就学」の理由からも窺える。日本人児童の「不就学」の理由は、ほとんどが「学校未設」「疾病」[20]であり、「貧窮」や授業料負担は例外であった。朝鮮人児童の場合が経済的理由による不入学や中退者が多かった（後述）ことと対照的である。ここからも、植民者である在朝日本人世帯の経済的基盤の特権性が浮き彫りになる。

3　就学政策にみる「同化」という植民地教育政策理念との乖離

しかしながら、総督府は小学校・普通学校に対し、ともに教育目標として「忠良ナル国民ノ育成」（朝鮮公立小学校規則第九条、第一次朝鮮教育令第二条等）を掲げ、第二次教育令からは「一視同仁」「差別撤廃」を掲げたはずである。しかし、その政策理念に比して、非対称的な就学政策がとられたのはなぜだろうか。さらにいえば、朝鮮人児童に就学義務を課すことによって、「究極の弾圧策」ともいうべき「同化」教育に〝包摂〟[21]するという選択肢もありえたはずである。そうならなかったのは、教員養成問題を含む財政面での制約が大きかったが、より根本的にはこの時期の総督府が両者に期待した役割・人間像が異なっていたためと考えられる。

在朝日本人児童の場合は、日本本国の同一の法令下におかれ教育内容も本国に準じていたが、特に強調されたのが「平時に在りては率先以て或は朝鮮開発の任に当り或は朝鮮人同化の任を尽し一旦緩急あらば義勇公に報じ以て帝国の隆運に貢献するの人たること」「特に小学校児童は将来朝鮮に在住し、朝鮮の開発と朝鮮人同化とに任ずる」[22]（傍点引用者）ことであった。即ち、植民者の子女として、未来の支配民族の一員として、「支配と同化の任」を自覚し実践する日本人を初等教育段階から育成するためにこそ、就学優遇策がとられたと考えられる。また、植民地に居住しようとも、日本人男子には兵役義務が課されたことも密接に関係したと推測される。

他方、この時期の被支配民族たる朝鮮人初等教育の眼目は、「少数者ニ対スル教育ノ向上」[23]（傍点引用者）にあった。即ち、普通学校を上級学校への進学を予定しない袋小路的な終結教育と位置づけ、専ら「簡易実用」を旨とする日本語習得と農業実習を授業料負担に耐えられる階級に属する少数の朝鮮人男子に施し、彼らをして間接支配のための下級官吏等にすれば事足りたのであって、その他の「多数民衆ニ対スル教育の普及」[24]は放置しても支配に支障がなかったと推測される。少なくとも一九二〇年代までは、「同化」主義という〝包摂のレトリック〟とは対照的に、就学政策での〝実践においてはきわめて排除的〟であったといえよう。

ここで、日本に渡航・居住するようになった在日朝鮮人児童の就学問題から民族別の就学政策を考察すると、さらに興味深い事実が浮かび上がる。一九二〇年代以降、日本へ渡航する朝鮮人が急増したことにより、在日朝鮮人児童の小学校就学問題が生ずるようになった。たとえば、在日朝鮮人の最多住地域である大阪府では、一九二三年に文部省に小学校令適用可否の照会と義務就学に向けた交渉を始めている。この時の文部省からの回答は不明のようだが、後に拓務省朝鮮部からの照会に対しては一九三〇年九月六日「内地在住朝鮮人ハ小学校令第三二条ニ依リ学齢児童ヲ就学セシムル義務ヲ負フモノトス」と回答し、一九三〇年以降には在日朝鮮人児童にも義務教育が適用されるようになった［田中勝文 一九六七］。実際、就学率は大阪の場合、一九三〇年を前後して三一％から四六％

へと急増した。しかし、実態的には、①入学希望の申し出があった場合に入学できる申し出制、②学校施設に余裕があるときに入学が許可される許可制であった（大阪府や東京府の場合）。このように、義務教育制が施行された日本に居住する朝鮮人児童への初等教育政策は、就学義務というより「恩恵的」な措置であった。一九三〇年代以降も小学校への未就学者は多く（とくに女子）、学校に通学したとしても日本人が行かなくなった貧困家庭向けの小学校夜間部への就学者が多かった（以上、［伊藤悦子 一九八三］）。そのため、戦争末期である一九四二年でも在日朝鮮人児童の就学率は六四・七％であった［田中前掲：一六二］[25]。

このことから、義務教育制不施行の朝鮮に居住する日本人児童に義務教育制が準用されたことを含めて考慮すると、義務教育制は日本／朝鮮に対し属地的であるようにみえながら、実態的には日本人／朝鮮人を対象に属人的に運用されたといえる。ここからも植民地教育政策において額面に掲げられた「一視同仁」「差別撤廃」のレトリックと、民族別に序列化された就学政策という実践との乖離をみてとることができよう。

以上のように、日本人児童と朝鮮人児童は、居住地を問わず就学機会の有無や教育内容をめぐって非対称的であり、民族の差異による序列化構造が構築されていたといえるだろう。

2 〈階級〉要因

このような植民地教育政策で打ち出された普通学校の授業料負担は、学校施設の未整備とともに、朝鮮人児童の就学機会を規定する重要な要因だった。朝鮮人家庭にとって、授業料負担はどのような位置を占めたのだろうか。

1 朝鮮人の経済状況

授業料負担を考察する前提として、植民地社会の経済状況をみてみよう。

「韓国併合」以降、朝鮮総督府が推進した「土地調査事業」(一九一〇～一八年)、「産米増殖計画」(一九二〇～三四年)によって、朝鮮人世帯の八割内外を占めた農民層の階級分解がすすんだ。とくに日本の米騒動(一九一八年)を機に政策化された産米増殖計画は、そもそもの目的が日本への食糧米供給にあったため、日本人の嗜好にあう優良品種への交替・統一化(したがって朝鮮在来品種は駆逐)、その増産に不可欠な水利設備増設、肥料増施などの日本式農法への編成替えが行われた。その過程で始められた水利組合事業の重い組合費負担により農民及び中小地主の没落を招き、一方で地主への土地集中を促した。また、朝鮮米の日本移出により朝鮮農村のなかで米穀の商品化が促されたが、農民の所得米は著しく少なく、逆に高率小作料、地主からの公租公課の小作農への転嫁や前記の水利組合費負担などにより、一九二〇年代後半期に朝鮮の農村経済は悪化の一途をたどった(以上、[河合和男 一九七九、富田晶子 一九八四])。

この様相を、経営別農家戸数の推移(一九一六～三二年)を示した表2から確認してみよう。

表2 経営別農家戸数比率累年比較表(1916 ～32 年)

年次	地主(甲)	地主(乙)	自作農	自作兼小作農	小作農	火田民	計
1916 年	0.6%	1.9%	20.1%	40.6%	36.8%		100.0%
1920 年	0.6%	2.8%	19.4%	37.4%	39.8%		100.0%
1925 年	0.7%	3.1%	19.9%	33.2%	43.2%		100.0%
1930 年	0.8%	2.9%	17.8%	31.4%	47.1%	1.3%	100.0%
1932 年	1.1%	2.5%	16.3%	25.3%	52.8%	2.1%	100.0%

(出典) 朝鮮総督府『朝鮮総督府統計年報』各年度版「農業者戸口」より算出。
(注) 地主甲は「其の所有する耕地を悉く小作せしめ自から耕作せざる者」、地主乙は「所有耕地の大部分を小作せしめ、その一部分を自から耕作する者」。

同表が示すように、漸増したのは地主(甲)(乙)、対照的に漸減したのは自作農であった(一九一六年二〇・一%→一九三二年一六・三%)。さらに自作兼小作農(以下、「自小作農」と略記する)は一五・三%も急減し、逆に小作農が一六・〇%も急増している。宮田節子[一九七三]によれば、日本人巨大地主へ顕著に土地集中が進行したこの時期に、自作農は小作農へ没落し自小作農もまた激しく転落したのであり、しかも小作農からは被雇者、火田民、渡航者、放浪者、乞食等を輩出した。小作農のうち生活困難にして賃労働をする小作農家戸数は、一九三〇年の総督府農務課調べで小作農総数の三割六分に達した。さらに貧しい小作農最下層は乞食あるいは乞食と紙一重の悲惨な生活を送っていた。そして、このような小作農家戸数は一九二〇年代末には、全農業戸数の半分を占めるに至っている。自小作農も含めると八割に達した。

このように、「米の増産計画」というより実態的には「米の日本への移出計画」〔富田前掲〕というべき産米増殖計画を中心とする植民地農業政策の展開により、一九二〇年代後半には朝鮮人農民層分解が激しく進行し、その大部分はさらに厳しい生活条件に追い込まれていったのである。

2　授業料負担問題

こうした朝鮮人の貧窮化とともに、就学可否を規定したのが授業料負担問題であった。その背景には普通学校への就学志向の変化により、一九一〇年代と一九二〇年代とでは授業料のもつ意味が変化したことがある。

「併合」直後の一九一〇年代初頭には、普通学校が忌避されたため、授業料は無償であり教科書も支給されていた。普通学校は「貧民学校」とさえ称されていた。その後、授業料は徴収に、教科書も有償に変化した(26)。ところが、三・一独立運動後の一九二〇年代初盤から就学熱が高まると、毎月「一円以内」の高額授業料を負担できる階層に属するか否かが就学可否を規定する要因になっていく。二〇年代末には朝鮮人の間で「授業料は就学上最も重大な問題」(27)（傍点引用者）と認識されるまでに変化したのである。授業料負担額は学校毎に一定ではないが、京城府内の授業料として毎月五〇銭（一九二二年段階）から八〇銭に値上げ（一九二三年以降）されている(28)。就学にかかる費用は授業料以外に、教科書代、学用品代、学父兄会会費(29)等があったため、子どもを就学させる家庭は毎月少なくない額の教育費を負担せざるをえなかった。即ち、普通学校に入学できる階層は、毎月一人当たり五〇銭～八〇銭以上の授業料と教科書代等の教育関連費用を現金で調達できる、中流以上の階層に限定されていたといえよう。

ここで、一九二五年段階の全農家一戸当たりの収支をみると、地主平均で〈収入一五三四円、支出九八九円、差引五四五円〉、自作農平均で〈収入六四六円、支出五五九円、差引八七円〉、自小作農平均で〈収入四七六円、支出四五一円、差引二五円〉、小作農平均では〈収入四〇三円、支出四一四円、差引赤字一一円〉、窮農になると〈収入一〇二円、支出一〇六円、差引赤字四円[30]〉であった。赤字を抱える小作農以下の階層にとって授業料捻出は困難であったことがわかる。言い換えれば、授業料・教育費負担は、農民の半数を占める小作農以下貧農の子女を普通学校から排除する要因となったことになる。

また、貧農層児童の就学を阻む要因として、彼／彼女たちが貴重な労働力であったことも見逃せない。たとえば、「稲作労働の大部分の形態は男子に配分された反面、稲作労働の中でも草刈りと畑農事の草刈りは女子に割り当てられた。そして、牛の飼育は男子に、幼児保育・食事準備のような家事労働は女子に配分」［文昭丁 一九九〇：七七］された。こうした労働に携さわざるをえない子どもは、自ずと学校には通えなかった。

表3は、普通学校への就学者が全道的に急増した時期に相当する一九二二年末時点における全羅南道農家の普通学校への就学率を階級別に示したものである。ここには〈階級〉の差異が就学にどう影響したかが示されている。同表によれば、全農家の一・五％を占めるに過ぎない「地主階級」の就学率は七〇％であるが、一八・七％を占める「自作階級」は九・〇％の就学率しかない。「自作兼小作階級」「小作階級」は併せて全農家の七九・八％を占めるにもかかわらず、就学率は三・三％に過ぎない。全羅南道一道だけの調査なので一般化には慎重でなければならないが、少なくとも同表を通じて普通学校への就学機会が〈階級〉要因によって明白に序列化された現実を窺うことができる。

しかしながら、たとえ普通学校入学を果たしても中途退学が相次いだのが、第Ⅰ期の特徴である。第1章のデータが示すように、中途退学者は一九二〇年代以降に漸減しつつも、入学者の約半数は退学している。その「最大の原因は経済的理由により授業料を納められず、自退又は退学させられるもの[31]」であった。これ以外にも、授業料支ある。

表3　全羅南道の農家子女の「普通学校」就学率（1922年末現在）

	児童数	比率	階級別戸数	全農家戸数比率	「戸数に対する就学者の歩合」
「地主階級」	3,182	10.4%	5,074	1.5%	70.0%
「自作階級」	6,759	22.2%	61,546	18.7%	9.0%
「自作兼小作階級」	9,784	32.1%	144,016	43.9%	1.5%
「小作階級」	6,567	21.6%	117,730	35.9%	1.8%
「労働階級」	1,300	4.3%	—	—	—
「其の他一般」	2,864	9.4%	—	—	—
合　計	30,456	100.0%	328,366	100.0%	
「自作兼小作」・「小作」階級計	16,351	53.7%	261,746	79.7%	3.3%

（出典）全羅南道内務部編『大正一二年一二月編　小作慣行調査書』1923年12月（復刻版＝驪江出版社、1986年）、98-100及び115-118頁より作成。

（注）1．本文117頁に「一戸内児童数二人以上あるときは其の父兄も夫れに応じ二以上として計上す」との記載がある。

2．表のうち「第四節　小作人の知識と教育程度」から引用したのは「児童数」「階級別戸数」「戸数に対する就学者の割合」である。また「　」の表記は引用によるもの。

3．「全農家戸数比率」は、98-100頁の記述から算出。なお、同書100頁に1922年6月の調査として、小作階級（自作兼小作階級、小作階級）261,619戸中、「殆ど一定の小作地も有せず窮乏の状態にある農業労働者」が27,533戸（1922年6月調査）、全農家7.73%の記述あるので、ここでの「労働階級」は「農業労働者」をさすと思われる。

払に関して滞納や未納児童への督促・殴打・追い出し、差押等のトラブルは、『東亜日報』紙面に頻繁に登場する。[32] 中退者の問題は、朝鮮人の生活難と高額授業料徴収政策という植民地朝鮮の社会構造的な問題であるとともに、朝鮮人児童・家庭にとって第Ⅰ期には普通学校卒業が職業選択や人生設計にとって決定的な強制力をもつに至ってはいないことを示していよう。

しかし、第Ⅰ期において男子入学者急増の一方で女子入学者が僅少であった現象をみると、朝鮮人は経済的に困難な家計のなかでも男子を優先させていた。また、中退率（＝中途退学率）も女子の方が高かった。生活難と授業料負担という同じ経済的状況に置かれながら、就学をめぐって女子は男子と異なる経験をしなければならなかった。それは、性別への偏りを教育に関して規範化したジェンダー要因に基づいていたので

3 〈ジェンダー〉要因

序章で述べたように、朝鮮王朝時代、女子には家庭で識字教育が行われることはあっても女子が就学できる正規の教育機関はなかった［孫直銖《ソンジクス》 一九八二：七］。男子の場合、家庭での識字教育以外に庶民層にも書堂が普及していたのと対照的であった。また、近世日本で女子の寺子屋への就学が広範囲に及んでいた［利根啓三郎 一九八四］こととも対照的である。旧時代の朝鮮社会では、儒教的な内外法(33)に基づき教育に関して女性排他的なジェンダー規範が厳格に成立していたといえよう。それは、旧韓末の私立女学校設立によって流動化の兆しをみせるが、植民地化の進展によって挫折を余儀なくされる。

以上を前史としながら、本項では、一九二〇年代の朝鮮人児童の学校就学に際してジェンダー要因がどのように作用していたかを、総督府の女子教育政策理念と、朝鮮社会における学校教育をめぐるジェンダー規範の双方から分析してみたい。第Ⅰ期における普通学校への女子就学の不振は、この双方のジェンダー要因が作動し相互的に作用しあったためであったと考えられるからである。

1 朝鮮総督府の女子教育政策理念と就学政策

まず、普通学校の女子教育政策理念と教科内容、次にその政策展開としての女子への就学政策に分けて考察する。

(1) 総督府の女子教育政策理念と教科内容

「併合」以来、総督府の教育政策の基本は日本語＝「国語」習得を中心とする「忠良ナル国民」育成（一九一一年朝鮮教育令）にあったが、加えて女子には「貞淑温良の徳の涵養(34)」の方針が掲げられた。それに基づき、一九一一年の普通学校規則に女子にのみ「裁縫及手芸」教科が加設され、他の教科でも「貞淑ノ徳」涵養（修身）や家事に関する事項（「国語」・理科）が設けられた。第二次教育令に伴って改正された普通学校規程（一九二二年）でもほぼ踏襲される（手芸が省かれた）。

こうした政策理念と教科内容には、「忠良ナル国民」育成を前提にしながらも、朝鮮人男子とは異なる人間像、即ち貞節を守り家事に必要な知識・技術を身につけた家庭生活の担い手としての女性像への期待が示されている。このような女性像は、日本で日清戦争（一八九四～九五年）以降のナショナリズム高揚を背景に中産階級を対象に中等教育を中心として成立（具体的には一八九九年高等女学校令）した良妻賢母主義教育に源泉があると思われる（35）［深谷昌志 一九六六＝復刊一九九八、中嶌邦 一九八四、小山静子 一九九一等］。

そこで日本での女子教育の展開をみたうえで、朝鮮への導入に関しその影響と異同をみよう。この女子教育の内容は、朝鮮社会の女子教育不要論の一部を構成していたからである。

中嶌［前掲］によれば、日本で中等教育を中心に成立した良妻賢母主義的女子教育の特徴は、「家事・裁縫・手芸・教育」（全時数の二三・三％）を内容とする家政教育重視、「貞淑ノ徳ヲ養ヒ」（一八九五年、高等女学校規程）をうたう修身重視、とりわけ家族・国家との関係を重視するものであった。その基本理念による初等教育への影響としては、①行政機関による女子の義務就学督励が行われ、②女子就学を促すための裁縫教育が定着し、③女性教員の増加がはかられ、④家事労働に従事せざるをえない下層女子の就学を促すため子守学校が開設された［深谷前掲：二〇四―二一二］ことがあげられている。また、一九〇〇年授業料原則非徴収の義務教育制確立も女子就学率上昇に作用した。行政機関を通じた女子就学のテコ入れによって、女子就学率は一八九七年五〇％、一九〇〇年七〇％、一九〇七年九六・一四％と飛躍的に上昇し、それとともに「下層には子守学校、中層には初等の義務教育、上等には中等教育と、階層に対応した教育形態が確立」され、特に中等教育にはその原理が強調された［同前：二一五―二一六］。このように日本的「良妻賢母」教育の理念と教科内容は、「併合」以前の一八九〇年代後半～一九〇〇年代前半にはすでに確立されており、その理念と教科内容が基本的に朝鮮に導入されたとみることができる。

そのことを朝鮮に導入された女子中等教育から確認してみよう。朝鮮人対象の女子高等普通学校でも、「婦徳ヲ養ヒ国民タルノ性格」陶冶（一九一一年、第一次朝鮮教育令第一五条）が目標にされた。ただし、在朝日本人対象の高等女学校が四〜五年制であるのに比して、三年制と低度に設定されていた。第二次教育令期には一九二二年に新たに「女子高等普通学校規程」が定められ、「高等女学校規程」とともに、その目標が両者とも「中等以上ノ社会ニ於ケル女子ニ必要ナル品格ヲ具ヘシメム」（修身）とされ法文上同文となった。修業年限も四〜五年（土地の事情により三年）制とされ同程度となった。

次に、初等教育の女子項目への影響をみてみよう。日本における一九〇〇年小学校令施行規則第二条「特ニ貞淑ノ徳ヲ養ハン」等の女子条項や裁縫教育の規定が、一九一一年普通学校規則・一九二二年普通学校規程（朝鮮人対象）、一九一二年朝鮮公立小学校規則・一九二二年小学校規程（日本人対象）のそれとほぼ同じ文言であることからも、日本での女子教育理念が朝鮮に導入されたことが確認できる。

このように、朝鮮総督府は朝鮮人女子の初中等教育に対し、理念的に「貞淑温良の徳」の涵養（普通学校）、「婦徳」の涵養（女子高等普通学校）をうたい、具体的には日本的な良妻賢母主義教育の導入を企図した。しかしながら、宗主国日本の女子教育政策と根本的に異なるのは、第一に総督府が就学奨励などの具体的な女子初等教育振興策をとらなかったこと、第二に朝鮮人対象の女子中等教育に消極的であったことである。前者については次の(2)で述べるので、ここでは後者をみてみよう。

日本人対象の高等女学校数は一九二二年度公立一三校（生徒数三七三二人、朝鮮人四人）、一九二九年度公立二四校（同七一四一人、同五七二人）であった。これに対し、朝鮮人が就学する女子高等普通学校数は、一九二二年度に官立二校（生徒数五八五人）、私立五校（同七三七人）、一九二九年度で公立六校（同一六〇九人）、私立九校（同二五八八人）にすぎなかった。しかもソウルに偏在し、公立よりもキリスト者等が設立した私立の学校の方が学校数・生徒数で優勢だった。日本人向け女子中等教育は、総人口の僅少さに比して学校数・生徒数で朝鮮人のそれを遥かに上回っていた[39]。

このように、日本で新旧中間層以上を対象とする階層限定的な性格をもって出現した女子中等教育は、朝鮮ではそれ以上に階層限定的であった。即ち、日本では初等教育の義務化＝「国民皆学」の建前上、初等教育には階層間の差異はないとされる一方で、学費自己負担である中等教育では階層間の差異が生じた。朝鮮では初等教育段階で階層間の差異が生じることになり、さらに中等教育に進学できる階層はさらに限定的――日本以上に特権階層――にならざるをえなかったのである。

(2) 女子教育放置策にみる女子教育政策理念との乖離

女子への初等教育就学政策についてはどうだったのか。

朝鮮社会では「男女不同席」という儒教的な規範下で女子就学を促すためには男女別学措置が望まれていた。しかし、保護国期に男女共学を嫌う朝鮮人が女子学級加設を要求したのに対し、一九〇九年韓国学部は「女子教育は必ずしも進んで之を施設するに及ばず」という方針をとり[40]、女子就学促進には消極的であった。「併合」後も、基本的に大きな変化はなかった。朝鮮の教育状況に関する最も詳細な統計である朝鮮総督府学務局編纂『朝鮮諸学校一覧』で、男女学級数の明記が始まったのは一九一八年度からであり、法令で女子特別学級編成が明記されたのは一九二二年普通学校規程からである[41]。

日本では女子就学奨励のために女性教員が増員されたが、朝鮮ではどうだろうか。巻末〈付表5〉をみると、一九一〇年代には九〇％以上が男性教員であった。「併合」後の朝鮮人女子教育を振り返って、上田駿一郎（一九三四年当時肩書きは元朝鮮総督府視学官）が、「先生が男ばかりだからやりたいけれどもやれない[42]」という朝鮮人の反応を記している。女子教員の増員可否は女子就学促進の一つの指標とみなしうるので、一九二〇年代の教員養成政策を概観しよう。[43]

教員養成政策が停滞した第一次教育令期と異なり、一九二〇年代には三・一独立運動後に朝鮮人就学熱の高まりと「三面一校計画」の繰り上げ実施に対応するために、一九二二年に官立京城師範学校が設立、[44]翌二三年から各道毎に一三校の公立師範学校が新設された。設置目的は、官立は日本人男子教員の養成、公立は朝鮮人男子教員の養成にあった。[45]一方、女性教員養成に関しては京城女子高等普通学校付設の師範学校第二部女子演習科が担うようになったが、一九二五年に廃止される。その代わりに官立京城師範学校に女子演習科が増設され朝鮮人・日本人が各一学級収容されたが、生徒数はきわめて限定的であった。[46]一九二〇年代の女性教員（朝鮮人・日本人計）の比率は、最高で一二・六％（一九二五年）に過ぎなかった（巻末〈付表5〉参照）。一九二〇年代の主な教員養成対象は男性教員であったのである。このことからも、総督府が朝鮮人女子就学に積極的とはいえず、放置したと言っても支障はないだろう。こうした総督府の女子教育放置策は、キリスト教各宗派が朝鮮布教のなかで女子教育を重視し私立女子校（初等教育）を続々と設立していったのとは、対照的であった。

総督府が企図した「忠良ナル国民」（第一次朝鮮教育令）の「育成」対象は、事実上朝鮮人男子であったのである。

2　朝鮮社会における学校教育に否定的なジェンダー規範

第Ⅰ期における女子就学不振のもう一つのジェンダー要因として、朝鮮社会内部に学校教育に関するジェンダー規範が作動したことが考えられる。女子の不就学を正当化するうえで、どのようにジェンダーは機能したのだろうか。民族紙である『東亜日報』『朝鮮日報』（いずれも一九二〇年創刊）に掲載された朝鮮人の言説から分析してみたい。そのうえで、前述の総督府の女子教育政策や〈階級〉要因との関連性についても考察する。

（1）　学校教育に否定的なジェンダー規範

朝鮮人男性知識人は、朝鮮人女性たちの「非識字」状況をどう認識していたのだろうか。以下は一九二九年三月二七日付の「朝鮮女子教育の普及と向上」と題する『東亜日報』社説である。

……我等の先祖は独り女子に対しては教育を与えざりしのみならず、女子が七歳になりさへすれば、塾に通うてをる其の兄弟とも一室に居らしめず深閨に隔離して来たのである。其の結果として一社会の総人口の半数以上を占むる女子は、殆んど明盲《（マ　マ）》となり、言をいう唖聾《（マ　マ）》となり、彼等は単に子女を産むことは知つてをるが、その子女を教育することには何ら参与する所なく過ごしてきたのである。(47)

ここでいう「塾」とは、朝鮮在来の教育機関である書堂をさす。この言説が示すのは、「男女七歳不同席」という儒教的規範に根ざした性別の原理に基づくジェンダー規範が朝鮮人女性の書堂への不就学及び非識字の原因であったこと、教育からの女性排除によって女性は子女の教育権からも排除されたと認識されていたことである。留意すべきは、非識字の原因を不就学に連結させたこの言説が、朝鮮人男子の普通学校就学者が急増した一九二〇年代に表れたことである。朝鮮社会の「教育の学校化」による「識字の社会化」が進んだからこそ「識字という価値」がつくりだされ、識字を習得する場とジェンダー規範との関係、さらには子女教育との関係が改めて問われるようになったわけである。

植民地期に入って以降の学校教育とジェンダー規範との関係はどうか。これに言及したのが、一九二七年の『朝鮮日報』に掲載された「普通学校の女子教育」と題する金振国《キムジングッ》の分析である。(48)

金振国は、「都会地は割合によいけれども地方に行けば女子教育は話にならぬ」「殊に両班の多く居住する所はヨリ甚だしい」と女子教育不振の現状を述べたうえで、その理由を「女性を蹂躙して来た男権中心の封建的旧思想が現今朝鮮社会の家庭を大部分支配してゐるのが最も有力なる原因」（傍点引用者）と分析する。これをさらに具体的に分析したのが、次である。

1、学校にやれない方
①生活難で経済上余裕のないこと
②距離遠くして通学難の為め
③家事手伝ひの為め
2、学校にやらない方
①女子は教育する必要なく嫁入りさへすれば満足なること
②教育を受けた女子は家事の実務に疎くして遊び好きであり書信の往復頻繁なること（以上は根本的に女子教育を必要なしと認むる者）
③学校で教育を受けた女子は針仕事紡績等が不足であり夫に事へ舅に孝行を盡す婦徳に薄いこと
④学校教育をうけた女子は大部分貞操観念薄弱であり随つて個人を堕落させると共に家門に汚疵を付けること

ここからは、女子教育に対する当時の興味深い認識が浮かび上がってくる。第一に、「学校にやれない方」という消極的な理由が経済問題や普通学校未整備をあげているのに対して、「学校にやらない方」という積極的否定論では、「家事の実務に疎く」「婦徳に薄い」「貞操観念薄弱」という「封建的旧思想」に基づくジェンダー観に関する理由をあげていることである。第二に、見逃せないのはそれらが、「教育を受けた女子」「学校で教育を受けた女子」との対比で強調されていることである。新式教育を受けたごく少数の女性たちは当時「新女性」と呼ばれた。彼女たちの行動は、「貞操」に関する従来のジェンダー規範に反する場合も少なくなかったが、ここでは学校教育から女子を遠ざける有力な理由になっていることがわかる。金振国は別の箇所でも、「女子の就学を拒否する理由の最も重なものが、旧道徳より見たる所謂女子貞操問題」「過渡期における先進女性等の封建的道徳的に対する急進的行動」であることを強調する。

金振国の分析が出された一九二七年頃は、「新女性」に対する言説が、新知識を獲得した新しい女性という一九二〇年代初期に強かった肯定的なものから、セクシュアリティを焦点に否定的なそれへと移り変わった時期にあたる。たとえば、『東亜日報』一九二五年六月一七日付社説「最近新女性の傾向、尋常視できない現状」では、奢侈にはしる「新女性」を取り上げ「軽佻・浅短・無遠慮」「無謀脱線」と非難し女子教育にあたる教育者に忠告している。[49] このように、一九二〇年代半ばからは「新女性」の奢侈や女子学生の不勉強、断髪、心中事件、貞操問題などがたびたび社説・記事で批判的・否定的に取り上げられようになる（第4章で詳述）。このことは、学校教育に関する否定的なジェンダー規範が、一九二〇年代に進んだ「教育の学校化」過程で「新女性」との対比のなかで新たに構築されたことを意味する。

以上のような女子教育不要論に現れた〈あるべき朝鮮人女性〉像を要約すると、「女子は教育する必要なく嫁入りさへすれば満足なること」「夫に事へ舅に孝行を盡す」こと、即ち女性を「愚かな存在」とし、妻・嫁役割としての従属を求める儒教的な女性像であり、それが学校教育を受けた「新女性」との対比によって改めて言説化されたといえよう。

そのうえで着目したいのは、こうした「儒教的な」ジェンダー規範には朝鮮のナショナリズムが付着していることである。その点に関連して、金振国による言説から読みとれるのは、朝鮮のナショナリズムと結びついた次のような普通学校の女子教育の教科内容への批判である。

(2)　植民地女子教育への批判

前述の「2、学校にやらない方」に対して、金振国は女子不就学の一因を、教材の内容が「日本的であっても朝鮮的であっても修身、朝鮮語、日本語凡てが男子本位男子標準」であり、しかも「裁縫」等の女子特性教育にあっても「普通学校で教ふる婦道及家事が不完全なため卒業後に家庭生活を経営し得ない」(傍点引用者) ことにあると解説する[50]。そこで、普通学校での「婦道及家事」の内実をみてみよう。

まず、「婦道」である。ここでいう「婦道」とは、旧来の朝鮮社会における「夫に事へ舅に孝行を盡す婦徳」=父系継承を絶対とする祖先祭祀を核心とした儒教的倫理観に基づく孝や貞節をさすと思われる。普通学校教科目でそれに対応するのは、女子の「貞淑ノ徳」涵養をめざす「修身」[51]であると措定し、一九二〇年代の「修身教科書」からその中身を検討してみよう。

この時期の「修身」教科書の教材は、日本の教科書である国定尋常小学校修身書に「準拠」して選択されたが、「一面朝鮮ノ事情ニ顧ミテ」編纂[52]されたため朝鮮及び朝鮮人に関する教材もある程度採用されたという特徴がある。しかし、「婦徳」に関する教科書の教材は、日本国内の日本人(女子)向けの内容がそのまま朝鮮にもちこまれた。学年毎に天皇・皇后など皇室関連の教材が配置され、四年で「教育勅語」を学んだうえで、女子用教材として五学年で「主婦の務」、六学年では「男子の務と女子の務」が掲載されており、両者とも国定教科書の教材に準拠している。修身教科書のいう「女子の務」とは、具体的には「家庭に和楽を与え、またよく舅姑につかへ、子供を養育するやうなこと」であり、男女が「よく調和して各々その務を全うしていけば、家も栄え従つて国も盛んにな」ると男女の相互補完的役割を強調(六年「男子の務と女子の務」)する[53]。ここで強調されているのは、「良妻賢母」たることとともに「国家」的視点をもつことである。その具体的なモデルとして登場するのが吉田松陰の母・瀧子なのである(五年「主婦の務め」)[54]。瀧子は、「よく夫を助け」「よく姑に事へ」「子供の養育につとめ」「裁縫・洗濯のことから家事一切をひとりで引き受け」る妻・嫁・母として、「我が子(=松陰)を励まして、尊王愛国の道に尽く

図4　「修身」教科書に登場する〈あるべき〉日本人女性像

第八課　主婦の務

瀧子《たきこ》は吉田松陰《よしだしょういん》の母であります。松陰の父は松陰の少年の頃までは、家祿《ろく》ばかりでは、くらしを立てることが出來ませんでした。そこで、瀧子はよく夫を助けて、野に出て田畑を耕したり、山に行って薪をとったりして、仕事に骨折りました。又よく姑《しうとめ》に事へ、子供の養育につとめ、裁縫《さいほう》・洗濯のことから家事一切《いっさい》をひとりで引受けて、かひぐ〳〵しく立ち働き、馬を飼ふ世話まで自分でしました。

瀧子は姑を大事にしました。三度の食事には暖いものをすゝめ、衣服は柔《やはらか》いものを着せなどしていたはり、

第八課　主婦の務

第八課　主婦の務

裁縫する時は、喜ばれるやうな話をして聞かせて、慰めました。又姑の妹がこの家に世話になってゐましたが、或る時、重い病氣にかゝりました。瀧子は久しい間、夜もろく〳〵寝ずに、心から介抱《かいほう》しましたので、姑は、「忙《いそが》しくて暇《ひま》のないのに、親類の世話まで親切にしてくれて、誠に有り難い。」と言って、涙を流して喜びました。

後、松陰の父は藩の役人に取り立てられて、城内

巻五、1924年。

させ」た天皇を影で支える愛国者として、和服（着物姿）のイラストで描かれている（図4参照）[55]。即ち、「修身」教科書に描かれた〈あるべき女性像〉とは舅姑・夫・息子に尽くし、そのことを通じて——とくに母たることで——天皇制国家を支えるという視点をもった女性像、具体的には吉田松陰の母・瀧子を想定した日本人的な「良妻賢母」像であった。しかしそれは、異民族の天皇制国家を支える思想をもたず、父系血統の祖先祭祀を重視する当時の朝鮮人が求める嫁・妻役割を果たす女性像とは異なっていたのである。

次に、「家事」に相当するのがこの時期では「裁縫」教育[56]であるが、何を教えたのだろうか。朝鮮総督府が編纂した教科書リストに「裁縫」教科書の記載はない[57]。そこで、金振国の説明によってその内実をみると、前記の「針仕事紡績等が不足」以外に「実生活に必要なる衣服等の裁縫」「飲食料理」等は教えず、「（女教員）自身が裁縫料理法等に全然没常識」で「下級にはハンケチ位造らせ上級になれば少々進歩した方が袋編みレース襟巻きその外簡単なる刺繍等」だけしか教えないため、「現下普通教育で課する家事は其家庭の実生活

> にうつりましたが、瀧子は家に留つて、よく家政をとゝのへ、松陰等の養育につとめました。かやうに瀧子は夫を助けて勤倹力行しましたので、家も次第に豊《ゆたか》になり、又教育の仕《し》方《かた》がよかつたため、子供は皆心掛のよい人になりました。
> 中にも松陰は國のために盡くし、たび〳〵難儀に出會ひましたが、いつも瀧子は我が子を勵まして、尊王愛國の道に盡くさせました。松陰が松下村塾を開いてゐた間も、瀧子はよく弟子たちをいたはり、又松陰をたづねて來る同志の人々を親切にもてなしました。
>
> 第八課　主婦の務

（出典）　朝鮮総督府『普通学校修身書（児童用）』

とは余りに距離が甚だしい」と批判する。このような裁縫教育は、「大部分が家事を手伝ひ弟妹を世話し水汲み炊事等まで」を担っていた朝鮮人女子の日常的実用性とは遊離していると批判されているのである。

ここで興味ぶかいのは、日本の裁縫教育が女子就学促進に果たした役割との差異である。女子就学率が低迷した一八九〇年代前半までの日本では、学校教育内容が実生活に迂遠との批判から小学校教育に裁縫教育を取り入れることで女子就学の促進が図られた。江戸時代以降の女子教育では裁縫がもっとも重視されたが、実生活の必要からだけでなく、これによって得られる女子の躾が重視されたからである［永原和子　一九八二］。ところが、植民地朝鮮では逆に普通学校の「ハンケチ・袋編みレース襟巻や刺繍」中心の裁縫教育が、朝鮮の「実生活との距離が甚だしい」と批判されたのである。そもそも「裁縫」教育を担うとされた女性教員が配置されていなかった。

また、普通学校の男女共学制も「男女有別」規範から批判された。女子公立普通学校や女子学級も存在したが、前者は一二校に過ぎず有力な都市部に偏在していた(58)。女子学級も「郡内有数の学校のみに限られ」ていた(59)。私立女学校が男女別学であったこととは対照的である。朝鮮社会の実情から共学制は就学させない理由の一つであったが、総督府が積極的な対応策をとった形跡はない。

以上から、朝鮮人が学校に求めた女子教育とは、第一に、朝鮮人男子とは異なる教育のあり方、即ち「卒業後に家庭生活を経営する」ことを前提とした女子特性教育であった。第二に、それは日本人女子とも異なる教育のあり方、即ち朝鮮固有の生活様式や文化に即した「家事」能力と「婦道」という、従来の「儒教的」なジェンダー規範を受け継ぐ女性の育成であった。しかし、そうした朝鮮民族が受け継いできた（と想定された）「儒教的」なジェンダー規範に、天皇に献身する吉田松陰の母のような日本人女性を〈あるべき女性像〉と想定し、それへの同化を求める普通学校の女子教育内容が即していないとみなされたと考えられる。

このように、女子教育をめぐって植民地権力と朝鮮社会・家庭の家父長権力との間では、それぞれのナショナリズムを背景として朝鮮人男子の就学の場合とは異なる規範（朝鮮社会）と政策理念（総督府）がそれぞれ展開された。そのうえで、双方のジェンダー規範のあり方が葛藤しあうことによって、朝鮮人女子の就学に対しネガティブに作用しあい、学校教育からの女子の排除という女子教育不振状況を構築していたと考えられる。言い換えれば、第Ⅰ期には植民地権力と家父長権力の〝意図せざる共犯関係〟によって、朝鮮人女子の不就学がもたらされたといえよう。

(3) 〈階級〉要因と〈ジェンダー〉要因の関係性

また、普通学校就学可否に関する〈階級〉と〈ジェンダー〉規範との関係はどうであろうか。金振国と同時期に女子教育に言及した松月洞人は、

> (公私立普通学校の入学者は) 女子は男子の約六分の一に過ぎないのである。……何ういふ訳で女子入学者は斯く少ないのであらうか。我々はこれには二つの原因があると見てをる。第一は男子の差別的思想が未だ朝鮮父兄の頭から消滅してゐないことと第二は朝鮮人の生活難の為であると思ふ(60) (傍点引用者)。

と、経済的理由に優先して「男子の差別的思想」、即ち男尊女卑的な学校教育に関するジェンダー規範の存在をあ

げている。経済的に就学できる階級に属しても、女子にのみ否定的に作動したジェンダー規範によって就学可否が左右された。第Ⅰ期には特に、朝鮮社会の教育をめぐる〈ジェンダー〉規範は、〈階級〉要因以上に強く作用したと考えられる。

この点に関して、筆者が聞き書きをした在日朝鮮人一世の女性の例をあげよう。一九一一年に慶尚北道の富農に生まれた呉基文《オキムン》は、五歳のときに近隣の子女を集めてハングル等を教えていた祖母よりハングルを学んだ。三・一独立運動を目撃したことを契機に、日本に対抗するために日本語を学ぶ必要があると普通学校への入学を決意したが、「男女七歳不同席」を理由に父に反対された。

次は、一九一九年に全羅南道で貧しい書堂教師の父のもとに四女一男の三番目として生まれた丁末生《チョンマルセン》のケースである。父は娘たちにハングルを、息子には漢文を教授したが、結局学校に就学したのは息子だけだった。一九二〇年代に学齢期を迎えた両者はともにハングルを家庭で習得したが、学校就学に関して前者は富農に属し、後者は同じ家族成員であっても実現できなかった。〈ジェンダー〉要因が〈階級〉要因以上に強く作用したためといえよう。

以上のように、第Ⅰ期には総督府、朝鮮社会の双方とも女子に対する学校教育の必要性に対しては消極的であった。しかし、一九二〇年代初頭の朝鮮社会では「新女性」を含めた朝鮮人知識人の間で女子教育論が盛んに論じられ、学校教育に対し肯定的なジェンダー規範や男子とは異なる教育の効能が認識されだし就学志向に結びついていく。一方、総督府内部でも一九三〇年代に女子教育必要論が台頭する。それらの変化と相互作用が女子入学者増加現象となって現れるのは、一九三三年以降（第Ⅱ期）からである。

第3節　〈民族〉要因の変化と就学構造のジェンダー化過程

以上の就学規定要因が朝鮮人の就学を抑制したが、総督府は一九二九年に「一面一校計画」と職業教育導入を内容とする初等教育拡張政策を実施し、〈民族〉要因を修正する。まず、政策改変をまねいた背景を明らかにし、次に、その対応策と考えられる前記の初等教育拡張政策を〈ジェンダー〉の視点をふまえて検討する。

1　普通学校「就学熱」の停滞

三・一独立運動を契機に高揚した普通学校入学率は、第1章で考察したように一九二三年をピークに翌二四年から減速しはじめ、一九三二年頃まで横ばい＝停滞期に入る。それはなぜだろうか。次の二点を指摘したい。

第一に、普通学校への就学動機の一つであった「地位獲得要求」が挫折を余儀なくされたことがあげられる。朝鮮人男子は都会での所謂「近代的な」職業である官公吏や会社員を希望しその通路として普通学校を選択したが、就職難により挫折せざるをえなかった。そのため、投資に見合わない普通学校を敬遠しはじめたと考えられるのである。

その具体相を、京畿道始興郡秀禿面の安山公立普通学校の事例からみてみよう。同校の校長林虎蔵著『体験五年安山の卒業生指導』(61)によれば、同校は四年制四学級の普通学校として一九一二年四月に開校して以降、一三回（一九一六年から一九二八年までと思われる）に及ぶ卒業生を送り出した。その進路の推移を示したのが表4である。一三年間の卒業生数は二〇七名であり男女比は不明だが、一九二九年現在の就学者は男子一六六名に対し女子は二一名(62)に過ぎないので、それ以前の卒業生はほとんど男子であったと考えてよいだろう。以下は、同校校長による観

表4　京畿道安山公立普通学校・卒業生の状況（1916〜28 年）

			面内		面外								
			家庭		進学	給料生活者						死亡	計
	推定年	卒業生数	農業	無業	上級学校入学	官公吏	銀行会社	庶業	商業	内地在留	其の他		
1 回	1916 年	15	3			1		1		1	8	1	15
2 回	1917 年	7				1	1		2		2	1	7
3 回	1918 年	9	5	1							2	1	9
4 回	1919 年	14	4	2		2	1		1		4		14
5 回	1920 年	12	6	1	1		1				2	1	12
6 回	1921 年	9	4		1					2	2		9
7 回	1922 年	13		1	3	3		1	1		3	1	13
8 回	1923 年	8	5	2						1			8
9 回	1924 年	9	5	1	1	1					1		9
10 回	1925 年	15	7		5						3		15
11 回	1926 年	28	18		4						6		28
12 回	1927 年	39	26	4	7						2		39
13 回	1928 年	29	17	1							11		29
合計		207	100	13	22	8	3	2	4	4	46	5	207
比率			48.3%	6.3%	10.6%	3.9%	1.4%	1.0%	1.9%	1.9%	22.2%	2.4%	100.0%
比率			54.6%		43.0%							2.4%	100.0%

（出典）　林虎蔵『体験五年安山の卒業生指導』（『史料集成』第 29 巻所収）1932 年、17-18 頁より作成。

（注）　1．「原注」によれば、①「家庭欄の無業」は、「無為徒食して定業なきもの」②官公吏欄には「教員、面書記、面技手等」③銀行会社欄には「金融組合及各会社に奉職せるもの」④庶業欄には「医師」⑤其の他の欄には「面外に居住するもの及び商店の丁稚等」との記載がある。

2．同校は 1912 年４月１日創設の４年制４学級編制学校。

察の記述に基づく。

同表によれば、卒業生数二〇七名のうち①面内残留者は一一三名（五四・六%）、②面外移動者は八九名（四三・〇%）であった。②の面外移動者のうち上級学校進学者は約一割に過ぎず、それ以外は就職のための「都会流出者」（日本への渡航者含む）であった。注目したいのは、「官公吏」（＝「教員、面書記、面技手等」）や「銀行会社」（金融組合を含む）という所謂「近代的な」職業に就いた者は一三年を通じて一一人（五・三%）にすぎず、しかも一九二四年の「官公吏」一名を最後に輩出しなくなったことである。そのため、卒業者の動向にも変化が表れた。一九二五年から卒業生数が増加した反面――第1章の考察通り入学率横ばい期に中退率が漸減したことを裏付ける――就職のための面外移動者は皆無となり面内残留者の絶対数が増加したのである。

一方、①の面内残留者の内訳は「農業」後継者一〇〇名及び「無業」者一三名である。とりわけ前者が二六年以降急増した。問題は両者が次のように観察されたことである。まず、「無業」者は「相当資産のある家の子弟」でありながら「適当な仕事（給料取りのやうな楽な仕事）がない」（傍点引用者）ため「無為徒食」し「遊び暮して居る」状態である。次に「農業」後継者の方も「無業」者とは「大同小異」で「職業（＝農業）に対する自覚も信念もな」く「学校教育の効果は歳と共に減殺」されつつあると観察されていた。植民地教育を施し面内に留まった卒業生が、農業でなく「給料取り」を志望し「都会流出を希望」したが、叶えられず鬱々とするばかりで学校教育の効果がなかったというのである。以上の観察で留意が必要なのは同校校長が卒業生の脱農離村志向に否定的な価値判断をしていたことであるが、それでも、逆説的に卒業後に面内に留まった農業後継者が教育を媒介とする社会的上昇や都市移動志向を潜在的に強くもっていたことが窺えるのである。同様な傾向は、同時期の農業指導者によっても観察されている(63)。

こうした現象に関し同校校長は面内の「向学熱が減退」したとして、その理由を面民の「学校教育に対する誤解」、即ち「学校に学ぶことは立身出世の為であり立身出世は役人となり給料取りとなるにありとしたのが裏切られた為」（傍点引用者）と分析し、そのため「年々の新入学児童の募集も面や駐在所の援助に依らなければ予定人員を募集し得られない」状況になったと記している。即ち、普通学校卒業生が強い社会的上昇要求や向都熱をもちながら、就職難からそれが「裏切られた」ために面内の「向学熱が減退」したと観察されていたのである（以上、［林前掲：一六―二〇］）。

ここに全道的に一九二〇年代中盤以降に普通学校入学率減速を招いた一端があるのではないか。一九二〇年代以降の「教育の学校化」過程で、きわめて限定的ではあるが、農村部も含めて朝鮮人男子のなかに教育を媒介として

「高い職業的地位」獲得や都市移動をめざす青少年層が登場するという新しい社会的変動がおこった。しかし、わずかな「成功例」を除いて大部分は挫折せざるをえず、そのため家業の農業を継いだものの挫折感が鬱積していたと推測される。そのことは、朝鮮人男子の地位獲得意欲を満たすことができないという植民地社会の特殊性が関係すると思われる。つまり、農民層分解が進みながらその受け皿となる産業資本の形成が未熟であったこと〔橋谷弘一九九〇a：一三四〕や、地方行政機構の官公吏数も限られ、またたとえ中等・高等教育の学歴を取得しても上級職は日本人に占有されていたという事情が関係している。したがって、それは現体制への不平・不満、所謂「不穏思想」につながりかねない性質のものであった。(64)

こうした卒業生の動向に対し同校が「学校教育の破産」を防ぎ「向学心」復興のためにとった対応策が、農業教育を復活し「農村学校の使命を果す」〔林前掲：一九―二〇〕ことであった。総督府も社会問題化した就職難に対し同様の対応策をとったのであり、それが次項で述べる一九二九年から実施された職業科必修なのである。

入学率停滞の第二の理由として、一九二〇年代後半に進行した朝鮮農村経済の悪化とそれに伴って、朝鮮人家庭、とくに農家が授業料負担に耐えられなくなったことがあげられる。

先述したように、一九二〇年代後半には産米増殖計画を中心とする植民地農業政策に起因する、農民層分解と朝鮮農村の疲弊が深刻化した。それに追い打ちをかけた昭和恐慌によって朝鮮農村は壊滅的な打撃を受けた。慶尚南道では一九二九年の旱魃被害、一九三〇年の米価下落、高額高率小作料などの理由によって農家の転業が続出した。(65)そのなかには「子弟の教育費その他各種の負担」の「激増」による中小地主の転業もあった。(66)

さらに、生産米は日本に移出されたため朝鮮人一人当たりの米消費量が減少した。(67)農民のなかには他の雑穀などでも補給できず、麦収穫の端境期である三月から五月頃に食糧不足により飢餓状態に陥る「春窮」農民が続出した。たとえば、「四、五月のいはゆる春窮期には、草の芽を摘み、木の根を掘り木の皮を剥ぎ、アカシアの花を取って、ヤッと生命をつないでゐる」（忠南牙山郡の例）(68)という生活現象が凶作・豊作にかかわらず現出した（豊作の場合は

表5　1930年度階級別春窮農家調査　（単位：千戸）

階級別	自作農		自小作農		小作農		合　計	
地域別	戸数	比率	戸数	比率	戸数	比率	戸数	比率
朝鮮南部 7 道	50	23.4%	220	40.2%	621	72.8%	892	55.5%
朝鮮北部 6 道	42	14.5%	103	32.8%	216	61.3%	362	36.0%
合　計	92	18.4%	323	37.5%	838	68.1%	1,253	48.3%

（出典）河合和男「朝鮮『産米増殖計画』と植民地農業の展開」『朝鮮史叢』第2号、1979年、35頁（原典は、総督府『朝鮮ノ小作慣行・下巻』1932年）。

穀物価格の下落が原因）。しかも、このような「春窮」農の数は、表5によれば、一九三〇年の調査では全農民の四八・三%、小作農では六八・一%にまで及んでいる。七割に近い小作農が春窮農民に数えられることにその悲惨さは集約されるが、注目されるのは自小作農の四割弱、自作農でも二割弱が春窮農民であり、しかも米作地帯である朝鮮南部に多かったことである。

こうした朝鮮農村の惨状が、朝鮮人家庭の経済的基盤を直撃し普通学校への「就学難」や退学者続出を招来した。一九三〇年一月の『朝鮮日報』社説では、経済的逼迫による春窮や貧困の増大により「彼等（農民）の子弟が何うして就学が可能であろう」と農民貧窮化による就学難を論じた。一九三一年二月の『東亜日報』社説でも、同年の特徴として「金融逼迫及び飢饉甚だしきため退学者の続出」をあげている(69)。農村の普通学校では入学志望者が減少し校長教員が巡査同伴で学生募集に歩くことも起こった(70)。

しかし、重要なことは経済的要因による授業料負担能力の低下が入学者の減少を招いたとしても、「児童の向学熱の減退と認定すべきものではない(71)」ことである。潜在的な普通学校入学志望は持続しており、したがって経済力の回復や授業料の低減等により入学率は回復できる性質のものであった。

以上のように、普通学校卒業生の都会への社会移動の回路が閉ざされたことや、農村疲弊の深刻化・不況の直撃による朝鮮人農家の授業料負担能力の低下が、一九二〇年代後半期以降一九三〇年代初頭までの入学率停滞や中退者続出を招いたと考えられる。こうした事態に対する植民地権力の対応策が、以下の初等教育政策の改革であった。

2 初等教育政策の改革と〈民族〉要因の変化

1 総督府の初等教育拡張政策（「一面一校計画」）

総督府は山梨半造総督の下で、一九二九年度から⑴「一面一校計画」、⑵職業教育の導入を実施し、初等教育政策を改革した。それらは、前述した教育を媒介とする上昇的社会移動要求を「俸禄ニ衣食セントスルガ如キ誤リタル志向」と真っ向から否定し、その「矯正」を図るためのものであった。[72] 以下では、どのような意味で朝鮮人の教育要求を否定するものであったのか検討する。まず⑴からみてみよう。

「一面一校計画」が発表された一九二八年当時、朝鮮人の就学動向はどうだったのか。普通学校設置面は全面数の半数（二五〇三面のうち一三五三面、一三九五校）に留まっていたため、官公立普通学校の就学率は「一割九分」（「推定学齢児童数凡二六〇万人」のうち就学者数「僅ニ四五万人」）、私立普通学校・書堂・私立各種学校の児童を合わせても「凡三割」に過ぎなかった。総督府自身も「大多数の少年」（傍点引用者）が不就学であることを把握していた。[73] このような従来の「少数者ニ対スル教育ノ向上」から「多数民衆ニ対スル教育ノ普及」[74]（傍点引用者）を計る教育政策へと軌道修正をするために一九二八年四月に発表したのが、「一面一校計画」（正式名称は「朝鮮総督府ニ於ケル一般国民ノ教育普及振興ニ関スル第一次計画」）なのである。

同計画は次の二つの側面をもっている。まず、一九二九年から一九三六年にかけて、植民地行政の末端単位である「面」に四年制普通学校を一校ずつ設立しようとした学校増設計画であったこと、次に、就学抑制要因であった高額授業料に関しても、「一月一円以内」（普通学校規程第八一条）から、四年制に対し「月額六〇銭（全鮮ノ平均額）」に減額したことである。同計画によって四年制が農村部に多く設立されたこと等を考慮すると、六年制よりも減額したことは朝鮮人農家の授業料負担能力に対応したものであった。その意味で、従来の朝鮮人就学抑制政策を基調とした〈民族〉要因（結果的には朝鮮人内部の〈階級〉要因）を緩和するものであった。

政策改革の理由としては、まず、朝鮮人からの批判への対応策、即ち日本人児童に比してあまりに低い朝鮮人就学率が「教育上ノ差別的結果ヲ見ルニ至ル」(75)と取られることを恐れたことがあげられる。これまで、朝鮮人の言論は、在朝日本人児童との対比によって、朝鮮人教育機関の絶対的不足、高額な授業料・教科書等を批判し(76)、原則従業料非徴収の義務教育制の実施を主張し続けてきた(77)。こうした朝鮮人からの教育是正要求は、総督府の唱える「一視同仁」「差別撤廃」の虚妄性を暴くものであった。総督府は、支配の「正統性」を調達するために、「一面一校計画」を通じて朝鮮人の学校増設要求を部分的に受容せざるをえなかった［呉成哲 二〇〇〇a：九一］(78)。次に、朝鮮社会が識字や就学を前提とする社会に変化しつつあり不就学者の増大が施政上の障害となることにも対応する必要があったこともあげられよう。

しかし、「一面一校計画」は、朝鮮人の教育要求を次の意味で裏切るものであった。

第一に、朝鮮人が望んだのは六年制学校の増設だったのに対し、同計画は上級学校進学が制度上困難な終結教育を意味する四年制普通学校新設計画であったことである(79)。また、従来の四年制普通学校の六年制への昇格も「特別ノ事情ナキ限リ」見送られた(80)。一九二八年六月に開かれた臨時教育審議委員会では「将来に（六年制への）昇格運動等頻発する如き憂」や「初等教育を此の程度（四年制）に於て妥当なりとするものなるか」という懸念が表明されている(81)。つまり、総督府内部でも四年制新設計画が朝鮮人の教育要求ではないと認識していた。呉が作成した六年制／四年制の学校数・学級数の変遷［二〇〇〇a：一二二］によれば、一九二九年には二八・一％であった四年制学校数は一九三六年（一面一校計画終了年）には四六・八％に急増している（学級数も一九二九年一五・七％→一九三六年二二・三％に増加）。これは一九二二年の第二次教育令制定時に、「一視同仁」「差別撤廃」を掲げて四年制を改め六年制を「本体」としたことに逆行するものであった。

第二に、当初から収容就学者数にも限界があった。同計画が額面通り実現したとしても、総督府自身が就学者数の増加は「一六万余人」と見込んだように、普通学校就学割合は「一割九分」から二割三分に増えるに過ぎず、その限界は計画当初から明らかであった。[82]

第三に、本計画とともに導入された新たな教育内容とは、朝鮮人が望んだ普通教育ではなく、実態的には「職業科」必修化を核心とする農業教育であったことである。これは朝鮮でだけで行われた（したがって日本国内では行われなかった）教育内容であり初等教育の植民地性を象徴しているので、次項及び次章で詳述する。

第四に、総督府が、同計画と同時に書堂規則や私立学校規則をも改正し、朝鮮人が設置した書堂・夜学（私設学術講習会）等を「国家の期待に副はざるが如き教育施設」である場合、その「教育事業の濫発を予防」「相当の取締」を行おうとしたことである。[83]普通学校増設の限界が明らかなため、初等教育の一元的な統制に乗り出したのである。しかし、朝鮮人にとっては漢文・ハングル識字を獲得する教育機会が奪われることとなった。そのため、一九三〇年代の初等教育機関は、普通学校（六年制—四年制）—書堂・講習会というように教育費負担能力に応じて複雑に序列化される事態が進行することになる（第4章第5節で詳述）。

したがって朝鮮人は、「山梨政治唯一の看板」と呼ばれた同計画に対して「現在よりは一般の進歩と見、賛意を表」[84]す一方、同計画が実現しても不充分として義務教育制度実現の急務なることを主張した。[85]また、四年制新設へも「改善にあらずして改悪」であり上級学校への進学ができないため「六年制が絶対に必要」と批判した。[86]さらに授業料一ヶ月現金六〇銭は高額なので「全廃」すべき、[87]あるいは警察費を増額せず教育費に回すべきとの批判も続出した。朝鮮人は、民族間の教育格差を「一視同仁」に反するとして欺瞞性を暴く論理で批判したが、[88]注目したいのは「差別の政治」批判に留まらず義務教育を「当然受くべき権利」ととらえていたことである。[89]

学校増設と授業料減額による「一面一校計画」は、朝鮮人就学抑制政策である〈民族〉要因を部分的に修正・緩和するものであった。しかし、実施当初の一九二九～三二年頃は経済恐慌が朝鮮農村を直撃したこともあり、入学率を上昇させる要因とはならなかった。ところが、入学率が再び上昇しはじめる第Ⅱ期（一九三三年〜）には、初等教育機関の不足問題は解決するどころか深刻化していくのである。

2　職業教育の導入

(1)　職業教育導入の背景

同計画とセットだったのが、普通学校規程の全面的改定（一九二九年）により「職業科」を必修科目化したことだった。総督府学務局は宗主国日本で主唱されていた「教育の実際化」を朝鮮に導入した[90]とするが、ここには朝鮮独自の事情が存在したので次章で改めてふれることとして、本項では職業教育に関する先行研究である富田晶子［一九八一ｂ］及び呉成哲［二〇〇〇ａ・ｂ］に補足を加え、空白である女子への職業教育を検証したい。

一九二九年改定の背景として、次の二点が指摘できる。第一に、「初等学校に於てすら同盟休校が行はれることは確に朝鮮の一特色[91]」という普通学校生徒にまで広がった同盟休校（盟休）に象徴される植民地公教育体制の動揺である[92]。盟休を引き起こした学生の要求が教員排斥・施設改善等に留まらず、「植民地奴隷教育打倒（撤廃）」など日本的な教育内容や植民地権力そのものへの反対にまで広がり、朝鮮総督府警務局をして「民族意識竝に左傾思想の反影《ママ》と認めらるる盟休[93]」が公立系学校で頻発するようになった。こうした抗日学生運動は一九二九年一一月の光州学生運動でそのピークを迎えるが、従来の教育政策の根本を揺るがす事態に至っていたのである。

第二は、先述したように普通学校卒業生の就職難が深刻化し社会問題化したという問題である。これについて、政務総監池上は「近時一般ノ青年子弟」が「読書教育ノ弊」に陥ったとして、次のように述べている。

……就職ノ難ニ陥リテ将来ノ進路ニ迷ヒ危激ナル言論ヲ弄シテ国民共栄ノ本旨ヲ毒セントスル者アルノ時弊ヲ見ルニ至リマシテハ此ノ公民教育主義、勤労教育主義ノ徹底ヲ図リマスルコトハ啻ニ教育ノ本旨ヲ全ウスル

所以[84]（傍点引用者）

植民地権力が警戒したのは、卒業生の就職難そのものというより、前述のごとく上昇的社会移動志向が「裏切られた」ことが現体制への不満・不平、ひいては「危激ナル言論ヲ弄スル」思想問題に発展することであった。また、農村の上層〈階級〉出身者が多数を占める学校卒業者の脱農離村は、植民地朝鮮を食糧供給基地と位置づける総督府にとって、農村疲弊の深刻化・思想問題と相俟って施政の根本を揺るがす大問題であった[95]。即ち、総督府は、朝鮮人の上昇的社会移動要求をひきおこしたとみなされる「読書教育」「準備教育」から「勤労教育、公民教育」を中心とする終結教育に転換して、脱農離村防止のための初等教育政策に再構築しようとしたのである。その意味で、一面一校計画を可能にした要因に関し、呉成哲は総督府の政策を「制限的かつ消極的」であるとして朝鮮人の積極的な教育機会拡大要求［呉前掲 二〇〇〇a：九二］を主要因とするが、筆者は四年制授業料低減や職業教育必修化に存在した植民地権力の積極的な意図を重視すべきではないかと考える。

この方針に基づき、一九二八年八月には臨時教科書調査委員会[96]が開催された。同年九月には各道知事・官立学校長宛てに「徳風作興に関する総督訓示」を出すなど、道徳教育、勤労教育の重要性を強調する処置を講じ、一九二九年六月二〇日に「普通学校規程」を改定（朝鮮総督府令第五八号）したのである。

それでは職業教育とはどのようなものであったのか。以下では、まず⑴職業教育導入の内実、次に⑵女子特性教育の内実の二点を取り上げる。とくに、⑵に関しては、職業教育に連動して女子にのみ新設された教科改編と理念でありながら実質が伴わなかったことを明らかにしたい。

(2) 職業教育導入の内実

「職業科」必修科目化とは、「農業、商業、工業、水産等ニ関スル事項」について「土地ノ情況ニ適切ナルモノ」

を選ぶ（普通学校規程第一五条第二項）と一般的に規定されていた。しかし、総督府の意図は「朝鮮は即ち農業国で大部分の民衆は即ち農民である。さうすればその農民、その農業を進め、これに最も実際に即した教育をするといふのが、朝鮮の教育の地方化であり、実際化[97]」と学務局長が言明した通り、農業教育であった。そして、その内実とは学校実習と家庭実習を中心とする農業実習であった。

職業科必修化に関し、井上薫は次のような重要な指摘をしている。従来の研究（［弘谷多喜夫・広川淑子 一九七三］等）では、「併合」前から重視された実業教育は、一九二〇年代に入り改定された普通学校規程によって四年制普通学校の実業科目廃止などにより一時的に後退したと評価されている。しかし、そうではなく、一九二三年から始まる江原道等の普通学校での農業教育を実践例に、総督府は一九二六年に普通学校規程を再改定し、四年制学校最終年（五・六年制学校では第五・六学年）に「毎週二時以内」の実業科目と課外実習を課すことができるよう農業教育を奨励した。その結果、一九二九年「職業科」導入以前に全道的に農業教育は「事実上の必修科目状態はほぼ達成」された状態にあった[98]という［井上 二〇〇〇］。即ち、農業教育は一九二〇年代前半期に各道で試験的に始まり後半期には全道にほぼ普及しており、そのため一九二九年改定はその延長上に位置づけられることになる。その教育政策上の意味は少なくない。なぜなら、第二次朝鮮教育令（一九二二年）前後の一時期を除いて、「併合」（一九一〇年）から第三次教育令（一九三八年）までの間の植民地教育の実態が、ほぼ一貫して日本語教育及び農業教育（名称は「実業」「職業」と替わった）であったことになるからである[99]。一九二九年改定の核心は、農業教育を普通学校教育の中心軸にすえるために「併合」以来初めてこれを必修化し、他の教科も含めて教科課程を全面的に改定したところにあった。

さて、「職業科」を含む教科課程は、表6の通りである。四年制・六年制ともに、低学年には日本語教育を、高学年には新たに「職業科」設置している。日本語教育を施したうえで「農業」教育へと向かうという教科編成を基本にしていることがみてとれる。それが顕著に現れるのが、四年制学校である。四年制では、一九二二年「普通学

表6　普通学校規程改定（1929年）後の毎週教授時数表（～1937年度）

①6年制

学年	日本語	朝鮮語	職業	家事及裁縫	全時数	日本語比率	朝鮮語比率
1	10	5			24	41.7%	20.8%
2	12	5			26	46.2%	19.2%
3	12	3			27	44.4%	11.1%
4	12	3	男2女1	女 2	31	38.7%	9.7%
5	9	2	男3女1	女 4	31	29.0%	6.5%
6	9	2	男3女1	女 4	31	29.0%	6.5%
合計	64	20	男8女3	女10	170	37.6%	11.8%

②4年制

学年	日本語	朝鮮語	職業	家事及裁縫	全時数	日本語比率	朝鮮語比率
1	12	4			25	48.0%	16.0%
2	12	4			27	44.4%	14.8%
3	12	4	男3女1	女3	31	38.7%	12.9%
4	11	3	男3女1	女3	31	35.5%	9.7%
合計	47	15	男6女2	女6	114	41.2%	13.2%

（出典）　教育史編纂会編『明治以降教育制度発達史』第10巻、教育資料調査会、1939年、716-718及び720頁。

校規程」での「国語」時間数は学年順に一〇・一二・一二・一二時間という配分であったが、一九二九年改定では一二・一二・一二・一一と「国語」時間数が増え、かつ低学年重視に変化した。そのうえで三・四学年の総時間数を増やし男子生徒を対象に「職業科」を三時間づつ設定した。

六年制では、四学年以上の男子生徒を対象に四年生二時間、五・六年生三時間と定められた[100]。「職業科」の三時間数（五・六学年）は、「国語」（九時間）「算術」（四時間）に次いで多く、「国史」「地理」「理科」（各二時間）等より重視された。

職業科には教科書もなく学校単位の運営に任されていたため、実際には家庭実習を含む課外実習に多くの時間が費やされ、しかも実際には低学年から実施した学校も少なくなかった［富田 一九八一b：一五五］。たとえば、京畿道の素砂公立普通学校の職業科の教授時間は、四学年以上の三年間で公式教授数の総三二〇時間を一一八時間も超過する実習が行われた〔呉二〇〇〇b：九三〕。また、慶尚南道南海郡に八校ある普通学校就学者[101]は、家庭で多い場合は九割（四校）、少ない場合でも四割の生徒が毎日二～三時間程度の農業労働をしている[102]。朝鮮人児童にとっては、家業としての農業労働をしたうえで、学校でも農業実習をしたことになる。南海郡では「上下一般に教育に熱心」〔同前：三六六〕であったが、反面「（同郡南面では）勤労教育に対する理解乏しく」〔同：三六九〕と報告されたように、学業放棄につながりかねない農業教育に対して批判的な朝鮮人も少なくなかった。普通学校の教育内容が、朝鮮人の就学動機と異なっていたからである。

普通教育の理念を掲げながら実態としては農業教育の比重を高くした教育内容は、次章で述べる一九三〇年代農村振興運動期の初等教育政策のなかで「朝鮮教育ノ特異性[103]」として一層強調されていくことになる。

3　新たな女子教育理念と女子「就学」政策の不在

1　職業教育と女子教育理念

一九二九年初等教育改革で注目すべきは、新たに女子への「職業科」必修化と女子項目の変更（「裁縫」→「家事及裁縫」）という点で、女子特性教育がカリキュラムのうえで強化されたことである。

まず、「職業科」必修化からみていこう。これまで女子生徒は「実業科」の対象から除外されていたが、新たに「職業科」が一時間ずつ加設された（六年制では四学年以上、四年制では三学年以上）。その目的は、野外労働をしないとみなされた農村の朝鮮人女性に農業教育を施し卒業後の農業労働を促すとともに、将来の主婦として「内助の功」の発揮を期待したため[104]と考えられる。そのため、教育内容も女子に特有な内容が課された。たとえば、職業科設置前の一九一七年から女子に農業実習を課していた洪城普通学校（忠清南道）[105]のケースがある。一九三〇年度「女子職業科」教授細目によれば、第四学年＝花卉、養鶏、編物、第五・六学年＝蔬菜、養蚕、染色、編物、堆肥、縄綯ひ、商業（縄綯ひと商業の実習は課外）等職業一般を行っている。男子向けと想定される職業科の教科要目[106]が稲作（播種、苗代、田植、稲の手入れ、病虫害、稲刈り等）を中心に蔬菜、果樹、豚・牛・蚕・鶏の飼い方から農業用機械、造林農産物の販売に至るまで農業全般に関して課されたのに対して、この教授内容は明らかに女子用である[107]。また、同校の教授細目でも「将来主婦として内助活動すべき精神を養うこと」をあげている[108]。

一方、従来の女子特性教育にも変更があった。「裁縫」に「家事」が加えられ「家事及裁縫」となる（普通学校規程第七条第一項）とともに、「修身」に「家庭ヲ斉フルノ志念ヲ固カラシメン」の条文が加えられた（同規程第九条第二項）。総督府は、「家事」の加設を通じて家庭生活の改善を「女子の任務[109]」とし、その家事も朝鮮の日常生活に即すべきことを強調した[110]。しかも、「家事及裁縫」の時間数が[111]「職業科」の時間数の二～四倍であった（前掲表6参照）ことは、ここでも総督府が男子とは異なる役割と期待を女子に課したことを示している。朝鮮人女性に対して、農業従事者となるべく期待された朝鮮人男性の配偶者として、家庭外では補助的農業労働力として、二重の「内助の功」の発揮を求めたのである。

このように、植民地権力は一九二九年の初等教育内容の改定を通じて、政策理念的には男子に農業（職業）教育を、女子には「内助の功」発揮のための女子特性教育を配分することで、支配政策に忠実な〈あるべき朝鮮人「男／女」〉というカテゴリーを構築しようとしたといえるだろう。

2　ジェンダー化された教育空間の構築

問題は、一九二九年改革によっても女子就学促進のための具体的な振興策がとられなかったことである。ここにも〝包摂のレトリック〟とは裏腹な〝排除の実践〟が表れている。このことを女性教員の不足や教科書の不在からみてみよう。

従来から普通学校の女性教員は「家事及裁縫科」の担当を期待された[112]。にもかかわらず「一面一校計画」が樹立された一九二九年度の普通学校数一四二三校に対し、女性教員数は九二八人に過ぎない〈詳しくは〈付表5〉参照。九二八人の内訳は日本人三六六人、朝鮮人五六二人である〉。つまり、二校に一人しか配分されていない。女性教員が普通学校一校にさえ配分されない状態は、「一面一校計画」終了時(一九三六年)まで大きな変化はなかった[113]。

さらに、女性教員が普通学校に配置されたとしても、その質が問題とされた。たとえば、農業教育に対して次のような批判がなされていた。

農村子女を教育する身であり乍ら農業に関する知識と経験は皆無、而も教室以外では只運動場で体操と遊戯とを指導すると言つたような有り様[114]

また「家事及裁縫科」には教科書もなかったため、教材や細目は教員の任意にまかされていた。とりわけ日本人女性教員は「朝鮮人に適切なる裁縫の素養に乏しく……最も実生活に適応すべき教育を必要とする今日に於て……頗る遺憾[115]」「女児童の就学歩合に影響する所大」と指摘された存在であった。この状態は農村だけでなく都市部でも同様であり、裁縫科及家事科に関し「特別教室もなく、裁縫台も」ない(一九三五年、釜山普通学校)状態であった[116]。このように女子への農業教育・家事教育は、実際上は放置されていたようである。

日本では庶民が教育に期待した裁縫教育が女子就学率を押し上げ[深谷前掲:二〇四―二一二]、台湾では台湾社会の花嫁修業の一環として重視された「刺繍」を「手芸」科に導入したことが女子就学促進に重要な役割を果たした[洪郁如 二〇〇一:六四―七〇]とされる。日本や台湾と比べると興味深い差異といえる。逆にいえば、このことは朝鮮における女子教育軽視の表れと考えられるのである。

女子のみに課す理念を掲げながら、実質的には女子就学促進に踏み込まなかったのはなぜだろうか。

その理由の一つは、一九二九年段階では、限られた財源に規定された対費用効果から「農業人の育成」「農村の再生」を担うべき男子への農業教育を優先し、女子は二の次になっていたからであろう。しかし、農村振興運動の展開過程で女子教育の重要性が認識されだすと、女子教育を担うには女性教員が適任であるとの認識から、一九三五年四月に朝鮮ではじめての独立した女子教員養成機関として「京城女子師範学校」が創設されることになる［咲本和子　一九九八］。

植民地権力にとって重要なのは、女子の〝包摂〟の投資効果であったが、この段階では〝排除が実践〟された。換言すれば、総督府が想定する「一面一校計画」の対象者はやはり朝鮮人男子であった。総督府がめざす日本語教育と職業教育を重視した普通学校という教育空間も、男子中心的にジェンダー化されて構築されたといえるのである。

以上のように、朝鮮人の就学抑制を基調とした〈民族〉要因は、一九二九年初等教育改革によって就学機会の部分的拡大へと軌道修正された。しかし、初等教育拡張政策とは上級学校への進学を考慮しない四年制学校の新設であり、職業教育とは「農業教育の制度化」［富田前掲b：一五四］にほかならなかった。朝鮮総督府は一九二九年の初等教育改革を通じて、普通学校に対し日本語を解し植民地権力の利益に忠実に奉仕する朝鮮人男性農民を育成する教育空間を構築しようとしたのである。

第3章

「就学の制度化」と朝鮮人男性の就学要因

一九二〇年代半ばから停滞した普通学校入学率は、一九三三年以降に再び急増へと転ずる。本書で第Ⅱ期と分類したこの時期は、第Ⅰ期の男子中心の「教育の学校化」からさらにすすんで、普通学校入学者が男子を中心に全階層に及びつつ、女子入学者も急増し、中退率がそれ以前より低水準で「安定」した時期である。その意味で「就学の制度化」と呼ぶべき教育現象が生じた時期と規定できよう。

第Ⅱ期の入学者激増は、対外的には満州事変（一九三一年）及び「満州国」建国（一九三二年）という日本の中国侵略の新たな段階に対応して朝鮮が準戦時下に組み込まれる過程で生じたものであり、対内的には朝鮮総督宇垣一成の肝いりで始められた官製の「自力更生」運動である農村振興運動の展開過程（一九三二年提唱、一九三三～四〇年）のなかでもたらされたものである。

本章では、第Ⅱ期の「就学の制度化」（第二次普通学校「就学熱」）という入学者急増の要因を、朝鮮人の教育要求と農村振興運動と連動した朝鮮総督府の教育政策の相互作用によるものととらえ、ジェンダーの視点をふまえてその変化の諸相と一九三〇年代に特有の朝鮮人の就学動機に関し新たな資料を提示・考察することで、先行研究

（［呉成哲《オソンチョル》 二〇〇〇a］等）の再検討を行いたい。ただし、朝鮮人女子の普通学校「就学」に関しては、男子とは異なる要因や就学動機が関連するので次章で考察する。

まず、第1節では、第Ⅱ期の普通学校「就学熱」勃興を紹介し、第2節では「就学の制度化」をめぐる〈民族〉要因と〈階級〉要因の変化を、朝鮮社会と総督府の教育政策相互から分析する。第3節では、農村振興運動期に総督府が意図した職業教育「徹底」とその意味を考察したうえで、朝鮮人の就学動機を社会移動要求と日本語習得という側面から考察し、総督府と朝鮮人の「同床異夢」を検証する。

第1節　第二次普通学校「就学熱」と「就学の制度化」

本節では、「就学の制度化」と呼びうる教育現象が表出した第Ⅱ期の第二次普通学校「就学熱」の特質を、男女別に入学競争及び府郡別就学率から検討してみよう。

まず、男子の入学競争の推移を表1からみていこう。募集定員Ⓐに対する入学志望者Ⓑの割合を示す「志望倍率」（B／A）は、募集定員に達しなかった一九一二・一三・一九年の三年間を除いて、すべて募集定員を上回る入学志望者が存在したことを示している。この動向を、志望者数Ⓑに対する入学者Ⓒの割合を示す「入学達成率」（C／B）からみてみよう。入学達成率は、低いほど競争激化を示すことになる。これには時期別に特徴があり、第1章でみた入学率の高低とほぼ対応している。即ち、男子入学率が急増した一九二〇〜二三年の間には入学達成率も急落した。一九一九年に八五・九％であった入学達成率が一九二〇年七五・四％、一九二二年には五〇・一％と最大二五％も急落したことはこの時期の競争激化を示している。しかし、一九二五〜三二年頃の入学率停滞期には、入学達成率は八〇％台に上昇し入学競争は緩和された。ところが、一九三四年の入学達成率は前年より一〇％も急落、以降その傾向に歯止めはかからなかった。とくに一九三六年・三七年には五〇％を切り、入学希望者の半

表1　朝鮮人男子の公立普通学校入学志望者・入学達成率の推移（1912～37年）

年度	公立普通学校				
	募集定員（A）	入学志望者数（B）	入学者数（C）	志望倍率（B／A）	入学達成率（C／B）
1912年	21,020	18,445	11,504	0.88	62.4%
1913年	19,498	16,046	13,775	0.82	85.8%
1915年	20,518	21,186	14,857	1.03	70.1%
1916年	22,893	24,241	16,976	1.06	70.0%
1917年	23,758	29,586	19,939	1.25	67.4%
1918年	22,000	26,253	20,813	1.19	79.3%
1919年	22,426	21,772	18,696	0.97	85.9%
1920年	29,543	39,186	29,564	1.33	75.4%
1921年	38,480	66,688	41,393	1.73	62.1%
1922年	54,588	117,236	58,757	2.15	50.1%
1923年	66,023	103,050	65,317	1.56	63.4%
1925年	67,057	71,592	60,703	1.07	84.8%
1926年	64,977	73,954	61,630	1.14	83.3%
1927年	70,235	77,554	66,247	1.10	85.4%
1928年	74,002	87,941	70,557	1.19	80.2%
1929年	75,275	93,262	74,233	1.24	79.6%
1930年	80,448	99,280	78,635	1.23	79.2%
1931年	83,270	99,512	78,797	1.20	79.2%
1932年	84,947	94,797	77,691	1.12	82.0%
1933年	90,340	112,898	89,564	1.25	79.3%
1934年	98,931	149,455	104,014	1.51	69.6%
1935年	105,849	182,388	109,348	1.72	60.0%
1936年	113,007	239,892	116,833	2.12	48.7%
1937年	130,508	269,937	134,576	2.07	49.9%

図 1　朝鮮人男子の入学達成率の推移

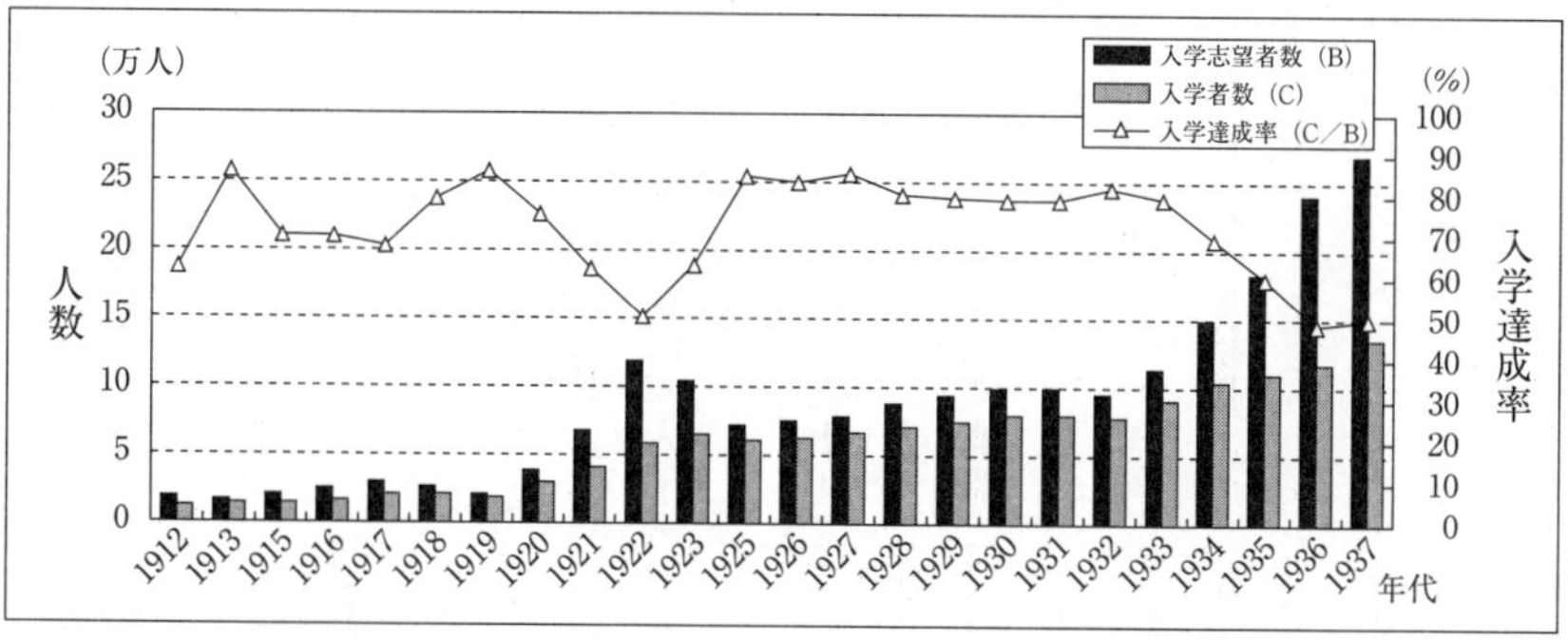

（出典）『朝鮮総督府官報』1912年12月7日、1913年10月19日、1915年7月12日、11月23日、1916年7月12日、9月26日、1917年9月25日、1918年5月31日、10月24日、1919年11月3日、1920年7月15日、11月9日、1921年7月4日、11月17日、1922年8月14日、12月14日、1923年6月13日、1926年9月1日、9月6日、1927年4月15日、4月21日、1928年5月30日、11月20日、1929年12月14日、及び朝鮮総督府学務局学務課『学事参考資料』1937年（『史料集成』第60巻所収）。

（注）ただし、1914年、1924年の統計は『官報』での記載未見のため除いている。

数しか入学できないほど入学競争が激化した。

一方、女子の場合を表2からみると、男子とは異なる展開を示す。一九一〇年代に募集定員を下回った「志望倍率」（B／A）は一九二〇年代前半期に上回ったが、再び二〇年代半ばに下回る。ところが、一九二八年に入学志望者が募集定員を上回ると以後一貫して志望倍率は一倍を超え、一九三五年に過去最高の一・四二倍、三六年には一・六七倍を記録する。「入学達成率」（C／B）も同様の傾向である。女子の場合は入学志望者が激増し、したがって入学達成率が急落したのは一九三四年以降であった。

このように、第Ⅱ期がはじまる一九三三年の就学者数は「近来にない増加振り」（総督府学務局）、とくに一九三四年には「更に一段の飛躍」[1]（同前）、「普通制創設以来、始めて見る激増」[2]（民族言論）を示しており、「必ず入学試験を受けざるを得ない情態」[3]といわれるほど男女とも入学競争が激化した。これは、入学志望者数激増にもかかわらず、学校増設（「一面一校計画」）が追いつかないために生じた現象なのである。

次に、府郡別にみてみよう。表3・4は、朝鮮総督府が推定した一九三〇〜一九三七年までの府郡別就学率の推移である。男女に共通なのは、府部（都市部）の就学率が顕著に高いことである。一九三〇年代には都市部男子は三人に二人が就学し、女子は三人に一人が就学していた。しかし、一九三三年を境に郡部（農村部）にも変化が生じる。顕著なのは農村部男子であるが、一九三三年を境に、それ以前は凡そ三人に一人（三二年二八・三％）の就学が、それ以後は二人に一人（三七年四五・六％）に近い就学となった。農村部女子も緩慢ながら、一九三六年には一〇％を超え三七年には一二・三％となった。一九三〇年の五・五％に比して倍以上の急増である。全人口に占める都市部人口比率が一九三〇年台でも一〇％以下（一九三〇年五・七％→三五年七・〇％→四〇年一一・六％［橋谷弘 一九九〇a：一三五］）であったことも考慮すると、一九三三年以降に起こった入学率や入学志望者数の増加は農村部を中心とする変化であると推測できる。農村部でも「入学したくても競争が激しくて入学できない」という新しい変化が生じたのである。

表2 朝鮮人女子の公立普通学校入学志望者・入学達成率の推移（1912～37年）

年度	公立普通学校				
	募集定員（A）	入学志望者数（B）	入学者数（C）	志望倍率（B／A）	入学達成率（C／B）
1912年	1,965	2,675	1,469	1.36	54.9%
1913年	2,357	2,037	1,825	0.86	89.6%
1915年	3,227	2,935	2,469	0.91	84.1%
1916年	3,818	3,371	2,858	0.88	84.8%
1917年	5,061	4,785	3,852	0.95	80.5%
1918年	5,004	4,563	3,951	0.91	86.6%
1919年	5,229	4,057	3,632	0.78	89.5%
1920年	6,539	6,575	5,911	1.01	89.9%
1921年	8,909	11,451	8,995	1.29	78.6%
1922年	12,945	17,459	12,972	1.35	74.3%
1923年	16,169	20,094	15,193	1.24	75.6%
1925年	1817（ママ）	15,730	13,079	?	83.1%
1926年	20,031	16,038	13,986	0.80	87.2%
1927年	19,512	17,672	15,395	0.91	87.1%
1928年	20,872	20,885	17,298	1.00	82.8%
1929年	21,510	22,275	18,242	1.04	81.9%
1930年	21,902	23,946	19,802	1.09	82.7%
1931年	23,418	24,700	19,901	1.05	80.6%
1932年	25,277	26,708	21,802	1.06	81.6%
1933年	27,041	29,913	24,416	1.11	81.6%
1934年	31,270	38,154	29,646	1.22	77.7%
1935年	34,723	49,469	33,930	1.42	68.6%
1936年	41,406	68,951	40,884	1.67	59.3%
1937年	49,632	79,544	47,662	1.60	59.9%

図2 朝鮮人女子の入学達成率の推移

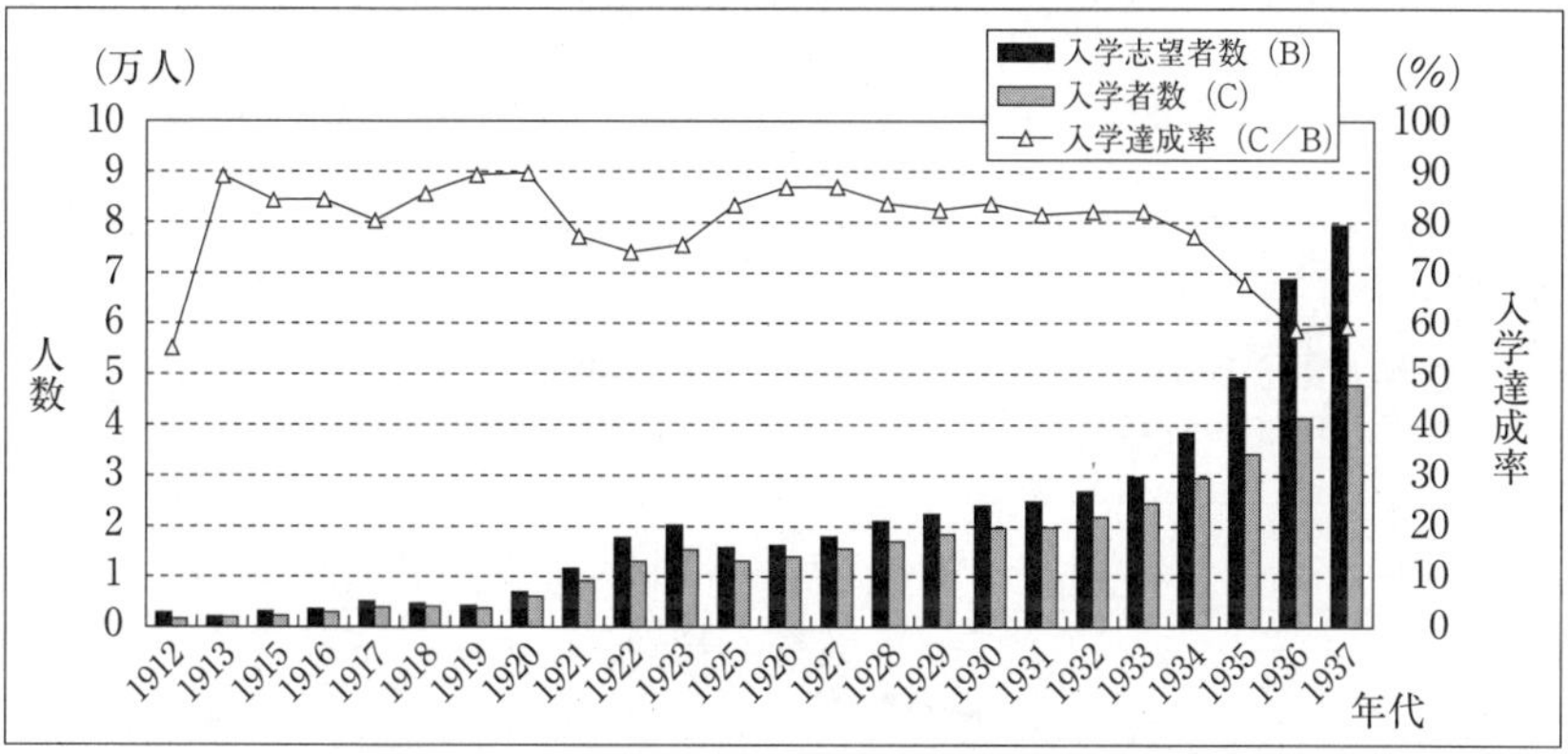

（出典） 表1に同じ。

（注） 1．男子の最大人数値300,000人にあわせると、女子の微妙な変化がわかりにくいので最大人数値を10万人とした。

2．1914年、1924年の統計は『官報』での記載未見のため除いている。

府郡別の普通学校就学率の推移（1930～37年）

		郡（邑面）					計			
在学児童	推定就学歩合	人口	邑人口／合計人口	推定学齢児童	在学児童	推定就学歩合	人口	推定学齢児童	在学児童	推定就学歩合
36,879	64.4%	9,578,749	95.8%	1,292,327	368,121	28.5%	10,003,042	1,349,608	405,000	30.0%
43,097	71.9%	9,580,273	95.6%	1,293,284	366,405	28.3%	10,023,837	1,353,218	409,502	30.3%
43,713	70.3%	9,723,064	95.5%	1,312,614	371,995	28.3%	10,183,362	1,374,754	415,708	30.2%
46,684	72.1%	9,789,820	95.3%	1,321,628	406,254	30.7%	10,269,286	1,386,354	452,929	32.7%
50,104	74.2%	9,916,102	95.2%	1,338,673	460,466	34.4%	10,416,040	1,406,165	510,570	36.3%
58,636	74.6%	10,187,435	94.6%	1,375,304	510,231	37.1%	10,769,916	1,453,916	568,867	39.1%
67,027	65.7%	10,086,753	93.0%	1,361,687	557,827	41.0%	10,842,097	1,463,683	628,954	42.7%
73,146	71.7%	10,086,573	93.0%	1,361,687	620,883	45.6%	10,842,097	1,463,683	694,029	47.4%

府郡別の普通学校就学率の推移（1930～37年）

		郡（邑面）					計			
在学児童	推定就学歩合	人口	邑人口／合計人口	推定学齢児童	在学児童	推定就学歩合	人口	推定学齢児童	在学児童	推定就学歩合
17,611	32.2%	9,276,963	95.8%	1,252,395	68,323	5.5%	9,682,545	1,307,144	85,934	6.6%
20,720	36.1%	9,260,618	95.6%	1,250,195	68,938	5.5%	9,686,331	1,307,653	89,658	6.9%
22,569	35.9%	9,388,203	95.3%	1,267,407	74,327	5.9%	9,853,911	1,330,278	96,896	7.3%
24,041	36.8%	9,452,249	95.1%	1,276,054	84,322	6.6%	9,936,305	1,341,402	108,363	8.1%
26,551	38.9%	9,591,945	95.0%	1,294,914	99,213	7.7%	10,097,764	1,363,199	125,764	9.2%
31,718	39.6%	9,885,639	94.3%	1,334,561	116,145	8.7%	10,478,948	1,414,657	147,863	10.5%
37,765	36.8%	9,770,547	92.8%	1,319,024	135,605	10.3%	10,531,475	1,421,749	173,370	12.2%
44,404	43.2%	9,770,547	92.8%	1,319,024	162,224	12.3%	10,531,475	1,421,749	206,628	14.5%

学ノ状況」朝鮮総督府学務局学務課『学事参考資料』1937年11月、217―218頁より作成（『史料集

年12月末現在、「在学児童数」は各年5月末現在「官公私立普通学校」在学児童数である。
「人口ノ一割三分五厘」としている。
が1936年と同じなのは、原注7に「昭和一二年ノ分ハ人口ノ資料ナキニ付前年ノ人口ヲ掲ゲテ一応
よる。

図3　朝鮮人男子の府郡別就学率の推移（1930～37年）

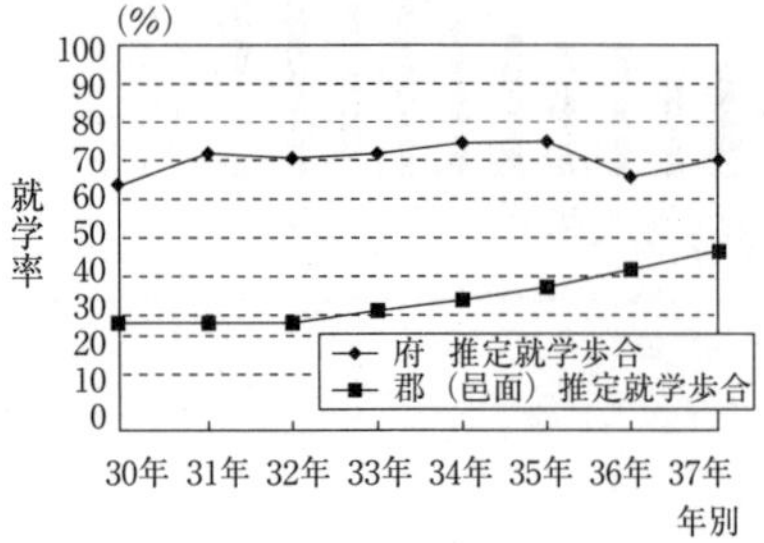

図4　朝鮮人女子の府郡別就学率の推移（1930～37年）

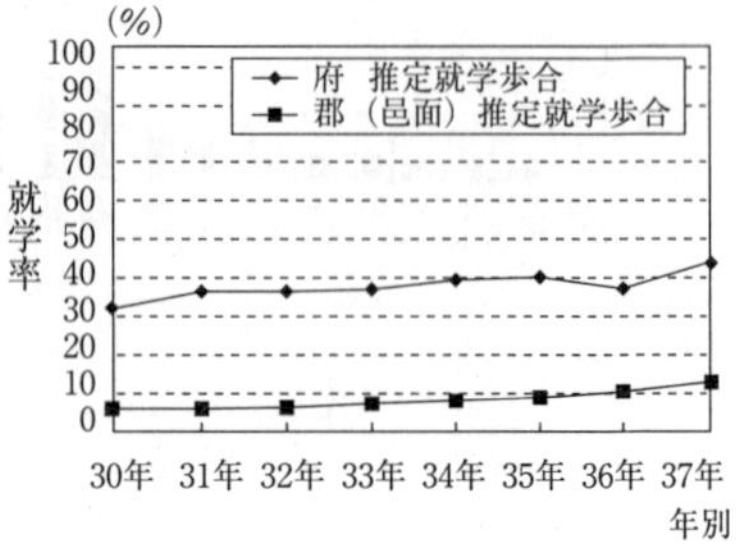

表3　朝鮮人男子の

年別	府		
	人口	府人口／合計人口	推定学齢児童
30年	424,293	4.2%	57,281
31年	443,564	4.4%	59,934
32年	460,298	4.5%	62,140
33年	479,466	4.7%	64,726
34年	499,938	4.8%	67,492
35年	582,481	5.4%	78,635
36年	755,524	7.0%	101,996
37年	755,524	7.0%	101,996

表4　朝鮮人女子の

年別	府		
	人口	府人口／合計人口	推定学齢児童
30年	405,582	4.2%	54,749
31年	425,713	4.4%	57,458
32年	465,708	4.7%	62,871
33年	484,056	4.9%	65,384
34年	505,819	5.0%	68,285
35年	593,309	5.7%	80,096
36年	760,928	7.2%	102,725
37年	760,928	7.2%	102,725

（出典）　「朝鮮人推定学齢児童就
成』第60巻所収）。
（注）　1．人口は統計年報各
2．推定学齢児童数は
3．1937年の「人口」
ノ参考トセリ」とあることに

このように、一九三三年以降は、入学率が飛躍的に高まった（第1章参照）だけでなく、男女とも募集定員をはるかに上回る入学志望者が激増したことがわかる。そのため、かつてないほど入学競争が激化したが、それらは農村部を中心に生じた新しい現象であったのである。重要なのは、一九三三年以降に急速に盛り上がった普通学校「就学熱」は、植民地支配が終焉を迎えるまで続いたことである。一九二〇年代に男子を中心として入学率急増後に失速・停滞した第Ⅰ期とは異なり、第Ⅱ期のそれは男女とも不可逆的な変化であったことになる。そのことは普通学校「就学」が朝鮮人の職業選択や人生設計にとって不可欠な通路となったことを意味しよう。第Ⅱ期以降の普通学校をめぐる状況は、朝鮮人にとっても、植民地権力にとっても新たな段階に入ったのである。

第2節　普通学校をめぐる〈階級〉・〈民族〉要因の変化

それでは、第Ⅱ期の普通学校「就学熱」をもたらしたものは何だったのか。

本節では、〈民族〉・〈階級〉要因の変化に関して、具体的には朝鮮人の教育行動に内在した変化と、植民地権力が農村振興運動と連動して打ち出した初等教育拡張政策との二側面から検証してみたい。

表5　経営別農家戸数比率累年比較表（1928～40年）

年代	農家戸数／総戸数	自作農	自作兼小作農	小作農	被傭者	火田民	合計
1928年	74.3%	19.0%	33.2%	46.6%		1.2%	100.0%
1930年	72.4%	18.2%	32.2%	48.2%		1.4%	100.0%
1935年	74.0%	17.9%	24.1%	51.9%	3.6%	2.5%	100.0%
1940年	69.1%	18.1%	23.4%	53.1%	3.3%	2.2%	100.0%

（出典）　朝鮮総督府『朝鮮総督統計年報』1933・1940年度版「戸口」及び「農業戸数」より作成。

（注）　火田民は「火田式耕作方法に従事する者」、被傭者は「耕地を保有せず他人に雇傭せられ農業に従事し独立の世帯を樹つる者」。

1　朝鮮社会の〈階級〉要因の変化

1　普通学校「就学」と階級要因の変化

一九二〇年代初頭の主な就学者は、地主・自作農を中心とする階層出身の男子であった（第2章参照）。就学者が急増した第Ⅱ期には、〈階級〉要因にどのような変化があったのか。

本項では、朝鮮社会の経済状況をみたうえで、第Ⅱ期の直前にあたる一九三二年に調査された階級別就学調査を資料に、この一〇年間の就学行動の変化をみていきたい。

(1)　進む朝鮮農村の疲弊

まず、一九二八年から一九四〇年までの経営別農家戸数比率を比較した表5をみてみよう。農家全戸数に占める自作農の比率に変動の幅は少ないが、自小作農（＝自作兼小作農）が減少（一九二八年三三・二%→一九四〇年二三・四%）する一方、小作農が増加（同四六・六%→同五三・一%）している。自小作農が小作農に転落したのである。こうした朝鮮農民の窮乏化は総督府の施政をゆるがす大問題となり、一九三〇年代に農村振興運動（後述）を展開するに至る根本原因となった。さらに、総戸数に占める農家戸数の割合も一九二八年から四〇年にかけて五・二%と大幅に減少した。この現象は、産米増殖計画等の植民地農業政策に起因する経済的困窮化がまねいた脱農離村によってもたらされたものであろう。

次に、朝鮮農家の家計費を日本の農家と比較してみよう。表6は、一九三〇〜三二年の朝鮮農家の中農（耕作反別二町四反）と一九三一年の日本の小農（耕作反別二町四反）の家計費を比較したものである。

一瞥して気付くのは、飲食費割合が日本農家四二・四%に対して朝鮮農家は六〇・七%を占め、「文化的生活費」を示す第二生活費の額・比率も顕著な差があることである。朝鮮農家の貧窮度の高さの反映であろう。また、植民地権力が問題視した「冠婚葬祭費」の絶対額・比率は、朝鮮農家のほうが低い。他方、注目されるのは教育費の絶対額・相対的比率とも、朝鮮農家の方が日本の約二倍であることである。久間健一によれば、調査対象となった朝鮮農家は二町歩以上の「富農」に属する［一九四〇］。しかし、その「富農」でさえも生活困窮度は高かったので

表6　朝鮮農家（1930〜32年）・日本農家（1931年）の家計費比較

		朝鮮		日本	
		金額(円)	比率	金額(円)	比率
第一生活費	住居費	10.14	2.3%	20.35	3.7%
	飲食費	268.55	60.7%	232.83	42.4%
	被服費	26.37	6.0%	42.97	7.8%
	光熱費	39.02	8.8%	33.20	6.1%
	什器費	5.07	1.1%	14.39	2.6%
	小計	349.15	78.9%	343.74	62.6%
第二生活費	修養費	0.26	0.1%	6.54	1.2%
	教育費	15.01	3.4%	8.76	1.6%
	交際費	23.26	5.3%	46.86	8.5%
	諸掛	4.97	1.1%	10.50	1.9%
	嗜好費	8.53	1.9%	27.23	5.0%
	娯楽費	0.88	0.2%	3.78	0.7%
	衛生費	6.24	1.4%	31.26	5.7%
	冠婚葬祭	23.11	5.2%	35.49	6.5%
	其他	11.25	2.5%	34.89	6.3%
	小計	93.51	21.1%	205.31	37.4%
家計費総計		442.66	100.0%	549.05	100.0%
家族一人当り		68.20		86.05	

（出典）　久間健一「朝鮮農村の強靭性と脆弱性（1）」『朝鮮行政』1940年9月号。

（注）　表の出典は、朝鮮農家については朝鮮農会『農家経済調査』1930〜1932年、日本農家については農林省『農家経済調査』1931年。

あり、その苦しい家計から教育費を捻出した様子が窺えるのである。

このように「富農」であっても教育費の家計に占める割合は、現金支出であることも含めて低くはなかったが、「富農」以下の階層も次で考察するように普通学校への就学を選択し始めたのである。

(2) 普通学校「就学の制度化」と〈階級〉要因の変化

では、第Ⅰ期では〈民族〉要因とともに、朝鮮人の就学を抑制してきた〈階級〉要因には、どのような変化があったのか。第Ⅱ期の入学率急増の起点となる一九三三年以降に調査された階級別就学者比率を示す調査史料は入手が望み難かったので、ここではその直前にあたる一九三二年の調査を、第2章で考察した一九二二年度全羅南道の調査（以下、「一九二二年全南調査」と略記する。八四頁参照）と比較してみよう。

表7・1の「農家学齢児童の就学状況（一九三二年）」は、延禧専門学校教授である盧東奎が[4]「農家経済の実情を内面的に解剖する」という目的で、一九三二年の夏期休暇を利用し同校学生総勢二九人によって学生各自の郷里三三カ所、一二五六戸に対して行った調査結果の一部である。[6]同調査の特徴は、階級別・地域別に――性別の記載はないが――朝鮮農家児童の就学状況が調査されていることである。なお、同調査の「窮農」概念は総督府統計における「小作農」に相応するので、表では「小作農・窮農（所謂『小作農』）」と表記した。[7]

まず、表7・1の「農家戸数に対する就学者比率」で目につくのは、階級別に就学率が明白に序列化していることである。全農家比率で三・三％を占めるにすぎない地主階級の就学率は六八・三％と高いが、全農家比率四二・一％を占める所謂「小作農」で就学できたのは二二・三％にすぎない。「自小作農」を含めても（全農家比率七二・三％）、児童就学率二九・二％である。貧農層に属するほど、就学率の低さは一目瞭然である。

しかし、一九二二年全南調査と比較することで、この一〇年間の就学状況の変化がわかる。「地主」の就学率は六八・三％と、一九二二年全南調査での就学率（七〇・〇％）と同水準である。大きな変化があったのは、それ以

表7・1 農家学齢児童の就学状況(1932年)

	児童数(人)	就学児童構成比率	階級別戸数(戸)	全農家戸数比率	農家戸数に対する就学者比率
地主	28	6.9%	41	3.3%	68.3%
自作農	97	24.1%	212	16.9%	45.8%
自作兼小作農	147	36.5%	379	30.2%	38.8%
小作農	107	26.6%	386	30.7%	27.7%
窮農	11	2.7%	143	11.4%	7.7%
非農家	13	3.2%	95	7.6%	13.7%
合計	403	100.0%	1,256	100.0%	32.1%
小作農+窮農(所謂「小作農」)	118	29.3%	529	42.1%	22.3%
自作兼小作農・小作農・窮農計	265	65.8%	908	72.3%	29.2%

(出典) 盧東奎「朝鮮農家経済実相調査解剖(一)」『韓』5-1, 1976年1月、102—104及び112頁表9より作成(以下の表同じ)。原典は、編集兼発行人洪炳哲『学海』学海社発行、1937年12月所収の同名論文。

(注) 1. 本農家調査は、延禧専門学校教授盧東奎が計画し同校学生たちを中心に1932年夏期休暇を利用して行われたものであり、33カ所、1256戸の調査結果を得たもの。

2. 33カ所の内訳は、朝鮮南部14カ所(全南3カ所、全北4、慶北1、忠南6)、中部朝鮮8カ所(京畿道4、江原道1、黄海道3)、朝鮮北部は11カ所(平南7、咸南2、咸北2)である。

3. 以下は「原注」より。「地主」には「所有土地全部を小作させている純地主」(総督府統計の地主甲)に「所有土地の一部は自作し大部分を小作させている自作を兼ねた地主」(総督府統計の地主乙)が包含される。「自作農」には「所有土地の小部分を他人に小作させている地主を兼ねた自作農」も含む。「窮農」とは「その家族の生活を保障するための最小限度の小作地をも持たない小作農を意味する」。また、「自己所有の住家もなく他人の家の一部を借用居住するばあいが多」いことも「窮農決定の一要素」となっている。また、窮農概念は、総督府の「春窮時に農糧が不足する農家」という定義と「全然概念がちがう」としている。「非農家」とは、「大部分は……その生活の根底を農耕におかず賃労働や副収入におく純然たる農村プロレタリア分子」としている。

4. 同論文108頁の総督府統計との比較によれば、本調査の「小作農」と「窮農」の合計数が、総督府統計の「小作農」に相当すると思われる。そのため本表では、小作農・窮農計を(所謂「小作農」)と表記した。なお、比率等の数字が同論文の表記と整合しない部分は、筆者作成の数字を優先した。

5. 原文には「農家学齢児童(七歳以上一五歳以下)の就学状況」とある。

6. 「農家一戸に一名の就学児童がいるべきもの」と想定している。

7. 原文には初等学校名の記載はないが、「普通学校」と思われる。

外の階級である。「自作」階級の就学率は一九二二年全南調査九・〇%から一九三二年調査四五・八%に急増した。即ち、自作農等の富農は「一〇戸に一人」の就学に過ぎなかったのが、一〇年後には半数近くが就学するようになったのである。

注目されるのは貧農層の就学率が大幅にアップしたことである。「自小作農」は一・五%→三八・八%、所謂「小作農」は一・八%→二二・三%(なお「小作農」二七・七%、「小作農」の最下層である「窮農」七・七%)と変化し、いずれも急激な上昇を示している。「自小作農+小作農+窮農」計でみても、就学児童構成比率で六五・八%、就学者比率でも二九・二%に激増した。この階層出身の「三戸弱に一人」が就学している。一〇年前の同階層に相当する全南調査では、「三〇戸に一人」であったことと比べると、その急増ぶりがわかる。

興味深いのは、普通学校就学者の〈階級〉格差は減縮したが、中等以上の学校就学は表7・2示すように、〈階級〉格差が歴然と存在したことである。中等以上の学校に就学できたのは全戸数一二五六戸のうち、わずかに三一戸、二・五%に過ぎない。このうち地主出身が一一人を占め「四戸に一人」の就学者を輩出したのに対して、他の階層はまったく及ばない状況であった。一九三二年段階でも、中等教育以上の学校は地主という特権階級の専有物であった。

このように、一九二二年段階では地主・富農以上が独占した普通学校は、一九三〇年代初頭には自小作・小作階級からも就学集団が部分的にしろ輩出されるようになり、急速に変化した。したがって、階級構成比が三・三%に過ぎない地主、一六・九%を占める自作農という富農に属する〈階級〉だけでなく、自小作・小作・窮農という下層(全体で七二・三%)が就学し始めたことが、就学率全体を押し上げたという推測が可能である。

ここから導き出されるのは、一九三〇年代初頭には普通学校就学が全階層に拡大しつつあったこと、即ち普通学校就学に関する〈階級〉要因が緩和されたことである。貧農といわれる集団からも就学者を輩出するようになったからこそ、「授業料の多寡」が就学可否や就学継続上の大問題にならざるをえなかった。したがって、一九三三年に京畿道で、一九三四年に全道的に始まる普通学校授業料低減策（後述）は、貧農層児童の就学意欲を刺激し、就学志向を高めるものであったと推測できる。

それでも、就学をめぐって〈階級〉に基づく序列化が存在したのは明らかである。表7・1からも自作農以下は過半数が不就学であったからである。呉成哲は、一九三〇年代の就学状況に対し、新聞記事や盧東奎《ノトンギュ》の統計の一部再引用（文昭丁《ムンソジョン》論文から）等から、「普通学校が、地主や富農階層の独占物ではなく、学生の大部分は貧困な小作、自小作農の子女」［二〇〇〇a：一六七］だったと結論づけるが、これには次のような留保が必要である。

第一に、就学における性別の格差を軽視できないことである。盧東奎の統計でも「自小作農・小作農・窮農」の合計は就学者の六五・八％を占めている。重要な点は、これら全体の就学率が二九・七％に過ぎず、残余の三分の二は不就学であったことである。ここには性別による就学格差が関わると考えられるのであり、朝鮮人家庭における〈階級〉要因の緩和とは男子中心のそれであったことを示すものであろう。

第二に、同じ貧農層でも小作農出身者は、第Ⅱ期に入っても入学や就学維持が困難であったことである。たとえば、慶尚北道の農村にある義城郡丹密公立普通学校（四年制）の四学年一学級五〇人の〈階級〉構成は、「地主二、自作一一、小作三、自作兼小作三〇、極貧者四」であった[8]。同学級では自小作農が最も多いが、農民全体の階級構成では過半数をしめる小作農は三人にすぎない。性別格差を考慮しても少ない人数である。次に述べる普通学校授業料低減策が〈階級〉要因の緩和になったとしても、飢餓線上におかれた小作農という〈階級〉には学校入学への敷居は高かったのである。

表7・2　中等以上学校在学者数

	学年数	農家戸数に対する就学者比率
地主	11人	26.8%
自作農	7人	3.3%
自作兼小作農	9人	2.4%
小作農	2人	0.5%
窮農	0人	0.0%
非農家	2人	2.1%
合計（全道）	31人	2.5%
小作農＋窮農（所謂「小作農」）	2人	0.4%
自作兼小作農・小作農・窮農計	11人	1.2%

（出典）　表7・1に同じ。113頁より作成。

以上の二点に関わる、就学／不就学をめぐる朝鮮人家庭における階級・ジェンダーとの関係の具体相に関しては、第5章で扱うことにしたい。

2　農村振興運動期の初等教育拡張政策

第Ⅱ期がはじまる一九三三年から一九三七年（日中戦争）までの初等教育政策の特徴は、一九二九年の初等教育改革（「一面一校計画」一九二九～三六年、職業科必修化）の延長線上に、そして農村振興運動との密接な連動の下で、「実際的完成教育」をめざす職業教育が「朝鮮教育の特異性」(9)（政務総監今井田清徳）として一層強化されたことである。

ここで、農村振興運動（正式名称は「農山漁村振興運動」(10)）について簡単にふれておこう。経済恐慌によって壊滅的な打撃を受けた一九三〇年代初頭の朝鮮では、農村が疲労の極に達し小作争議も激しさを増すという背景のもとで、朝鮮農村・農家の建て直しが支配政策上急務となっていた。こうしたなかで朝鮮総督宇垣一成（一九三一年六月就任）の肝いりで一九三二年一一月に提唱され、本格的には一九三三年から一九四〇年にかけて朝鮮総督府の総力をあげて推進されたのが、農村振興運動であった。農村振興運動は個々の農民・農村を運動・把握の対象にして、朝鮮農村の「春窮退治、借金退治、借金予防」の「更生三目標」を掲げて農家経済の再生を図り、さらに「心田開発」という精神運動も伴いながら、物心両面から朝鮮農家の「自力更生」を実現しようとした「官製」の運動として、一九三〇年代の植民地支配政策の根幹をなすものであった。

農村振興運動が初等教育政策と密接に関連するのは、次のような事情からである。

それは、この運動の第一段階（一九三三・三四年）では個別農家への集中的な指導方式をもって経済の再生を計ろうとしたが、農村内部に運動の担い手である「中堅人物」を養成するための人材供給源の必要から「卒業生指導」制度が注目された［富田晶子 一九八一b］からである。この制度は普通学校卒業生を対象に営農を個別指導するものであったが、その「卒業生指導の出発点は実に職業科」[11]にあるとして、普通学校の職業（農業）教育がこれまで以上に重視されることになったのである。

したがって、以下に述べる初等教育政策は、農村振興運動の展開過程のなかで、とくに運動の担い手づくりと密接な関連の下で打ち出されたものであった。具体的には、就学促進策として①普通学校授業料低減策（一九三四年〜）、②二年制簡易学校制度の導入（一九三四年〜）、③第二次初等教育拡張政策（一九三七年〜）である。教育内容面では職業教育「徹底」が掲げられた。それぞれ考察してみよう。

1　授業料低減策

(1)　普通学校「就学」と授業料問題

前章でみたように、四年制普通学校の授業料は月額六〇銭（年額六円六〇銭、「一面一校計画」）と定められ、六年制では月額六〇銭から一円と幅があったようである。[12]

朝鮮人農家の生活のなかで授業料はどのような位置を占めていたのだろうか。一面一校計画（一九二八年）当時、朝鮮人から次のような批判があがっていた。

（朝鮮人農家の生活は）或る場合には就学児童に要する支出が其の全家族の生活費に対等することも少なくない状態……朝鮮人農家が全般生活を自給自足に依り営んでをる……故に朝鮮人農家の手中に通貨の流入する機会が極く稀少であり随つて朝鮮人農家の手を以て通貨を支弁することの極く難しいのも事実である。……普通学校に毎月現金五六〇銭の授業料を納入することは不可能な生活状態[13]（傍点引用者）

このように、朝鮮人農家の生活難と限られた現金収入のなかで「五六〇銭の授業料」を毎月保障するのは容易ではなかった。一九三〇年代には朝鮮農家経済において家計収入・支出の現金化が急速に進行した〔松本武視 一九九〇〕のは確かだが、前述の如く「授業料は就学上最も重大な問題」[14]と認識され、就学可否や就学継続を規定する要因であったことに変わりはなかった。こうした変化は、前節でみたように学校就学者の出身〈階級〉が朝鮮社会の下層に拡大したために生じた現象であった。

しかも授業料以外に、教科書代、通学費、学用品代、入学費、後援会代等の負担があった。たとえば、「毎月最高で八〇銭づつの月謝金」（授業料のこと）に加えて、教科書代だけでも一学年「約四〇銭」、「第四学年一円一二銭、第五学年一円四三銭乃至同七四銭、第六学年一円四九銭乃至同五九銭」の負担が必要であったため、「貧弱な朝鮮人の経済力において数多の貧弱に因る就学不能の児童がいることと、就学しても負担に耐えるのが難しい者を再三産み出す」[15]状況であった。こうした教育費負担は農家負債の一因ともなった[16]。朝鮮人は教科書・学用品減価と授業料半減を求める運動を集団的に展開し[17]、一部の要求（一〜三銭の教科書値下げ）を実現したが焼け石に水にすぎなかった[18]。多くの朝鮮人家庭にとっては子ども一人当たり現金で年間一〇〜一五円の授業料を含む教育費[19]は、過重な負担であった。

就学継続のためにも授業料問題は重大事だった。全羅北道警察部が調査した「普通学校授業料ノ滞納及ビ滞納ニ因ル退学ノ状況」[20]〔『細民ノ生活状態調査』三六一〕からみてみよう。同道の授業料は「最高月額一円最低五〇銭平均五八円三厘」〔同前：四三三〕であった。授業料の滞納は公立普通学校一四七校、在学生徒三二、三〇三名（一九三二年三月末現在）のうち、七、三七三人、二二・八％（前年二三・三％）に達している。さらに、「授業料納付困難ノ為退学」は、滞納による自主退学三、一六五名、滞納による退学処分一七四名、合計三、三三九名と、総生徒数の一〇・三％に及ぶ〔同：三六一〕。一割内外の生徒が生活難による授業料滞納が原因で退学したことになる。また、普通学校就学者の多数は農家出身子女であったが、その児童中四人に一人以上がつねに昼食不携帯[21]であったことは、農家経済の厳しさを物語っている。そのため、全羅北道の普通学校入学希望者は一九三一年に比べ一九三二年には五%減となり、ほとんどの郡（一府一四郡中一一郡）では入学希望者が入学定員数にみたず「郡、面、学校職員等各戸ヲ回リ入学ヲ督励」［同：三六七］しても募集人員に不足する事態に至っていた。生活難と授業料負担は、就学者及び中退者の増減に直結した。また、授業料徴収は教員の仕事とされたので(22)、第2章でみたような学校対保護者、教師対児童の間に授業料の未納・滞納をめぐるトラブルは一九三〇年代にも相次いだ(23)。

就学志向をもつ朝鮮人にとって、授業料負担額が就学／就学継続の可否を事実上決定していたのである。

(2) 総督府の授業料低減政策

以上のような授業料の過重負担による中退者の続出や学齢児童の不就学化は、朝鮮総督府にとって教育拡張政策上、農村振興運動の展開上において支障と判断されるようになった。

先述した全羅北道警察部は、授業料の過重負担と「道民ノ逼迫セル生活状態」が退学者の続出と入学定員割れを招いていると分析し、「少クトモ授業料ヲ半減」することを提言している［前掲：四三三］。就学率が高い京畿道では郡独自の決定として授業料を低減するところも出てきた。たとえば退学者防止のため同道坡州郡では、一九三一年四月から普通学校授業料八〇銭を六〇銭に引き下げる決定をした(24)。一九三二年に京畿道は「普通学校に於ける授業料は、……父兄の負担の状況に鑑み之が軽減は緊急を要するものと認め本道は率先して」道費補助金を交付し「特に高額なる授業料に付極力軽減」する政策に踏み出した(25)。江原道も一九三三年に家庭実習を強化し収益を授業料に充当している(26)。慶尚南道道会では一九三三年一〇月に朝鮮人委員の提案によって授業料撤廃決議が可決された(27)。

こうした各道の動向を受けて朝鮮総督府も、一九三四年度から「朝鮮人初等教育不振の頽勢を挽回」（傍点引用者）するため全道の普通学校の授業料を「一人当り平均月額二〇銭を低下(28)」させる政策を打ち出した。これは、不入学児童の就学奨励策であるとともに(29)、「授業料の納入不能に依る中途退学者の防止(30)」を図るためであった。また、農村振興運動を展開するうえでの農村負担軽減[31]という意味もあった。

しかし、実際に授業料低減策がとられたのは一～四学年の低学年に留まり、五・六学年には「実習収益の配分金中より授業料に充当せしむるの方針[32]」で対応した。つまり、農業実習の成果を授業料に充当したことになるが、その販売を担ったのは生徒たちであった[33]。結局、生徒たちの労働で授業料低減分を負担したのである。

これまで総督府[34]は、一九二〇年代からの朝鮮人の一致した要求であった六年制学校の授業料減額・免除要求、義務教育制の実施を無視し続けたにもかかわらず、農村振興運動の最中の一九三四年に授業料低減政策を打ち出したのは、朝鮮人の就学志向を逆手にとって、授業料負担が困難な貧困〈階級〉も含めて朝鮮人児童を普通学校に積極的に入学させ、初発の段階から「教化」し農村振興運動に巻き込む必要があると判断したためと考えられる。したがって、授業料低減策は朝鮮人の教育要求を受容するという消極的な政策ではなく、〈階級〉対応的な積極的な意図があったと考えられる。

第Ⅱ期の入学率の急増と中退率の低位安定という「就学の制度化」は、もともと就学意欲をもちつつも高額授業料によって就学が困難であった貧困層児童の就学や就学継続を促したことによって起こったものなのである。

2　簡易学校の創設

普通学校授業料低減策と同じ一九三四年に、「僻地」農村を対象[35]に普通学校より低額の授業料設定（月額二〇銭以下）により創設されたのが二年制の簡易学校である。

簡易学校は、「一般初等普通教育ノ普及ヲ補フ[36]」ために「僻地農村の実情に最も適切なる簡易初等教育の普及」[37]（傍点引用者）を目的としたものである。農村振興運動の展開過程で実施された補完政策の一つ[38]と位置づけられ、初等教育拡張政策とはまったく別個[39]とされた。しかし、実態的には初等教育拡張政策の一環としても位置づけるべき（次項参照）と思われるので、ここではその制度的特徴を述べておきたい（教育内容は本章第3節参照）。

第一に、これまで放置されてきた「僻地」農村の〝貧農〟子女を、農業従事者に速成するための教育機関であったことである。簡易学校は、普通学校未設置の「僻地」農村に設置され、対象児童は入学年齢一〇歳を基準とする普通学校不入学者であった。また、授業料も「月額二〇銭以下位」[40]と定められた。また、修業年限二年で単級編制(収容人員八〇人)とされ、教員は一校一人という設定であった。教員には公立普通学校訓導が充当され、民族別比率は半々とされたが実際には朝鮮人男性教員が大半を占めた。[41]そのように設定されたのは、農村振興運動の一環として「聽ては立派な中堅農家の一員たらしめるべく仕立てる為の施設」[42]として機能させるためであった。そのために、教師は「部落」居住が義務づけられ、児童のみならず「部落の教師」たることが期待された。[43]

第二に、朝鮮人にとって身近な識字獲得機関であった書堂や私設学術講習会を簡易学校に再編成し、「国家の期待に副はざるが如き教育施設」(前章参照)から転換させようとしたことである。その設備は、総督府から「風雨を凌ぐに足る教舎と児童とあなた(＝教員をさす)とさえあれば簡易学校は成り立つ」[44]と極言され、既設の書堂や講習会の設備等の利用や里洞民による維持設備費用(除人件費)の負担が原則とされた。講習会や書堂の土地・建物が充当されたり、[45]奨学契による新築など地元住民の負担に依存した。[46]入学者は書堂や講習会の出身者が少なくなかった。[47]朝鮮農民の費用・施設提供・授業料の負担によって、民族的教育の破壊を進行させたのである。

第三に、第一点めと関連するが、簡易学校は、普通学校などの教育機関との連絡がなく、転学や他の学校への入学資格がない二年制終結教育機関であったことである。[48]学科目も日本語・職業・算数・朝鮮語・修身の五科目だけである。ある朝鮮人知識人は、どの国でも初等教育の義務教育年限は六年乃至一〇年であるのに対し、二年制簡易学校は「初等教育とは呼べない」と断じた。[49]朝鮮人の教育要求を総督府がいかに「歪曲した方法で対応したかを示す典型的な例」[呉前掲：九五]であった。

このような点から、簡易学校もまた「朝鮮教育特異の施設」(総督府学務局長渡辺豊日子)[50]であり、朝鮮人初等教育の植民地的性格を露骨に示すものであった。[51]また、入学者の大半は男子であり、教科目に「家事及裁縫」等もなく、女性教員も一九三四～一九三六年には皆無であったことから、簡易学校もやはり男子を対象に想定して創設された教育機関であったといえよう。

以上のように、農村振興運動の最中に実施された普通学校授業料低減策及び簡易学校創設は、授業料非徴収を核心とする義務教育制実施という朝鮮人の教育要求とはほど遠かったが、これまで植民地権力が軽視してきた下層農家子女を就学に取り込む〈階級〉対策的な性格を有していた。とくに前者は景気の回復と相俟って、もともと就学志向をもつ下層〈階級〉の朝鮮人男子の就学意欲を刺激したと考えられる。[52]

第Ⅱ期の入学率急増現象は、朝鮮社会の〈階級〉要因と総督府の〈民族〉要因がともに緩和され相互的に作用しあった結果とみることができる。

3　第二次初等教育拡張政策

(1)　第二次計画

「一面一校計画」につづく初等教育拡張政策の第二段階として一九三五年に策定されたのが、「第二次朝鮮人初等教育普及拡充計画」(以下、「第二次計画」と略記する)であった。

「第二次計画」は、一九三五年に「公立普通学校在籍児童数が、新政以来未だ曾て例を見ざる激増を来たし」たこと、一面一校計画が一九三六年度をもって完成すること、「大衆の向学志望も益拡大し、都鄙を通じて普通学校の増設を要望するの声頗る大なる」ことを理由に、初等教育調査委員会(一九三五年五月設置)による審議を経て出された答申を採用して決定された。[53]

同計画の内容は、一九三七年以降一〇カ年計画で①四年制普通学校の学級・学校増設、②二年制簡易学校の学校増設によって就学率の大幅アップをはかり、[54]最終的には「義務教育制度の階梯」[55]への連結を掲げるという、かつてない規模の初等教育拡張政策であった。

注目すべきは、女子も含めて具体的な就学率の達成目標が設定されたことである。「三面一校計画」(一九一九～二二年)や「一面一校計画」(一九二九～三六年)が地域での学校増設に目標が置かれたのに比べて、「第二次計画」では学校増設だけではなく「学齢児童就学歩合の向上に付ても可なり具体的な目標を定め(56)」た。具体的には表8にある通り、一九三五年現在の就学率とその一〇年後の目標を男子四〇%→八〇%、女子一〇%→四〇%に設定し、全体的に二五%→六〇%の就学率を達成しようとするものであった(57)。とくに女子の就学率の目標が設定されたことは、総督府がはじめて女子教育に本腰をあげたことを示している(次章第4節で詳述)。

表8 「第二次計画」の男女別就学率目標

	学校数	児童数	就学歩合
施政25年間ノ実績(引用者注:1935年段階)	2,848校	凡 747,000人	凡 25% 男 40% 女 10%
本計画ニ依ルモノ	凡 4,500校	凡 933,000人	凡 35% 男 40% 女 30%
本計画実施ノ結果	凡 7,348校	凡 1,680,000人	凡 60% 男 80% 女 40%

(出典) 今井田清徳(政務総監)「第二次朝鮮人初等教育普及拡充計画樹立ニ就テ」『文教の朝鮮』1936年2月号。

その達成方法は「主として現況に依る入学志望者の凡そ全部を就学せしむるを以て目安(58)」とした。一九三三年以降は、本章第1節で示したように、授業料低減政策も相俟って朝鮮人の就学熱が高まったにもかかわらず施設不足による入学難は深刻な社会問題となっていた。「入学したくても入学できない」入学志望者を学校・学級増設を進めて「吸収」すれば、容易に「就学歩合の向上」は達成可能だった。その経費の大部分は、朝鮮人への新たな増税や負担増で賄われた(59)。

しかし、朝鮮人就学率増大の目標を掲げた「第二次計画」もやはり、次のような意味で朝鮮人の教育要求を裏切るものであった。

総督府は、朝鮮の教育が「準備教育に主として主眼を置いて来たことが欠点」であるとし、「(普通)学校を出たならば、その人が、農業に従事するといふならば農業に従事し得る完全なる人格を以てその学校を出てくるやうにしなければ相成らぬ(60)」と朝鮮人の準備教育要求を否定し、再び四年制・二年制の終結教育の増設を図ったのである。つまり、「一面一校計画」が朝鮮人の六年制学校増設要求を歪曲して終結教育をめざす四年制増設計画であったように、「第二次計画」でも同じことが繰り返されたのである。

それはなぜか。「第二次計画」を促したのは、総督府側の「農山漁村振興の画期的大運動と相並び相照応」[61]するという施政上の切迫した事情があったからである。その背景には普通学校の教育効果への評価があった。学務局長渡辺豊日子は、次のように言及する。

農山漁村の振興運動などの中心となつて働いてをるものは、三十歳以上の人に非ずして寧ろ二十五歳以下の而も普通学校を卒業した者がその原動力となつてをるといふことを認めます場合に於て、如何に半島に於ける国民教育が、実際に半島統治の原動力となりつつある[62]（傍線引用者）

普通学校卒業者を「半島統治の原動力」として高く評価しているのである。そのため、農業教育中心の普通学校→卒業生指導→中堅人物育成という図式を、運動の「原動力」として拡大再生産しなければならなかった。そのことは、「第二次計画」の教育目標に、①普通学校における「卒業生指導事業ノ拡大普遍化ニ依ル地方模範農家ノ育成」、②普通学校及び簡易学校における「職業科教育ノ向上充実」による「半島産業ノ人的資源」育成が掲げられたことに如実に示される[63]。「第二次計画」もまた、朝鮮人の教育要求に対応したようにみせながら、朝鮮人初等教育拡張政策の集大成として、朝鮮人を普通学校に入学させ初発の段階から大規模に「半島統治の原動力」育成を図るという植民地統治上の必要から樹立されたものであった。

(2) 朝鮮人初等教育拡張政策にみる植民地近代性

さて、一九二九年以来の朝鮮人初等教育拡張政策をどう位置づけるべきか。制度的な意味での朝鮮人初等教育の近代化と評価すべきなのだろうか。

普通学校の性格に関し古川宣子［一九九七］は、「近代教育」を「制度的側面における属性」に限定するという立場から、学年・教科別に編成された教科書の使用、学年・学班制、計画的に構成された教科課程、資格をもつ教師の教授等をもって「近代学校の出現」と特徴づけ、その属性をもつ普通学校を「近代教育」と位置づけた。しかし、次のような意味で朝鮮人教育の「植民地性」への留意が必要である。

第一に、修業年限の民族格差が拡大されたことである。確かに第二次朝鮮教育令制定時に「一視同仁」「差別撤廃」（政務総監水野錬太郎）が掲げられて、それまでの四年制から六年制を「本体」とした制度改革が行われた。しかし「一面一校計画」（一九二九年〜一九三六年）では四年制普通学校が復活、一九三四年に二年制簡易学校が創設され、その集大成というべき「第二次計画」（一九三七年〜）でも打ち出されたのも四年制普通学校・二年制簡易学校の増設であった。日本人児童が一貫して六年制であったことに比して、明らかに低水準に存置された。

これを六年制学校数と四年制学校数の変遷から確認してみよう。一九二二年（第二次教育令時）に六〇・八％を占めた四年制は、一九二九年（一面一校計画開始年）に二八・一％にまで減少したにもかかわらず、一九三六年（同計画終了年）には逆に四六・八％に急増したのである［呉二〇〇〇a：一二一］。

朝鮮人初等教育拡張政策によってもたらされたのは「差別撤廃」ではなく、格差拡大であった。（なお、皇民化教育期に六年制が再復活するが、これは戦時動員のために朝鮮人初等教育方針が根本的に変化したためであり、別の考察が必要である。）また、中等教育へは抑制政策も維持された。

第二に、次節で詳述するが、六年制普通学校においても、朝鮮人が求める上級学校への準備教育が否定され、袋小路的な終結教育――その内実は農業教育――がめざされたことである。

第三に、六年制普通学校を頂点とする袋小路的な初等教育体系の序列化が経済力や居住地に応じて新たに構築されたことである。制度上は上級学校へ進学が可能な六年制公立普通学校（授業料月額「一円以内」、一九三四年以降平均「二〇銭」低減）――その六年制公立普通学校に少数者が進学可能な四年制公立普通学校（主に農村部、授業料「六〇銭」）――あらゆる意味で上級学校への進学が制度上不可能な二年制簡易学校（「僻地」農村部、授業料「二〇銭」）が成立したからである。これら四年制・二年制学校は、同時代の宗主国日本にも在朝日本人対象の小学校にも存在しない点で、制度的な側面での「植民地性」を具現するものといえよう。

第四に、そのうえで興味深いのは、第二次計画ではじめて「義務教育制度の階梯」（前掲）が総督府の意思として表明されながら、その時期が示されなかったことである。のちに、第三次教育令に関する枢密院向け（秘）説明資料（一九三八年二月付）で「内地人」（＝在朝日本人）の「皆学ノ状態」と対比的な朝鮮人就学率の低位を理由に「今直チニ義務教育制度ヲ施行スルコトハ時期尚早」[64]と記されており、志願兵制度制定公布（同年二月）段階でも実施時期は明示できない将来のこととされている。これを考慮すれば、第二次計画策定段階では義務教育制を施行する意向はなかったと推測できよう。[65]

一貫して六年制小学校への「皆学」＝事実上の義務教育制が実現していた日本人児童と異なり、朝鮮人初等教育では修業年限の民族格差、袋小路的な終結教育、序列化された初等教育体系、義務教育制不施行等から、制度面において古川のいう「近代性」だけではなく「植民地性」が見出されるのである。一見、小学校と類似の「近代性」を帯びた普通学校・簡易学校という制度は、きわめて「植民地主義」的であったといえるだろう。

しかしながら、総督府の初等教育拡張政策を通じて、朝鮮人は自らは望まない終結的な農業教育（次節で詳述）を、自らの負担で、入学競争を勝ち抜いてまで〝すすんで〟受けなければ社会生活を送れないような就学回路が構築されたのである。

第３節　普通学校をめぐる「同床異夢」のかたち

「就学の制度化」が確立した農村振興運動期に普通学校で強調された教育内容は、農業人をつくるための職業教育（農業教育）と天皇・日本国家への忠誠心を養うための国家観念の「徹底」であった。それらは植民地朝鮮に固有の性格を帯びていた。ところが普通学校に就学した朝鮮人（主に男子）は、総督府の意図とは異なる就学動機や利害意識をもっていた。呉成哲が指摘したように、普通学校は「同床異夢」が体現された教育空間であったのである。

本節では先行研究［呉 二〇〇〇ａ］とは別の側面からこれらを明らかにするために、まず、総督府の職業教育及び国家観念の「徹底」の内容とその性格、次にこれに対する朝鮮人男性の就学動機や利害意識を社会移動や日本語習得に焦点をあてて考察する。

１　農村振興運動期の職業教育

１　職業教育「徹底」とその性格

(1)　普通学校の職業教育「徹底」

総督宇垣一成が唱えた「教育即生活、生活即勤労[66]」とは、農村振興運動期の教育内容の性格を端的に示すものである。この教育方針下で求められた人間像とは、宇垣自身の言葉によれば「頭や口の働きは少々劣つても、腹の据つた確かりした、腕に働きのある、コセコセしないゆとりのある人物[67]」というものであった。「頭や口」（＝知性・批判力）ではなく「腕に働き」（＝腕力）のある「コセコセしない」（＝逆らわない）人物――これこそが運動の担い手として期待された人間像にほかならない。農村振興運動期には、「中堅人物」養成政策と密接に結びついた「卒業生指導」[68]制度の出発点として、こうした人間像を大量につくるために、職業教育の「徹底」、実態的には農業教育の「徹底」が普通学校に対して指示された。[69]

では、農業教育の「徹底」はどのようになされたのか。たとえば、忠清南道の場合は、児童一人当たりの標準実習地面積が一九三四年度から三倍に拡大（平均五坪→平均一五坪）されるとともに、「特に養牛、養豚、養鶏、養蚕其の他一般副業の充実を徹底せしめ生産物の処理を最も有効ならしめ授業料の軽減、学用品の自給自足を計る等」がそれであった。また児童の更生計画樹立能力を培養するため、上学年の教材中で自家の更生計画を樹立させたりした。[70]咸鏡北道では一九三五年度から、普通学校最終学年に生産調査、営農費、家事費の記入法などに関する農家更生計画の教授が指示された。[71]卒業生に指導された更生計画立案が在校生に教授されるようになったのである。つまり、一九三三・三四年から実習地面積の拡大、授業料軽減策とリンクした農業実習の強化、更生計画の立案など、農村振興運動に密接に連動する農業教育が「徹底」されたのである。

それはまさに農業強制教育と言い得るものであった。この時期には「職業科が学校施設の中心を為すの観」[72]、さらには「簡易農学校」[73]と称されたりした。教員は「労働服」、即ち「詰襟にタンコヅボン・地下足袋に身を堅め、何時でも実習に飛び出し得る様な姿勢」[74]を取り、生徒も「作業的服装」とともに「鎌と鍬と擔軍」の所持が定められた学校もあった。[75]各地の学校現場に「授業がすむと其の瞬間僕達は農夫になつてしまふ」[76]という現象が表れたのである。

これに対し、朝鮮人児童は一九三五年に「実習過多を嫌忌」を理由とする同盟休校を行っている。[77]準戦時下という厳戒体制のなかでの初等学校同盟休校はこの年には一〇件に過ぎないが、そのうち二件がそれであったことは注目に値する。

(2)　簡易学校の職業教育

宇垣のいう「教育即生活、生活即勤労」を最も体現したのが、簡易学校であった。

そもそも農村振興運動の補完機関として創設された簡易学校は、「国民性の涵養、勤労好愛の訓練の外単に読、書、算のみを教ゆる」[78]と宇垣自身が言明したように、学科目も修身・日本語・算数・朝鮮語及び職業の五科目だけで、しかも日本語占有率が四割、「職業」が三割と両科目授業時間の三分の二を占めた（表９参照）。また、「修身」の時間数は普通学校より一週二時間と多い。短期間に国家観念を注入しようとする意図が窺える。「修身」以外の時間にもさまざまな訓練が行われ「皇室への観念」がまったく「ない」朝鮮人児童に対して、学校行事等を通じて国家儀礼を身体化させようとした[79]。

しかし、最も重視されたのはやはり「職業科」であった[80]。それは、「僻陬農村の民度生活の実際に恰適し此等農村子弟をして楽んで家業に励み悦んで勤労に服するの習性を陶冶し郷土に安住して農家生活の安定と其の向上を図らしむる」[81]という方針が示すように、脱農離村を考えず「郷土に安住」する「中堅農家」を養成することに眼目があったからである。教師自身にも簡易学校は「農業を主とする即ち農業補習学校に近い性質を持った学校[82]」と自覚されており、生徒に対して「立っては農夫、座っては学生[83]」を求めた。そのため、朝鮮人からみれば、「縄をなつたり、叺を織つたり、田を作たり、豚小舎をこしらへたり、一向に勉強などせぬように見える。彼等は本を読むのが学校と心得、それが勉強と信じてゐるところに思ひもかけぬ実務教育[84]」であったのである。

表9　簡易学校の毎週授業時数

	第1学年	第2学年
修身	2	2
「国語」（日本語）	12	12
朝鮮語	2	2
算術	4	4
職業	10	10
計	30	30
国語占有率	40.0%	40.0%
朝鮮語占有率	6.7%	6.7%
職業占有率	33.3%	33.3%

（出典）　朝鮮総督府学務局学務課編『朝鮮学事例規』1938年（『史料集成』第6巻所収、364頁）。

このような「職業科」重視に対し、朝鮮人保護者は「職業の時間を減らして学科の時間を増してくれ」「普通学校に転学させて貰ひたい[85]」と注文したり、あるいは「可愛き子に実習をやらせたくないから退学にしてくれと申出る[86]」状況であった。朝鮮人児童も就学目的に対し「勉強の為偉い人になる為学問のある人になる為[87]」と応えている。現金収入の少ない「僻地」農村で現金「二〇銭」という授業料を払って就学したことは、それすら支払えない家庭からすれば「少なくとも恵まれている[88]」と観察される児童たちである。生活の余裕はないが社会的上昇をめざして辛うじて簡易学校に入学したという児童の姿が浮かび上がってくる。簡易学校もまた、朝鮮人の教育要求と総督府の政策が交差する「同床異夢の場」であった。

しかし、総督府はこのような朝鮮人の向学心・向上心を抑制し自らの利害を貫徹しようとした。即ち、簡易学校は、「一、一人前の日本国民となる。二、国語を読み書き話す事が出来る様になる。三、職業に対し理解と能力を有する人となる。それに尽きる[89]」（傍点原文）と提示されたように、「国語」＝日本語の識字能力を有し、「職業」＝農業を担い、農村振興運動、ひいては植民地支配に役立つ実用的な人間を短期・安価に育成しようとする植民地教育の本質を露骨に表す教育機関であった。

ここで注意が必要なのは、簡易学校創設に際して「僻地」農村における「中堅農家」養成が掲げられたことは確かだが、普通学校がめざした「中堅人物」養成とは階級的基盤が異なることである。「僻地」農村という地域性ゆえに、就学者の多くは「小作農」家出身の子どもであった[90]。簡易学校児童家庭の経済的困窮は「三分の一は教科書が買えない[91]」、またシャベルや鍬などの農具を家庭から持参させるのに各家庭に一本ずつしかないため「家庭で使用すれば学校に持参出来」ない様子からも窺える[92]。そこで浮上するのは、簡易学校教員の存在と役割である。先述のように簡易学校の教員は、部落への定住を義務づけられ、児童のみならず児童の家庭や部落全体の指導をまかせられた。総督府からみれば、教員は「教育」という武器をもつために、指導部落への方針の浸透を期待できる存在であったであろう。簡易学校の教員の約八割は朝鮮人教員であったので、同族であるという教化力も期待したと思われる。これらを含めて考慮すると、普通学校卒業生が次代の「中堅人物」として部落を「指導する側」に想定されたのに対して、簡易学校では教員が「指導する側」、簡易学校就学者・卒業者は部落に「指導を浸透させる媒介」として想定されたのではないかと考えられる。

(3)　職業教育の植民地近代性

では、一九二九年の職業科必修化や農村振興運動期の職業教育の「徹底」は、どのような意味をもったのか。教育内容の面にも「近代教育」という評価だけではない側面がある。

指摘できるのは、「職業科」必修科目化が宗主国日本では実施されない、植民地朝鮮でのみ実施された、しかも朝鮮人初等教育を主な対象とした教育政策であったことである。総督府内でも「内地に於ける覆轍を踏まずして実学教育の方針に基く半島教育の特異点」[93]（学務局長渡辺豊日子、傍点引用者）であり、「職業科」必修化は「内地の尋常小学校に比しての特異な点」[94]と意識されていた。

ここで、朝鮮人初等教育における職業科の特異性を考察するために、日本国内及び朝鮮在住の日本人児童との場合と比較してみよう。

まず、宗主国日本では、朝鮮での「職業科」導入に先立つ一九二六年に、小学校令及び小学校令施行規則改正により類似の意図・性格をもつ実業科が導入された。しかし、対象は義務教育である六年制尋常小学校を終えた「高等小学校」であった[95]。大門正克［一九九二：一七二―一七五］は、高等小学校改革の意味を、「中堅国民」の養成機関として①学力「転落」を防ぐ、②職業教育の導入による職業意識の覚醒と学力向上、③普通選挙実施を前にした「立憲精神」をふまえた公民の養成にあるとし、本旨は「あくまでも普通教育にあり、普通教育の中に実業教育を加えた」とする。これに対し、朝鮮では義務教育段階に相当する普通学校や簡易学校に「職業科」が導入されて袋小路的性格を強めており、しかも「簡易農学校」と称されるほど農業教育が重視されたこととは位相が明らかに異なっている。

また、朝鮮では一九二九年小学校規程改正により在朝日本人児童にも「職業科」が必修科目化したのも確かである。しかし、そもそも在朝日本人世帯の職業形態や居住地が朝鮮人とは異なるのである。朝鮮人世帯の職業別世帯比率では八割が「農林牧畜業」であるのに対し、在朝日本人で最も多いのは官公吏・教員・宗教従事者等で構成された「公務及自由業」（三九・二％）であり「農林牧畜業」は七・四％に過ぎない。[96]また、在朝日本人世帯の半数は都市部にあたる「府」部に居住していた。[97]したがって、そうした在朝日本人児童を対象とする小学校の「職業科」では、「農業」ではなくそれ以外の教科目（「工業」「商業」「水産」等）が課された。[98]たとえば、「九割までが海軍鉱業部従業員の子弟」「卒業後は大部分が中等学校入学希望者」が占めた平安南道寺洞公立尋常高等小学校で課されたのは、農工商を併せた「一般職業」であった。その眼目も「職業への憧憬」を持たせることに置かれ、実習内容は玩具や日用器具の製作であった。[99]また、江原道では独自に、普通学校には農業を意味する「職業科教育の徹底」が指示されたのに対して、小学校には「学校ノ実情ニ応ジ相応ノ施設経営」と任意の選択を認めている。[100]

したがって、総督府学務局の意図する職業教育の「本旨」が「朝鮮に於ける国民の実際生活は、その大部分が農業であると云ふ事から考へて見れば、此の朝鮮の教育は矢張り大体に於いて農業に即した教育」「勤労教育の実質は、農業国の国民を養成すること」[101]（傍点引用者）という場合の「農業に即した教育」及び「農業国の国民」養成の対象者は、朝鮮人児童をさしているのは明らかであろう。

ここで注意が必要なのは、日本の高等小学校や朝鮮の中等教育に導入された「実業科」という名称ではなく、「職業科」という名称で普通学校に導入された理由である。高橋濱吉（朝鮮総督府視学官）[102]によれば、あえて「従来使つてゐなかつた職業科」という用語を使ったという。即ち、実業科が「分科主義の取扱」「生産的手段を授ける」という性格をもつのに対して、職業科は「総合的に取扱」うだけでなく、「第一職業堪能の陶冶、第二職業意識の啓培、第三勤労好愛の精神涵養、第四職業指導との四つの重要な目的」（傍点引用者）をもち、これを基礎にして「職業の作為に迄も進むを要す」ことを明確に示すためであったというのである。その意味で「職業科」の狙いは、

「職業指導」、即ち卒業後に家業としての農業を継がせることにあった[103]。実際の六年生児童への「職業指導」では、上級学校への受験を断念させる等かなり強引な農業就業指導が行われたりした例もあった[104]。これには、上級学校への進学が中等教育機関数の不足によって困難であるという、初等教育以上に抑制的であった総督府の朝鮮人中等教育政策[105]も作用している。

以上のことは、植民地権力が朝鮮人児童に対し、日本人児童とは異なる人間像を鋳造しようとしたことを示している。先述の、宇垣のいう「頭や口の働きは少々劣つても、腹の据つた確かりした、腕に働きのある、コセコセしないゆとりのある人物」である。即ち、「職業科」必修化に基づく農業教育とは、卒業後も上級学校進学や所謂近代的な職種への就業などは考えず、支配者の言語を理解し得る程度の言語・識字能力をもちながら、農村に張りつきひたすら総督府の意向に添って営農を行う前述の「農業国の国民」を養成するためであった。換言すれば、「国語を理解する純良なる農民」（忠清南道保寧公立普通学校の教育方針[106]）あるいは「勤労自営の忠良なる帝国臣民」（平安南道中和公立普通学校の教育方針[107]）を初発の段階から安価に育成しようとした、朝鮮人初等教育における植民地主義を露骨に示すものであった（傍点引用者）。

「近代」の衣をきた普通学校制度のなかで行われたのは、帝国主義本国日本の利益に忠実で支配言語を理解できる植民地農業人の養成であった。就学という制度上の「日本人への包摂」と、教育内容における「日本人からの排除」は同時に進行したのである。ここに、「近代教育」の植民地的様式があると思われるのである。

2 国家観念の「徹底」と兵役問題

さて、満州事変（一九三一年）・「満州国」の成立（一九三二年）は、朝鮮支配政策にも重大な影響を与えずにはおかなかった。朝鮮人の兵役問題の浮上もその一つである。

朝鮮軍は、一九三二年にはすでに「朝鮮防衛上ノ重要案件タルニ止マラズ、実に朝鮮統治上ノ重大問題」である朝鮮人の兵役問題に強い関心を抱いていた［宮田節子 一九九一：四六］が、当時朝鮮総督だった宇垣一成もまた同様であった。自身が陸軍大臣・陸軍大将を経て朝鮮総督に就任した宇垣は、兵役問題に関連して一九三四年一二月に第一高等普通学校学校教練初度の査閲に立ち会い、職員生徒を前に次のように語った。

……朝鮮人にも一日も早く兵役義務に服して貰はねばならぬと考へて居る。而かも夫れには国民としての資格に必要である普通学校の完成、国語の普及を先決とし必要の条件とする。国費の嵩むのを構わねば通弁付の軍隊も造れぬことはないが、帝国財政上の実状からは左様な贅沢の事は出来ない(108)（傍点引用者）。

宇垣は朝鮮人の兵役義務を「普通学校の完成、国語の普及」と連結させて構想していた。それを達成するため具体的方法を一九三五年一月の道知事会議で次のように語った。第一段階は「専ら多数民衆の生活の安定」を図り、第二段階では「一般民衆生活の向上」をはかり地方自治の改善と教育機関の整備を行い、最後の第三段階では「更に物心両面の拡充を図り、義務教育制度及び義務兵役の制度を実施すると共に参政権問題の解決を為」（傍点引用者）すことであり、第一段階で「最も重き」を置いているのが農村振興運動であると強調した(109)。宇垣は農村振興運動の延長上に、朝鮮人男子の兵役義務化を念頭においた義務教育制度の実現を構想していたことになる。

ここから読みとれるのは、植民地権力にとって義務教育制、兵役義務、参政権問題は、兵役義務を軸に密接に関連しあっていたことである。ここにこそ逆説的に、日中全面戦争以前の朝鮮人初等教育において就学が抑制され、職業（農業）教育に比重を置いた内容という、教育を低水準におく理由があったのではないだろうか。

これらは、宇垣の在任中に実現されなかった。しかし、植民地権力は、「国家非常時」（学務局長渡辺豊日子(110)）という認識の下で、高度の忠誠心が求められる兵役制度の将来における施行を念頭におきながら、朝鮮人児童に対して日本国家への忠誠心養成(111)のために次の措置をとったのである。

第一に、「国語」普及・「国史」改訂により、国体観念の注入が強化されたことである。「国語」普及は、徴兵制施行を前提とする場合、前述の宇垣の発言にある通り「通訳付の軍隊」がつくれない以上は不可欠と認識されており、しかもこのことは教育関係者にも知られていた。[112] 一部の普通学校では「国語」常用・朝鮮語禁止、[113] あるいは「国語」常用週間を設け「国語」正誤表カードを配り朝鮮語使用者から一枚とりあげ競わせる学校[114]も登場している。「国史」に関しても、教科書改訂により朝鮮史独自の項目が抹消されるという転換があった。磯田一雄［一九九九］によれば、一九三二・三三年改訂版『普通学校国史』では「内鮮融和」の見地から文部省編纂の国定国史教科書の内容以外に朝鮮史独自の項目が盛り込まれた。しかし、満州事変以降に勢いを増した「国体明徴」派から激しい批判がおきたため、一九三五年には臨時教科書調査委員会、続いて歴史教科書図書調査委員会が設立され、朝鮮史関係事項がまったく姿を消した一九三七・三九年版『初等国史』が改訂発行されるに至っている。

第二に、国家儀礼の強化徹底がはかられたことである。「国旗（＝日の丸）掲揚」は宇垣が最も重視したものの一つである。[115] 総督就任（一九三一年）当時の祭日に朝鮮人家屋には一戸も認められなかった「国旗掲揚」は、「斯様な情ない事柄は断じて看過すべきでな[116]」いという宇垣の方針のもとで、農村振興運動のなかで更生部落毎に掲揚台設置が競われた。[117] さらに、学校行事や職業教育のなかでも実行項目になった。たとえば、江原道で定めた職業科教授要目には、「民風作興[118]」の一環として「国旗掲揚」が実行項目とされている。これは運動以前の各学校の職業教育要目・細目にはみられないものであった。また、慶尚北道・丹密公立普通学校でも、「国民精神涵養の訓練」の一環として「国旗掲揚」や朝会時の宮城遙拝が学校行事化している。[119]

以上から明らかなように、南次郎総督（一九三六年八月就任）期以降に始まる皇民化教育は、宇垣総督期における諸政策の土台のうえに展開されたのである。〈民族〉・〈階級〉要因の緩和による学校就学機会の増大は、このような植民地教育への〝包摂〟という代償を支払うことを意味したのである。

しかしながら、国家観念の強化・徹底は、生活難と空腹に悩む朝鮮人児童にとって空虚であったと観察された側面も存在した。たとえば、忠清南道・保寧公立普通学校児童の家庭は、地域では「一般に先づよき方」であったが、それでも授業料は滞納し旧正月以後は「食糧に窮するもの五割以上」という経済的圧迫下におかれた。そのような「生活安定なき者に礼儀、謙譲、博愛、公益、慈善、納税、愛国を説くも空念仏に終る」(120)という現実が観察されている。これがこの学校にだけ特徴的とはいえなかったであろうことは見逃してはならないと思う。

普通学校職業教育から始まる卒業生指導や中堅人物の養成を内容とする農村振興運動期の農民の組織化が、一定程度効果をあげた側面もあったのは確かであろう。しかし、「体制内化」(121)という総督府の目論みがそのとおり実現しなかった、次項で述べる局面へも注目する必要がある。

2　朝鮮人男性の就学動機と「面従腹背」

一九三〇年代は、総督府が農村振興運動を展開せざるをえないほど、農村の疲弊・農家の窮乏が深刻化した時期であった。にもかかわらず、一九三三年以降に普通学校への入学率が急増し全階層にわたって、普通学校への「就学の制度化」がすすんだのはなぜだろうか。これには、朝鮮人（主に男子）の就学動機が関連する。普通学校への就学動機に関する呉成哲の見解である①政治的実力養成、②上昇的社会移動、③社会的差別からの脱出、④一九三〇年代の生存戦略［二〇〇〇ａ：二一九］が、朝鮮人男性の就学動機に限定するなら基本的に異論はない。そのためにこそ、朝鮮人は、植民地権力による終結的な農業教育の制度化に反対したのである。

本項では「④一九三〇年代の生存戦略」に関し、朝鮮人の就学動機や利害意識とそれらが総督府の意図に反したという意味で「面従腹背」であったことを、未使用の資料に基づき次の二点を補足することで明らかにしたいと思う。

1　社会移動の機会捕捉という就学動機

前章では、京畿道安山公立普通学校を事例に、一九二〇年代において教育を媒介として脱農離村及び社会的上昇を志向しながら農業後継者となった卒業生の事例を考察した。ここでは、姜鋌澤《カンジョンテク》『朝鮮農村の人口排出機構』(122)に依りながら、朝鮮人男子の就学動機に関わる一側面を考察したいと思う。

同書は、慶尚南道蔚山郡蔚山邑達里という一村落の人口移動に関し、一九三五年一〇月に悉皆調査し、一九三九年末（＝強制連行直前）まで社会学的な手法を用いて包括的に追跡した——表・記述・分析の元データが非提示という限界をもちつつ——著作である。

同書のなかで注目すべきは、第一に、村落外流出者の職業選択及び移動地域に明確な階層性がみられるという指摘である。即ち、その大部分が「質的にきわめて優秀」であったという村落外流出者のうち、①「上農及び中農の中」以上は朝鮮内の面書記・巡査等の公務業等に就いて離村し、②「中農」は日本に渡航するが、「比較的上の層」は「高級職業」（運転手、土木請負業、古物商、会社員）、「中の下の層」は「職工及土木労働」につき、③「下層」は主に朝鮮内で年雇・雇女・土木労働等となり、④「満州」移動者は中上層破産者や中層の日本渡航を志願しながらも果たせなかった者であったという。（姜はこれら上・中・下層の区分がどの階級をさすのか明示していない。しかし同書を再検証した梶村秀樹［一九八〇］は下層を農業労働者、中農下を零細純小作農と想定しており、筆者もこれに従いたい。）このように、②中農以上が日本渡航、①上層（官公吏等）及び③下層は朝鮮内移動というように、移動地域及職業の選択が〈階級〉に対応していた（以上［姜前掲：一三—一二］）。

第二に、これに関連して重要なのは、「小学教育を受けたものが殆ど総べて部落から流出」し、農業後継者にならなかったことである(123)。表10は、一九三五年までの普通学校修業以上の教育を受けた者の累計五二名(124)を、一九三九年末まで追跡調査をしたものである。同表によれば、農業専従者となった二名を含む部落内残留者五人以外はすべて部落外に流出している。このうち、最も多いのが日本渡航・移住者であり、二八人と過半数を占める（その他一

表10　学歴と社会移動の関係——慶尚南道蔚山郡達里の事例（1939年末現在）

番号	学歴	1935年10月前の経歴	1935年10月後移動者の移動年次	現在地	職業
1	小卒	1935年迄の渡航		日本	職工
2	〃	〃		〃	〃
3	小修	〃		〃	〃
4	小卒	〃		〃	〃
5	〃	〃		〃	〃
6	〃	〃		〃	〃
7	〃	〃		〃	〃
8	〃	〃		〃	〃
9	〃	〃		〃	〃
10	〃	〃		〃	〃
11	〃	〃		〃	運転手
12	〃	〃		〃	〃
13	小修	〃		〃	労働
14	小卒	〃		〃	行商
15	〃	〃		〃	土木請負業
16	〃	〃		〃	〃
17	〃	〃		〃	〃
18	〃	〃		〃	〃
19	〃	〃		〃	会社員
20	〃		1938年渡航	〃	労働
21	〃	金融組合給士	1936年渡航	〃	?
22	〃		1937年渡航	〃	職工
23	〃・農業補習学校出	官公署臨時雇	1939年渡航	〃	会社員
24	小卒	小学在学	1938年渡航	〃	?
25	〃	「一時定着、昭和2年咸北漁場へ出稼」	1938年渡航	〃	労働?
26	1930	「内地から帰村」	1939年渡航	〃	〃

27	小卒・農補卒			朝鮮内	小売商
28	〃			〃	運転手
29	小卒			〃	巡査
30	〃			〃	〃
31	〃			〃	〃
32	〃			〃	面書記
33	〃			〃	会社員
34	〃	1935年死亡		〃	社会運動
35	〃		1936年	〃	商業
36	小卒・農補卒		〃	〃	〃
37	小卒・農補卒	1935年一時定着、37年留学後	1939年	〃	駅夫
38	小卒	邑書記1935年病気静養	1938年	〃	面書記
39	〃	部落内で商業兼仲買、地主	〃	〃	〃
40	〃	金融組合書記、部落より通勤	1937年	〃	会社員
41	〃	郡書記部落より通勤	1936年	〃	面長
42	小卒・農補卒	「内地農業見習」	1937年	〃	果樹園経営
43	小卒			〃	労働?
44	〃	郡書記、部落より通勤	1938年	満州国	商業
45	小卒・農補卒	官公署臨時雇兼農業	1935年10月	部落内	邑書記兼農
46	小卒			〃	郡書記兼農
47	小卒・商業卒	在学	1939年	〃	税務署雇
48	小卒・農補卒	邑書記、部落より通勤	1936年	日本	留学生
49	小卒			〃	〃
50	〃			朝鮮内	職工
51	〃			部落内	農業
52	〃	「土木請負業で他出していた」		〃	〃

（出典） 姜鋌澤『朝鮮農村の人口排出機構』「第13表　小学以上卒業又は修学生の農村定着状況」（日満農政研究会東京事務所、1940年）より作成。

（注） 同書が著された1939年は普通学校が小学校と改称されていたので、「小卒」等の表記はほぼ普通学校をさす。

人は「満州国」に移動)。次が部落外朝鮮内への移動者一八人である。前者が職工・運転手・労働・土木請負業等であるのに対し、朝鮮内移動は巡査・面書記・面長・会社員等の社会的上昇のシンボル的な職業が多かった。

注目すべきのは、こうした日本や朝鮮内の都市への移動を、当事者だけでなく、その「父兄」も「喜ぶところ」[同前:三〇]と観察されたことである。それはなぜか。姜はその理由を次のように説明する。

まず、離村当事者の理由としては、「朝鮮に於ける社会的政治的拘束」から「良き生活源泉と自由な天地」に脱出するためであった。(125) 次に、「父兄」の理由としては、「教育を受けた子弟をこゝ『惨めな業』を継がせ度く無い」(傍点引用者)ため、その「子弟」をまず「官公吏、でなければ官庁の給仕」にさせ、それが不可能な場合は「内地(=日本)に飛ばせ度い」ためであったというのである(以上[同:九—三二])。

この資料が示すのは、普通学校修業・卒業以上の学歴と日本語を習得した朝鮮人青年たちは、職業教育を通じて農村・農業に拘束したい植民地権力の意図とは逆に、渡日や離郷に活路を見出そうとしたこと、しかもそれは「父兄」の要望であったことである。即ち、植民地農業政策と植民地的地主制に起因する、「父兄」に「惨めな業」とまで認識されるに至った朝鮮農業のあり方や農村の疲弊・農家の窮乏化という現実こそが、社会移動機会を捕捉するために中農以上(達里では小作農以上をさす)の朝鮮人男子が普通学校に就学した動機の一つであった。(126) そしてそれは、植民地的農業教育政策に対する朝鮮人の回答の一つ——これ以上の生活破壊と差別に対する拒否——でもあったのである。

普通学校「就学」が朝鮮人の体制内化・同調にみえながら、卒業後には脱農離村という総督府の意図に反する行動をとったという意味で、「面従腹背」であったといえよう。普通学校卒業生が「半島統治の原動力」(前述の渡辺学務局長)と称される一方で、こうした事態が進行していたことを見逃してはならない。

達里のケースは早期渡日の「成功者」による縁故渡日が多かったので、この一村落の事例をもって全道に一般化するのは慎重であらねばならない。しかし、第2章で分析した一九二〇年代の京畿道安山公立普通学校の事例も含めて考慮すると、一九三〇年代には階級分化進行の割には産業が未発達な朝鮮では、「上昇的社会移動」（呉の就学動機②）が主に上層に配分されたため、朝鮮内での就職が困難であった。そのために、「一九三〇年代の生存戦略」（呉の就学動機④）の一環として脱農離村を果たすには「渡日」が有力な選択肢であった。その「渡日」という社会移動機会捕捉のためにこそ、日本語習得と学歴が獲得できる普通学校「就学」が小作農まで広がった理由の一つであったと考えられるのである。[127]一九三八年には日本居住朝鮮人が八〇万人に達したことも併せて考えれば、達里を「特異なものと見る必要がない」という梶村の見解［前掲：六九］は首肯できる。呉は「④生存戦略」のなかで、「渡日」など国内外社会移動との関係に言及していないが、重要な論点の一つとなろう。

しかしながら、以上をジェンダーの視点からみれば、第一に、単に「④生存戦略」という場合は達里の事例は男子にあてはまるにすぎないので女子に作動しなかった理由を説明できない。第二に、「父兄」がそれを積極的に推進したことを考慮すれば、個人を前提とした「生存戦略」よりも農業以外の選択肢を増やし家族存続を推進するための「家族戦略」の方が適切であると思われる。この点は、第5章で改めて論じたい。

2 日本語習得という就学動機

次に、呉成哲は、「④一九三〇年代の生存戦略」という朝鮮人の就学動機の説明のなかで日本語能力の獲得を指摘した［前掲：二〇六・二〇七］が、その具体的根拠を示してはいない。ここでは、新たな資料を使ってそれを補足しつつ新たな視点を示したいと思う。

(1) 日本語習得という実利的動機

一九三五年五月に刊行された釜山公立普通学校学校長西川末吉『各科教育の動向』[128]は、「修身科」など一八教科にわたっており、現場の教員による各科目毎の過去及び現在の実施状況や批判、留意点に関しまとめた記録である。

同校児童の出身階層は、「家庭の職業は商業、労働、官吏等が主」「而し商業は実に小規模で労働と同一」「一般に生活程度極めて低く」〔同前：一六六〕との記載から、釜山府という都市部に居住する、決して裕福とはいえない階層出身の朝鮮人子女が就学していたと推測される。同書には、児童・保護者の反応も随所に観察されているので、「国語」とされた日本語に対して、どのような「利害意識」(駒込武)をもって臨んだかをみてみよう。

第一に指摘すべきは、朝鮮人児童たちが、社会生活上の必要から「国語」＝日本語習得に意欲的とみなされていることである。「本校の児童は国語の使用は実に上手」でなおかつ「国語の学習は易いといつて悦こんでやる」(「読方科」日本人教員)ことが観察されているのである。

そして同書からは、次の三つの背景が関係していることが読みとれる。

①「今日中堅的活動をしてゐる(官公署地方団体の指導者)人々で国語の分からぬ人は殆どない」「殆ど会社に行くとか内地の店に入るとか内地人と交際するためとか考えてゐる」「就職後の要求としては第一国語、第二珠算、第三書方」〔同前：二二〕という就職上の要求、②「都市である都合上国語は生活上切に要求してゐる」「釜山では殆どの商人で国語でちよつと位話せないものはない」という生活上の要求、③「父兄に国語生活をする人が多少ある」「国語を解する程度の父兄は大変多い」、「児童の家庭中で国語を全く解せないといふのは一割前後にすぎない」〔同〕という保護者や家庭で日本語を使用していることからの要求である〔同：二二、四〇〕。

①の「今日中堅的活動をしてゐる(官公署地方団体の指導者)人々で国語の分からぬ人は殆どない」という記述は、植民地社会で〝指導層〟に〝立身出世〟するためには、普通学校以上の学歴と日本語能力が必須とされたことを示している。総督府の行政機構に参入した朝鮮人職員数は一九三〇年代半ば以降に急速に増大し、そしてそれは高等官・判任官という上位の職位よりは嘱託及び雇員や地方下級職員など下位の職位に著しかった〔並木真人 一九九三〕。したがって、一般の朝鮮人が学歴によって職につき日本語を身につけた地方官公署の朝鮮人職員に日常的に接したことは、想像に難くない。

こうした局面は、都市部だけでなく農村にも存在した。全羅北道鎮安郡馬霊面の退職者履歴史料から一九三〇〜四〇年代の面書記の履歴を調査した金翼漢によれば、一九三〇年代には少なくとも普通学校以上の学歴を有する人物が面書記に大挙任用され、それ以前の学歴（私塾修学・私立学校）と明確な差異があった［一九九五：一六三―一六五］。また、農村振興運動では、その情報の多くは印刷物を介して流通したが、朝鮮人も含む「指導層」に配られた基本文献である『自力更生彙報』は日本語であった［板垣亀太 二〇〇〇］。このように官吏を含む「指導層」にとって、日本語の言語・識字能力習得や学歴取得がその社会的地位確保の必須条件となっていた。

しかし、立身出世のためだけでなく、前記②のように朝鮮という植民地社会自体が日本語の言語・識字能力が必要な社会状況に移行しつつあり、③にあるように、それを労働者、商人、官吏等を職業とする保護者自身が経験していることから、普通学校への教育要求として、「国語」習得に意欲的とみられる側面が強くなったと考えられる(129)。たとえば、女性作家である朴花城の「下水道工事」という一九三二年五月に発表された小説（『朝光』掲載）を青柳優子の紹介(130)でみてみよう。青柳によれば、この「下水道工事」は、作者の故郷である木浦で実際に起こった大規模な下水道工事をテーマに、労働争議における日本人と朝鮮人の対立・葛藤を活写した小説である。問題の場面は、賃金を支払おうとしない工事請負人の日本人に対し、朝鮮人労働者三百人が警察署に押しかけ日本人に支払うよう要請するが、警察署長は日本人には尊敬語をつかっても、朝鮮人労働者に対しては「国語（＝日本語）ができるのか」と尋ね、ぞんざいな言葉をつかうのである（主人公以外はできないという設定）。即ち、被害を訴えるにも日本語を使わなければならない現実が存在した。一九三〇年代には植民地社会を生きるうえで日本語の言語・識字技能が求められる日常的場面が、「指導層」のみならず一般民衆にとっても確実に増加(131)したのである。そのような状態を、プロレタリア教育運動に関わった咸鏡南道のある教師は次のように述べている。

植民地朝鮮では工場でも、店舗でも、役所の給仕でも、何だつて職に付かうとすれば、立派に日本語が話せて、書けなければどうしたつて、職になんか付けないのだ。[132]

釜山公立普通学校の場合、保護者には前述のように労働者が多く、釜山府[133]という土地柄のため「内地人との交渉が多く」〔西川前掲：四〇〕、しかも「内地への移住関係者は本校児童の七割以上を占めてゐる」〔同前：九一〕状況から、社会生活上の日本語習得への積極的な「利害意識」が存在したのであろう。

このように、「学歴」取得だけでなく、植民地社会を生き抜く戦略として、児童も「国語」習得を「悦んでやり、しかも「実に上手」という現象が一九三五年時点で確実に存在していたのである。

第二に、その場合留意すべきは、「国語」＝日本語習得の目的が「功利的実利的であつて国心をねるといふ点に於て大いに欠けてゐる」〔同：一二二〕（傍点引用者）と観察された点である。

総督府にとって朝鮮人教育の目的は、授業料負担可能な階級出身者に対する、日本語普及を通じての「忠良ナル「日本国民」創出（第一次朝鮮教育令）にあった。普通学校の教科目中一週当時間数で日本語がつねに四〇％前後と高い比重を占めたのも、そうした役割を期待してのことである。しかし、就学した朝鮮人児童は、同書の観察のように日本語に高い学習意欲をもったが、あくまでも社会生活上の便宜という「功利的実利的な」動機であったのである。「国史」に関しても、同様なことが観察されている。「児童は国史を面白がるが表面的で客観的（人のものとして）みてゐることが多い」「普通学校児童は長い間史的生活を異にして来てゐるので国史の精神が身につかない。皇道精神の理会《ママ》、国民の忠誠、人情、土俗、芸術等に至るまで感じの上に差がある」〔同：九〇―九一〕。総督府が「国語」「国史」を通じて注入しようとした「国心」「皇道精神」という天皇・日本国家への忠誠心は、朝鮮人児童には身についてはいなかったわけである。

「実利的動機」に関連して見逃せないのは、上級学校（高等普通学校／女子高等普通学校）の入試科目が、「国語」と算数の二教科だけだったことである。中等教育抑制政策により入学競争は熾烈をきわめたが、その受験準備のためにも日本語は必ず習得しなくてはならなかった。しかし、このことに関しても、一九三五年の第一三回朝鮮教育会総会で岡崎為一(忠清南道)は、中等学校の入試科目が「国語算数」であるため「国史教育」が軽んじられ、その結果「唯成績がい、者を入学させるから、大学の秀才から社会主義者が出る。……教育が進むに連れて益々日本人としての自覚が強まって来ない」[134]と、同書での観察と同様な指摘をしている。このように、朝鮮人児童たちが習得したいのは、日本語という言語・識字技能という道具・手段であって、言語にまつわる(と総督府が期待した)日本国家への忠誠心や歴史観ではなかったのである。

もちろん、日本語習得への「利害意識」は保護国期からすでに存在した。[135] そのことを考慮すると、一九三〇年代の特色は、普通学校就学者が全階層から輩出したという社会的変化に連動して、朝鮮人が日本語習得を「生活の方便」[136]と考える「利害意識」が階層を超えて格段に進んだところにあると思われる。そして、重要なことは、遅くとも一九三〇年代前半までには、普通学校が日本語習得と社会移動のための公的かつ唯一の通路となる就学構造が構築されていたことであり、そのためにこそ朝鮮人は普通学校を選択せざるをえなかったのである。

(2) 日本語習得と「面従腹背」

さらに、注意すべきは、「普通学校児童は国語を常用してゐない」[西川前掲：三二]「学校としては国語の常用が出来てゐない」[同：四〇]とみなされたことである。

同校「話聴科」(朝鮮人教員)では、児童が「内地の各地の方言訛」や「日用の不良語」[137][同前：四〇]等を矯正するために、誤語を調査しそれを「国語正誤一覧表」(一九三四年一一月調査)にまとめている。児童には「国語常用方案(国語正誤表カード)」を配布し、学級単位・学校内で「国語常用週間」を設け朝鮮語以外の時間に誤ると一枚ずつ生徒どうしが徴集するというシステムである[同：四九—五六]。このように、同校では、朝鮮語を禁止し日本語常用のための相互監視システムをつくりだすという、皇民化政策のなかで実施された「国語常用運動」の先取りが行われていた。

にもかかわらず、朝鮮人児童たちの言語生活は、「国語常用」にはほど遠かった。朝鮮人児童と「国語」との関係に関し、普通学校の朝鮮人教員は、次のように指摘する。

彼等（＝朝鮮人児童）は毎日一時間の正則な国語教授を受ける、而して朝鮮語の時間以外はいつも国語を話すのであるから一日ざつと五時間足らずの練習をしてゐることになる。（勿論上学年のことであるが。）練習は之で充分であるとして、今度はアトモスフイヤーについて考へて見よう。……教師の厳命としかめ面、背き難く且はおびやかされて、教授時間は何とか間に合はせるが、さて一度運動場に出ると得意のマザー・タングを喋り出すのである。家庭に帰つては尚更のこと、如何なる憂国の親父が倅の国語の発音を矯正してやるであろう。といふやうなわけで彼等のアトモスフイヤーは全然失望である[138]（傍点引用者）。

同様のことは一九三四年段階でも観察されている[139]。日本語「常用」は教室内、せいぜい学校という教育空間のなかだけであり、一歩運動場にでれば朝鮮語の空間に早変わりした。家庭に帰れば朝鮮語の濃厚な世界があった。朝鮮人児童は、教室・学校という日本語空間と、教室・学校以外の朝鮮語空間、なかでも家庭という濃厚な朝鮮語空間という二重の言語空間を行き来していたのであり、両者間は物理的な距離だけでなく朝鮮人児童の内面においても〝切断〟されていたのではないだろうか。

そして、それは言語だけでなく、総督府が期待する「国家観念の徹底」に対しても、同様であった。普通学校の朝鮮人児童は、「学校は学校、家庭は家庭と云ふ風に別々な二元的生活をやつて居[140]」り、その家庭での朝鮮固有の風習が普通学校における「学校訓練」「国家に対する観念」の徹底を阻んでいた。

朝鮮人児童は、学校という教育空間（日本語空間）と朝鮮の風習を色濃く残す家庭という生活空間（朝鮮語空間）を使い分けることによって、植民地権力が普通学校に期待した「国語」習得を通じてのイデオロギー注入に抗したのである。日本語習得は選択しても、「『日本人』との思想・感情への同一化」［駒込 一九九六：三六三］は拒否したといってもよい。それは、普通学校という〝包摂〟の場における朝鮮人児童の「面従腹背」――表面的な同調と内なる抵抗――の一つの姿であり、それ自身が〝抵抗〟の一つの形でもあったともいえよう。朝鮮人児童の普通学校「就学」は、尹海東《ユンヘドン》［二〇〇二］の言葉を借りるならば、抵抗と協力が交差する〝グレーゾーン〟が発現する地点に入ることである。表面的な協力・同調の姿は必ずしも支配の内面化までは意味しないのである。

このように、朝鮮人の就学動機のなかに、日本語習得への意欲が存在した（と観察された）。しかし、それは上昇的社会移動のためだけでなく、植民地社会を生き抜くための「実利的な」ものであった。日本語習得意欲は、支配言語である日本語の言語・識字技能を就職などの不可欠の前提とした植民地社会という文脈からみれば、〝強いられた〟ものであった。そのため、総督府が期待した「国語常用」も、「国語」を通じての「国民性の涵養」も、朝鮮人児童には一九三五年時点では「身につかな」かったと観察される側面が強かったと思われる。日本語習得においても朝鮮人児童が「面従腹背」で臨んだ普通学校という場は、総督府と朝鮮人の「同床異夢」の場であったといえよう。そして、学校への就学／不就学が、男／女という性別に応じて配分されたことからいえば、家族成員のなかで優先的に就学した男子に植民地社会を生き抜くための日本語習得が配分され、「非識字」が主に女子に配分されたことも見逃せない。

そのうえで、留意したいのは、社会的に〝強いられた〟日本語習得であっても、朝鮮人としての自己同定を否定する契機をつねに孕んでいたことである。これに関し、次のような日本人教員の観察がある。「国語の南山」といわれ、平壌で最も「国語」教育を徹底していると言われた南山普通学校に一九三三年頃教員として赴任した徳田のぶの自伝『遥かなる雲』(141)からみてみよう。徳田は、五年生の担任紹介の時に、朝鮮語の勉強を言い忘れた朝鮮人児童の反応を次のように描写している。

〈子どもから返ってきたのは〉「私は、朝鮮語の時間が嫌いです」……「朝鮮語はむつかしいです。だから嫌いです」「そうです、むつかしいです」何人かが声を揃えた。頷く顔もある。「国語をしっかり覚えたら、朝鮮語はもう勉強しなくてもよいでしょう」。……〈うろたえた徳田は、朝鮮人教員にそれをいうと〉「それは…。当局の方針でしょう」〈との応答が帰ってきたので、徳田には〉「返す言葉がなかった」。……「国語教育の徹底化の蔭に悲しく諦めている人達の事を私は知らなかったのだ。」〔一七〇―一七八〕

ここに描写された朝鮮人児童の反応が、まったくの絵空事とは思えない。通常の普通学校では一・二年生に朝鮮人教員が日本語を教えるところを、同校では朝鮮語を知らない日本人教員が日本語を知らない一年生に対し、「国語」教育を徹底的に行った〔同前：一三〕。朝鮮語を使うと「○○さんは朝鮮語を使いました」〔同：七〇〕と相互監視が行われ、朝鮮語使用が事実上禁じられた。徳田自身も「学校で朝鮮語を聞くことはない」ため「小学校にいる様な気がする」〔同：二二〕くらい日本語が徹底した雰囲気のなかで、前述の児童の朝鮮語否定発言が飛び出すのである。前掲『各科教育の動向』にも、「児童は朝鮮語愛の精神に乏しく、一番困難を感じ成績不振」〔西川前掲：七二〕との記載がある。この記録も釜山という都市部普通学校の記録である。徳田は平壌という都市部普通学校の「国語」徹底に関し農村部との違いを強調するが、一九三〇年代前半期の都市部普通学校の一部において、南次郎の総督就任後から顕著となる「国語」常用運動がすでに先取りされており、そのことに対し朝鮮人児童が示した朝鮮語への否定観・否定的意見がまったくの皮相的な観察とは言い切れない。

戦争末期に、親の反対を押し切って女子勤労挺身隊に「志願」した朝鮮人少女や、ハングル一文字も書けないほど皇国臣民化してしまった少年の出現は(142)、戦争動員期の皇民化教育（一九三八年〜）だけの「成果」なのではなく、この時期から土台が準備されていたのではないだろうか。日本語習得とそれをめぐる普通学校という教育空間は、実利的動機での習得という「面従腹背」の一方で、このような朝鮮人児童の葛藤や同調、自己否定への契機につらなる局面も伏流していたと思われるのである。

本章では、第Ⅰ期には就学抑制要因として作用した〈民族〉・〈階級〉要因がどのように緩和され、第Ⅱ期の普通学校「就学の制度化」への進展を招いたかについて考察した。朝鮮人の就学動機についても呉成哲の見解を男子にのみ適用できるものとして批判しながら、「一九三〇年代の生存戦略」という朝鮮人男子に託された就学動機の内実を構成する要素として、①社会移動機会の捕捉や②支配言語である日本語識字技能の習得が存在したという見解を提示した。朝鮮人男子に託されたこうした就学動機は階級横断的なものであり、一九三三年以降に入学者が爆発的に増加する一因となったと考えられる。

第4章　朝鮮人女性の普通学校「就学」

前章で述べたように、公立普通学校への「教育の学校化」（第Ⅰ期）「就学の制度化」（第Ⅱ期）の構築過程は、就学対象や教育内容において朝鮮人男子を対象に遂行されたものにほかならなかった。第Ⅰ期（〜一九三二年）には、朝鮮社会において女子への教育を不要とする「儒教的」な女性像に基づくジェンダー観が、就学を可能にする〈階級〉要因以上に強く作用し、さらに総督府も女子教育を放置したために、朝鮮人女子の普通学校「就学」は困難であった。しかし、朝鮮人女子の場合も、都市部では一九二〇年代後半から、農村部でも第Ⅱ期から普通学校入学者が急増する。

本章及び次章では、この男性優位にジェンダー化された就学構造のなかで、就学をめぐる女性間格差とその序列化過程を分析することにしたい。このうち、本章がめざすのは、第Ⅱ期に本格化した朝鮮人女性の普通学校「就学」という変化が何ゆえに生じたのかという要因（就学動機）を分析することである。

その際に注意を要するのは、朝鮮人の就学動機を「実力養成」等と分析した従来の先行研究（［韓祐熙 一九九一、呉成哲 二〇〇〇a］）が男子を対象とするものであって、ジェンダーの視点からみると不十分な説明原理であることである。たとえば、韓は就学動機について「教育を官吏となるための手段とみなす伝統的教育観」と説明するが、女性にとっては教育から女性を排除する「伝統的教育観」によって学校教育から疎外された。さらに、旧来から書堂に就学しえた朝鮮人男子にとっては、普通学校「就学」は就学先の変化を意味した。しかし、女子の場合は、教育機関への就学機会を保障しないジェンダー規範が固定的に成立していたため、ほとんどの女子にとって普通学校「就学」は――私立女学校等を除いて――歴史上はじめての経験を意味した。したがって、規範として成立していた女子「不就学」が「就学」へ転ずるのは、男子以上に時代を画する新しい変化といえる。このように、学校「就学」の歴史的意味が男女では異なるのである。

問題は、植民地教育機関である普通学校への朝鮮人女性の就学が朝鮮民族内部の家父長権力と異民族による植民地権力という二重のジェンダー関係の拘束下で、どのような影響(葛藤、同調、抵抗、屈折等)を受けたかにある。したがって、考察の対象は、朝鮮社会と朝鮮総督府双方における女子「就学」に対する意識の変化である。女子への「教育の効能」がそれぞれの文脈でどのように発見されたのか、女子就学に抑制的であった〈ジェンダー〉要因が何ゆえにどのように変化したのかに関して、次の三つの仮説を提示したい。

第一に、朝鮮〝民族〟にとっての「教育の効能」というレベルでは、「賢母良妻」というジェンダー規範の構築による学校教育への女子就学の正当化という変化がおこったことである。「賢母良妻」という教育に関する新たなジェンダー規範が、一九二〇年代女子教育論の二つの潮流――「女性解放論」的女子教育論と「賢母良妻論」的女子教育論――という女子教育の意味をめぐる言説の闘いの過程で、女子教育を正当化する拠り所として構築されたと考えられる。

第二に、限定的な〝階級〟に属する朝鮮人女性にとっての「教育の効能」というレベルでは、「教育の学校化」・「就学の制度化」過程で男性就学者が増加したことにより、その男子就学者に見合う資質と学歴を備えた女性が彼らの結婚相手として社会的に求められたためと考えられる。結婚の資格要件として学歴取得の必要性が浮上したという、「結婚による階層内移動」の問題としての側面である。

第三に、一九三〇年代に入ると総督府の女子就学政策にも変化がおこったことである。この変化は、農村振興運動の展開過程で、朝鮮人女性の「無識」が運動の「障害」であると「発見」されたことにより、朝鮮人女子への「教育の効能」がクローズアップされたことが関連する。ここで植民地権力が強調したのは、「良妻賢母」であった。

第一・第二は朝鮮社会に起こった変化であり、第三は植民地権力の政策上の変化である。本章の目的は、朝鮮人の就学動機に関する先行研究を、ジェンダーの視点から再検討するために、以上の三つの仮説を検証することにある。

第1節では、一九二〇年代後半以降生じた朝鮮人女性の普通学校「就学熱」と就学者の出身階層を考察し、以下の節でその変化の要因分析を行う。第2節では、〈ジェンダー〉要因の変化Ⅰとして、朝鮮〝民族〟にとって一九二〇年代以降の学校教育をめぐるジェンダー規範の変化とそこで生成された意味（仮説その1）を、第3節ではジェンダー要因の変化Ⅱとして、階級限定的ではあるが、朝鮮人女性の就学動機と関連して「結婚による階層内移動」（仮説その2）を分析する。第4節では、ジェンダー要因の変化Ⅲとして、農村振興運動期の総督府において女子教育論と女子就学促進政策が構築された過程（仮説その3）を分析する。

第1節　朝鮮人女性の普通学校「就学熱」と出身〈階級〉

次の記事は、「京城府」の女子高等普通学校に関する一九二九年段階の入学志望者の増加に関する『東亜日報』の社説である。(1)

京城府内七女子高等普通学校の志願者総数が入学許可者の三十五割に達し、例年より激増を示せることは既に報道の通りである。……これは朝鮮全般に亘る現象であつて、……茲二三十年の短日月に啻に普通教育のみならず、更に進みて高等普通教育更に一歩進めては専門大学の高等教育までを、第一に其の女子自身が之を要求し、第二には父母が其の必要を感ずるに至り、今日に至っては既設教育機関だけでは之を悉く収容することが出来ない位になつた。実に隔世の感無きを得ないのである（傍点引用者）

「京城府」（ソウル）では、一九二九年段階で女子高等普通学校入学志望者数が「隔世の感無きを得ない」ほど「激増」し、それは、第一に女子自身の就学志向、第二に父母の女子教育要求によりもたらされたというのである。このように都市部では女子教育への要求が中等教育進学水準へと変化したのである。中等教育へ進学する女子の階層性に留意する必要があるが、このことは初等教育「就学」が広まったことと密接に関係する。

それでは、都市部で一九二〇年代後半から、農村部でも第Ⅱ期以降に増加した普通学校への女子入学者は、どのような階級の出身者であったのか。それを示す直接的な史料は望みがたかったので、就学の完成を意味する卒業率から女子入学者の出身階級を男子との対比で推測してみたい。

そこで、卒業率の通時的推移を示す第1章表3（六五頁参照）を再度みてみよう。阿部・天野の研究［一九六七］に基づき、入学者数に対する卒業者数の割合を算出したものである。性別格差が存在するのは確かだが、第1章の入学率推移のような顕著な性別格差はみられず、一九二〇年代から三〇年代にかけて卒業率の性別格差は縮小に向かっている。第Ⅱ期でも入学率には依然として顕著な性別格差があるにもかかわらず、卒業率では性別格差はほぼ解消し、一九三七年度入学女子の卒業率は男子を上回ってさえいる。この女子入学率の低さと対比的な卒業率の高さは、彼女たちの出身階級が男子のそれよりも上層に属していることを窺わせる。「女子にして普通学校に通学するものの家庭は大抵中流以上」(2)（傍点引用者）であったのである。普通学校への就学は男子以上に上層に属する少数の朝鮮人女子に配分されたといえるだろう。

しかしながら、第2章で述べたように、学校教育に否定的なジェンダー規範が根強かった朝鮮社会において、女子就学者の増加は〈階級〉要因だけでは説明できない。前述の「第一に女子自身の就学志向、第二に父母の女子教育要求」という「隔世の感無きを得ない」ほどの変化が生じた理由があったはずである。そこで次節以降では、朝鮮社会及び総督府において、学校教育へのジェンダー規範が否定から肯定への変化がなぜどのように起こったのかを考察したい。

第2節　〈ジェンダー〉要因の変化Ⅰ——学校教育をめぐるジェンダー規範の変容

本節では、一九二〇年代の朝鮮社会において、何ゆえに女子教育論がおこり、どのように女子就学を正当化するジェンダー観が構築されたのか、その過程の分析をめざす。それは、女子不就学の論拠となった従来の「儒教的」な女性像とは異なる、新たな女性像に基づく「賢母良妻」というジェンダー規範が構築されたことと密接に関わる。「賢母良妻」という規範の構築過程を、まず女子教育論の舞台となった民族紙『東亜日報』について考察したうえで、次に同紙の社説及び記事、雑誌『開闢』やその姉妹誌『新女性』等の言説からたどることにしよう。

1　学校教育をめぐるジェンダー規範の変容

1　『東亜日報』における女子教育論の登場

近代朝鮮において本格的な女子教育論議が起こったのは、一九世紀末の開化派の男性知識人からである。彼らは『独立新聞』（一八九四年創刊）紙上で儒教的男尊女卑思想を批判し女子教育必要論を主張した。性別役割意識は朝鮮王朝時代と変わらないが、「国家富強の観点から女性の役割を高く評価する」〔山下英愛 二〇〇〇：二二〇—二二一」というものであった。

再び女子教育論が高まったのは、日露戦後の一九〇五年（保護条約）以降、国家存亡の危機のなかで昂揚した愛国啓蒙運動期であった。「女子教育会」（一九〇六年七月）などの数十の女性教育団体が組織され、民間人やキリスト者を中心に私立女学校が続々と設立された。この時期の特徴は、近代化と国権守護の要請のなかで、儒教的男尊女卑は批判しつつも儒教そのものは否定せず、むしろ儒教的婦徳に基づく「賢母」育成の必要が強調されたことである［同前：二二三〜二二四］。

しかし、これらの議論の進展は植民地化の過程で困難となった。女子教育論が新たな展開をみせるのは三・一独立運動（一九一九年）後、本格的には一九二〇年代に入ってからである。(3)

(1)　『東亜日報』にみる実力養成論と新教育振興論

一九二〇年代初頭の朝鮮では、「女子教育の必要は最近朝鮮でも誰もがみんな躊躇なく簡単にこれを主張」する「時代遅れの言論」(4)（傍点引用者）と称されるほど女子教育論が一大ブームとなっていた。

その背景としては、第一に、三・一独立運動を契機としたナショナリズムの高揚と「実力養成論」による新教育振興論を拠り所に、朝鮮人男子を中心に一気に顕在化した普通学校「就学熱」や成人女子も含めた女子夜学等への女子教育熱がある。第二に、私立女学校や海外留学（主に日本）などの中等・高等教育経験をもつ女性が、三・一独立運動への参与を経て絶対数は僅少ながら「層」として登場したことがあげられる。彼女たちは「新女性」(5)と呼ばれ、一九二〇年代に女性をめぐる言説生産の主体、あるいは女性運動の担い手となっていく。第三に、朝鮮総督府から一定の枠内とはいえ三・一独立運動の血の代償として獲得した言論空間等をあげることができる。『東亜日報』（一九二〇年四月創刊）、『朝鮮日報』（一九二〇年三月創刊）、雑誌『開闢』（一九二〇年創刊）(6)などは、その代表的な存在である。第四に、欧米諸国の女性参政権獲得に代表される第一期フェミニズムや、一九二〇年代初頭に朝鮮に流入した社会主義思想などの「新しい世界思潮」の影響をあげることができよう。

ここで、女子教育論の舞台装置となった「実力養成論」及び『東亜日報』紙に関して、朴贊勝《パクチャンスン》［一九九二］の研究により整理してみたい。

朴によれば、朝鮮近代民族運動の文脈のなかでの実力養成運動論の基本論理は、民族主義右派によって唱えられた「先実力養成、後独立」という論理、即ち「朝鮮民族はまだ独立できる力量が不足しているので、まず独立できる主体力量を養成することが急先務」という論理である［同前：一六］。その論理を貫いたのは、国家および個人においても「優勝劣敗」原則が貫徹するという「社会進化論」であった。日本統治下で実力養成論の主体は一九〇五年以後一九一〇年代末まで国内外、とくに日本で新教育をうけた新知識層であった。この新知識層を中心に一九二〇年代初めには「文化政治」という空間のなかで、「文化運動」という名の実力養成運動が繰り広げられた。文化運動の宣伝機関として中心的な役割を果たしたのが、新聞『東亜日報』[7]及び雑誌『開闢』[8]であった［同：一六八］。一九二〇年代の文化運動には、①青年会運動、②教育振興運動、③物産奨励運動があった。このうち教育振興運動の理論的な根拠である新教育普及論が実力養成の主要な手段として議論されたのは、「教育の有無・多寡・優劣は、実に一社会一民族の死活的問題であり、興亡問題であり、盛衰問題」[9]という言説に示された「教育は国家と民族の富強をもたらす根本的な力」という認識と関連しているとする。

ここで問題となるのは、朝鮮人知識人によって主張された実力養成論及び新教育普及論と一九二〇年代普通学校「就学熱」との関係である。新教育普及論は一般の朝鮮人から遊離した論理とはいえず、むしろ朝鮮人の就学行動に「民族的名分」を与えたと思われる[10]。また、一九二四年に李商在《イサンジェ》（一八五〇〜一九二七）が社長に就任して以降左派民族主義者の拠点となった朝鮮日報グループの場合でも、「近代化構想の一環としての実力養成という方針は否定すべきものではなく、教育の普及などの事業には積極的な取り組みがみられた」［並木真人 一九八九：一〇七］とされている。とすると、「実力養成論」に基づく新教育普及論は少なくとも一九二〇年代中盤までは、民族運動

家から一般民衆まで共有されていた論理であったとみることができる。(11)

(2)　『東亜日報』の女子教育論への分析視角

ところで、朴賛勝の研究には女子教育論への言及がほとんどない。しかし、「実力養成論」の宣伝紙としての『東亜日報』は、朝鮮人の教育機会の絶対的不足を批判して普通学校増設を要求し、それに消極的な総督府の政策を愚民化政策と批判して義務教育制の実現を要求するとともに、一九二〇年代初めには女子教育論や女性解放論についても社説・記事等で少なからぬ紙面を割いている。また、天道教の準機関誌というべき『開闢』誌上でも女子教育論は盛んに論じられた。天道教は女子夜学の設立主体の一つであり、女子教育に熱心に取り組んでいた団体である。『東亜日報』『開闢』などで唱えられた女子教育論も、実力養成論の脈絡から捉える必要があると思われる。したがって、『朝鮮日報』とともに民族言論の代表であった『東亜日報』の社説・論説・投稿などを通じて一九二〇年代を通時的に考察することは、朝鮮社会の女子教育論とその論理の変遷、すなわち学校教育に対する肯定的なジェンダー規範の構築過程を分析するうえでも有効であると考える。

ここで、第2章で考察した金振国《キムジングッ》による朝鮮社会の女子教育不要論を、本節の女子教育論と比較しながら再度整理してみよう。朝鮮社会の女子教育不要論に現れた〈あるべき女性像〉とは、女性を「愚かな存在」とし妻・嫁としての従属と家事能力を求める儒教的な朝鮮人女性像であった。このような女性像に基づき女子の学校不就学が正当化されたのである。その特徴として指摘できるのは次の三点である。第一に女子教育は「結婚」の資格として不要、第二に「教育者としての母」とみなす視点の欠如、第三に「国民」「国家」的観点の不在、である。日本以上に強固な儒教的なジェンダー規範のために、旧来の朝鮮社会では教育からの女性の排除、それゆえの子女の教育権からの母の排除が厳しく行われていたのである。

ところが、これと対比的な女性像とこれに基づく女子教育論が台頭する。三・一独立運動後のナショナリズムの高揚を背景に、一九二〇年代に朝鮮人知識人の間で勃興した女子就学を奨励する女子教育必要論である。これには、二つの潮流があった。一つは、「女性解放論」としての女子教育論、もう一つは、「賢母良妻論」としての女子教育論である。この二つの言説には、前記の「儒教的」な朝鮮人女性像とは異なる、それぞれの〈あるべき朝鮮人女性像〉が投影されている。一九二〇年代の朝鮮社会では、女子への学校教育をめぐってこの二つの言説が併存したが、しだいに「賢母良妻」というジェンダー規範が優勢をしめていき、女子就学を正当化する論拠として構築されていったと考えられる。

ここで、「良妻賢母」ではなく「賢母良妻」としたのは、前者が日本で四字熟語として定着したのに対し[12]、朝鮮では後者が定着したからである。朝鮮の「賢母良妻」は、前者の影響をうけながらも、一九二〇年代に朝鮮内部の要因によって四字熟語として定着していったと考えられる。瀬地山角［一九九六］は、中国語（賢妻良母）、朝鮮語（賢母良妻）、日本語（良妻賢母）という東アジア各国の良妻賢母主義の起源と性格を論じたなかで、朝鮮では「一九一〇年代の間にこの四字熟語（賢母良妻―引用者注）がかなり定着した」［同前：一四二］、あるいは『東亜日報』の「創刊当初（＝一九二〇年）から随所に『賢母良妻』が四字熟語として登場し、論じられている」［同：一四二］と述べている。しかし筆者はそうではなく、『東亜日報』創刊初期においても、「賢母良妻」のほかに「賢妻良母」「良母賢妻」なども混在しており必ずしも統一されていなかったこと、「賢母良妻」という規範の成立が当該社会のナショナリズムの高揚と密接な関係をもつことから、朝鮮社会で「賢母良妻」が四字熟語として定着するのは一九一〇年代というより、むしろ三・一独立運動というナショナリズムの高揚を経た一九二〇年代であったことを強調したいと思う。

さらに、筆者は、朝鮮では「賢母」が「良妻」よりも優先されて四字熟語となった要因に関して、旧来の朝鮮社会における儒教的な規範が日本以上に強固であったこと、植民地支配下であったために朝鮮の独立＝朝鮮民族を主体とする近代国民国家の形成が次代に託されたことが関係すると考えている。女子教育論をめぐる以下の考察は、こうした植民地朝鮮における「賢母良妻」という規範の成立・定着過程と重なっている（以下、「賢母良妻」に類する四字熟語に傍線を付すことでその過程を示したい）。

以下では、女子教育論をめぐる二つの潮流を、主に『東亜日報』、そして『開闢』『新女性』（『開闢』の姉妹誌、一九二三年創刊）等の民族言論に掲載された「社説」や論説・投稿を中心として考察し、学校に就学する朝鮮人女性という新たなカテゴリ—の成立とそうした女性に課せられた規範の構築過程を分析する。その場合、次の三点に留意したいと思う。①三・一独立運動後のナショナリズム勃興と実力養成論、②植民地女子教育に影響を与えた日本の「良妻賢母」主義教育への評価、③学校教育世代である「新女性」（あるいは「新女性」が受けた学校教育）への評価、その言説の特徴を分析する。③を含めたのは、「新女性」の主張と行動・運動が女子教育の必要／不必要論、「女性解放論」／「賢母良妻論」と結びつけられ重要な意味をもったからである。

2 「女性解放論」的女子教育論と「賢母良妻論」的女子教育論の葛藤

(1) 女性解放の理念と女子教育論

「女性解放論」的女子教育論は、留学先である日本経由で新思潮を吸収した「新女性」や男性知識人の一部によって唱えられた。これまでの女子教育論が主に男性知識人によって論じられたのに対して、女性が言説生産の主体となったのは注目すべき変化である。台湾でも一九二〇年代に「解放論」としての女子教育論が主張されたが、「特に留学生たちを中心とする日本教育世代（殆ど男性論者）」［洪郁如 二〇〇一：一三六］であったのに比べると興味深い差異といえる。朝鮮における「女性解放論」的女子教育論は、女性の個としての解放をめざすフェミニズムだけでなく、民族の独立をめざすナショナリズム、そのための文化的な実力養成論と結びついて主張されたという特徴をもつ。

「女性解放論」的女子教育論は、「新女性」予備軍というべき朝鮮人女子留学生によって一九一〇年代から主張されていた。その一人である羅惠錫《ナヘソク》は、(13)一九一四年、東京朝鮮留学生学友会の機関誌『学之光』第三号に「理想的婦人」を発表し、朝鮮人女性が人間らしく生きるためには学問を身につけることが必要と述べ、「良妻賢母」を「女子を奴隷にするため」の主義と主張した。一九一五年には東京女子留学生親睦会が結成されたが、その機関誌『女子界』第三号（一九一八年九月号）に発表された「女子教育論」(14)では、女子教育の必要性を「無意味で徹底しえないいわゆる賢母良妻という器械」をつくるのではなく「独立した一個の人間となるよう人格を養成して一家のため社会のため或いは民族のため人道のため有用な人物」の養成にあると述べて、男子と同等な人格養成教育の必要性を主張した。「女子解放」を「文明の精神」に位置づけての主張である。あわせて特徴的なのが、「社会のため民族のため有用な人物」育成という民族的な立場が表明されていることである。

当時の「新女性」の代表的な論客の一人である金元周《キムウォンジュ》(15)にも、同様の主張が見出せる。朝鮮国内最初の女性雑誌『新女子』の主筆であった彼女の談話が、創刊直後の『東亜日報』一九二〇年四月六日付で「女子教育の必要」として紹介されている。彼女は、「富強で文明があり、その社会は明るく新鮮で自由で平和」な列強の国家と対比させて、「私たちの国家、私たちの社会、私たちの家庭はなぜこのように貧弱で暗く衰えて不自由で寂莫として冷淡なのか」と疑問を投げかけ、その「最大の原因は社会と家庭の重要な要素というべき女子を教育させなかったため」と主張する。そして、朝鮮女子の過去を「（女性に対して）所謂三従之説に拘束され従属的に奴隷的に貞淑温恭温順服従」だったと振り返り、その結果朝鮮男子は「女子の恭順と服従に幸福を感じ、遊惰の弊害と懦弱の深淵におちて生存競争の落伍者」（傍点引用者）となったと断じて、女性が教育を受けて目覚めることが朝鮮国家・社会・家庭の文明化のために必要と説く。ここに、先に紹介した「社会進化論」に基づく「新文化建設」のための「新教育普及論」との共通性を見出すことができるだろう。

続いて『東亜日報』紙上に「女子解放の意義」(16)を寄稿した金麗生《キムリヨセン》も、朝鮮半島に新天地が展開した「一九一九年三月以来」、即ち三・一独立運動以来、新しい時代は「人間らしい人間」「即ち女子らしい女子、最も新しい女子」

を要求していると断じ、そのために女子に「第一に教育」を与えるべきと主張し、「女子が、女子らしい女子ならば、自由な女子ならば、その半島もまた半島らしい半島として自由な半島になる」と、女性の自由を朝鮮の自由、すなわち朝鮮の独立と関係させて論じた。

「新女性」たちの主張の特徴は、女子教育の必要性を女性「個人」としての「自由と解放」のためと論じるとともに、「朝鮮の自由と発展」と連結させたところにある。「女性解放論」的女子教育論者にとって、女子教育によって達成されるフェミニズムは朝鮮の独立というナショナリズムと切り離せないテーマであった。女性運動としても一九二〇年代初頭には女子青年会、基督女子青年会は各地の青年会とともに女子夜学の設置や、男女平等に関する講演・討論会の開催など活発な啓蒙活動を展開した。

このような主張をしたのは「新女性」だけではなかった。『東亜日報』紙自身が、創刊翌日に朴仁徳《パクインドク》「現代朝鮮と男女平等問題」（一九二〇年四月二日付）、李一貞《イイルジョン》「男女の同権は人格の対立」（四月三日付）、金元周の「女子教育の必要」[17]（四月六日付）と立て続けに女性による男女平等問題、女子教育論を掲載した。また、『東亜日報』主幹である張徳秀は「女性解放」を啓蒙する講演を行ったり[18]、先述のように欧米の女性参政権問題や与謝野晶子の論文を掲載し欧米・日本の女性解放論の動向を報道するなど、創刊当初から女性解放論になみなみならぬ関心を示していた。その場合、「女性解放」「男女平等」といっても、その焦点は当初から女子教育論にあったといえよう。

『東亜日報』一九二〇年六月二日付社説「女子解放問題――新道徳の一端を論ずる」は、ベーベルや「世界女子の解放問題」に言及し、朝鮮人女子への「甚だしい」教育の不足を指摘しながら女子教育の必要を次のように力説する。

女子の解放問題……第一方法は教育の振興であり、……。吾人はここに⑴女子の人格の教育を主張すると同時に、⑵その社会的自由活動を勧奨しながら、これまでの朝鮮では女子を「一個の人格」として対しないで、ひたすら「人の関係」するところの「妻」や「母」とだけ観察して、その生活を単に家庭内に限るのが当然とした。……（女子も）実に家庭の一員であり、社会の一分子であり、国家の一国民であり、世界人類の一員であり、文明発達の一要素である。……（傍点原文）

朝鮮人女性のほとんどが、学校不就学という意味での「無識」であり外出も制限されているなかで、女子教育振興と社会的活動を奨励し「女性解放」を掲げた主張は画期的であったといえる。女性の役割を家庭内にのみ限定することを批判し、「社会・国家・世界人類・文明」の構成員としての存在意義を認めているのである。女子教育不要論（第2章）が女性を「愚かな存在」としその役割を家庭内の「妻・嫁」役割に限定したのとは、対照的である。

また、『東亜日報』はしばしば朝鮮女子教育会（一九二〇年四月結成）の主張や啓蒙活動、女子留学生の啓蒙活動を紙面で扱ったが、それらを取り上げた社説にも女子教育観がよく表れている[19]。一九二一年七月一一日付社説「女子教育会の巡回講演」では、「暗昧な女子は暗昧な家庭をつくり暗昧な家庭は子女の発達を阻止し、未発達な子女は幼稚な社会を構成する」と女子の教育獲得を「家庭」「子女の発達」さらには「朝鮮人全体の生活と運命」に結びつけている。このような主張は、実力養成論に基づく新教育振興論が「教育の有無・多寡・優劣は、実に一社会一民族の死活問題であり興亡問題であり盛衰問題[20]」と主張したのと同じ文脈にあるとみてよい。女子の教育獲得を朝鮮の「家庭／子女教育／社会」の発展と連結させた主張は、民族の実力養成論の一環なのである。

『開闢』第二号（一九二〇年七月）の「社説・世界三大問題の波及と朝鮮人の覚悟如何」でも、「労働問題・婦人問題・人種問題が世界の三大問題」であるとしながら、「男子たる者、時勢のため朝鮮のため勇気をもって女子の解放を人格上平等から実施すべき」「朝鮮女子の解放は教育に依るべきこと」と論陣を張った。また、同第四号「諸名士の朝鮮女子解放観」（一九二〇年一〇月）でも発言者の大半が「女子教育必要論」を主張している。『朝鮮日報』においても、社説「女子教育の急務」（一九二〇年七月二二日付）で「今日は即ち女子の解放の時代であり、平等の時代であり、教育の時代」と述べ、別の社説「女性の教育的解放のために」(一九二四年五月七日付)でも「目下朝鮮社会の最も緊急な問題は女性の教育である。再言すれば朝鮮女性を教育的に解放すること」として、女子教育機関の増設を求めたのである。

(2) 「賢母良妻論」的女子教育論との葛藤

ここで着目したいのは、前出の「新女性」や『東亜日報』等の実力養成論者の女子教育論が「女性解放」を主張し女性の教育獲得が社会や民族のために有用という点で共通点をもちながら、「女性解放」という意味に対して両者には齟齬があったことである。

個としての女性解放をめざす「新女性」たちは、女子特性教育(「賢母良妻」)に否定的であった。これに対して、男性知識人にとっての「女性解放」とは、「儒教的」な女性像に象徴される旧思想・旧女性像からの〝解放〟であり、そこからの脱出手段として教育や新知識の獲得や女性の覚醒がめざされた。そこには「朝鮮人全体の生活と運命」「朝鮮の完全な幸福」という「民族」が媒介していた。したがって、必ずしも男女同等同一教育である必要はないため、具体論が展開されると、教育獲得のうえで「母・妻」役割を求める「賢母良妻論」的女子教育論としての立場への分化が顕在化していく。類似の主張にみえた両者の女子教育論の異同を、「賢母良妻」への対応という点で検証してみよう。

賢母良妻論は女性解放論と並んで一九二〇年代当初から主張されていた。一九二〇年代初頭に「賢母良妻」を「時代遅れの言葉」としながらも、その必要を強調したのが李一貞「男女の同権は人格の対立――党派熱打破の必要」(『東亜日報』一九二〇年四月三日付)である。[21] 李一貞は、男女は国家社会に対して「同一の権利と責任をもつ対等な人格」という立場に立ちながらも、女性は「内助の実を出して、一国の将来運命を担うべき第二国民、すなわち子女教育の責任を担う」という本分、即ち「賢母良妻」の本分をはたすべきであり、それは「決して賤役でもなく奴隷的奉仕」でもないとと主張する。即ち、女性を男性と同等の国家社会の一員と位置づけたうえで、社会的な進出よりは家庭内で「母」役割を果たすべきという近代的な意味での賢母良妻思想とみることができる[22]。

一方、当初「女性解放論」的立場にみえた『東亜日報』紙上の女子教育論は、徐々に「賢母良妻論」的な立場を顕在化させていく。女子教育を「女性解放の第一歩」「朝鮮の完全な幸福のため」と主張しながら、不就学の女子によって「起きる家庭生活の不便と子女教育の損失と朝鮮社会に及ぼす悪影響」に言及する。換言すれば、家庭生活と子女教育、そして朝鮮社会全体のためにこそ「女子教育は児童教育以上に急務の課題」だと強調するのである。そこで求められる女性像は、新教育を受け「実生活に適切な諸般知識と文明社会に合う各種思想」を備えた女性像であった[23]。新教育を受けた男性に見合う女性像が求められつつあったのである。つまり、『東亜日報』紙の女子教育論は性別役割分業を前提としたうえでの男女同等・女子特性教育論なのである。これらは「家族」「民族」のための女性役割を求めるものとして、その主張自体「賢母良妻論」的内容を内包していたといえよう[24]。

これに対し、「女性解放論」的女子教育論の核心は、「賢母良妻」という女子特性教育への批判にある。前述の東京留学女子学生たちは、「無意味で徹底しえないいわゆる賢母良妻という器械」をつくる女子教育を批判した。先述の金麗生も、「いわゆる賢妻良母主義」を「報酬なき女下人主義」と排撃している。金麗生のいう「女性解放」が教育・恋愛・政治的権利など男性と同等の権利獲得である以上、「賢母良妻」は否定すべき対象となるのである。「賢母良妻論」的女子教育論が女子特性教育論であるのに対し、「女性解放論」的女子教育論は男女同等教育論と言い換えることができるだろう。

(3)　女子教育論とナショナリズム

注意すべきは「女性解放論」的女子教育論であろうと、「賢母良妻論」的女子教育論であろうと、日本における「良妻賢母」教育にも、それをモデルに朝鮮に導入された植民地女子教育にも批判的であったことである。ここに帝国日本に対する植民地朝鮮の抵抗の言説としてナショナリズムをみることができる。

まず、「女性解放論」的女子教育論者は、女子特性教育を日本の女子教育と結びつけて批判する。女性の「個」の解放をめざす以上、女性の役割を「妻・母」にのみ押し込める女子教育を否定せざるをえない。自ずと日本が朝鮮に導入した女子教育へと批判の目が向くのである。鳳栖山人は女性の「教育の機会均等」を求めながら、朝鮮の教育制度を「奴隷的役割を果たす」ためと断じ、そこにも存在する「男女の差別」を指摘すると同時に、朝鮮に導入された日本の「良母賢妻主義」の女子教育を「男子のための奴隷役割」と批判する(25)。植民地教育制度批判であるとともに、日本の女子特性教育批判でもある(26)。しかし、「男子のための奴隷役割」あるいは「男性中心の間違った文明を基礎とした良母賢妻主義」(鳳栖山人)と女子特性教育それ自体を否定している以上、ここには朝鮮的な「賢母良妻」への批判も内包している。

一方、「賢母良妻論」的女子教育論においても、日本や朝鮮で行われている女子教育には批判的であった。たとえば、梁柱東《ヤンジュドン》は(27)「女子教育を改良せよ」と題した投書(在東京)という形で、現今の「日本や朝鮮で実施され主唱」されている「いわゆる賢母良妻主義の教育」を批判する。しかしながら、「まず人間としての教育で人間らしい女性即ち男性と同等人格の女性をつくり、次に役割教育として賢母良妻をつくらねばならない(28)」と、「賢母良妻」という役割教育自体は否定しない。ここでいう「賢母良妻論」的女子教育論とは、女子の教育獲得を「男女同等」や「女性解放」という言葉で把握したうえで、日本や朝鮮で実施された女子特性教育を批判しながら、具体的な方法論では「日本的なもの」を排除した「賢母良妻」という女子特性教育を主張するという論理構造になっている。「日本的なもの」の排除とは、言い換えれば朝鮮「民族的なもの」の構築ということである。具体的には、朝鮮「民族」固有の生活習慣や文化を備えた朝鮮人女性を育成することなのである。

このように、ナショナリズムの規制を受けた女子教育論議を通じて、次に述べるように、女性解放論を排除しつつ、朝鮮「民族」固有の文化の伝達者としての「賢母良妻」的女性像が構築されていったと考えられる。

3　女子教育論と「新女性」のセクシュアリティ批判

一九二〇年代中盤に入ると、女性解放論や女子教育世代である「新女性」をセクシュアリティの面から批判する言説が繰り返し現れていく。(29)

表1は一九二〇年代の『東亜日報』紙上の女性問題関係社説の変遷である。一九二〇年代前半は「女性解放」をテーマにその達成手段として「女子教育」を主張した論調が、一九二〇年代半ばには男女学生の風紀問題、新女性の「貞操」問題など学校教育世代のセクシュアリティに論点が移ったことがわかる。その背景には、一九二三年に学校教育世代対象に雑誌『新女性』が刊行されたことが示すように、絶対数では僅少でも中等以上の学校教育を受けた女性数が相対的に増えたこと、「新女性」の一部が教育者、新聞記者、小説家、画家、飛行士等の「近代的」職種につき、その行動が社会的な関心を集めたことがある。

一九二〇年代初めの記事では「新女子」「新女性」の意見と生活が好意的に紹介されている。(30)しかし、一九二〇年代半ばからは「新女性」の奢侈や女子学生の不勉強、断髪、心中事件、貞操問題等がたびたび批判的・否定的に取り上げられようになる。たとえば、『東亜日報』一九二五年六月一七日付社説「最近新女性の傾向——尋常視できない現状」では、奢侈にはしる「新女性」を取り上げて、「軽佻・浅短・無遠慮」「無謀脱線」と非難し、女子教育にあたる教育者に忠告している。(31)また、一九二六年一〇月八日付社説「新進女子に告げる——学問の涵養と体育の鍛錬」でも、「離婚、情死、恋愛、無産運動、俳優生活或は教員生活の種種様様の変態の下に、苦悶苦痛の悲喜劇を演出」しているとして、「世界大潮流の新思想」に接触した女子が興奮して「脱線的生活を惹起し激変せる心理は俄かに反抗的行動を為せるは現下新進女子の流行性気分」と批判し、女性の個性の発達向上には学問の徹底と体育の鍛錬が必要と主張する。(32)このように、「新女性」をめぐる言説は肯定から否定へと変化していったのである。「新女性」以外のセクシュアリティに関する社説のなかで特徴的なのは、この頃から公娼制度を論じた社説が登

表1 『東亜日報』女性問題関係社説の変遷——1920年代を中心に

年月日			社説の項目	女性解放	女子教育	新女性	女性運動	性モラル	恋愛離婚	公娼制度	家庭	その他
1920	6	2	「女性解放の問題—新道徳の一端を論じる」	○	○							
	8	31	「婦人参政権—文明の新生面」	○								○
1921	4	4	「朝鮮女子教育会（上）—朝鮮に感激が有るか」	○	○		○					
	4	5	「朝鮮女子教育会（上）—家庭婦人のために」	○	○		○					
	6	18	「新婦人に望む—知的自立、性的自由」	○	○	○		○				
	7	11	「女性教育会の巡回講演—女性解放の新運動」	○	○		○					
	9	1	「女子界の黎明運動—女子留学生と女子教育会の各地講演」	○	○		○					
	10	10	「女子教育会の事業—朝鮮文化史上の第一記録となる」	○	○		○					
1922	1	8	「朝鮮女子よ太陽に面して臨め—旧穀を脱して新生を始めよう」	○	○							
	3	18	「女性界に向かって一言を寄せる」	○								
	3	25	「朝鮮女子教育協会に対して」	○	○		○					
	5	7	「社会の革新と家庭の改良」								○	
	7	9	「女子苦学生相助会—その意気を長じるべき」		○							
	12	25	「女学校紛糾の臨んで」		○							
1923	1	5	「主婦に望む—暮らしについて」								○	
	2	15	「女子大学の必要—解放と教育、貢献と教育」	○	○							
	3	2	「日本の婦人運動、無産婦人ディ」	○			○					○
	7	3	「朝鮮女子庭球大会の順成」									○
	10	29	「崇義女校事件、学生盟休の可否」		○							
1924	3	24	「男女学生の風紀問題、自主的人格を確立しよう」					○				
	6	25	「女子庭球大会について」									○
	7	22	「改嫁問題」					○				
1925	2	19	「現下の離婚問題Ⅰ」						○			
	2	20	「現下の離婚問題Ⅱ」						○			
	2	21	「現下の離婚問題Ⅲ」						○			
	3	19	「女子雄弁大会、本社が主催する本意」									○
	6	6	「女子と体育」									○
	6	17	「最近新女性の傾向、尋常視できない現状」			○		○				
	7	9	「最近の男女学生の風紀問題」			○		○				
1926	1	4	「婦人運動と新女性」			○	○					
	2	25	「現下青年と恋愛問題—上」			○		○				
	2	26	「現下青年と恋愛問題—中」					○				
	2	27	「現下青年と恋愛問題—下」					○				
	5	6	「新女性の責務」		○	○						
	8	5	「教育と社会及び新女性」		○	○		○				

	8	6	「朝鮮の公娼―廃止の方針を勧める」					○		○		
	10	3	「女子競技の現状―第4回全朝鮮女子庭球大会を見ながら」									○
	10	8	「新進女子に告げる―学問の涵養と体育の鍛練」		○	○		○				
	12	21	「教育と学生の風紀問題」					○				
1927	5	4	「婦人懇談会」		○		○	○				
	5	14	「公娼廃止運動の帰着点」					○		○		
	6	8	「裁縫自主講習会」								○	
	6	11	「淑明女学校事件」		○							
	6	30	「再び淑明女学校事件について」									○
	8	7	「公娼と私娼」					○		○		
	8	29	「朝鮮人家庭欠陥の一例」								○	
	9	14	「家庭経済と編み物講習」								○	
	10	1	「第5回女子庭球大会」									○
1928	3	2	「増える離婚数」						○			○
	3	26	「女子の職業教育について―女子医学校設立説を聞いて」		○							
	5	11	「英国男女平等選挙権案」									○
	5	26	「女子庭球大会」									○
	6	23	「英国婦選拡張案：上院通過」									○
	7	13	「槿友会大会」	○		○	○					
	8	14	「離婚数の激増―慎重に考慮すべき問題」						○			
	12	7	「女教員不足問題―教育家を志願する女性に」		○	○						
1929	3	21	「公娼廃止案」					○		○		
	3	27	「朝鮮女子教育の普及と向上」		○							
	7	26	「女性運動に対する一考察―犠牲と奮闘の精神」				○					
	9	21	「朝鮮女子教育の欠陥」		○							
	10	11	「女性と公益事業」									○
	10	25	「離婚からみた世態」						○			
1930	8	9	「女人政治としての一歩」									○
	9	7	「宣明が賢明？、実践女学校の不祥事」		○							○
	9	24	「8回となった本社主催の女子庭球大会」									○
	11	5	「性道徳を論じる」					○				
	11	26	「女性への門戸開放―改訂弁護士法と京城帝大の男女共学実施」		○							

（出典）　羅瓊喜「日帝下韓国新聞に現れた女性運動観――『東亜日報』と『朝鮮日報』の社説内容を中心に」（高麗大学校大学院碩士論文、1987年）に『東亜日報』社説より補足して作成。

（注）　○印は、各社説の論点を筆者の観点から示した。

場することである。一九二六年八月六日付社説「朝鮮の公娼──廃止の方針を勧める」や一九二七年五月一四日付「公娼廃止運動の帰着点」等がそれである（表1参照）。ここでいう公娼制度とは、朝鮮の開港（一八七六年）以降の朝鮮侵略と植民地化の過程で日本人植民者によって朝鮮に移出された国家的買売春制度をさす。当初、日本人居住地を中心とした公娼制度は、しだいに朝鮮社会にも増殖していく。統監府は朝鮮社会の買売春に干渉を開始して朝鮮人「売春婦」を公娼制度に組み込む政策をすすめ、総督府が一九一六年に各道で異なった取締規則を統一することで植民地朝鮮での公娼制度を確立したのである（［山下英愛 一九九二、宋連玉《ソンヨノク》 一九九三］他）。この法整備のもとで、一九二〇年代には多数を占めた日本人「売春婦」が減少し朝鮮人「売春婦」が増加するという趨勢（一九二九年に逆転）にあった。その一方で公娼廃止運動（一九二三年朝鮮女子基督教節制会、一九二四年公娼廃止期成会の結成等）がおこり社会問題となっていた［宋 一九九四］。前記二つの社説は、このような状況下で論じられた。

前者の社説では、「（公娼制度の歴史が長いために）遊郭に出入りすることをそれほど恥辱と感じない気風」のある日本人及び在朝日本人と対比させて、朝鮮では「公娼制度は最近幾十年間に日本人が朝鮮に輸入した制度」であるため、「廃止することにこだわる何らの社会的根拠がない」と断じ、当局に全廃を勧める。後者では、「単純な貞操観念の見地から」娼妓や娼楼に出入りする男子を責める前に、「如斯現象を起らしめた制度（社会制度或は経済制度）」を責めるべきとして再び公娼制度の廃止を提言する。また、別の社説（一九二七年八月七日付「公娼と私娼」）でも公娼制度廃止によって「私娼になるとしても、それだけの人を奴隷的生活から解放すると云ふ人道的な意味から」公娼廃止を支持する。

ここには、日本の廃娼運動・商業紙に顕著だったとされる「売春女性」に対する卑賤視はみられない(33)。それは朝鮮社会に卑賤視がないことを意味しないが、当時の民族言論では公論化されていなかったようである(34)。むしろ問題視したのは「（在朝日本人）壮年男子である四・五万人の感情と幾個楼主の営利欲(35)」（前掲一九二六年八月六日付社説）を公認する日本の植民地権力と、不断に娼妓を産み出す社会制度・経済制度に対してであった。公娼制度を持ちこんだ植民地権力への痛烈な批判がみてとれるのである。[36]

興味深いのは、朝鮮人「売春女性」には日本が導入した公娼制度の被害者という〝まなざし〟であるのに対し、「新女性」の性的逸脱へは厳しい批判を加えていることである。その理由の一つは、「新女性の責務は女性教養即知識普及」（一九二六年五月六日付社説「新女性の責務」）にあると結論づけたように、「新女性」には教育を担う指導者的役割を期待したために、性的逸脱はそれへの裏切りと見なされたからではないかと推測できる。「新女性」の関心が「民族」や「階級」ではなく、個人レベルでのセクシュアリティの解放に向かうことへの苛立ち――たぶんに男性中心的であるが、ここに植民地下におけるナショナリズムとフェミニズムの相克をみることできる――の表明ともいえる。これは、民族主義の言説が帝国日本に対する〝抵抗の言説〟であるとともに、「民族」を単一の主体に構成するために内部の異質な諸集団に対しては抑圧的な〝支配の言説〟［金恩実《キムウンシル》 二〇〇〇：六七］として作動した例といえるだろう。[37] だからこそ、女性のみに課された儒教的「貞操観念」の見地からは双方とも逸脱者とみなされうるにもかかわらず、「新女性」に対してだけ「嘲笑的心理」（前掲一九二六年一〇月八日付社説）や社会的な非難が言説化されたのではないだろうか。そして、「新女性」の性的逸脱言説が第2章で論じたように女子教育不要論の一部を成し、「新女性」が主唱した女子教育の論拠である「女性解放」「男女平等」という用語の使用にも影響を及ぼしたと考えられる。

たとえば、『新女性』誌（一九二五年一月号）の「わたしが女学校当局者ならば」という特集にそれをみることができる。東亜日報主筆・編集局長（当時）であった洪命熹《ホンミョンヒ》は、[38]「一般女子、とりわけ新女性たちがいま叫んでいる男女平等論を根本的に叫ばないようにさせ」るべきであり、時期尚早と牽制した（「男女平等を言わないように」）。また、同じ特集で、朝鮮日報主筆（当時）の安在鴻《アンジェホン》も、[39] 男女間の風紀問題に関し「常軌を逸する女性もいるかもしれないが、わが女性たちはどこまでも純潔だと確信」「現代の女性がすべて家庭を避けて女性解放運動やその他社会的諸運動にだけ熱中するのは容易ではない」として、「良妻賢母」（原文「 」付き――引用者注）は女性を「目的物視、機械視する人生を冒涜する」と退けながらも、実際は「自然な使命である母性たるべき天職を等閑視しないよう、それにふさわしい必要な徳性、見識技量を涵養」することを求める（「自然な人生を送るよう」）。ここで「賢母良妻」ではなく、鉤かっこ付きで「良妻賢母」が使われているのは日本を意識したものであろう。

また、同特集では李光洙《イグァンス》（一八九二～?）も「母性中心の女性教育」と題して次のように主張した。

女子教育は母性中心の教育でなければならない。……ああ！　われわれの崩れゆく民族を新しく興し、新しい国民を産んでいただき、学校に行かれるなりして学んでいただけたらと思う。(40)

「民族改造論」（『開闢』一九二二年五月号）を発表し、朝鮮民族衰退の根本原因は「堕落した民族性」にあるとして民族性改造のために「個人の修養」の必要を強調した李光洙は、この民族改造論の延長線上で「新しい民族／国民」に改造するための手段として「母性」を位置づけた女子教育論を展開した。

このように、一九二〇年代半ばには、のちに新幹会を結成する左派民族主義者として知られる洪命熹・安在鴻も含めて当時の民族言論の代表的人物が、「女性解放」「男女平等」を牽制するとともに、女子教育の目的を「母性にふさわしい徳性、見識技量」の涵養（安在鴻）、「母性中心の教育」（李光洙）に置くという言説を展開した。朝鮮人女性に優先的に求めたのは、次世代「国民」の教育者たるべき「賢母」であった。女性に教育を与えるべき根拠は、「女性解放」という建前から「賢母」育成に移行したとみることができるだろう。

4　女子教育論と「階級」「民族」――槿友会運動の展開と挫折

一方、一九二〇年代中盤には、女子青年会等の活動が沈滞したのに替わって、一九二四年五月に社会主義思想に基づき階級解放を掲げたはじめての女性団体として女性同友会が結成されるなど、社会主義系女性運動が活発化した［宋 一九八一］。当初は女子労働者に注目した社会主義的女性団体も、次第に「無教育者」が朝鮮人女性の大部分を占める現状に対する認識から女性の啓蒙問題へ注目し始めた。女性同友会メンバーの朴元熙《パクウォンヒ》は、「（現代教育を受けた）一〇〇分の七の女子は、朝鮮人女子としては真に幸福だと言うことが出来る。しかし、彼女たちが果たしてどれくらい幸福かを明らかにしようとすれば、その教育を受けた状態を考察」すべきとし、「現下朝鮮女子教育の一般現状」は、朝鮮人女性を「道具化・商品化」する「日鮮同化《（ママ）》の賢母良妻主義」であると植民地女子教育への核心をつく批判を加えた[41]。同会メンバーの許貞淑《ホジョンスク》も[42]、朝鮮人女性が階級を問わず「無識階級」という現実をふまえて、「無産化する」朝鮮人全体の境遇への自覚と「女性の個性の意識覚醒と向上発展」、則ち、民族的階級的自覚と女性の覚醒のためにこそ、当面は「無識な無産階級の」女性に対する教育啓蒙が必要であると主張した[43]。

一九二七年二月の新幹会結成の影響もあって、同年五月には社会主義系女性団体、キリスト教系女性団体などの統一戦線として、植民地期最大の女性団体として槿友会が結成された[44]。一九二九年第二回大会では行動綱領の一つに「教育の性別差別《（ママ）》撤廃及女子の普通教育拡張」［宋 一九八一：三五八］が入り、全国的な夜学の開設も決議された。実際、槿友会の各支会は、女子夜学の運営主体であった［呂 一九九四：四八―五三］。槿友会は、結果的には新興中産階級が都市邑部で展開した運動ではあったが、観念的には運動の主体を女性労働者から「無識」な農村女性、家庭女性へと視点を広げ「女性解放を植民地下朝鮮の社会問題として位置づけようとした」［宋前掲：三四七］運動団体であった。しかし、統一戦線としての思想的な矛盾の克服や行動綱領を展開できないまま、植民地権力の統制のなかで一九三一年には潰えてしまう。

ところで、『朝鮮日報』『東亜日報』等は槿友会活動を社説・記事等で紙面を割いて報道した。ここに槿友会運動や「女性解放」への男性知識人の理解がはしなくも現れている。新幹会運動の機関誌的役割を果たした『朝鮮日報』社説は、槿友会結成を前に「全朝鮮婦人の解放」という結成目的を評価しつつも、「民族全体の解放運動の大潮流と合致すべく一個の別働隊的任務」遂行への期待を表明した（「槿友会に就いて」一九二七年四月三〇日付社説）[45]。

槿友会創立に関する社説でも、「性の問題を離れて階級的に階級意識に依つて存在し行動しなければならぬ。同一の被隷属民族として民族的解放の為め性を超越しての総団結を要するのが緊切」(「槿友会の創立」一九二七年五月二六日付社説、傍点引用者)として、「性の問題」を「超越」したうえで階級運動・民族運動に「総団結」することを要求した。槿友会に対して、「女性解放」を「階級解放」「民族解放」に従属・解消することを求めたのである。[46]

一方、新幹会・槿友会運動に傍観的であった『東亜日報』は、前記槿友会第二大会綱領を評価しながら、「朝鮮女性の指導者の困難は女性が各々其の家庭的に重大な責任」を持つことだとし「経済的困難と闘ひつゝ、尚ほ社会活動にも関与するが如きは荷が重過ぎる」(「女性運動に対する一考察――犠牲と奮闘の精神」一九二九年七月二六日付社説)として女性の家庭的責任を重視した論を展開している。

ここにおいて「女性解放」の意味内容は、「一般的智識階級に対して既に古董《ママ》(「骨董」の意―引用者注)化せる女性の地位向上なる問題」(「僅友会大会」『東亜日報』一九二八年七月一三日付社説)という風潮のなかで、むしろ同会のラディカル性に対し釘をさすに至っている。民族言論においては、二〇年代当初は親和的であるといえたフェミニズムとナショナリズムの関係は、二〇年代後半には相克的な関係に変質したと思われる。

そのような歴史的文脈のなかで、女子教育に関する言及をみてみよう。「新女性」への否定的な言説が生成されるなかで、民族言論が彼女たちに期待したのは一般女性への教育活動だった。「新女性」の結集体である槿友会にも同様の期待を表明している。『朝鮮日報』前記社説「槿友会の創立」では、「朝鮮大多数の女性達が未だ非常に曖昧な状態に在る」ことを顧れば、「教養運動がなければならぬことは余りに常識的」と強調する。[47] 即ち、女性運動は「民族」全体を視野にいれながら、取り組むべきは「女性解放」というより女子への識字・啓蒙運動であるべきとの主張である。ここでは、女性の教育獲得は「女性解放」と切り離されて解釈され、さらに「女性解放」は「民族解放」の対立物と理解されている。一九二〇年代初期の民族言論が、「民族」の独立を前提に女性の教育獲得と女性解放を結びつけて主張したことと比べると、「女性解放」の位置づけが変化していることが窺える。

5　「賢母良妻論」的女子教育論の確立

「新女性」に付着した「女性解放」というイメージを「賢母良妻」的に再構築する言説は、崔南善《チェナムソン》[48]「朝鮮今日の女子[49]」に顕著である。彼は、「妻としての職務や、母としての職務を充分尽くすことは新女性としても何等卑しむべきことでな」いと述べる。そのうえで、「ノラでもなければウォピンでもな」く、これらを超越した「新しい朝鮮と永遠なる朝鮮とを考えて、更に新しくなった新しい女子」が必要であるとする。〝女性解放〟を主張する新女性を退け、新しい朝鮮建設のための「更に」新しい女性像として「賢母良妻」役割を強調した。

若い学校教育世代の女性たちも、「賢母良妻」的言説を受容したようである。たとえば、一九二八年一月一・二日付『東亜日報』の新年企画「将来母性の朝鮮人女性としての理想と抱負」⑴⑵には、「新女性」予備軍というべき中・高等学校在学中の八人の投稿が写真入りで掲載されている。実力養成のための女子教育振興を説く者もいた[50]が、大半は「新しい朝鮮」建設のため女性の家庭内役割として「第二国民」の養育担当者であることを強調し、女性解放を唱える「新女性」や女性運動との差異化を自ら図っている[51]。朝鮮人女性が公論として「女性解放」を掲げる余地が狭まったことと併行して、一九二〇年代後半という歴史的文脈のなかで「賢母良妻」という規範が朝鮮社会に浸透しつつあったことが窺える。

先述の通り、一九二〇年代後半には都市部を中心に女子の入学者・入学志望者が増大し、一九二九年頃には「京城府」（ソウル）で、女子高等普通学校入学志望者数が「隔世の感無きを得ない」ほど「激増」[52]した。女子の就学志向が広まると、女子教育論の論点は女子教育の必要性より、女子教育の内容や職業（教育）問題へと移っていく（表1参照）。第2章でも考察した『東亜日報』社説「朝鮮女子教育の欠陥」（一九二九年九月二一日付）では、中等教育（女子高等普通学校）を取り上げ「朝鮮的を没却」していると批判し、次のように指摘する。

彼女達はタタミの部屋でお茶を接待する礼法は心得てをるが、温突で客を接待する時に、如何なる礼儀を守らればならぬかといふことを解得した者は、比較的少ない。これが理解のない朝鮮旧家庭の新女性無用論まで産み出した原因に非らずして何であらう。……朝鮮女子は何時までも朝鮮の実生活から離れてはならぬといふことを念頭に棄ててはいかぬ（傍点引用者）。

社説が批判するのは、朝鮮での女子中等教育が「朝鮮的を没却」し「タタミ」の上での礼法を心得た日本人的な女性像育成をめざす教育内容であることにあり、女子特性教育そのものではない。つまり、社説が求めているのは、「温突」での礼儀をわきまえた朝鮮「民族」固有の生活習慣や儒教的な礼儀・文化の継承者としての朝鮮人女性像であり、そうした女性を育成する女子教育なのである。ここには、創刊当初の社説等で女性解放論に基づき女性を家庭内役割に限定することを批判した視点はみえない(53)。

また、張膺震《チャンヨンジン》も(54)、「女子教育問題――女子も個人として社会人として男子同様教育を受けなければならない」（『朝鮮日報』一九二九年一月一日付）で、女子教育における賢母良妻主義の推進を明確に位置づけた。彼は、「子女の教育問題にはその母親の感化が第一に深い関係をもつ」「女子は人の母となると同時に教育の母となる」ために「女子の教育が男子の教育よりも一層緊急」であるとして、

女子教育の方針も、人としての教育は勿論であるが、次には女子としての教育、再び国民としての教育賢母良妻としての完全な人格者を養成することが、社会と国家の繁栄を向上させる道であり、人類の幸福を増進させる必要な手段である（傍点下線引用者）。

と述べる。それは社会・国家・人類繁栄のために「母役割の手段化」を目的とする「賢母良妻」教育であった。

朝鮮人男性知識人のいうところの「社会」「民族」「国家」「国民」とは、もちろん日本ではなく朝鮮のそれをさしている。「新しい朝鮮」、即ち近代的な「国家」建設・「国民」創出のためにこそ、「教育者としての母」を育成する「民族的」な女子教育の振興を主張した。なお、『東亜日報』創刊当時は「賢母良妻」という用語は、他の用語とともに混用されてきた。梁柱東（一九二二年「いわゆる賢母良妻主義の教育」）、朴元熙（一九二七年、総督府の女子教育政策は「日鮮《ママ》同化の賢母良妻主義」）、及び前記張膺震（一九二九年）といずれも女子教育を論じる文脈では同じ用語が使われている。他の文脈も含めて「賢母良妻」という用語の定着を確認しなければならないが、ある程度の安定的な使用が推測できる。

このように、知識人男性たちは近代的な「新しい朝鮮」建設のためにこそ、朝鮮人女性の新たな性別役割として、「民族的」な文化を継承した「賢母良妻」を育成する女子教育を求めたのである。[55]このように、ナショナリズムとフェミニズムをめぐる葛藤を経て、「賢母良妻」育成を目的とする女子教育論に収斂していったのである。

2　賢母良妻という規範と朝鮮人女性の就学

ここで注目したいのは、朝鮮における賢母良妻論が朝鮮の「近代国民国家の形成」が植民地化によって阻止された歴史的文脈のなかで、むしろこれを媒介として表出し言説化された点である。小山静子［一九九一］が良妻賢母思想を、近代日本の特殊性を強調［深谷、中嶌］するより、「近代国民国家の形成や『近代家族』の成立と不可分の思想」ととらえ、「戦前日本の特殊な女性規範としておさえるのではなく、戦後の日本社会や欧米の近代国家における期待される女性像との共通点・連続面をもつ、『近代』の思想」［同前：七］ととらえなおしたことは、植民地朝鮮における「賢母良妻」という規範の成立を考察するヒントを与えてくれる。

朝鮮人は「韓国併合」によって近代国民国家の建設に挫折したが、三・一独立運動後には朝鮮人男性知識人、民族主義者を中心にナショナリズム昂揚のなかで「実力養成論」――「先実力養成、後独立」の論理――という形で現れた近代国民国家建設という課題を再び共有化するようになった。改めて「民族」が達成すべき「独立国家」、まさに「想像の共同体」(B・アンダーソン)の「国民」として想定され、『東亜日報』などの民族言論の成立がそれを媒介した。即ち、「実力養成」を唱える朝鮮男性知識人・民族主義者の最大の関心事が近代「国民国家」の建設、近代的「国民」の創出にあったために、その文脈にもっとも適合的なのが次世代「国民」「民族」養成のために「教育を受けた母」=「賢母」たる役割を果たす朝鮮人女性像であり、そのための女子教育であったのである。

したがって、筆者は、日本における「良妻賢母」、朝鮮における「賢母良妻」という四字熟語の成立において、朝鮮では「賢母」が「良妻」に優先したのは偶然ではないと考える。両者に共通するキーワードは次世代「国民」を「教育する母」=「賢母」にある。[56] しかし、日本の場合は文明開化と富国強兵という近代国民国家の建設が現実に行われるなかで、その担い手たる男性「国民」=夫を、家庭内で支える女性=妻の役割が母の役割とともに重視された。これに対し朝鮮では、旧来社会での儒教的規範が日本よりもはるかに強固であったために教育からの女性の排除、それゆえの子女の教育権からの母の排除も厳しく行われてきた。そのため、三・一独立運動後のナショナリズムの高揚のなかで「実力養成」=朝鮮の独立を次世代に託すという最重要課題の実現に向けて、「教育する母」=「賢母」育成の早急性が強調されなければならなかった。そのような文脈のなかで朝鮮では、「賢母」を優先する「賢母良妻」という四字熟語が定着したのではないだろうか。[57]

その意味で、筆者は一九二〇年代の朝鮮人の就学を促進した「民族的な名分」[58]が、男子の場合は〝実力養成〟であったとすれば、女子のそれは〝賢母良妻〟だったのではないか、と考えている。先行研究で仮説として提起された〝実力養成〟という就学動機は女子にはあてはまらず、〝賢母良妻〟の枠組みに組み込まれていったのである。

このように、学校教育をめぐるジェンダー規範の否定から肯定への変化は、三・一独立運動後のナショナリズムの高揚を契機に、朝鮮社会・民族から求められる〈あるべき女性像〉の変化によって生じた現象であった。その女性像とは「教育する母」として新教育を受容した「近代」性をもちながら、達成されるべき独立朝鮮の「国民の母」として民族文化の継承者でもあらねばならなかった。ここで想定される「国民」とは男性「国民」であり、朝鮮人女性は予め排除された（だからこそ「女性解放」「男女平等」は退けられた）。植民地下で朝鮮人知識人男性が求めた近代的「国民」とは、女性排除的に構築された言説[59]といえよう。

一九二〇年代以降の朝鮮社会において「賢母良妻」という女子教育を正当化する規範は、植民地権力が朝鮮に導入した植民地女子教育よりも、以上述べたように朝鮮の抗日ナショナリズムと結びついて内発的に、そしてたぶんに屈折した〝植民地的近代の思想〟として成立したと考えられるのである。

以上のように、学校教育を受ける女性というカテゴリーの成立とともに、学校教育に対する新たなジェンダー規範の構築過程を分析した。女子不就学の正当化のために「儒教的」なジェンダー規範が作動したのに対して、女性の教育獲得は女子にのみ課される「賢母良妻」というジェンダー規範の構築によって、その正当化を成し遂げた。その場合、この規範は「タタミ」と「温突」の比喩でも強調されたように、女子中等教育に進学が可能な中上流階級の女性たちを想定したきわめて〈階級〉限定的な性格をもったと思われる。しかしながら、一九二〇年代以降に女性への「教育の効能」が公論化され、階級限定的であっても「賢母良妻」的なジェンダー規範が構築されたことは、一九三〇年以降の中産階級以上の朝鮮人女性に教育を獲得する〝民族的名分〟を与え、したがって初等教育就学への道を開くことに一定程度は作用したと考えられる。

しかし、一九二〇年代の実力養成論だけが一九二〇年代の男子入学者急増を招いたわけではないように、女子入学者増加もまた言説レベルでの変化だけで引き起こされたのではない。朝鮮社会において就学を促したもう一つのジェンダー要因は、〈階級〉に規定された「結婚による階層内移動」であると考えられるので、次節で考察したい。

第3節 〈ジェンダー〉要因の変化Ⅱ——結婚による階層内移動

本節では、朝鮮人女性の不就学が就学に転じていく〈ジェンダー〉要因の変化として、学歴を媒介とする「結婚による階層内移動[60]」がありえたという仮説を検証する。「結婚という階層内移動」という表現は、男子の就学動機である「上昇的社会移動」〔呉 二〇〇〇a〕や「地位獲得要求」〔韓 一九九二〕に匹敵する女子の就学動機となりえたことを強調するため使用したいと思う。そのため、まず産業構造と女性の就職や学歴の関係について検討し、次に結婚市場の変化について検証する。

1 産業構造と労働市場

朝鮮人女性の従業状況に関して産業構造と労働市場に関連させながらみてみよう。まず、朝鮮人女性の年度別職業別人口の推移を示す表2によれば、年代が下るにつれて伝統的な産業である農林牧畜製塩業、工業、商業及び交通が漸減しているのに対して、公務及び自由業、無業（学生を含む）が漸増、「娼芸妓酌婦」が激増していることがわかる。

さらに、一九三〇年現在における朝鮮人女性の職業別人口を表した表3によって詳しくみてみよう。同表には「近代的」職業といえる職種も目につく。大項目で「公務自由業」に分類される職業を、中項目でみると官公吏、教員、書記業及び打字業、記者、芸術家、著述家、遊芸家などであった。さらに表の出典である『昭和五年朝鮮国勢調査報告』の「小分類」をみると、これ以外にも医師、看護婦、簿記出納会計、速記、音楽家、舞踊家、俳優などがあり、朝鮮人女性の間にも専門教育の学歴を必要とする「近代的」で「知的」な職業が出現しつつあることが

表2　植民地期の朝鮮人女性の職業別人口

年度	農林牧漁製塩	工業	商業及交通	公務及自由	其の他	無業	「娼芸妓酌婦」	女性人口
1916年	(4,019,516) 100	(89,052) 100	(192,652) 100	(22,266) 100	(73,151) 100	(104,170) 100	(1,708) 100	(7,921,839) 100
1920年	74	42	62	73	56	81	204	104
1925年	85	47	77	120	116	119	164	115
1930年	86	40	77	139	158	172	286	122
1935年	80	35	71	115	174	189	383	132
1938年	82	38	75	152	174	199	483	137

（出典）　宋連玉［1985：83］及び『朝鮮総督府統計年報』「戸口―現住戸口職業別」各年度版より作成。

（注）　1．1916年（　）内は実数、主業者のみ。
　　　2．以後は、1916年を100とした場合の各年度毎の比率の変化を示した。

窺える。これら以外では電話交換手、髪結・美容師等もある。また、一九三〇年代の『東亜日報』をみると、「バス車掌」、「電車車掌」、「女店員」などの職業問題がしばしば出てくる。しかし人数をみると教職員二、二七一人、看護婦二、七二八人であり、「公務自由業」全体でも一九、〇七四人と全体の〇・二%にすぎない。このような近代的な職種についた「新女性」は人数的に例外中の例外とも言うべき存在であったが、朝鮮人女性の間で一定の学歴を前提とする「近代的職種」が産まれつつあったことは確認できる。

さて、表3で最も多いのは「無業者」（六七・七%）、続いて「農業」（二五・五%）である。それ以外の従事者数は圧倒的に少ない。「工業」全体は二八万人（全女性人口中二・七%）に過ぎないが、伝統的産業である農林水産業以外では最も多い。その「工業」のなかで最も多いのは紡績業一九万人であった。女子工場労働者は低賃金かつ長時間労働という劣悪な労働条件下にあったが、こうした職場に就職するためにさえ普通学校卒業程度の学歴が必要とされたりした。たとえば、清州の郡是工場が女子労働者を募集した際、応募条件は普通学校卒業程度の学歴であった［宋 一九八五：八二］。

しかしながら、植民地朝鮮における一九三〇年代以降の工業

表3　朝鮮人女性の職業別人口（1930年）

大項目	実数	比率	中項目	実数	比率
農業	2,620,866	25.5%	農耕業	2,375,935	23.1%
			畜産業	22,708	0.2%
			蚕業	221,490	2.2%
			林業	733	0.0%
漁業	21,951	0.2%	漁業	21,951	0.2%
鉱業	764	0.0%	採炭・採鉱業	764	0.0%
工業	281,660	2.7%	窯業及土石加工業	2,369	0.0%
			金属工業・機械機具製造及び操船・運搬用具製造業	498	0.0%
			精巧業	62	0.0%
			化学品製造業	3,196	0.0%
			紡績業	190,078	1.8%
			被服装身品製造業	19,114	0.2%
			製糸業及印刷業	874	0.0%
			皮革・骨・羽毛製造業	173	0.0%
			木竹・草蔓類製造業	51,797	0.5%
			製塩業	54	0.0%
			飲食料品・煙草製造業	12,930	0.1%
			土木建築業	240	0.0%
			其の他の工業	275	0.0%
商業	216,982	2.1%	商業	111,366	1.1%
			金融・保険業	678	0.0%
			接客業	104,938	1.0%
交通業	2,604	0.0%	運輸業	590	0.0%
			通信業	2,014	0.0%
公務自由業	19,074	0.2%	官公吏・雇傭員	795	0.0%
			教員	3,178	0.0%
			宗教従事	7,649	0.1%
			医療業	3,746	0.0%
			書記業及打字業	785	0.0%
			記者・芸術家・著述家・遊芸家	683	0.0%
			その他の自由業	2,238	0.0%
家事使用人	91,911	0.9%	家事使用人	91,911	0.9%
その他有業者	66,683	0.6%	その他代級使傭人	66,683	0.6%
有業者計	3,322,465	32.3%	有業者計	3,322,465	32.3%
無業者	6,972,161	67.7%	年金・恩給・小作料・地代・証券等の収入による者	16,111	0.2%
			無業者（学生・従属者・在監者・無職者其他）	6,972,161	67.7%
合計	10,294,626	100.0%	合計	10,294,626	100.0%

（出典）　朝鮮総督府『昭和五年朝鮮国勢調査報告　全鮮編』1935年、134頁より作成。

化・都市化をみる際に重要なことは、農民層分解の進展に対応するほど産業資本の形成が進んでいなかったことである。一九二〇年代以降に増加した都市人口の多くは近代工業部門の賃金労働者ではなく雑業層であり、「(工業化・都市化の)社会全体に占める比重と影響力は日本本国や台湾に比べてかなり小さなもの」であったのである[橋谷弘　一九九〇ａ：一三八]。そのため、一九三〇年代に入っても労働者全体に占める女子労働者比率(三〇％内外)は日本のそれ(六〇％、一九〇九年)と比べて高いとはいえず、「農外女子(とくに若年層)労働市場の未展開」[松本武祝　一九九〇：一二四]と特徴づけられる状況にあった。一九三〇年代の近代工業部門での女子労働力化はきわめて未成熟であったのである。(61)

このように、朝鮮人女性が数少ない「近代的職種」に就こうとすれば、学歴につながる普通学校を選択せざるをえない状況が生じていた。しかし、一九三〇年代の朝鮮では、社会移動機会の捕捉や社会的に高い地位獲得を満たす職種が朝鮮人男性以上に未成熟であった。工業化・都市化が未発達であった朝鮮では、先述した「上昇的社会移動」や「地位獲得要求」の可能性を満たす職種が男性以上に開放されていなかったために、女性にとってこれらが有力な就学動機とは必ずしも言えないのである。したがって、朝鮮人女性の場合、「授業料を払ってまでも」という就学動機を強めたのは、就職以外の要因——「結婚による階層内移動」——にあったのである。

２　結婚市場の変化と結婚による階層内移動

１　普通学校女子卒業者の進路

「結婚」との関連を検討する前提として、一九三〇年代に普通学校を卒業した朝鮮人女性がどのような進路を辿ったのかをみてみよう。表４は、一九三一年卒業、一九三四年卒業者のそれぞれ一年後の進路調査を男女別に作成したものである。

同表で、圧倒的に多いのが男女とも「家事従事者」であった。①の六年制の場合（一九三一年）、「家事従事者」の割合は男子七六・六％、女子七六・八％と卒業者の四分の三を占める。[62] ただし、②の四年制では男子の「進学」が増え、男女差が表れる。男子では一九三一年度卒業では「家事従事者」と「進学」は半々だったのが、一九三四年度には六年制入学志向が表れる。女子の場合は男子ほど顕著な傾向はみられず「家事従事者」が多数を占める（一九三一年七〇・六％、一九三四年六二・七％）。

就職に眼を転じると、さらに男女差が表れる。六年制男子卒業者の会社等への就業は四・六％（三一年）、七・二％（三四年）であるのに対して、女子では四年制・六年制を問わず進学者以外は大方が「家事従事者」である。つまり、六年制の一部を除き就職はほとんどないに等しいのである。

呉成哲は、「家事従業者」とは「卒業後の未就業者」であり「家業を継承した非賃金労働者と潜在的失業者を含む」［二〇〇〇a：三七二］と指摘する。しかし、これもまた朝鮮人男性にあてはまる定義であって、女性は異なると思われる。前述したように、女性の場合は、「官公署」「学校教員」「銀行会社商店」等に就職する者はきわめて少ない。そのため、女性で最も多い「家事従事者」とは、呉の言う「家業を継承した非賃金労働者と潜在的失業者」というよりは、「結婚予備軍」として家事を手伝う存在であったと推測できるのである。その理由として、以下の四つが考えられる。

第一に、朝鮮総督府の女子教育抑制政策及び中等教育抑制政策により、男子以上に女子の上級学校進学機会が制限されていたことである。ソウル・京畿道以外は各道に公立・私立併せて一校前後しか女子中等教育機関が存在せず、入学競争が激しかった。[63] 加えて、上級学校に進学可能な女子には、普通学校就学以上の経済力が必要とされた。[64]

第二に、前述のように、朝鮮人女性のための「近代的職業」が極端に少なかったからである。一九三〇年代の『東亜日報』には、「新職種」のうち「求人数」に比して「応募者」が数倍、数十倍に及ぶ記事がしばしば掲載されている。[65] つまり、朝鮮人女性の就学志向は、就職準備だけでは説明できないのである。

表4 「普通学校」卒業後の進路

(1) 朝鮮人男子

①六年制公立普通学校卒業後の進路

卒業年度	学校数	卒業者数	官公署	学校教員	銀行会社商店	家事従事者	進学者	死亡	その他
1931年 同比率	1,080	42,689 (100.0%)	414 (1.0%)	19 (0.0%)	1,970 (4.6%)	32,707 (76.6%)	6,840 (16.0%)	38 (0.1%)	701 (1.6%)
1934年 同比率	1,172	48,634 (100.0%)	626 (1.3%)	56 (0.1%)	3,519 (7.2%)	36,246 (74.5%)	7,453 (15.3%)	49 (0.1%)	675 (1.4%)

②四年制公立普通学校卒業後の進路

卒業年度	学校数	卒業者数	官公署	学校教員	銀行会社商店	家事従事者	進学者	死亡	その他
1931年 同比率	505	11,462 (100.0%)	25 (0.2%)	— —	90 (0.8%)	5,627 (49.1%)	5,426 (47.3%)	18 (0.2%)	276 (2.4%)
1934年 同比率	860	16,724 (100.0%)	28 (0.2%)	2 (0.0%)	162 (1.0%)	6,792 (40.6%)	9,457 (56.5%)	24 (0.1%)	259 (1.5%)

(2) 朝鮮人女子

①六年制公立普通学校卒業状況

卒業年度	学校数	卒業者数	官公署	学校教員	銀行会社商店	家事従事者	進学者	死亡	その他
1931年 同比率	1,080	7,226 (100.0%)	58 (0.8%)	— —	85 (1.2%)	5,551 (76.8%)	1,483 (20.5%)	8 (0.1%)	41 (0.6%)
1934年 同比率	1,172	9,255 (100.0%)	168 (1.8%)	6 (0.1%)	272 (2.9%)	6,879 (74.3%)	1,834 (19.8%)	8 (0.1%)	78 (0.8%)

②四年制公立普通学校卒業状況

卒業年度	学校数	卒業者数	官公署	学校教員	銀行会社商店	家事従事者	進学者	死亡	その他
1931年 同比率	505	885 (100.0%)	1 (0.1%)	— —	— —	625 (70.6%)	247 (27.9%)	2 (0.2%)	10 (1.1%)
1934年 同比率	860	1,717 (100.0%)	1 (0.1%)	— —	5 (0.3%)	1,077 (62.7%)	601 (35.0%)	6 (0.3%)	37 (2.2%)

(出典) 1931年は「官公私立学校学校生徒卒業者状況表」『朝鮮総督府調査月報』1932年11月号、1934年は「官公私立学校卒業者状況」『朝鮮総督府調査月報』1936年1月号。

(注) 1931年3月卒業者は1932年3月現在の調査、1934年3月卒業者は1935年3月現在の調査。

第三に、先述した卒業後の「家事従事者」の多さ、そして「朝鮮農家の家族内分業のあり方」［松本 一九九八：一七二］や儒教に基づく内外法と関連することだが、中上層階層中心に朝鮮人女性の家庭外労働に否定的なジェンダー規範が根強かったことがあげられる。第二点目と矛盾するようだが、応募者が集中したのは近代的職種がきわめて限られていたために起こった現象であった。

一九三〇年代の朝鮮総督府関係資料には、朝鮮人女性が戸外労働をしないことを「内居蟄居」「陋習」と非難する文章がしばしば掲載された［金静美《キムジョンミ》 一九八〇］。しかし、ここで留意がいるのは、女性たちは家事労働をしないのではなく植民地権力が求める戸外農業労働をしないという意味であったことである。朝鮮人農家女性の労働は家事労働に特化されたため農業労働比率は低かった（しかし、年間労働日数は男性基幹労働者より多い）が、それは「当時の朝鮮内の家族内分業のあり方」に規定されたもの［松本前掲：一七〇―一七二］であった。また、女性の戸外労働の有無には地域差・階級差があり、全道一律ではなかった(66)。加えて普通学校に就学した女子は男子以上に上層〈階級〉出身者であるため、就職などの家庭外労働をしなくても済む経済的な基盤があったことも見逃せない。したがって、前記表の「家事従事者」とは潜在的失業者ではなく、卒業後に積極的に家庭に留まった者たちであろう。

第四に、朝鮮人女性の結婚年齢が低かったことである。総督府調査（一九三一年）(67)では、朝鮮人女性の結婚年齢は「一五〜一九歳」が最も多く（五五・八％）、次いで「二〇〜二四歳」（二八・八％）であった。平均結婚年齢は男性二三・五歳、女性二〇・二歳（ちなみに日本人は男性二九・四歳、女性二三・二歳）であり、結婚年齢の朝鮮人男女の組み合わせで最も多いのは男性「一七〜一九歳」、女性「一五〜一九歳」＝二二％であった。朝鮮人女性の過半数は一〇代後半で結婚した。

このように、植民地支配に規制された当時の社会構造上、上級学校への進学や就職の道は限られ、また、朝鮮社会においても女性の家庭外労働に否定的なジェンダー規範や早婚が一般的であったため、たとえ学校を卒業しても

「結婚」以外の選択肢は困難であったと考えられる。

2　学歴を媒介とする結婚による階層内移動

一九二四年六月二六日付『東亜日報』の投稿欄「自由鐘」に、「女子教育の目的」と題する次のような投稿が掲載された。

現今青年男女間に離婚が盛に流行している。……年少の女子をもつ父母や、新教育を受けない（?）《ママ》青年女子のこれ（訳注：離婚）に対する注意は鋭敏を過ぎ、一種の恐怖心まで持つようになったのは蔽うことができない事実だ。そして、女子教育を是認する父母の心裏には自己子女の人格的完成を夢想もせずに、……出稼外人（訳注：結婚をさす）した後に――離婚という怪変でも免れればこと足るという不徹底な主観をもっている（全部ではないが）。……女子教育の理想は決して離婚予防ではなく、人間として女子としての個性の人格的完成にある。……（傍点引用者）

女子教育の目的が、離婚予防、結婚準備にあると批判しているのである。一九二六年に、同様な指摘を玉順喆《オクスンギル》もしている。「一般に、教育を受けない女子は相当な夫を求められないというのが世評だ。それゆえ、勉強する最高目的は出嫁であり、最高理想が結局は結婚」と指摘したうえで、女子教育が「出稼の装飾品道具」になった現状を批判する。[68] この場合の「教育」とは中等教育なのか、初等教育なのか不明である。しかし、次の『東亜日報』社説ではっきりわかる。同社説はしばしば社会問題化した離婚問題をとりあげた（前掲表1参照）が、一九二八年八月一四日付「離婚数の激増――慎重に考慮すべき問題」のなかで離婚激増の理由として、男子便《ママ》（側の誤植と思われる―引用者注）では舅姑に対する不孝と失行を条件に、女子側で男子の虐待を理由とする外に、両者共通としては相対者中一方の無識に基づく意思不通ということが大部分を占め……（傍点引用者）

と述べている。ここでいう「無識」とは初等教育への不就学／非識字状況をさし、「相対者中一方」とは主に女性をさすと思われる。さらに、一九三〇年代半ばでも「何処の裁判所も、近頃は離婚訴訟で大繁盛を極めて居る状態」であり、その重大要因の第一は「新教育を受けた夫が、旧式の嫁を排斥することから起るもの」と指摘されている。ここでいう「旧式の嫁」とは、「新教育など受くる機会なく、依然旧式の無学な、時代遅れの女[69]」と言われた、学校不就学の女性をさす。このように、一九二〇年代半ばから三〇年代に社会問題化した「離婚」増加の原因の一端が、女子の「無識」、即ち初等教育機関への不就学にあると考えられていたこと、結婚・離婚防止のため女子に学校教育が必要という認識が構築されつつあったことがわかる。

他方、学校教育を受けた女性が職業をもって社会進出しない／できないとすれば、結婚以外に選択の余地はなかった。金活蘭《キムファルラン》は[70]「（職業女性は）教員、医師、店員、工場婦人等々その全部を挙げるとしても、僅々一万名にも満たない位であれば、未だ問題視する迄には及んでゐない」と述べる。そのうえで「家事の職業化」が必要だとして「家庭婦人達は家庭内に居るその儘、全部が職業婦人としての存在である。吾人が未来への建設工程にありて、子女を養成するといふことが、……ヨリ重大な責任が有らねばならぬ[71]」と、職場進出が進んでいない現状での女性の家庭内での「主婦」的役割、「賢母」的役割を強調した。中等教育を受けた女性でさえ職業進出が困難ななかでは「家庭婦人」になるほかはなく、そうであるからこそいっそう家族・家庭のための「賢母良妻」的役割が強調されたのである。

戦前期日本の社会階層と学校との関係を、女性の学歴と婚姻の問題に焦点化して論じた天野正子［一九八七］は、学歴には「地位形成」と「地位表示」という二つの機能があり、性別と強い対応関係をもつという。つまり、男性にとっての学歴は地位形成ないし獲得のための「手段的価値」であるのに対し、女性にとっては所属する社会階層の必要とする文化や教養を表す「象徴的価値」をもつ。そのため、「家」対「家」の形式で行われる婚姻に際して、学歴が出身階級を表示し、その階級にふさわしい相手との結婚へのパスポートとなるわけである。天野の研究は日本の高学歴カップルの研究だが、初等教育普及率がきわめて低かった朝鮮では、初等学校出身者が中・上級階級出身者であるために同様の傾向が考えられる。一九二六年時点で「新進青年（学校教育を受けた男子をさす―引用者注）は、旧家庭の女性と結婚しない」[72]と報じられたように、学校教育を受けた男性の結婚相手が、従来の「無識」の女性から学歴をもつ女性へと変化したのである。学歴の有無を軸に結婚市場の変化が起こったことにより、女性からすれば所属する階級上の地位にみあう男性と結婚するための「地位表示」的な学歴が必要とされたことが、学校就学の有力な動機となったと考えられる。

もちろん、このような動機を通じての女子就学へ変化は、授業料など教育費を負担する余裕があり、しかも就学した男子以上に上層に属する少数の階級に属する朝鮮人女性にあてはまるものであって、圧倒的多数の朝鮮人女性には及んでいなかった。しかしながら、このことは学校教育を受けた男性との「結婚」可否を動因に、階級によって女性たちの就学機会が分化（階層化）したことを示している。

朝鮮総督府の女子教育政策が本格的に転換するのは、次節で検証するように一九三〇年代の農村振興運動開始以降、とりわけ「第二次計画」実施以降である。したがって、第Ⅰ期の女子就学の相対的増加や一九三三年を起点とする女子入学率の急増は、以上のような朝鮮社会のジェンダー要因の内在的な変化に、景気の回復や授業料低減政策などの〈階級〉要因の変化が複合的に重なり引き起こされたと考えられる。

第4節 〈ジェンダー〉要因の変化Ⅲ——総督府の女子教育拡充政策

本節では、農村振興運動の展開のなかで生じた朝鮮総督府の女子教育政策の転換という〈ジェンダー〉要因の変化を考察したいと思う。朝鮮人女子がいかに学校入学を希望しても総督府がその開閉の権限を掌握している以上、女子入学率が継続的に増加するためには、これまで述べてきた朝鮮社会内部の〈ジェンダー〉要因の変化だけでは説明できないからである。第Ⅰ期である「教育の学校化」過程は、その裏面で朝鮮人女性を中心とする膨大な数の不就学／非識字者を創出する植民地的就学構造が構築される過程でもあった。しかし、朝鮮総督府も、このような朝鮮人児童、とりわけ女子の不就学／非識字状況を是正せざるをえなくなったのが農村振興運動期に表出した新たな局面である。

そこで総督府の女子教育政策における〈ジェンダー〉要因の変化に関して、まず農村振興運動期になぜどのように女子教育必要論が登場したのか、次に「第二次計画」でどのように女子教育政策を転換したのかについて検討したい。

1 農村振興運動と「発見」された朝鮮人女性

1 農村振興運動と朝鮮人女性の役割

農村振興運動において特徴的なのは、農村疲弊や農民を飢餓に追い込んだ最大の原因である植民地地主制及び小作料問題[73]には何ら手をつけないまま、植民地権力がその原因を朝鮮人の「懶惰性」「無自覚」という〝民族性〟に求めたことであった（[宮田節子 一九七三、富田晶子 一九八一a］他）。先述した農家女性の「内居蟄居[74]」もその原因とされた。そのため、「自力更生」プログラムとして、農事改良・節米貯蓄はもちろん、衣食住にわたる生活改善、冠婚葬祭などにおける冗費節約、朝鮮人が愛用してきた白衣の廃止・色服着用、ゴム靴廃止・草履奨励、時間励行、男性の断髪励行、女性の屋外労働奨励、早婚禁止等が提唱された。さらに朝鮮伝来の慣習・風俗、朝鮮人の生活様式や価値観そのものの変更が迫られた。

こうした生活改善等の「自力更生」プログラムを活性化するために新たに注目されたのが、朝鮮人女性の役割であった。女性に求められたのは、農村振興運動を理解し家庭内で推進する「良妻賢母」と命名された役割を、とくに生活改善面で果たすことにほかならなかった。即ち、宇垣総督自ら「部落を背負つて健闘すべき中堅人物の育成や婦人の内助的活動を促進」と言明したように、朝鮮農村の朝鮮人男性／女性にそれぞれ「中堅人物」／「良妻賢母」という役割を配分して、女性には運動の家庭内での担い手として「内助的活動」を求めたのである。

そのために、朝鮮人女性に対して、次のような新たな女性政策がとられた。第一に、農村女性講習所を設置し、「中堅婦人」の養成をはかったことである。金静美［一九八〇］によれば、講習生の学歴は普通学校卒業生七六・八％、簡易学校及び普通学校四年卒業生を合わせると学校経験者が八六・六％にのぼり、他一三・四％もハングル識字者であった。このことから、大半が自作農などの「一部富裕層農家の女性」であったと考えられる。しかも面長、農会長の推薦が必要であったため「親日的な農家の女性」であったと推測されるのである。彼女たちが限られた存在であったことは言うまでもない。第二に、一般農村女性を対象とした啓蒙活動である。具体的には、官製の講習会（夜学）を設置し識字教育をはかろうとした。家計簿は女性がつけるべきだという規範意識から女性教育に重点をおくべきという主張があったからである。しかし、実際は、講習会の参加者比率では男性が圧倒的に多かった［板垣亀太 二〇〇〇：二四］ため、成功したとはいえなかった。

ほとんどの朝鮮人女性が学校不就学という状況では、このような応急的な政策だけでは農村振興運動の展開に間に合わないことが、その推進者たちによって以下のように認識されていくのである。

2　農村振興運動の展開過程における女子教育論の台頭

農村振興運動を個々の部落で担ったのは、警察、金融組合、そして公立普通学校であった。とりわけ公立普通学校教員は職業教育や卒業生指導を通じて、農家や部落の営農指導を担い農村振興運動に深く関わった（第3章参照）。その普通学校教員や農業指導者等から、運動の進展を阻む原因として朝鮮人女性の「無識」を指摘し、その「改善」の必要性を提起する声があがり始めた。

たとえば、普通学校校長である増田収作は、「自力更生と婦女子の勤務」という項目を設けて、「現在の朝鮮婦人は生活に無自覚であり、社会的にも極めて無頓着」なので、「全家勤労を奨励し婦女子の活動を促進するためには婦人の教養を必要とする」と、「婦女子の教養」の必要性を強調した[79]。

また、一九三三年五月に学校教員を会員とする朝鮮教育会[80]が開いた第一一回総会でも、総督府諮問案である「自力更生ノ精神ヲ一層徹底セシム為教育上施設スベキ事項」をテーマにした議論のなかで、平安北道の委員（教員）から「婦人の修養促進、家庭教育の振興に依り、家庭の改善を図ることが必要」という意見が出されている。さらに、慶尚南道からも、農村振興運動の「成績が振るわない」第一の原因が「世事に暗い婦人の指導が足らぬ結果」であるとして、次の意見が出された[81]。

（夜学を主催した例をあげ）……現在の朝鮮を改造するには婦人の改造をはかることが、自力更生を最も徹底させることだと信じます。今まで男性の指導は多方面に亘つて行はれて居りますが、婦人の指導が欠けて居るのであります。その意味に於て婦人を主とし男性を従とすることを叫び度い（傍点引用者）

「世事に暗い」朝鮮人女性の存在が農村振興運動成績不良の第一の原因であると断言して、「婦人の改造」とそのための女性教育の必要を唱えているのである。この諮問事項に対する朝鮮教育会総会「答申」のなかでは、「女子卒業生ノ指導方法ヲ講ズルコト」「一般成人教育ニ意ヲ用フルト共ニ特ニ婦人ノ教養ヲ促シ家庭教育ノ振興ヲ図ルコト」が提案された(82)。

翌年の第一二回総会（一九三四年）でも、忠清南道（嶺武雄）から、「時勢は益々女子教育の必要性を要求して参りました」と述べ、女子教育振興の具体策として女性教員養成のために官立女子師範学校新設の建議が提出された(83)。それまで女子師範新設の建議は、第八回総会（一九三〇年）で京畿道から提出・可決(84)、第九回総会（一九三一年）でも再び江原道から新設促進建議が提出・保留になっていたため(85)、この第一二回総会は三度目の建議であった。

これらの論議などの後押しを受けて、朝鮮総督府学務局長渡辺豊日子は「一般の要望切なる女子師範」の新設を表明するのである(86)。一九三〇年に可決されながら実行されなかった京城女子師範学校が一九三五年に創設されたことは、この間の女子教育拡充論の拡散を物語っていよう。このように、朝鮮人女性の「無識」と女性教育の必要性、家庭内役割への注目が、具体的に官立女子師範学校新設に結びついたのである。

さて、女子教育の効能・役割に関する教育関係者の認識を示す興味深い資料がある。「女子職業科」を設置し公立普通学校校長（前節参照）は、「私は絶叫する！『少年一人を教育するは一人を教育するのである。少女一人を教育するは一家を教育するのである』と(87)。」と述べて、朝鮮人女性への教育の必要を朝鮮「改造」、朝鮮人家庭「同化」の手段として強調した。このような女子教育の効能に関する認識は、この校長だけではない。日本国内の雑誌『家事及裁縫』一九三四年一一・一二月号には、実際に朝鮮人教育に携わった総督府視学官・校長・教員など日本人八人の座談会記録が掲載されている(88)。前朝鮮総督府視学官太田秀穂は、

朝鮮や満州のやうな所の教育は、特に女子に依つて日本精神を伝へる。さうして内鮮融和とか日満親善と云ふことを、実現させることが一番効果的だと思ひます。その意味で女子教育の進歩を図り、それが更に進で家

庭の女子に及ぶやうにしたい。

と言明した。これをうけて同じく前視学官の上田駿一郎は、朝鮮で「万歳事件（三・一独立運動のこと―引用者）を繰り返さない惧れが無いとは断言出来ないと云ふことを聞いた。……さふ云ふ点からも是非女子教育を完全にして、女子の力で以て未然に防ぐと云ふことを考慮する必要」〔『家事及裁縫』：八一〕（傍点引用者）と主張している。即ち、朝鮮人女性への植民地教育を通じて意図したのは、女性の家族への感化力を通じて精神面及び治安面で朝鮮「改造」をはかろうとすることにあった。

2　朝鮮総督府の女子教育拡充論とあるべき朝鮮人女性像

1　朝鮮総督府学務局の女子教育拡充論とあるべき朝鮮人女性像

先述の朝鮮教育会総会であがった教育現場からの声は、総督府学務局でも同様に認識され始めていた。当時総督府学務局学務課長であった大野謙一は、一九三三年八月二一日の京畿道主催第八回農業講習会における演題「朝鮮に於ける初等普通教育の将来に関する私見」で、女子就学率の低さについて特に「右の統計（就学児童数の割合が男子三〇・七％＝府七二・九％、邑面二八・七％、女子七・四％＝府三九・二％、邑面五・九％をさす―引用者）が示すが如く、女子教育に対しても現状を以て何時までも放擲しておくことは許されない」と述べている(89)。

さらに、一九三四年九月一〇日に、学務局長渡辺豊日子は全国中等学校協議大会において、女子教育に関して次のように言及した。

（朝鮮では）……女子に対する教養の如きは全く其の必要すら認められなかつたと申しても差し支えないので

あります。……今日では女子の教育熱も男子の教育熱と共に極めて旺盛であります。最近に至り総督府等に於て諸種の施策（農村振興運動を指す―引用者）を致しまする場合、最も大きな不便を感ずる点は一般女子の無教育の点でありますので、種々の方法を講じて女子の智識の啓発を奨励致して居ります(90)（傍点引用者）

渡辺は、女子教育不振の原因を朝鮮社会に求め女子就学を放置してきた教育政策を棚上げしているが、総督府学務局内でも農村振興運動の遂行上「最も大きな不便」となって浮上した朝鮮人女性の「無識」状態を放置できなくなり、女子教育拡充に乗りだささざるをえなくなってきたことがわかる。

それでは、総督府は朝鮮人女性に何を期待し、どのように「教化」しようとしたのだろうか。それは、宇垣一成総督の「朝鮮婦人の覚醒を促す」と題した講演に具体的に示されている。この講演は、一九三五年一二月一七日に京城府民館で朝鮮教育会主催によって「京城府内の女子初中等学校教員竝に女子師範学校演習科生徒七五〇名と真面目な若き主婦(91)」が参席する場で行われたが、総督直々の講演は「就任以来初めての試み(92)」であり、しかもラジオで全朝鮮に放送するほど総督府としても力を入れた講演であった。また、その講演内容は『文教の朝鮮』（一九三六年一月号）はもちろん、中国東北の『全満朝鮮人民会連合会会報』（一九三六年一月号）にも転載され、その講演内容を踏襲した特集が雑誌『朝鮮』一九三六年一〇月号に「朝鮮婦人観(93)」と題して組まれるなど、内外の注目を集めた。その意味で、この講演で話された朝鮮人女性観や女子教育政策などは教育関係者などに軽視できない影響を与えたと思われる。

講演で宇垣はまず、「真に朝鮮統治の大業を完成し、併合精神を徹底して参ります為には、……婦人の識見と働とを男子に匹敵するだけの地位に、少なくともそれを略《ママ》平行し得る立場に持ち来すのが喫緊の急務」（傍点引用者）と述べて、「女性の識見と働」とを男子並みに「向上」させることが総督府にとって「喫緊の急務」と位置づけた(94)。ここでいう「識見」とは教養・自覚を、「働」とは労働力をさすのであろう。農村振興運動の展開過程で朝鮮人女性に求められた役割そのものである。

続いて、宇垣は「女子の天分は、内地・朝鮮否各国を通じて概言致しますれば、所謂良妻賢母たるにあり」として、「良妻賢母」たるべき必要条件として、次の四点をあげる。①「長上への奉仕、即ち父母、夫君等に対する孝養貞節を完うすること」、②「家政を整頓して男子をして内顧の心配なく、専念外部に於て活動せしむること」、③「子女の教養、即ち家庭内にありて立派に子女を養育且つ教育していくこと」、④「家庭和楽の中心となり、一家内をして常に春風駘蕩の和気に充溢せしめること」が、それである。①が嫁、②が妻、③が母、④が主婦役割をさすといってよい。第2章でみた「修身」教科書の日本人的な「良妻賢母」像そのものである。そのうえで、宇垣は朝鮮人女性をこの四点にわたって評価し、①以外を不合格とした。(95)

なかでも③「子女の教育」においては、「今後朝鮮を大いに発展せしむる為には、……心身共に健全なる国民を作り上げて行かねばなりませぬ。夫れには先づ以て女子の教養を完全にして、女子の能力の充実、婦徳の向上を図ることが必要」（傍点引用者）であるとして、「心身共に健全なる国民」を創出する「母」役割を遂行するための女子教育、即ち「良妻賢母」主義教育の必要性を力説した。この場合に想定された「国民」とは、日本「国民」以外ではありえない。続いて、女子就学率が「お話にならぬ程甚しく率が低」く、特に「邑面」においては「〇割九分一厘」であることに言及して、一九三五年夏の各道学務課長に対して女子就学率の向上に関して、「夫れを促進すべく」指示を与えたと女子就学率向上への並々ならぬ決意を述べた。

ここで着目したいことは、宇垣が農村振興運動初期から「良妻賢母」育成に着目しており、その対象を中等教育以上に想定していたことである。この講演に先立つ一九三三年三月一五日、宇垣は大邱公立女子高等普通学校を巡視した。その際に職員生徒一同にした「訓話」のなかで、「良妻賢母」の内容として同じ趣旨の内容を述べ、「良妻賢母になって貰いたい。……朝鮮をほんとに進めて行くためには、是非其処まで行かなければならぬ」と強調した。(96)女子高等普通学校職員生徒が聴衆なので、宇垣が意図した「良妻賢母」育成対象は、上中流階級以上の女性たちで(97)

あることが窺える。宇垣は彼女たちに、「朝鮮の婦人の中では最も高い教養を受けて居る方々であるから、自ら進んで完全な子女教養の範を示し、そう云ふ風をつくつて貰わなければならぬ」と「子女教養の範」を果たすことを強調する。ここには、本章第2節でみたような、朝鮮人知識人男性が中等以上の教育を受けた朝鮮人女性（「新女性」）に期待した役割と相似した論理を見て取ることができる。もちろん、その方向性において前者が「日本国民の母」をめざすのに対し、後者は「朝鮮民族の母」というように、めざす方向がまったく逆のベクトルであったにせよ、双方とも女性にその〝手段〟たることを求める点で共通する論理構造をもっていたのである。

かくして、植民地女子教育の「普及拡充」は、総督府にとっても「喫緊の急務」となった。それを実行に移したのが次の「第二次朝鮮人初等教育普及拡充計画」であった。

3　朝鮮総督府の女子教育拡充政策

1　女子就学率の目標

「第二次朝鮮人初等教育普及拡充計画」（＝「第二次計画」）の立案に関わった学務局長渡辺豊日子は、女子教育の拡充に関し以下のように述べた。

半島現時に於ける女子の就学歩合は極めて低く斯くの如き状態では第二の国民の養育上甚だ寒心に耐へぬ次第でありまして、教育の大半は家庭教育に在り家庭教育の実効は一に母性の人格と識見とに俟たねばならぬ以上第二次四半世紀初等に於ける普通教育拡充計画に伴い大に女子の就学率を高め以て健全有為の国民養成の根底を培わねばならぬと思ふのであります(98)（傍点引用者）

ここにも、朝鮮人女性の「母性」への着目がある。「健全有為の国民養成の根底」を培うためには、家庭教育における「母性の人格と識見」が重要であり、そのために「女子教育の拡充」することで「女子の就学率」向上が必要とされたのである。

具体的には、第3章の表8（一三五頁）で示したように、女子就学率を一九三五年段階の一〇%から三〇%と三倍に引き上げ四〇%を達成しようとした。この目標設定は男子四〇%を八〇%に二倍引き上げるのに比べても、高いアップ率の設定である。その方法は、前述の通り入学志望者すべてを普通学校に就学させる方法をとること、また簡易学校に対しても「増設普及に伴ひ漸次女児の収用をも増やしていく」(99)という方針がとられた。もともと一九三三年以降に急増した授業料負担能力のある女子の入学志望者を普通学校学級増設、簡易学校増設によって吸収すれば達成できたのである。

「第二次計画」が農村振興運動推進のプロジェクトとして樹立されたという文脈からみれば、朝鮮人男性／女性をそれぞれ農村振興運動の「担い手」／「内助の功」を果たす「良妻賢母」として配分し、とりわけ女性には次代「国民」育成のための「母」役割を期待した。そのうえで、植民地権力の求める女性像とは、宇垣総督のいうところの「君国の進運に寄与し、邦家の興隆に貢献(100)する、天皇制を支える〈あるべき日本人女性〉に同化した「良妻賢母」的女性像に集約される。この「良妻賢母」像は〈階級〉的には中等教育以上の朝鮮人女性像を想定したものだが、その底上げを図るためには、授業料負担の経済力がある朝鮮人女子は普通学校や簡易学校にも積極的に入学してもらわなくては困るのである。植民地権力にとって、朝鮮人女性の「母性」は政策実現のための手段・道具に他ならなかった。

2　女性教員の増員

「第二次計画」がそれ以前の初等教育拡張政策と異なるのは、女子就学率アップのために、京城女子師範学校の創設という女性教員増員のための具体的な措置がとられたことである。

同校の設立経緯やその性格に関しては咲本和子の論文［一九九八］が詳しい。それによれば、女子の教育は女性教員が担うべきという認識を「自明の前提」に、これまで唯一の女性教員養成施設であった京城師範学校女子演習科を吸収して、一九三五年に植民地期最初の独立した女性教員養成機関として設立に至った。その教育理念は「内鮮一体」と「婦徳の涵養」とされた。[101] 尋常科（修業年限四年＝入学資格は初等教育卒業者）・演習科（同二年＝中等教育卒業者）・講習科（同一年＝同）があったが、これは男性教員養成に比して一年短い。

ところで、一九三〇年から一九四一年まで公立普通学校で教員を務めた日本人女性教員徳田のぶの自伝[102]には、普通学校には民族別・男女別に役割分担があったことが描写されている。まず、民族別の教員役割としては、一年・二年の低学年は熟達した朝鮮人教員が担当し、日本語をほぼ習得した三学年頃から日本人教員が指導にあたった。[103] さらに、朝鮮人教員には「国史」をもたせない、「どんなに優秀でも朝鮮人の先生は、校長になれない」という不文律があった。[104] また、待遇も一律支給の本俸以外に、日本人には加俸・宿泊料が加えられ巧妙に優遇された。男女別では、女性教員[105]に低学年や女子学級を担任させた。[106] 即ち、日本人男性教員は「校長」候補生として高学年を担当し、最も多い朝鮮人男性教員は低学年を中心に「国史」以外の教科を受け持ち、数少ない女性教員は低学年や女子学級を受け持つ仕組みであった。

そうした役割の違いに注目しながら、巻末の〈付表５〉から、民族別教員数及び男女別教員数の趨勢を窺ってみよう。まず、民族別にみると一九三〇年代初頭まで日本人教員と朝鮮人教員との割合は三対七であった。三〇年代中盤から日本人教員の割合が漸増し、一九四〇年にはその比率がほぼ拮抗する。一九四〇年をピークに日本人男性教員数が漸減するのは徴兵との関係とみられるが、その替わりに日本人女性教員が漸増する。「皇民化」教育政策との関連で日本人教員が要請されたことが関係すると思われる。

次に、男女別にみると、女性教員比率は一九一〇年代にはほぼ一〇％以下であったのが、二〇年代にようやく一〇％を超えた。日本国内の小学校教員の男女比が六対四であるのとは対比的に、朝鮮では八・六対一・四（一九三五年）[107]とほとんどが男性教員であった。朝鮮人初等教育が男性中心的に構築されていたことの反映である。ところが、三〇年代後半以降に女子教員比率が増大する。その女性教員数が普通学校総数を超えるのは一九四〇年、二〇％台になるのが四一年以降である。また、女性教員を民族別にみると、一九三〇年代初頭には朝鮮人は日本人の約二倍であったが、四〇年代初頭には拮抗していく。

このように、一九三〇年代後半以降には、日本人教員数・比率の増大とともに女性教員数・比率も増大し、なかでも日本人女性教員が増加する趨勢が表れている。一九三七年から実施された「第二次計画」の女子教育重視という方向性を示すものであろう。

以上のように、植民地権力は「第二次計画」による女子就学率アップという目標を設定し女性教員養成策を実施することによって、朝鮮人女子就学抑制政策という〈ジェンダー〉要因を転換した。その結果、第Ⅱ期以降に高まった朝鮮人の就学志向と相俟って、男女とも入学率がさらに上昇したのである。しかし、問題は、同計画が朝鮮人の教育費負担軽減や授業料撤廃にはつながらなかったため、貧困層児童や朝鮮人女子は就学から再び排除された点である。次章で分析するように、一九四〇年時点でも普通学校への不入学者は半数近かったからである。

もう一つ重要なことは、一九三七年度からはじまった「第二次計画」はその施行目的を質的に変更することを余儀なくされたことである。同年七月の日中全面戦争勃発に伴って、皇民化政策が始まったからである。「第二次計画」は「初等教育倍加計画」に変更（四年短縮）されるとともに、第三次朝鮮教育令（一九三八年三月）施行によって、その教育目標が、農村振興運動の担い手である中堅人物／「良妻賢母」の育成から、戦争動員のための「皇国臣民」「皇軍兵士」／「皇国女性」「皇国の母」の育成へと転換されることになる。

第5節　書堂・私設学術講習会「就学」とジェンダー

以上のように、朝鮮人女性のなかで普通学校に就学したのは、主に中上層に属するエリート女性であった。一方、学校不就学者にとって低廉な識字獲得機関として存在したのが書堂と私設学術講習会（＝講習会）であった。一九二〇年代には民族的な色彩の強かった両機関は、一九三〇年代には総督府の統制と利用策によって、普通学校の下位に位置する学校補完的機関としての役割を担わされた。

しかし、注目したいのは書堂数減少にもかかわらず、就学者数は一九三三年を起点に減少から増加に転じたことである。特に女子就学者数は一貫して増加を示した。先述のように、一九三三年は普通学校入学志望者数が急増した起点となる年であった。その意味で、普通学校に入学を志望しながら果たせなかった児童、特に女子が書堂・講習会に向かった可能性が高い。

本節では、これまで考察してきた朝鮮人女性の普通学校「就学」を補足する意味で、一九三〇年代を通じて書堂や講習会への「就学」の役割や位置がどのように変化したかについて考察したい。まず、両機関に対する総督府の統制と利用策、〈階級〉と〈ジェンダー〉両要因の作用をみたうえで、次に、両機関が初等教育機関のなかでどのような位置を占めたかについて女子比率をふまえて考察するものとする。

1　一九三〇年代の書堂・私設学術講習会と階級・ジェンダー

1　総督府による書堂・講習会への統制・利用策

総督府は一九二九年の普通学校制度改変時に、「国家の期待に副わざるが如き教育施設」即ち書堂及び講習会に対し、「相当の取締方法を講」じ「教育事業の濫発を予防[108]」することによって初等教育全般を一元的な統制下に置こうとした（第2章）。

まず、講習会に対して一九二九年二月に私立学校規則を改定[109]し、同六月に書堂規則を改定することによって統制を強化した。両者が講習会統制につながるのは、一九二〇年代の講習会が統制を巧みに避けて設立を可能にする形態を選んだために、私立学校及び書堂の三者が密接な連続性を有していたためであった［盧栄澤 一九七九＝一九九二］。たとえば、私立学校に対する認可が厳しかったため、私設学術講習会としての認可を受けつつ、実際は私立学校と類似した教育を実施したケース[110]があった。その一方で、講習会への統制を避けるために「改良書堂」の形態をとって設立されたケース[111]があったりした。そのため、総督府は前者には一九二九年改定私立学校規則を適用し、後者には改定書堂規則の適用[112]によって取締強化を図ったのである[113]。

次に、書堂に対しても、先述の改定書堂規則によって、それまでの府尹郡守または島司への設立「届け出制」を道知事による「認可制」に変更し監督権も道知事に移管した[114]。書堂設立を困難にして既存の書堂の閉鎖権限を得ることによって、書堂への介入をいっそう強化しようとしたのである。

このように総督府は容赦なく両機関への統制策を行使した。しかし、その一方で利用策を講じざるを得なかった。その理由は、普通学校就学志望者の急増により学校不足が深刻化したにもかかわらず、財政上の理由から増設規模が最小限度に留められたからである（「一面一校計画」）。そのため、在来書堂や講習会を民族的な教育の場から植民地教育の補助施設に「改良」化して利用しようとした[115]。これを具体化したのが、第3章で述べた簡易学校制度（一九三四年〜）であった。しかし、それらがすべて簡易学校に再編されたわけではないので、それらの名称は一九四〇年代まで存続する。

このように、書堂・講習会に対する植民地権力の政策は、一九二〇年代には「黙認」（一九二〇年代前半）→「統制・取締」（後半）→一九二九年法規改正による一九三〇年代の「統制と利用」の開始→一九三三年以降の農村振興運動期の積極的利用へと転換していったのである。しかし、朝鮮人が教授した民間の施設であったため、以下でみるように普通学校とは異なる教育空間を構築していた部分も少なくなかった。

2　書堂・講習会にみる〈階級〉と〈ジェンダー〉

まず、一九三〇年代の書堂・講習会への就学者の階級的構成をみるために、各道で刊行されていた地方教育誌の類から授業料を断片的ではあるが追ってみよう。[116]

書堂の授業料は、一九三〇年代前半期に「概ネ現物徴収ニシテ一人前籾一石」（江原道）「月最低五銭最高一円ニシテ平均三五銭[117]」（咸鏡北道）と低額に設定されていた。現物納入でも可とされた。普通学校授業料が「六〇銭～一円」であったので、その半分以下である。それでも中途脱落者が全体の三三・三％を占めており、その最大の理由は貧困であった［朴来鳳《パクネボン》　一九七七〈Ⅳ〉：六四―六五］。前述した一九三二年の盧東奎《ノトンギュ》「農家学齢児童の就学調査」（第3章）によれば、「小作農」は二七・七％、「窮農」は七・七％（総督府統計における所謂「小作農」では二二・三％）しか普通学校に就学できなかった。書堂就学者はこの調査から漏れた階層、即ち窮農を含む小作農階層であったと推測できる。一九三〇年代の書堂就学者は、「大体純小作農其の他の細民で、普通学校に於ける授業料其の他学費を、支弁し得ざる家庭[118]」と総督府学務局自らが分析したように、普通学校に就学できる経済的基盤をもたないが就学意欲のある貧農の子どもたちであったのである。

一方、一九三〇年代の児童対象の私設学術講習会に関しては授業料すら判然としないが、京畿道等の教育誌には「未就学児童の救済[119]」という表現が一貫して登場することから、やはり普通学校就学の経済的基盤をもたない階層の児童が多かったと推測できる。

一九二〇年代の講習会の特徴は書堂と違って生徒に女性が多かったことであるが、一九三〇年代には書堂でも女子比率が増加するという注目すべき現象が表れるようになった。そこで、ジェンダーに注目して各道における書堂・講習会の諸相をみてみよう。

まず、書堂を全道レベルでみてみよう。全道の就学者数、機関数と男女別就学率がわかる巻末〈付表3〉から書堂の推移をみると、一九二〇年代には一万~二万個存在した書堂の機関数は、一九三〇年代に入ると一万個を切る。一九三五年には六、二〇九個、一九三九年には四、六八六個と半数になり一九四二年には三、〇五二と三分の一にまで激減した。しかし、注目されるのは、第Ⅱ期の一九三三年を起点とする普通学校入学者急増期に、一九三四年に書堂が簡易学校に改編させられたにもかかわらず、書堂生徒数が一九二〇年代からの減少傾向から回復し、再び増加したことである（一九三七年に減少に転じる）。さらに、〈付表4〉をみると男子はその後減少したが、女子は一貫して増加を示している。このことは識字教育機関としての役割や男子専用であった書堂の性格に関わる質的な変化が、一九三〇年代を通じて起こったと考えられる。それは、どのようなものであろうか。

各道のレベルからみてみよう。表5・1が示すのは、必ずしも全道一律に書堂生徒数が減少したわけではないことである（京畿道：機関数・生徒数とも急減傾向、忠清北道：機関数減少・生徒数急増、黄海道：機関数減少・生徒数漸増、慶尚北道：もともと少ない機関数・生徒数が激減）。しかし、共通なのは、第一に、一機関当生徒数が一九三〇年

1939	1940	1941	1942
254	219	180	136
270	234	201	150
6,398	5,503	6,142	4,588
5,071	4,130	4,572	3,218
1,327	1,373	1,570	1,370
25.2	25.1	34.1	33.7
20.7%	25.0%	25.6%	29.9%
323	239	217	219
374	282	276	295
12,862	10,741	11,731	15,477
8,677	7,561	7,723	10,017
4,185	3,180	4,008	5,460
39.8	44.9	54.1	70.7
32.5%	29.6%	34.2%	35.3%
632	602	524	509
693	692	609	611
21,604	22,646	20,936	23,330
17,346	17,815	15,955	16,685
4,258	4,831	4,981	6,645
34.2	37.6	40.0	45.8
19.7%	21.3%	23.8%	28.5%
122	95	30	30
124	92	30	32
2,111	1,799	999	1,134
1,845	1,524	775	851
266	275	224	283
17.3	18.9	33.3	37.9
12.6%	15.3%	22.4%	25.0%

表5・1　1930年代の各道における書堂の展開

	年	1931	1932	1933	1934	1935	1936	1937	1938
京畿道	機関数	842	678	506	459	378	338	314	334
	教員数	862	700	531	492	410	363	337	348
	生徒数	9,620	8,507	7,213	7,192	6,912	6,804	6,294	6,581
	男児	9,157	8,051	6,645	6,519	6,072	5,924	5,417	5,503
	女児	463	456	568	673	840	880	877	1,078
	一機関生徒数	11.4	12.5	14.3	15.7	18.3	20.1	20.0	19.7
	女児比率	4.8%	5.4%	7.9%	9.4%	12.2%	12.9%	13.9%	16.4%
忠清北道	機関数	422	572	651	585	588	488	424	353
	教員数	430	592	684	639	687	504	486	403
	生徒数	3,968	6,449	10,704	12,423	17,220	14.232	15,665	13,232
	男児	3,835	6,023	9,418	10,563	12,944	10.972	11,115	9,578
	女児	133	426	1,286	1,860	4,276	3.260	4,550	3,654
	一機関生徒数	9.4	11.3	16.4	21.2	29.3	29.2	36.9	37.5
	女児比率	3.4%	6.6%	12.0%	15.0%	24.8%	22.9%	29.0%	27.6%
黄海道	機関数	1,158	1,103	713	543	562	620	661	655
	教員数	1,199	1,127	733	564	606	657	695	699
	生徒数	17,399	15,850	12,765	12,496	15,645	17,928	19,833	21,278
	男児	16,499	15,046	11,787	11,389	13,730	15,595	16,830	17,751
	女児	900	804	978	1,107	1,915	2,333	3,003	3,527
	一機関生徒数	15.0	14.4	17.9	23.0	27.8	28.9	30.0	32.5
	女児比率	5.2%	5.1%	7.7%	8.9%	12.2%	13.0%	15.1%	16.6%
慶尚北道	機関数	468	384	446	331	260	221	157	135
	教員数	457	387	447	327	265	219	160	137
	生徒数	5,425	4,979	5,280	4,426	3,619	3,221	2,711	2,464
	男児	5,227	4,771	5,082	4,336	3,457	3,052	2,449	2,211
	女児	198	208	198	90	162	169	212	253
	一機関生徒数	11.6	13.0	11.8	13.4	13.9	14.6	16.9	18.3
	女児比率	3.6%	4.2%	3.8%	2.0%	4.5%	5.2%	7.8%	10.3%

（出典）　朝鮮総督府『朝鮮総督府統計年報』各年度版。

代初頭に比して後半期に二〜三倍に増加したことである。書堂は元来、教師一人に生徒一〇人〜一五人と小規模に設定された漢文教育機関であったが、一九三〇年代後半から一機関当収容生徒数が増え、一九四〇年にはどの道でも三〇人を超えている。「学童数ハ多クモ三〇人ヲ超エサル範囲」(一九一八年「書堂規則発布ニ関スル件」)という植民地権力による規制を超えた現象が、一九三〇年代後半から現出したのである。

第二に、男子生徒数が急減(京畿道)/急増(忠清北道)/急減→急増(黄海道)とさまざまであるのに比して、女子生徒数は各道で急増し女子比率もアップしたことである。ここで留意したいのは、改良書堂と女子就学者との関係である。慶尚南道南海郡の書堂調査[120](一九三二年)では、在来書堂(一八書堂中八機関)、改良書堂(残り一〇機関)が存在した。前者では女子が皆無(九六人中〇人)であるのに対し、後者は規模が大きく(五〇人規模も存在する)、しかも女子の姿が僅少ながら存在(三〇〇人中二九人)した。このことは、改良書堂と在来書堂の男女比率を示す資料がほとんどないなかで、興味ぶかい事実である。なぜなら、一九三〇年代後半以降書堂の女性比率が増加したが、女子比率の増加と改良書堂化の進行は密接な関連性が存在することを示すからである。書堂は、朝鮮王朝時代から一九二〇年代までは男子のための漢文教育機関であったが、「改良書堂」化の進展という社会的役割の変化に応じて、一九三〇年代には女性も就学する機関に変化した。即ち、「識字・就学の社会化」の進展という歴史的文脈のなかで、書堂という場をめぐる両性間の関係性が変化したのである。

次に、講習会の展開を表5・2からみてみよう。非常に断片的な統計ではあるが、まず目につくのは書堂と異なり、一九三〇年代前半より後半の方が機関数、生徒数とも上回っていることである。一機関当たりの生徒数は各道によって差異があるが、京畿道、慶尚北道のように生徒数が一〇〇人を超え、教師数も一機関当たり二人以上の講習会もあった。また、女子生徒数、女子比率とも書堂を上回っている。都市部である大邱府の調査[121](一九三六年四月現在)では、講習会の生徒二五九〇人中、男性一一〇〇人、女性一四八〇人と女性数の方が多いケースもあった。

このように、講習会や書堂では、一九三〇年代に一機関当たりの生徒数が増大して「学校化」するとともに、女

表5・2　1930年代の各道における私設学術講習会の展開

	年	1931	1932	1933	1934	1935	1936	1937	1938	1939	1940
京畿道	機関数	88			133	158			263	330	318
	教員数	277			413	419			755	767	870
	生徒数	7,415			12,976	14,856			27,104	33,340	35,971
	男児				8,950	9,545			17,486		22,876
	女児				4,026	5,311			9,618		13,095
	一機関生徒数	84.3			97.6	94.0			103.1	101.0	113.1
	女児比率				31.0%	35.7%			35.5%		36.4%
忠清北道	機関数				264	420					
	教員数				374	662					
	生徒数				6,985	15,462					
	男児				6,196	10,370					
	女児				789	5,092					
	一機関生徒数				26.5	36.8					
	女児比率				11.3%	32.9%					
黄海道	機関数								1,399		
	教員数								1,587		
	生徒数								33,659		
	男児								25,237		
	女児								8,422		
	一機関生徒数										
	女児比率								25.0%		
慶尚南道	機関数	158	253	241							
	教員数	290	438	452							
	生徒数	11,435	15,942	16,524							
	男児										
	女児										
	一機関生徒数	72.4	63.0	68.6							
	女児比率										
慶尚北道	機関数										62
	教員数										132（日本人3）
	生徒数										7,366
	男児										4,376
	女児										2,990
	一機関生徒数										118.8
	女児比率										40.6%

（出典）　京畿道は京畿道『京畿道々勢一班　昭和七年』、同『京畿道勢概要（上）』（『韓国地理風俗誌叢書(129)』所収）、同『京畿道の教育と宗教　昭和一一年』（『史料集成』第35巻所収）、同『京畿道　教育と宗教要覧　昭和一四年度』、同『昭和一六年度』（『史料集成』第36巻所収）、同『京畿道々勢一班　昭和一五年版』。

忠清北道は忠清北道『忠清北道要覧』（『韓国地理風俗誌叢書(48)』所収）、同『教育及社寺宗教一覧　昭和一〇年度』（『史料集成』第36巻所収）。

黄海道は黄海道『黄海道学事及宗教　昭和一三年度』（『史料集成』第37巻所収）。

慶尚南道は朝鮮総督府学務局『昭和八年　書堂改善ニ関スル具体的意見』1933年（『史料集成』第17巻所収）。

慶尚北道は慶尚北道『（慶尚北道）道勢一班　昭和一五年』。

表6・1　京畿道における各初等教育機関の状況（1935年）

		校数	教員数		生徒数				全生徒数に占める比率（朝鮮人のみ）	一機関当たり生徒数（人）	一機関当たり教師数（人）	経費（円）	生徒一人当経費（円）
			教員数	うち朝鮮人	男	女	合計	女子比率					
小学校	官立	2	17		290	290	580	50.0%	—	290.0	8.5	記載なし	—
	公立	48	463		11,230	9,906	21,136	46.9%	—	440.3	8.5	1,151,105	54.46
普通学校	官立	2	22	11	364	296	660	44.8%	0.5%	328.5	11.0	記載なし	—
	公立	244	1,462	984	64,836	22,117	86,953	25.4%	68.5%	356.4	6.0	2,385,474	27.43
	私立	23	202	171	5,947	5,256	11,203	46.9%	8.8%	487.1	8.8	170,620	15.23
簡易学校		60	60	55	3,195	648	3,843	16.9%	3.0%	64.1	1.0	64,113	16.68
私立各種学校	一般	15	85	75	3,066	1,151	4,217	27.3%	3.3%	281.1	5.7	64,176	15.22
	宗教	20	85	70	1,552	2,149	3,701	58.1%	2.9%	185.1	4.3	66,023	17.84
私設学術講習会		133	413	413	8,950	4,026	12,976	31.0%	10.2%	97.6	3.1	132,300	10.20
書堂		459	492	492	6,519	673	7,192	9.4%	5.7%	15.7	1.1	49,998	6.95
合計（除小学校）		956	2,821	2,271	91,234	35,665	126,899	28.1%	100.0%	132.7	3.0	2,932,704	23.11

（出典）　①京畿道『京畿道勢概要（上）』1936年（『韓国地理風俗誌叢書（129）』所収）より作成。ただし、私立各種学校の場合は、性別生徒数が同書に不在のため、②朝鮮総督府学務局『朝鮮諸学校一覧』1936年度版、197頁による。なお、①によれば、1935年現在の私立学校数は、一般18校、宗教系20校であった。

（注）　1．1935年5月末現在の数字だが、書堂は同年12月末の数字。私立各種学校は、1936年度の数字。私設学術講習会は「昭和九年（1934年）中に修了せる講習会の状況」（347頁）。

2．小学校の生徒数には朝鮮人生徒（官立11人、公立344人）及外国人生徒（公立9人）含む。

子就学者が増加して「共学化」するという変化が生じた。両機関は植民地教育機関化によって生き延びた代償として、普通学校「不就学」の女子や最下層の出身者に非識字から免れる場を提供した。このことは、普通学校入学者急増の起点となった一九三三・三四年頃（第Ⅱ期）から、朝鮮社会では「就学・識字」が必要とされる社会へと不可逆的な変化が生じていたこと、その変化は女子も巻き込む変化であったことを示している。庶民層レベルでも、第Ⅱ期には女子教育に関して否定から肯定へと〈ジェンダー〉要因が変化したことを窺わせる。

2　各初等教育機関のなかの位置

一九三〇年代の書堂・講習会は、各初等教育のなかでどのような位置を占めたのだろうか。これを示す資料・統計類がかろうじて存在する地方教育誌から京畿道・忠清北道の表を作成したので、性別に配慮して比較してみよう。

まず、京畿道（表６・１）からみると、公立普通学校が生徒数比率においても六八・五％と他を圧倒している。次いで多いのが講習会の一〇・二％、私立普通学校八・八％、書堂五・七％の順であり、講習会や書堂が無視できない存在であったことがわかる。しかし、生徒一人当たりの経費では、在朝日本人子女対象の小学校が朝鮮人向けのすべての教育機関をはるかに上回っており、朝鮮人の教育機関がいかに劣悪な状態に置かれていたかが窺える。そのなかで最も劣悪だったのが書堂、次いで講習会であった。その書堂には教員はほぼ一人であるに対し、講習会には三人が配分されている。教員比率では朝鮮人教員が最も多いのは書堂・講習会であるのに対し、普通学校への日本人教員の配分は最も高い（官立除く）。

ここでも興味ぶかいのは、生徒数に占める女子比率である。ほとんど「皆学」であった小学校や、朝鮮人に対するショーウインドの役割を果たした「官立普通学校」が男女半々なのは当然として、朝鮮人対象の教育機関でもっとも高いのは開学当初から女子教育を重視した宗教系私立学校（五八・一％）、ついで私立普通学校（四六・九％）、講習会（三一・〇％）の順であった。私立普通学校は、朝鮮人が設立した私立各種学校から転じた例が多く、しかも京畿道は女子教育を重視した宗教系が「併合」前からの歴史をもち、またソウルを抱えることから他道に比べて例外的に高かったと思われる。逆に女子比率が低いのは書堂（九・四％）、簡易学校（一六・九％）、公立普通学校（二五・四％）の順である。もともと男子専用だった書堂は一九二〇年代まで女子比率の全道平均は一％以下であったので、むしろ比率をあげたことになる。しかし、後二者は植民地教育機関として「公教育」であったわりに女子教育を軽視したことになろう。

次に見るのが、忠清北道（表６・２）である。各教育機関をめぐる状況は京畿道と同様の傾向だが、注目されるのは普通学校生徒数の比率が四七・一％であるのに対し、講習会が二六・八％、書堂が二一・五％と両機関合計で半数近くに達し、普通学校に生徒数で匹敵することである。講習会・書堂は、一人当経費では劣悪であったものの、地方ではいっそう重要な教育機関であったことになる。さらに目を引くのは、女子比率である。忠清北道でも宗教

表6・2　忠清北道における各初等教育機関の状況（1935年）

		校数	生徒数				全生徒数に占める比率(朝鮮人のみ)	一機関当たり生徒数（人）	生徒一人当経費（円）
			男	女	合計	女子比率			
小学校	公立	14	620	575	1195	48.1%	—	85.4	記載なし
普通学校	公立	101	22,237	4,983	27,220	18.3%	47.1%	269.5	19.8
簡易学校	公立	30	1,602	252	1,854	13.6%	3.2%	61.8	22.8
私立各種学校	一般	1	317	0	317	0.0%	0.5%	317.0	9.0
	宗教	2	304	169	473	35.7%	0.8%	236.5	11.5
私設学術講習会		420	10,370	5,092	15,462	32.9%	26.8%	36.8	0.4
書堂		585	10,563	1,860	12,423	15.0%	21.5%	21.2	2.9
合計（除小学校）		1,139	45,393	12,356	57,749	21.4%	100.0%	50.7	11.1

（出典）　忠清北道『教育及社寺宗教一覧　昭和一〇年度』1936年（『史料集成』第36巻）より作成。
（注）　1．統計は、1934年5月末現在の数字だが、私設学術講習会は同年3月末、書堂は同年12月末。
2．私立各種学校の「一般」にある1校（大成普通学校）は、男子校である。

系私立学校（三五・七％）、講習会（三二・九％）と女子比率が高い。書堂での女子比率一五・〇％は、簡易学校一三・六％を上回っている。生徒数では半数に近い普通学校では一八・三％にすぎない（なお、一般私立学校は男子校である）。

以上のように、普通学校の入学難、書堂・講習会の「改良」的存続という植民地教育政策がもたらした〈民族〉要因を前提に、低廉な授業料負担という〈階級〉要因や庶民層レベルでの女子教育に関する〈ジェンダー〉規範緩和という相互作用によって、普通学校入学者が急増した第Ⅱ期（一九三三年）以降、書堂・講習会においても就学者数、とくに女子就学者数が増大したのである。

両機関は植民地教育機関へと転換させられたが、そのような教育内容をもちつつも朝鮮人の手で講習会や書堂が維持されたのは、普通学校就学から排除された貧農階層・女性たちの教育要求にあったと思われる。即ち、一九三〇年代を通じて種々の初等教育機関は〈民族〉〈階級〉〈ジェンダー〉諸要因の複合的な作用によって、六年制普通学校—四年制普通学校—二年制簡易学校—書堂・講習会という序列化が構築されていたことになる。

一方、一九三〇年代前半期の総督府による夜学への集中的な閉鎖・取締は、逆説的に、階級的な傾向の強い夜学などの講習会が、植民地権力による統制策の間隙をぬって多数存在したことを物語っている。

また、書堂については、次のことも付け加えなくてはならない。漢文教育を中心教科とすべきことを規定された書堂が、その漢文教育自体が教材の関係上必然的に朝鮮語習得を伴い、また教師も朝鮮人であり教授用語も朝鮮語であったため、「少なくとも朝鮮固有の思考、伝統、言語は書堂で最も多く維持保存」［朴来鳳　一九七四〈Ⅰ〉：九四］されたことである。したがって、女子も就学できるように変化した書堂が、植民地支配末期でも約一五万人もの就学者数（巻末〈付表3〉）を抱え、民族教育の命脈を保った[122]ことは注目される教育現象であった。

小括　第Ⅱ期における女子「就学」急増に関する仮説的提示

本章では、朝鮮人女性の普通学校「就学」に抑制的であった〈ジェンダー〉要因が促進的なそれへと変化したことに関して、三つの仮説を提示した。まず、朝鮮社会において①「賢母良妻」という学校教育に関する新たなジェンダー規範の構築、②教育を通じての結婚という階層内移動、総督府において③農村振興運動を契機とする女子教育拡充政策への転換、がそれである。

では、朝鮮人女性の場合、なぜ一九三三年を起点に、それ以前（第Ⅰ期）の「不就学」からそれ以後（第Ⅱ期）の「就学」に——部分的にせよ——転じたのだろうか。これに関して、本章の最後に次のような仮説を提示しておきたい。

第Ⅰ期には女子「不就学」が常態化していた一方で、一九二〇年代以降に朝鮮人男子の就学先が書堂から普通学校に移るという「教育の学校化」が起こったことにより、朝鮮社会でそうした学校教育に関する女性排除的な〈ジエンダー〉規範に動揺がおこった。それが前記①②の変化である。しかしながら、第Ⅰ期では①②の変化が朝鮮社会の中上層という階級、そして都市部に限定的に起こったために、ごく限られた〝階級〟、地域（都市部）に属する少数の女子しか就学できなかった。加えて、一九二〇年代後半期以降の朝鮮農家の疲弊、それに続く一九三〇年前後の経済不況は朝鮮農村に壊滅的な打撃を与えたため、朝鮮人家庭に女子「就学」を許容する経済的余裕を与えなかった。この時期には、家庭内で優先的な就学が可能であった男子（次章で詳述）の入学率自体も停滞し、中途退学が相次いだのである。その意味で第Ⅰ期には、女子就学に否定的な〈ジェンダー〉要因に根底的に規定されながら、経済不況によって経済的基盤が弱化した〈階級〉要因が強力に作用したといえるだろう。

以上のように、第Ⅰ期では男子就学者の増加と女子「不就学」の常態化という状況にあっても、朝鮮社会では女子への「教育の効能」も公論化され、女子「就学」が促進される条件が整いつつあった。しかし実際に就学できたのは都市部や上層に属する一部のエリート女性に限られ、それ以外は〈階級〉要因により歯止めがかけられたといえるのではないだろうか。

これに対し、朝鮮総督府は一九二九年から実施した初等教育拡張政策（「一面一校計画」及び職業教育）により就学不振（入学者の停滞や中退者の増加）を回復しようとしたが、未曾有の経済不況により成果は上がらなかった（第2章）。そこで、京畿道等が授業料低減策を実施したのをうけて、一九三四年からは全道的に授業料低減策によって打開しようとした。そのことは農家の経済負担の軽減という農村振興運動の政策理念に沿うものであった（第3章）。この時期には景気も回復していたこと、普通学校の学歴が日本語習得の公的な唯一の通路として認識され、全階層から就学者を輩出するようになったことによって〈階級〉要因が緩和された。さらに朝鮮社会に公論化されていた前記の女子就学に肯定的な〈ジェンダー〉要因への変化に促されて、朝鮮人男子とともに女子の普通学校入学率もまた急増しはじめたと思われる。

したがって、一九三四年に総督府学務局が「今日では女子の教育熱も男子の教育熱と共に極めて旺盛」（学務局長渡辺豊日子、前述）と観察したような一九三三年以降の女子の普通学校「就学熱」と女子入学率の急増現象は、以上のような第Ⅰ期を通じて起こった朝鮮社会のジェンダー要因の変化とに、景気の回復や授業料低減政策など〈階級〉要因の変化との複合的な作用により農村部をまきこんで引き起こされたと考えられる。

さらに農村振興運動を契機として、植民地権力にとっても、運動展開の「障害」となった朝鮮人女性に対する「教育の効能」が発見された。このことにより、女子就学促進をはじめて政策化した「第二次計画」が一九三七年度から実施されたため、女子の就学志望者が「吸収」され、一九三〇年代後半には入学率が上昇することになったと推測される。

しかし、第Ⅱ期以降に朝鮮人女性の普通学校「就学」の急増現象は、卒業率の男女比較によって分析した通り、男子以上に中・上層に属するエリート女性に起こった変化であった。以外の中・下層に属する朝鮮人女性にとっては、書堂・私設学術講習会に「就学」して識字を獲得する方法も残されていた。

したがって、女子の普通学校「就学」を可能にした要因と考えられるのは、⑴出身〈階級〉、⑵朝鮮社会の学校教育をめぐるジェンダー規範の変容、⑶結婚による階層内移動、⑷総督府の女子教育拡充政策である。普通学校不就学の場合には、⑸書堂・講習会（私設学術講習会）への就学をあげることができるだろう。

そのうえで見逃せないのはそのような書堂・講習会「就学」の外部にも、あらゆる意味で不就学／非識字に帰結した朝鮮人（主に女性）が多数存在したことである。次章では、そのような朝鮮人女性のライフヒストリーを含めて、植民地期の朝鮮人女性の「不就学」のもつ歴史的な位置を考察したい。

第5章 朝鮮人女性の普通学校「不就学」

本章では、前章とは対比的に「賢母良妻」の物質的基盤をもちえなかった女性たち、即ち、普通学校等に就学しなかった／できなかった朝鮮人女性についての分析を行うものとする。

朝鮮人女性の不就学には、就学した朝鮮人男性／女性とは逆方向に〈民族〉・〈ジェンダー〉及び〈階級〉要因が輻輳していた。即ち、女性排除的な「教育の学校化」過程（第Ⅰ期）を前提に、就学者数が急増した第Ⅱ期にあっても貧窮化する農村の朝鮮人家庭の経済力という〈階級〉要因と、女子就学に対し否定的な〈ジェンダー〉規範による要因がネガティブに相互構築されたため、不就学が大量に産み出され続けたと考えられる。

先に述べたように呉成哲《オソンチョル》は朝鮮人の第四の就学動機として「生存戦略」をあげたが、それでは女子には「生存戦略」という就学動機が作用せずに、何ゆえ「不就学」に導かれたのか。そこには一九三〇年代の学校教育をめぐる朝鮮人家庭の「家族戦略」が関与していると思われる。女子の不就学をそうした観点から検討することは、呉成哲の見解を再検証することにもなるだろう。

以上をふまえて、第1節では植民地期の完全不就学の推移を概観したうえで、農家の〈階級〉別の就学・識字状況に〈ジェンダー〉がどう相互に関連したかを朝鮮農会『農家経済調査』を取り上げ分析する。第2節では「不就学」に置かれた朝鮮人女性の状況の具体相を把握するために、朝鮮人女性のライフヒストリーを取り上げ、「不就学」の歴史的意味を考えてみたい。

第1節　朝鮮人女性の普通学校「不就学」の構築

1　植民地期における「完全不就学率」の推移

次項で一九三〇年代初頭の朝鮮人女性の「不就学」を考察する前提として、ここでは植民地期を通じての普通学校の「完全不就学率」（図1）の推移を男女別に示した。第一節で提示した「入学率」を反転したものである。「完全不就学」とは、そもそも「学校に入学しない不入学」をさす。したがって、普通学校への不入学者は公教育における識字習得機会から疎外されるため、他の初等教育機関に就学するか家庭で識字教育を受けない限りは「非識字」に帰結した。

図1から特徴的なのは、第一に、男女とも植民地期を通じて普通学校「不入学」＝「完全不就学」が広範囲に存在し「就学」を上回ること、第二に、それが朝鮮人女子に非対称的に配分されていたこと、第三に、完全不就学率の低下には性別による時差があり、そのスピードにも緩急があったことである。

即ち、男子の場合その低下は入学率上昇に対応して一九二〇年代から始まった。女子は一九三二年時点でも「完全不就学」は九一・二％と膨大なものであったが、第Ⅱ期である一九三三年以降は少しづつ「就学」が進み、一九四二年には完全不就学率は六六・〇％まで低下する（男子は三四・〇％）。しかし植民地支配末期に至っても女子は三人に二人、男子は三人に一人が普通学校「完全不就学」であった。このように、植民地期には「就学」よりも「不就学」の方が朝鮮人初等教育の常態であった。そのようなかで、就学者増加に性別の時差が生じていたのである。

次項の『農家経済調査』が対象とする一九三〇～三二年は、図１が示す一九三三年を境界点とする時期区分論からみると、朝鮮人女性に常態化していた「不就学」が上層に属する一部の女子を中心に「就学」に転じていく直前の時期（過渡期）にあったのである。

図1　朝鮮人男子（上）／女子（下）の完全不就学率の推移
（1912〜42年）

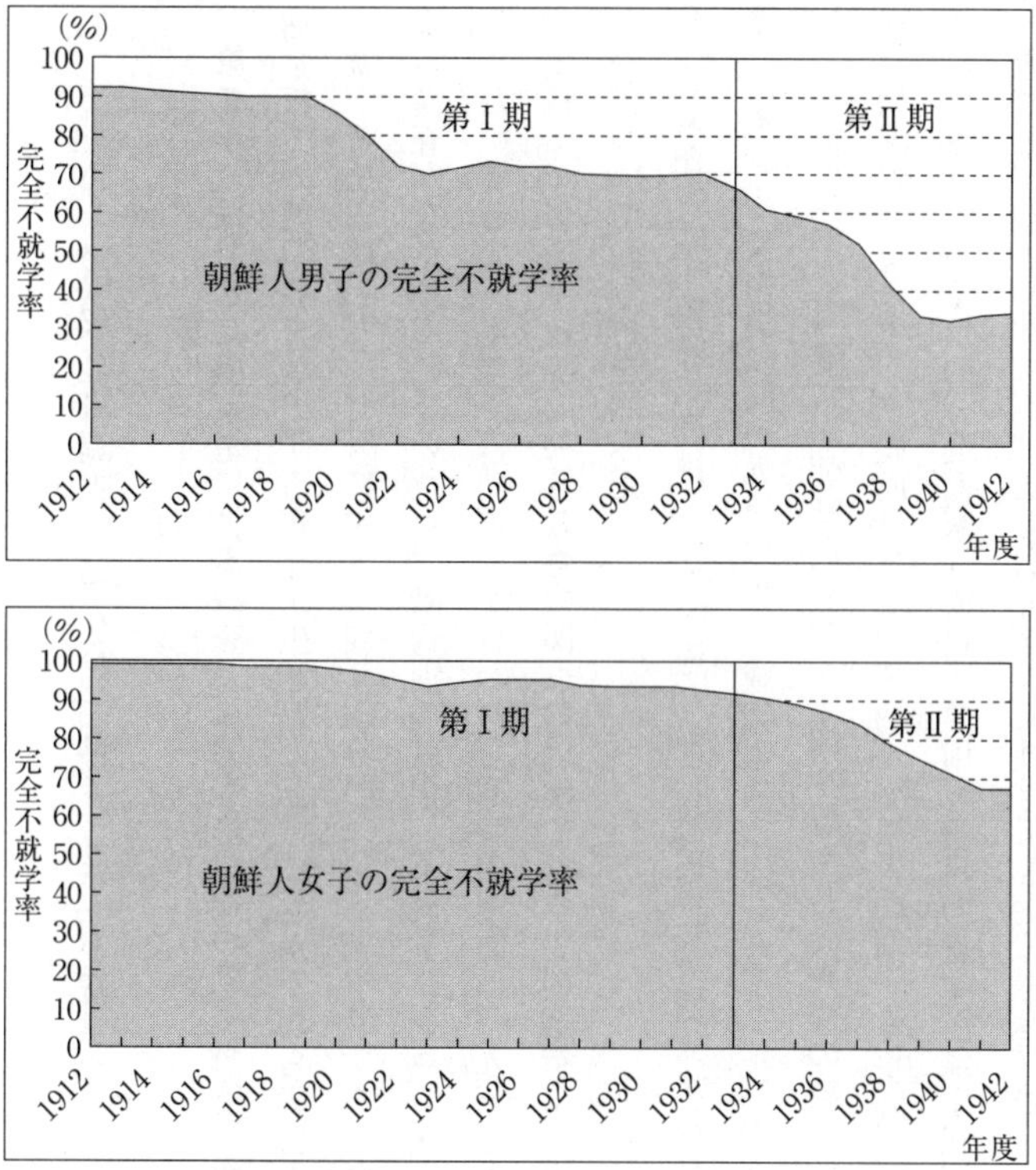

（出典）　人口は朝鮮総督府『朝鮮総督府統計年報』各年度版。入学者数は朝鮮総督府学務局『朝鮮諸学校一覧』1936年度（1912〜34年）、1943年度（1935〜42年）の「第一学年生徒数」（五月末現在）。
（注）「推定6歳人口」＝総人口×0.026（『昭和5年朝鮮国勢調査報告』朝鮮人総人口に対する6歳児人口比0.026より算出）。

2 『農家経済調査』にみる「就学」と「不就学」

さて、第3章で検討した盧東奎《ノトンギュ》による調査（「農家学齢児童の就学状況」）から、一九三〇年代初頭にはほぼ全階層から普通学校への就学者を輩出する変化が生じたこと、にもかかわらず自小作農（＝自作兼小作農）・小作農及び窮農全体の就学者比率は二九・七％にすぎず残り三分の二は不就学者であったことが判明した。しかし、同調査には性別による調査がなされていないため、階級別の就学／不就学にジェンダー要因がどのように関連したかは可視化できなかった。そこで、本項では同調査が行われた同時期である一九三〇～三二年に朝鮮農会が行った『農家経済調査』を史料に、普通学校等の初等教育機関への就学や就学先の選択に〈階級〉要因と〈ジェンダー〉要因がどう関連したかについての分析を試みたい。

『農家経済調査』は、朝鮮「農村ノ疲労困憊」の「救済策」を樹立するため、全羅南道、京畿道（調査は一九三〇年）、慶尚南道、平安南道（同一九三一年）、咸鏡南道（同一九三二年）の五道にわたって、「自作農」「自小作農」「小作農」各三戸づつを対象に、朝鮮農会が一年間を費やした調査の結果報告書である。[1] 調査では個別農家の農家経済・家計状況のみならず、家族成員とその続柄・雇用人に関する年齢、労働能力、労働時間、学歴及び識字状況も調査項目化されているため、農家家族成員・雇用人各自の就学・識字状況を知ることができる貴重な史料となっている。ただし、四五戸のうち二九戸は年雇を雇用する富裕な農家であったこと、即ち平均的な農家より上層に属したと想定できることは注意を要する［松本武祝　一九九八：一七〇］。

本項では、同調査に基づいて、一九三〇年代初頭での「階級別」の就学・識字状況を浮き彫りにするため「自作農」「自小作農」「小作農」の各階級別一五戸に居住する「七～一五歳まで」[2] の学齢期児童の就学・識字状況を表1に整理し、〈階級〉と〈ジェンダー〉と関連させて考察を行うものとする。ただし、ここでは〈民族〉要因を論じないが、それは〈民族〉要因が作用しなかったからではない。そうではなく、「不就学」をめぐる〈階級〉〈ジェンダー〉という朝鮮人「内部の差異」を根底的に規定したのは、前述のように朝鮮人就学抑制策という〈民族〉要因であると思われるので、あくまでもこのことを前提として論を進めたいと思う。

１　自作農〈階級〉児童の就学とジェンダー

自作農家の就学状況を整理したのが、表１・１である。自作農家一五戸の平均所得である五四四・一九円は、自小作農家平均に比較して約一二〇円、小作農家平均よりは二〇〇円ほど高額である。しかし、自作農家一五戸のうち家計が黒字なのは六戸であり、他の九戸は赤字経営である。学齢期児童を抱える農家一一戸のうち、就学者を輩出した自作農家は八戸、のべ九戸（普通学校への就学者①②⑤⑧⑨⑬の六戸、書堂①④⑩三戸、うち①一戸重複）、就学者がいないのは③⑦⑭の三戸である。

注目したいのは、⑴兄弟姉妹間の性別によって、あるいは⑵兄弟姉妹が兄弟だけ、姉妹だけという家庭状況によって、就学有無や教育機関選択に差異が生じたか否かである。その場合、⑴及び⑵には、就学有無や選択に差異が生じた場合と生じない場合があるので、類型１＝就学格差のある兄弟姉妹型、類型２＝就学格差のない兄弟姉妹型、類型３＝兄弟・男子型、類型４＝姉妹・女子型の四つの類型に分類して分析することにしたい。

〈類型１〉　就学格差のある兄弟姉妹型――四戸

まず、兄弟姉妹間によって就学有無、就学先の選択に性別格差が生じたケースは、四戸である。自作農⑤では二男一二歳は普通学校に就学したが、長女一六歳・二女七歳は不就学である。この農家の家計は大幅赤字（マイナス一四五円四五銭）であるにもかかわらず、この二男の教育費として一五円六一銭を支出している。現物と現金から家計が成り立つ当時の朝鮮農家の場合、現金からの支出割合にも考慮が必要であるが、この農家の場合大幅赤字を

表1・1　自作農家族の就学状況（1930～32年）

	階級／番号 家族数＋ 雇用人数	家族構成と年齢	就学・識字状況	所得（円）	家計費（円）	飲食費	**教育費**	家計費総計	差引
京畿道	自作農①	経営主37	「漢学、諺文能解」	1041.21	現金現物計	574.36	**23.4**	996.25	44.96
	家族12人	妻39	「無学」		同比率	57.7%	2.3%	100.0%	
	＋	長男19	「普通学校4年修業」		うち現金		23.4	328.76	
	年雇2人	長男妻22	「諺文能解」		同比率		7.1%		
		二男15	**「普通学校4年修業」**						
		二男妻18	「諺文能解」						
		三男11	**「書堂学童」**						
		四男7							
		母77、	「無学」						
		五男5、長孫4、二孫1	「扶養」						
		（年雇30,17）							
	自作農②	経営主48	「漢学、諺文能解」	834.99	現金現物計	458.54	**14.28**	867.24	－32.25
	家族7人	妻47	「諺文能解」		同比率	52.9%	1.6%	100.0%	
	＋	長男20	「普通学校卒業」		うち現金		14.28	271.95	
	年雇2人	長男妻21	「諺文能解」		同比率		5.3%		
		長女18	「諺文能解」						
		二男13	**「普通学校3学年通学」**						
		三男8	**「普通学校1学年通学」**						
		（年雇61,18）							
	自作農③	経営主23	「漢文及諺文ヲ解ス」	162.91	現金現物計	152.02	0	241.58	－78.67
	家族4人	妻26	「無学」		同比率	62.9%	0.0%	100.0%	
	＋	長男5、二男1						31.75	
	年雇1人	（年雇15）							
全羅南道	自作農④	経営主30	「漢学能解」	665.05	現金現物計	330.75	**5.53**	624.58	40.47
	家族10人	妻32	「無学」		同比率	53.0%	0.9%	100.0%	
	＋	二弟17	「無学」		うち現金	37.30	5.53	234.63	
	年雇1人	**三弟14**	「無学」		同比率		2.4%		
		長男7	**「書堂二通学」**						
		長女12							
		二弟妻17							
		二女9							
		二男3、三女1							
		（年雇21）	「無学」						
	自作農⑤	経営主47	「漢文少解」	473.39	現金現物計	374.30	**15.61**	618.84	－145.45
	家族6人	妻43	「無学」		同比率	60.5%	2.5%	100.0%	
	＋	長男18	「普通学校4年修業」		うち現金	31.52	15.61	198.03	
	年雇2人	**二男12**	**「普通学校4年通学」**		同比率		7.9%		

		長女16	「諺文ヲ解ス」						
		二女7							
		(年雇20,25)							
	自作農⑥	経営主21	「普通学校4年修業」	300.14	現金現物計	233.22	0	388.03	－87.89
	家族4人	妻22	「無学」		同比率	60.1%	0.0%	100.0%	
	+	母54	「無学」		うち現金			86.32	
	年雇1人	長男2							
		(年雇25)							
慶尚南道	自作農⑦	経営主36	「漢学能解」	819.17	現金現物計	510.80	**0.30**	1237.33	－418.16
	家族8人	妻36	「諺文能解」		同比率	41.3%	0.0%	100.0%	
	+	**長女15**	**「諺文能解」**		うち現金		0.30	547.77	
	年雇5人	**二女12**			同比率		0.1%		
	+	**三女9**							
	下女1人	長男6、次男1、四女4							
		(年雇32,27,22,25,26)「無学」							
		(下女14)	「無学」						
	自作農⑧	経営主37	「無学」	530.79	現金現物計	307.34	**9.49**	770.24	－239.45
	家族6人	妻40	「無学」		同比率	39.9%	1.2%	100.0%	
	+	長男18	「普通学校卒業」		うち現金		9.49	322.46	
	年雇1人	長女16	「無学」		同比率		2.2%		
		二男10	**「普通学校3学年在学」**						
		二女3							
		(年雇36)							
	自作農⑨	経営主58	「諺文能解」	543.60	現金現物計	311.44	**10.99**	767.52	－223.92
	家族8人	妻60	「諺文能解」		同比率	25.0%	0.9%	61.7%	
	+	長男32	「漢文能解」		うち現金		10.99	144.87	
	年雇4	長男妻38	「無学」		同比率		7.6%		
		長孫11	**「普通学校3学年在学中」**						
		長孫女8							
		二孫4、三孫1							
		(年雇34,24,21,25) 前3者「無学」							
平安南道	自作農⑩	経営主50	「漢文及諺文ヲ読ミ書ク」	195.00	現金現物計	108.95	0	145.58	49.42
	家族5人	妻39	「無学」		同比率	74.8%	0.0%	100.0%	
	+	母78	「無学」		うち現金			20.6	
	年雇1人	**長男9**	**「私立書堂ノ学童」**						
		二男9							
		(年雇19)							
	自作農⑪	経営主21	「普通学校4年卒業」	110.38	現金現物計	77.44	0	109.81	0.57
	家族2人	妻25	「諺文ヲ読ミ書ク」		同比率	70.5%	0.0%	100.0%	
	+				うち現金			30.93	
	年雇1人	(年雇18)							

	自作農⑫	経営主28	「普通学校4年修業」	138.37	現金現物計	81.45	0	110.74	27.63
	家族4人	妻30	「諺文能解」		同比率	73.6%	0.0%	100.0%	
		長女9			うち現金			14.83	
		二女6							
咸鏡南道	自作農⑬	経営主53	（面協議会員）「漢文稍解」	1325.56	現金現物計	475.02	**293.49**	1244.68	80.88
	家族10人 + 年雇1人	長男38	「漢文能解」「郡農会通常議員」		同比率	38.2%	23.6%	100.0%	
		長孫19	**「京城儆新学校在学中」**		うち現金		291.92	743.61	
		妻55	「無学」		同比率		39.5%		
		長男妻41	「無学」						
		長孫妻19	「女子高等普通学校卒業」						
		二孫女17	「無学」						
		三孫女12	**「普通学校在学中」**						
		四孫女7							
		五孫女5							
		（年雇30）	「無学」／二孫女の女婿						
	自作農⑭	経営主43	「無学」	606.38	現金現物計	359.58	0	614.20	－7.82
	家族6人 + 年雇2人	妻42	「無学」		同比率	58.5%	0.0%	100.0%	
		母75	老衰病弱		うち現金		0	163.63	
		二女17	「無学」						
		長男4、三女1							
		（年雇28.30）	「無学」						
	自作農⑮	経営主42	（面協議会員）「漢文能解」	415.92	現金現物計	247.22	**0.25**	438.15	－22.23
	家族7人	長男19	「普通学校卒業」		同比率	56.4%	0.1%	100.0%	
		次男2、三男1			うち現金		0.25	160.53	
		妻35	「無学」		同比率		0.2%		
		長女15	**「諺文稍解」**						
		二女13	「無学、子守」						
			上記自作農平均	544.19	現金現物計	306.83		611.65	－67.46
					同比率	50.2%			

（出典） 朝鮮農会『農家経済調査（京畿道ノ分）昭和五年度』、同会『農家経済調査（全羅南道ノ分）昭和五年度』、同会『農家経済調査（慶尚南道ノ分）昭和六年度』同会『農家経済調査（平安南道ノ分）昭和六年度』、同会『農家経済調査（咸鏡南道ノ分）昭和七年度』より作成。

（注） 1．「所得」は、「農家総収入」から「農家総支出」を差し引いた金額である。

2．太字は、①「7歳～15歳」までの学齢期児童すべて、②書堂など初等教育機関及び中等教育機関への就学者、③識学者を示す。また、家計費中教育費が計上されている場合も、太字にした。

3．就学・識字状況の「諺文」とはハングル（朝鮮文字）をさす。空白は記載がないことによる。また「無学」などの表記も含め、そのまま引用した。

出しながら、しかも現金支出の七・九％に当る一五円六一銭を教育費として支出していることになる。

自作農⑧⑨も同様であり、大幅赤字を出しながら兄弟が普通学校通学、姉妹は不就学である。自作農④では長男七歳は書堂に通学しているが、長女一二歳、二女九歳は記載がないため不就学と推定できる。家計は黒字である。（一方、この農家では経営主三〇歳は「漢学能解」とあるため書堂への就学が推測されるが、弟二人は「無学」である。）

〈類型2〉　就学格差のない兄弟姉妹型——一戸

兄弟姉妹間でジェンダーによる就学差異がないケースは、一戸である。自作農⑬では、三孫女一二歳は普通学校に通学しており、一方その兄にあたる長孫一九歳は「京城儆新学校在学中」[3]とある。家計は黒字ではあるが、家計費中二三・六％、現金中では三九・五％に当たる二九三円四九銭を支出している。この教育費は、自作農③⑩⑪⑫の年間所得をはるかに上回っている。長孫妻も女子高等普通学校卒業とあるので高学歴である。また、経営主は面協議会員、長男も郡農会通常議員という役職についているので、地域の名望家と思われる。二孫女一七歳は「無学」、四孫女七歳も不就学と、姉妹間に就学有無が存在する。普通学校の就学年齢は法令上「六歳以上」（第二次教育令第五条）であったが、七歳であってもこれ以降の年齢から就学するケースも当時は珍しくなかったので四孫女が今後就学する可能性はある。したがって、⑬の場合初等教育に関する性別格差がないケースと判断できる。

〈類型3〉　兄弟・男子型——就学二戸、不就学0戸

まず、兄弟だけのケース二戸からみよう。学齢期児童二人兄弟を抱える自作農②では赤字を出しながら二人とも普通学校に就学し、長男二〇歳も加えると兄弟全員普通学校就学を果たしている。三人兄弟である自作農①では、二男一五歳及び長男一九歳はいずれも「普通学校修業」となっており、三男一一歳は書堂就学、四男七歳は不就学

であるが、七歳という年齢ではこれ以降の就学がありうる。

〈類型4〉姉妹・女子型——就学0戸、不就学三戸

次に姉妹だけのケース三戸⑦⑫⑮をみると、すべて不就学である。自作農⑦では長女は「諺文能解」とあり、⑮も長女一五歳が「諺文稍解」とあって、両方とも教育費がそれぞれ三〇銭、二五銭ずつ計上されている。そのため、本人または下の姉妹たちが講習会等に通学している可能性は排除できないが、この調査に何の記載もないので不明である。また、⑦⑮は赤字経営であるのに対し、⑫では黒字であっても長女九歳は不就学である。学齢期をすぎた兄弟がいる⑮の場合では、長男一九歳は普通学校を卒業しているので、広義では類型1に入れることができるケースである。

以上から、自作農〈階級〉における就学有無・初等教育機関の選択には、家庭経済状況が赤字であるかどうかは決定的な要因ではなく、赤字を出しながらでも児童が男子であれば普通学校または書堂に就学させている。一方、黒字であっても女子は就学させていない例が多い。就学有無を分けているのは、経済要因というよりもジェンダー要因であると結論づけることができる。

2　自小作農〈階級〉児童の就学とジェンダー

自小作農ではどうであろうか。表1・2によれば、一五戸のうち八戸が赤字経営、七戸が黒字経営である。学齢期児童を抱える一〇戸のうち、就学しているのは六戸⑤⑥⑦⑧⑩⑫、のべ七戸（普通学校五戸⑤⑥⑦⑩⑫、書堂二戸⑤⑧、重複一戸⑤）、不就学が4戸①③⑬⑮である。自作農での分析と同様に、四つに分類してみよう。

〈類型１〉就学格差のある兄弟姉妹型――五戸

自小作農でも最も多いのが、この類型１である。自小作農⑤では長男一六歳は普通学校四年を修業し、なおかつ現在赤字を出しながら漢文書堂に通学しているが、長女一一歳、次女七歳はいずれも不就学・非識字である。農家経済は黒字で兄弟だけが就学し姉妹が不就学であるのは、⑥⑩⑫である。長男一五歳が「漢文書堂」に通学している農家⑧のケースは、経営主が「主トシテ漢学書堂ニ従事」する訓長であったが、長女一一歳をとくに就学させていない。

〈類型２〉就学格差のない兄弟姉妹型――一戸

自小作農⑦がこのケースである。この農家では大幅な赤字を抱え教育費に現金支出の八・四％に当たる二一円三七銭を支出しながら、次女一二歳、長男九歳はいずれも普通学校在学中である。ただし長女一六歳は「諺文能解」とあるだけなので、不就学とみられる。

〈類型３〉兄弟・男子型――就学・不就学０戸

兄弟だけのケースは、自小作農一五戸のなかには存在しない。

〈類型４〉姉妹・女子型――就学０戸、不就学四戸

学童期の姉妹または女子一人だけのケース①③⑬⑮は、家計が赤字（①③⑮）、黒字⑬にかかわらず、いずれも不就学・非識字である。しかし、学齢期を超えた兄弟がいる場合、たとえば①では長孫二一歳は普通学校卒業、⑮でも長男一六歳も普通学校卒業とあるので、①⑮は広義で類型１に入れてよいケースである。

表1・2　自作兼小作農家族の就学状況（1930〜32年）

	階級／番号 家族数＋雇用人数	家族構成と年齢	就学・識字状況	所得（円）	家計費（円）	飲食費	**教育費**	家計費総計	差引
京畿道	自小作農①	経営主69	「漢文及諺文能解」	596.65	現金現物計	455.20	**164.50**	824.93	－228.28
	家族8人	妻55			同比率	55.2%	19.9%	100.0%	
	＋	長男妻45	「諺文能解」		うち現金		164.50	288.71	
	年雇2人	長孫21	「公普4年修業」		同比率		57.0%		
		長孫妻22	「諺文解得」						
		外孫女14					＊不自然に高額		
		曾孫3、曾孫女2							
		（年雇31,19）							
	自小作農②	経営主67	「諺文解得」	340.60	現金現物計	244.50	0	362.79	－22.19
	家族4人	妻58	「諺文解得」		同比率	67.4%	0.0%	100.0%	
	＋	長男32	「漢文及諺文解得」		うち現金			74.34	
	年雇1人	長男妻18	「無学」						
		（年雇21）	「無学」						
	自小作農③	経営主26	「漢学及諺文解得」	241.71	現金現物計	164.45	0	255.64	－13.93
	家族6人	妻24	「無学」		同比率	64.3%	0.0%	100.0%	
	＋	**長女10**			うち現金			48.85	
	年雇1人	二女6、三女3、長男1							
		（年雇11）							
全羅南道	自小作農④	経営主67	「漢学能解」	683.19	現金現物計	270.94	0	554.52	128.67
	家族5人	妻70	「無学」		同比率	48.9%	0.0%	100.0%	
	＋	長男28	「中学2年修業、里ノ総代役」		うち現金			222.46	
	年雇3人	一婦31	「無学」						
		二婦26	「無学（諺文ヲ解ス）」						
		（年雇53,20.38）	「無学」						
	自小作農⑤	経営主35	「漢学能解」	377.22	現金現物計	371.79	**5.09**	519.71	－142.5
	家族7人	妻35	「無学」		同比率	71.5%	1.0%	100.0%	
	＋	**長男16**	**「普通学校4年修業、漢文書堂通学」**		うち現金		5.09	121.81	
	年雇3人、季節雇1人	**長女11**	「子守」		同比率		4.2%	100.0%	
		二女7							
		三女4、二男1							
		（年雇23,27,18）、（季節雇24）							
	自小作農⑥	経営主54	「漢学稍解」	393.40	現金現物計	273.56	**0.1**	380.35	13.05
	家族7人	妻44	「無学」		同比率	71.9%	0.0%	100.0%	
		二男19	「普通学校2年修業」		うち現金		0.1	59.84	
		三男13	**「普通学校2年修業」**		同比率		0.2%	100.0%	

		長女16	「無学」						
		二女8							
		四男4							
慶尚南道	自小作農⑦ 家族7人 ＋ 年雇3人	経営主40	「漢学能解」	569.58	現金現物計	440.70	**21.37**	686.79	−117.21
		妻37	「無学」		同比率	64.2%	3.1%	100.0%	
		長女16	「諺文能解」		うち現金		21.37	254.16	
		二女12	**「普通学校5学年在学中」**		同比率		8.4%	100.0%	
		長男9	**「普通学校2学年在学中」**						
		三女4							
		（年雇37,16,25）	「無学」						
	自小作農⑧ 家族8人 ＋ 年雇2人、季節雇1人、下女1人	経営主32	「漢文能解」「主トシテ漢学書堂（名誉無報酬）従事」	460.63	現金現物計	298.46	**0.60**	504.48	−43.85
		父70	「無学」		同比率	59.2%	0.1%	100.0%	
		妻35	「諺文能解」		うち現金		0.60	152.96	
		長男15	**「漢学書堂ノ書生」**		同比率		0.4%	100.0%	
		長女11	「諺文稍解」「子守役」						
		二男8＝死亡、三男6、二女3							
		（年雇34,35）	「無学」						
		（季節雇46）	「無学」						
		（下女14）	「無学」						
	自小作農⑨ 家族4人 ＋年雇4人 季節雇1人 下女1人	経営主28	「私立明倫学校4年修業、漢学能解」	523.16	現金現物計	358.79	**0.60**	573.18	−50.02
					同比率	62.6%	0.1%	100.0%	
		妻28	「諺文能解」		うち現金		0.60	163.78	
		長男5、長女1			同比率		0.4%		
		年雇（30,15,30,23）	「無学」						
		（季節雇35）	「無学」						
		（下女12）							
平安南道	自小作農⑩ 家族9人	経営主59	「無学」	333.61	現金現物計	169.02	**8.84**	272.89	60.72
		妻43	「無学」		同比率	61.9%	3.2%	100.0%	
		長男21	「漢文及諺文ヲ解ス」		うち現金		8.84	96.13	
		長男妻23	「無学」		同比率		9.2%		
		長女15	「無学」						
		二男12	**「公普校第1年通学中」**						
		三男9							
		二女6							
		孫4							
	自小作農⑪ 家族4人	経営主35	「無学」	121.44	現金現物計	75.37	0	103.34	18.1
		妻20	「無学」		同比率	72.9%	0.0%	100.0%	
		母56	「無学」		うち現金	16.15		24.07	
		長男2							

	自小作農⑫ 家族6人	経営主35	「普通学校4年修業」	225.38	現金現物計	92.24	**8.87**	136.96	88.42
		妻35	「諺文ヲ解得」		同比率	67.3%	6.5%	100.0%	
		長男14	**「普通学校5年通学」**		うち現金		8.87	36.48	
		長女12			同比率		24.3%		
		二男6							
		三男1							
咸鏡南道	自小作農⑬ 家族10人	経営主36	「諺文能解」	566.34	現金現物計	287.12	0	442.35	123.99
		父67	「無学」		同比率	64.9%	0.0%	100.0%	
		妻39	「無学」		うち現金			97.65	
		母49	「無学」						
		長女18	「無学」						
		二女8							
		長男5、三女1							
		長妹13							
		次妹6							
	自小作農⑭ 家族4人 ＋ 年雇1人	経営主28	「普通学校2年修業」	471.10	現金現物計	217.16	0	444.33	26.77
		母47			同比率	45.9%	0.0%	93.9%	
		妻28	「無学」		うち現金	19.5	0	112.32	
		養女4							
		（年雇18）	「無学」						
	自小作農⑮ 家族6人	経営主47	「漢学能解」	430.39	現金現物計	218.52	**0.9**	473.29	－42.90
		長男16	「普通学校卒業」		同比率	46.2%	0.2%	100.0%	
		入婿20	「無学」、（将来三女と結婚）		うち現金	12.54	0.9	120.97	
		妻50	「無学」		同比率	10.4%	0.7%	100.0%	
		三女13							
		四女9							
			上記自小作農平均	422.29	現金現物計 同比率	262.52 64.6%		406.14	16.15

（出典）　表1・1に同じ。
（注）表1・1に同じ。ただし、自作農①の教育費164円50銭の計上は、該当者が存在しないこと、不自然に高額なので、記入ミスの可能性がある。

以上のように、自小作農の場合でも、就学規定要因は農家の経済的な基盤というよりは、児童の性別であったことを確認することができる。

3　小作農〈階級〉児童の就学とジェンダー

最後に、最も貧窮度が高い小作農家を表1・3から、みてみよう。小作農家の貧窮度は、平均所得水準、家計費に占める飲食費の比率、差引額に現れている。飲食費の平均比率は六三・五%と自小作農（同六四・六%）と同水準だが、個々の農家をみると、小作農⑪のように八一・八%、小作農⑤七九・〇%、小作農⑩七七・八%、小作農③七六・六%と、支出のほとんどが飲食費に費やされる農家の割合が多い。小作農一五戸のうち黒字経営は四戸にすぎず、ほか一一戸は赤字経営である。また、経営主に「無学」と記載された不就学・非識字者が多いのも特徴である。自作農ではいわゆる「無学」は二人⑧⑭、自小作農二人⑩⑪だが、小作農では六人②⑩⑪⑫⑭⑮に増加する。

学齢期児童をかかえる一一戸のうち、就学者を輩出しているのは四戸であるが、すべて普通学校への就学①⑤⑥⑦である。書堂就学者は不在だった。不就学者のケースは七戸②③⑧⑨⑩⑪⑫である。これも四類型に分類した。

〈**類型1**〉就学格差のある兄弟姉妹型——二戸

小作農①では、孫一一歳は公立普通学校二年在学中だが、その姉である孫女一四歳は「諺文解得」とあるだけなので不就学のようである。

小作農家⑤の長男一一歳は普通学校四年在学だが、長女は「無学」と記載され不就学である。両方とも赤字を出しながらの就学である。とくに、農家⑤の場合、現金支出の二一・五%に当たる一二円七〇銭を教育費として支出しているが、差引額が九円一〇銭であることから、教育費が赤字の原因となっていることがわかる。

〈**類型2**〉就学格差のない兄弟姉妹型——一戸

小作農②は長男一五歳、長女一〇歳とも教育費計上がないので不就学と推測される（家計はわずかに黒字）が、識字という点に着目すれば長男は「諺文解得」であるが、長女には記載がないので非識字者であろう。

〈**類型3**〉兄弟・男子型——就学1戸、不就学一戸

小作農⑦では、次男八歳は普通学校一年に在学中である。家庭経済は黒字であるが、教育費は五八円六五銭と、

表1・3　小作農家族の就学状況（1930〜32年）

	階級／番号 家族数＋ 雇用人数	家族構成と 年齢	就学・識字状況	所得 （円）	家計費（円）				差引
						飲食費	**教育費**	家計費 総計	
京畿道	小作農① 家族5人 ＋ 年雇1人	経営主64	1931年1月死亡	433.55	現金現物計	281.37	**6.07**	510.36	−76.81
		長男36	「漢学能解」		同比率	55.1%	1.2%	100.0%	
		長男妻40	「諺文解得」		うち現金		6.07	189.09	
		孫女14	**「諺文解得」**		同比率		3.2%		
		孫11	**「公普校2年在学中」**						
		（年雇27）	「無学」						
	小作農② 家族4人	経営主46	「無学」	255.77	現金現物計	168.60	0	252.93	2.84
		妻38	「諺文解得」		同比率	66.7%	0.0%	100.0%	
		長男15	**「諺文解得」**					48.23	
		長女10							
	小作農③ 家族5人	経営主33	「漢学及諺文能解」	204.67	現金現物計	168.15	0	219.53	−14.86
		妻35	「諺文能解」		同比率	76.6%	0.0%	100.0%	
		長女11						46.3	
		長男5、次女2							
全羅南道	小作農④ 家族5人 ＋ 年雇3人	経営主29	「諺文ヲ解ス」	384.96	現金現物計	262.62	0	354.20	30.76
		妻24	「無学」		同比率	74.1%	0.0%	100.0%	
		母63	「無学」		うち現金			67.30	
		長男5、長女1							
		（年雇21,50,22）	「無学」						
	小作農⑤ 家族7人 ＋ 年雇2人	経営主39	「諺文能解」	402.31	現金現物計	325.09	**12.70**	411.41	−9.1
		妻33	「無学」		同比率	79.0%	3.1%	100.0%	
		長男11	**「普通学校4年在学」**		うち現金		12.70	59.05	
		長女8	「無学・子守」		同比率		21.5%		
		二女6、三女4、長男1							
		（年雇17,18）	「無学」						
	小作農⑥ 家族6人 ＋ 年雇2人	経営主43	「諺文ヲ解ス」	406.30	現金現物計	349.70	**13.55**	538.32	−132.02
		妻40	「無学」		同比率	65.0%	2.5%	100.0%	
		長女15	**「普通学校6学年通学」**		うち現金		13.55	183.72	
		二女11			同比率		7.4%		
		長男6、三女2							
		（年雇27,25）							
	小作農⑦ 家族8人 ＋ 年雇4人 季節雇1人 下女1人	経営主37	「漢文能解」	664.03	現金現物計	422.39	**58.65**	649.43	14.6
		妻42	「諺文能解」		同比率	65.0%	9.0%	100.0%	
		長男20	「農蚕学校卒業」		うち現金		58.65	163.54	
		長女16	「諺文稍解」		同比率		35.9%		
		長男妻21	「諺文能解」						
		二男8	**「普通学校1年生」**						

慶尚南道		祖母90、母68							
		(年雇（28,20,25,21）	「無学」						
		(季節雇13)	「無学」						
		(下女17)							
	小作農⑧家族7人	経営主42	「漢文能解、講習所修業」	299.77	現金現物計	234.51	0	384.76	−84.99
		妻40	「諺文能解」		同比率	60.9%	0.0%	100.0%	
		長男18	「普通学校卒業」		うち現金			127.4	
		長女16	「諺文能解」						
		二女10	「子守」						
		三女7							
		二男4							
	小作農⑨家族8人	経営主25	「諺文能解」	376.11	現金現物計	192.20	0	406.08	−29.97
		妻22	「無学」		同比率	47.3%	0.0%	100.0%	
		祖母69	「無学」		うち現金			137.91	
		母44	「無学」						
		弟22	「諺文能解」						
		一妹18	「諺文能解」						
		一妹15	「無学」						
		長女1	扶養						
平安南道	小作農⑩家族5人	経営主63	「無学」	126.38	現金現物計	86.74	0	111.44	14.94
		妻52	「無学」		同比率	77.8%	0.0%	100.0%	
		長男17	「諺文及漢文解得」		うち現金			21.4	
		長男妻17	「無学」						
		長女9							
	小作農⑪家族6人＋年雇1人	経営主49	「無学」	78.83	現金現物計	73.51	0	89.86	−11.03
		妻39	「無学」		同比率	81.8%	0.0%	100.0%	
		長女13			うち現金			18.96	
		二女9							
		長男4							
		三女1							
		(年雇62)							
	小作農⑫家族7人	経営主58	「無学」	118.48	現金現物計	115.13	0	163.84	−45.36
		妻48	「無学」		同比率	70.3%	0.0%	100.0%	
		長男24	「普通学校4年修業」		うち現金			47.94	
		長男妻21	「無学」						
		長女18	「無学」						
		二男9							
		長孫2							
	小作農⑬家族11人＋下女1人	経営主32	「普通学校卒業、国語漢文能解」	545.83	現金現物計	333.8	0	626.69	−80.86
		弟19	「普通学校5年修業」		同比率	53.3%	0.0%	100.0%	
		妻34	「無学」		うち現金			229.57	

	＋ 年雇1人	母45	「無学」						
		弟妻22	「無学」						
		祖父77、長姪男3、次姪女1、長女6、二女2、養女（孤児）6							
		（下女28）							
		（年雇17）							
咸鏡南道	小作農⑭ 家族7人	経営主74	「無学」	421.21	現金現物計	290.57	0	438.01	－16.8
		三男34	「無学」		同比率	66.3%	0.0%	100.0%	
		五男23	「諺文稍解」		うち現金			120.13	
		妻62	「無学」						
		三男妻25	「無学」						
		五男妻19	「無学」						
		孫娘2							
	小作農⑮ 家族7人	経営主56	「無学」	414.01	現金現物計	250.15	0	439.39	－25.38
		長男30	「普通学校卒業」		同比率	56.9%	0.0%	100.0%	
		二男22	「普通学校卒業」		うち現金			88.65	
		長男妻29	「無学」						
		二男妻19	「無学」						
		長孫娘4、二孫娘1							
			上記小作農平均	342.15	現金現物計 同比率	236.97 63.5%		373.08	－30.94

（出典）　表1・1と同じ。
（注）　表1・1に同じ。

現金支出の三五・九％に当たるので高い出費となっている。そのうえの兄弟姉妹に注目すると、長男二〇歳は「農蚕学校卒業」だが、長女一六歳は「諺文稍解」と記載されとくに就学はしていないようである。

小作農⑫の二男九歳は就学の記載や教育費の計上もないので不就学であるが、長男二四歳は「普通学校四年修業」し、長女一八歳は不就学である。

〈類型4〉姉妹・女子型——就学一戸、不就学五戸

姉妹間に就学格差があるケースは、小作農家⑥である。長女一五歳は普通学校に就学しているが、二女一一歳は不就学である。

それ以外の姉妹だけ⑧⑪、女子だけ③⑨⑩の五戸は、いずれも不就学である。小作農⑩では家庭経済が黒字でも、長女九歳は就学させていない。

ところが、学齢期を超過した兄弟に注目すると、⑧のように長男一八歳は普通学校卒業者で長女一六歳は「諺文能解」であり、就学者・ハングル識

字者を輩出している。また⑩でも長女九歳は不就学（教育費計上がない）だが、長男一七歳は「諺文及漢文解得」という記載から書堂修業者であったことが推測できる。

小作農家では就学者を輩出する戸数が四戸と少なく、また類型2のように就学についての性別格差がない場合でも、ともに就学するのではなく、ともに不就学であるところが他の階級とは異なっている。しかし、就学決定要因が、経済要因というよりは児童の性別に基づく傾向は、自作農・自小作農〈階級〉との違いはないようである。

最後に注目したいのは、表にはそれぞれ（　）で記したが、学齢期に属する児童のなかで、「年雇」「季節雇」／「下女」が少なくないことである。「年雇」は、自作農③で一五歳、自小作農③一一歳（両方とも京畿道）、自小作農⑨一五歳（慶尚南道）の三人、「季節雇」では小作農⑦一三歳の一人がある（慶尚南道）。「下女」では自作農⑦では一四歳、自小作農⑧で一四歳、同⑨で一二歳と三人いる（すべて慶尚南道）。

彼／彼女らの学歴は「無学」との表記のほか記載がない場合もあるので正確には不明だが、いずれも学齢期に「住込」で働いている例が多い（自小作農⑨以外）。また、「年雇」のうち二人は「住込」とあるだけで労賃の記載はない。もう一人の「年雇」の「年給籾一石被服費三円六五銭雑給四五銭」の記載（自小作農⑨）や、「季節雇」にも「給食ノ外一円六〇銭支給」（小作農⑦）記載から、薄給であっても支払われたことがわかる。しかし、「家事、雑役」に従事した「下女」三人とも「給衣給食ノ外労賃ナシ」の記載のみなのである。学齢期にあるにもかかわらず、「下女」「年雇」「季節雇」として多くの場合は住み込みで働く前記の状況は、窮農出身の子女は、就学どころか生存自体が困難である状況を物語っている。

3　朝鮮人女性の「不就学」にみる階級とジェンダー

以上の自作農・自小作農・小作農三階級各々一五戸＝四五戸の学齢期児童（七〜一五歳）の就学・識字状況をまとめたのが表2である。ここでは、就学・識字の有無、初等教育機関の選択から、次の四つ、つまり⑴普通学校「就学」児童、⑵書堂「就学」児童、⑶「不就学・識字」児童、⑷「不就学・非識字」児童、に分類して分析してみよう。

不就学・識字者			不就学・非識字者		
児童数	男子	女子	児童数	男子	女子
2 8.7%	0 0.0%	2 16.7%	11 47.8%	2 18.2%	9 75.0%
1 4.8%	0 0.0%	1 7.7%	12 57.1%	1 12.5%	11 84.6%
2 11.8%	1 20.0%	1 8.3%	11 64.7%	1 8.3%	10 83.3%

昭和五年度』、同会『農家経済調査（慶尚南道ノ分）
道ノ分）昭和六年度』より作成。
現在書堂就学中の16歳男子を延べ人数として繰り入

⑴　普通学校「就学」児童

『農家経済調査』においても〈階級〉の別に関わりなく就学・修業者を輩出した点は、盧東奎の調査を裏付けるものである。しかし、盧東奎の調査では可視化できなかった〈ジェンダー〉に注目すると、表2からみえてくるのは、第一に、普通学校就学者・修業者のほとんどは朝鮮人男子（自作農七人中六人、自小作農六人中五人、小作農四人中三人が男子）であることである。第二に、書堂を含めると自作農家全体でも男子一〇人中九人、自小作農男子八人中七人、小作農男子四人中三人が就学していることである。

自作農男子の普通学校就学率が自小作・小作に比して低いが、それは自作農の①④「不就学・非識字」男子のうち、①の四男七歳は記載がないため不就学に分類したことによる。しかし、このケースは上の

表2　農家児童の初等教育機関への就学・識字にみる階級とジェンダー

階級別	調査対象	学齢期児童家庭・数				普通学校就学			書堂就学		
			児童数	男子	女子	児童数	男子	女子	児童数	男子	女子
自作農	15戸	11戸	23	11	12	7 30.4%	6 54.5%	1 8.3%	3 13.0%	3 27.3%	0 0.0%
自作兼小作農	15戸	10戸	21(20)	8(7)	13	6 28.6%	5 62.5%	1 7.7%	2 9.5%	2 25.0%	0 0.0%
小作農	15戸	11戸	17	5	12	4 23.5%	3 60.0%	1 8.3%	0 0.0%	0 0.0%	0 0.0%

（出典）　朝鮮農会『農家経済調査（京畿道ノ分）昭和五年度』、同会『農家経済調査（全羅南道ノ分）
昭和六年度』、同会『農家経済調査(平安南道ノ分）昭和六年度』、同会『農家経済調査（咸鏡南
（注）　１．学齢期児童の年齢は「7歳～15歳」とした。ただし、自小作農出身で普通学校修業後に
れた。したがって、自小作農児童数は延21人（20人）、男子延8（7人）である。
２．男子、女子の就学率は、それぞれ男、女子の総数に対する割合である。

兄弟三人が公立普通学校・書堂に就学していることから、将来どちらかへの就学行動が予想されるので自作農の潜在的な就学率は高くなると思われる。さらに、自作農⑬では長孫一九歳が京城儆新学校に遊学しているので、自作農は中等教育も含めての学校就学者を輩出していることになる。

即ち、調査対象となった農村の学齢期男子の普通学校就学率は五四・五～六二・五％となり、男子の場合では〈階級〉の別にかかわりなく、二人に一人以上は普通学校に就学したことになる。これに対し、女子は各階級別に一人ずつ就学者を輩出しているが、その学齢期女子の就学率は七・七～八・三％にすぎない。

したがって、普通学校へ就学機会を優先的に獲得したのは、やはり男子であった。

(2)　書堂「就学」児童

書堂へは自作農・自小作農から就学者を輩出しているが、その児童数は普通学校に比して半分である（自作農三人、自小作農二人）。この調査では小作農からは書堂就学者を輩出していないが、小作農⑩の長男一七歳は「諺文及漢文解得」者であるので、書堂修業者であった可能性が高い。

性別に注目すると、普通学校と異なるのは、書堂就学者がすべて男

子である点である。書堂には在来書堂と改良書堂の二種類があり、一九三〇年以降は後者に女子が就学するケースも漸増するが、この調査の時点では書堂＝男子専門の教育機関として機能したと思われる。

また、書堂就学者の家計は必ずしも赤字ではなく（自作農①④⑩）、自小作農⑤では普通学校修業後に書堂に就学している点、また自小作農⑧では経営主である父親が漢文書堂に従事した点に注目する必要がある。この調査での書堂就学は、自小作農⑤⑧のように、必ずしも普通学校の補助的機関という機能への期待よりは、積極的に漢文及びハングル習得のため書堂就学を選択した可能性が高い。普通学校では代替できない漢文・ハングル識字習得という教育役割を書堂が農村で果たしていたことが窺える。

(3)「不就学・識字」児童

興味深いのは、各〈階級〉に不就学でありながら、識字者が存在することである。そうした記載があった五人のうち四人は女子である。五人にはいずれも「諺文能解」（自作農⑦長女一五歳）／「諺文稍解」（自作農⑮長女一五歳、自小作農⑧長女一一歳）／「諺文解得」（小作農①孫女一四歳、小作農②長男一五歳）と記されているので、ハングル識字技能を有していたことがわかる。書堂では漢文を習得すると必然的にハングルも習得できる仕組みになっているが、ハングル識字だけの習得であるので、そのような児童がいる農家における識字技能の獲得に関しては、次の二つのルートが考えられる。

一つは、家庭教育である。この調査では、「不就学・識字」者の保護者、とくに母親がハングル識字技能を有していた場合が多いので、児童の識字技能の獲得は家庭教育で担われていた可能性が高い（自小作農⑧＝妻三五歳「諺文能解」→長女へ、小作農①＝長男妻四〇歳「諺文解得」→孫女へ、小作農②妻三八歳「諺文解得」→長男へ）。「不就学・識字」児童の存在は、識字習得の場としての家庭教育が植民地期において軽視できない存在であることを示している。

二つめは、家庭教育、普通学校、書堂以外に、個人的に識字技能を伝授する教育の場があったケースである。この調査には、普通学校、書堂就学の記載がないのに教育費が僅少額ではあるが計上されているケース（自作農⑦＝三〇銭、同⑮＝二五銭）があるので、そのような想定が可能である。筆者が聴き取りをした呉基文（一九一二年生、在日朝鮮人一世の女性）の場合は、ハングル識字技能を有する彼女の祖母が近隣の女子を集めてハングルを教授したという。「不就学・識字」児童である場合、このような私塾の存在も想定しうる。

(4)　「不就学・非識字」児童

最後に「不就学・非識字」児童である。その特徴は、第一に、三つの階層にわたって、そのような児童が過半数以上（四七・八〜六四・七％）を占め、もっとも多い存在であることである。第二に、自作農―自小作農―小作農へと下層階級になるほど、その比率が増大する。第三に、そのほとんどが女子であることである。この調査における女子の「不就学・非識字」の比率は七五・〇〜八四・六％を占めており、女子の圧倒的多数である。

以上の分析から、普通学校への就学・不就学に作用した〈階級〉と〈ジェンダー〉の関係性をある程度把握できた。もちろん、調査対象農家が四五戸であり、しかも平均以上に富裕な農家であると考えられる――それでも自作農の過半数は赤字である――ので、これを一般化することには慎重でなければならないが、一九三〇年代初頭の普通学校や書堂などの就学及び識字に関して、おおよその傾向として次の四点を指摘できる。

第一に、普通学校に優先的に就学できたのは、〈階級〉横断的に男子であったことである。書堂に関しては、男子が独占的に就学した。これは兄弟姉妹型の場合男子は就学できたが女子は不就学であったという傾向（類型１：就学格差がある兄弟姉妹型）が三つの階層で共通している点、また兄弟・男子型（類型３）と姉妹・女子型（類型４）を比較すると、前者ではほぼ就学者を輩出しているが、後者では不就学が多いからである。

第二に、普通学校へは、家計費が赤字であるか否かにかかわらず、学齢期児童が男子である場合は、就学行動をとったことである。

第三に、「不就学・非識字」者は、学齢期児童の過半数以上を占めその割合は下層になるほど増加するが、その大多数は女子であったことである。姉妹・女子型（類型4）の農家では家庭経済が黒字であっても、女子は不就学である場合が多い。

第四に、「不就学・識字」者であるケースも、少なからず存在したことである。その場合の識字の種類はハングルであり、しかも女子に多い。学校や書堂以外の家庭教育や私塾等であったことが想定できる。

以上から、一九三〇年代初頭までの朝鮮農村における普通学校就学には、その家庭の経済的基盤のもたらす〈階級〉要因よりも、学校教育に対する性別偏向的な〈ジェンダー〉要因が強力に作用していたと結論づけることができる。

男子の場合は、植民地権力による普通学校就学機会の部分的緩和政策という〈民族〉要因と、赤字を出しながらも就学させるという朝鮮人家庭の〈階級〉要因という双方の緩和がそのまま男子優先的な就学の構築に結びついた。一方、女子にとってはこれらの「限られた就学機会（〈民族〉要因）」と「限られた経済力（〈階級〉要因）」が男子に優先的に配分され、かつ朝鮮総督府、朝鮮社会双方の学校教育への性別偏向的な〈ジェンダー〉規範による要因がより不利に作用したため、就学機会を奪われることになったわけである。朝鮮人男子の〝包摂〟と朝鮮人女子の〝排除〟は、植民地就学構造というコインの裏表の関係で同時に発生したのである（〝排除〟されたなかに朝鮮人男子も多数存在したのはもちろんである）。

ここから、就学動機と関連して、次の二点を新たに提起したい。

第一に、呉成哲が示した朝鮮人の就学動機のうち、④の「生存戦略」を「家族戦略 family strategy」とすべきではないかという点である。個人を前提とした前者よりも、後者のほうが朝鮮人家庭の教育戦略にジェンダーが作用したことを浮き彫りにできるからである。

ここで、「家族戦略」という概念を整理してみよう。西野理子［一九九八］によれば、「家族戦略」概念とは、構造的な条件の下で家族の存続を推進するために、家族内資源状況に配慮しながら最も有効な手段を選び取ることによって外部社会に対処・適応していく人々の一連の行動を説明・解釈するための社会学的な説明枠組みである。この説明原理のメリットは、第一に、構造決定論でも主体的個人主義でもなく、構造的な条件とそれへの家族の能動的な選択という相互作用から説明できること、第二に、個人の生存にとって家族が集団として機能した歴史的条件下で、個人の好みよりも家族集団の都合が優先した歴史的状況が前提とされること、の二つである。しかし、問題となるのは、家族成員間の関係性を一枚岩的に把握し、そこに存在する権力、従属の関係、諍いや異論の存在を見落とす［ウルフ 一九九〇：六四］(4)ことによって家族成員間のジェンダーに基づく権力関係が可視化されないことである。そのため、ここで使う「家族戦略」概念には、家庭内のジェンダー秩序に留意するものとする。

朝鮮人家庭は「教育」獲得を武器とする可能性がある子どもを就学させたが、その教育戦略は、本章が明らかにしたように、ほとんどの場合男子に向けられ、男子がいない家庭の場合などごく限られた家族構成の場合にのみ、女子に就学機会が訪れた。それが朝鮮人家庭内のジェンダー秩序に基づく「家族戦略」であった。即ち、朝鮮人の就学機会可否と序列化を創出した植民地教育政策のもとで、普通学校就学に際し高額授業料負担が不可欠であるために、朝鮮人家庭では家族内資源を考慮して兄弟姉妹のなかで「誰を就学させ、誰を就学させないか」を決めなければならず、社会的な階級上昇の可能性があると想定される男子に優先的に——家計が赤字になっても——普通学校に就学させたことは、植民地社会を生き抜くための「家族戦略」の一環としての教育戦略であった。

したがって、呉のいう朝鮮人の就学動機としての「生存戦略」は、植民地支配という構造的条件下で朝鮮人家族集団の存続のために男子の階級上昇に期待をこめて遂行された「家族戦略」としてとらえなおすべきであると考える。

第二に、第一点めと関連するが、筆者が提起した支配言語である日本語習得という実利的な就学動機（第3章第3節）に関しても、言語・識字技能の習得にもジェンダーが作用したことを提起したい。即ち、一九三〇年代の学校教育への就学／不就学は「男／女」に配分され、さらにそれに対応して男性は日本語習得、女性は非識字に配分されたことを意味するからである。

このように、普通学校「就学」という磁場に、〈民族〉〈階級〉〈ジェンダー〉の諸要因の三つがネガティブに相互作用した結果、膨大な数の朝鮮人女性の「不就学」が創出され続けたのである。

第2節　ライフヒストリーにみる朝鮮人女性の「不就学」

1　ライフヒストリーのなかの「不就学」

普通学校不入学を意味する「完全不就学」に置かれた朝鮮人女性たちは、一九三二年時点で九一・二％という膨大なものであった。一九三三年以降は就学が進み、一九四二年には完全不就学率が六六・〇％までに低下する。しかし、逆に言えば、男子の完全不就学率が一九四二年段階で三四・〇％に低下したのに対し、六六・〇％に及ぶ朝鮮人女性たちは植民地支配末期に至っても普通学校「就学」からまったく排除されたのである。

本節では、「不就学」に置かれた朝鮮人女性たちの状況をより具体的に把握するために、彼女たちのライフヒストリーを取りあげ、いくつかの事例から「不就学」の規定要因を明らかにすることを試みる。ここで取りあげる史料は、元「慰安婦」（女子勤労挺身隊を含む）の証言を集めた韓国挺身隊問題対策協議会・韓国挺身隊研究会（所）編『証言―強制連行された朝鮮人軍慰安婦たち』第1集・第2集及び『中国に連行された朝鮮人慰安婦』（以下、

『中国…』と略記する）である。前者は第1集〜第5集まで発刊（二〇〇二年現在）[5]されており、証言者は第1集一九人、第2集一五人、第3集一四人、第4集九人、第5集九人、合計六六人である。

これらの証言をライフヒストリーとして取りあげることの妥当性を説明しておこう。

第一に、この証言には、家庭環境や就学についての当事者の具体的な語りが記録されていることにある。この証言集のうちの第1集・第2集は、「慰安婦」及び女子勤労挺身隊三人（その後「慰安婦」にされたという）にされた三四人の朝鮮人女性のライフヒストリーを聞き書きし、研究者が比較的系統的に整理して一人称で再構成したという形式をとっている。[6] 証言の内容は「慰安婦」経験や戦後の経験が中心である。しかし、それ以前の家庭環境や就学の有無も含めた生育史は彼女たちが置かれた具体的状況に関する当事者でなければ語り得ない貴重な証言記録となっている。これはまさに女性の「主体の問題」を考察する事態をまねこう。

第二に、本論の対象時期は一九二〇年代後半から一九三〇年代後半だが、この史料の証言者三四人のうち生年不明一名を除いた三三人は、最年長が一九一六年生まれ、最年少が一九三二年生まれであり、学齢期を一九二〇年代前半から一九三〇年代後半の範囲内で迎えていることから、本書の主旨に適うと考えるからである。

以下では朝鮮人女性の教育経験を「不就学」に焦点化し、一九三三年を境の時期として、第Ⅰ期（〜一九三二年）・第Ⅱ期（一九三三年〜）にわけて考察することとする（表3参照）。学齢期は生年に七歳をプラスして推定学齢年齢としたが、義務教育制ではなかったためこの年齢を超えて就学するのは珍しいことではなかった。したがって、第Ⅰ期・第Ⅱ期にまたがる証言者（金春子・一九二三年生だが一〇歳＝一九三三年入学、文必琪一九二五年生だが九歳＝一九三四年頃入学）もいるが、この区別も相対的なものである。しかし、第Ⅰ期二一人、第Ⅱ期一二人の証言から、それぞれの特徴をある程度把握できると思われる。なお、性的被害の証言が中心であるため仮名のケースもあるので（仮名）と表記した。なお、特に断りがない限り、証言集第1集・第2集での語りから直接引用し、その頁数等は省略した。

表3　朝鮮人元「慰安婦」(女子勤労挺身隊含む) 証言者たちの就学状況

時代区分	姓名	生年	推定学齢期(生年+7歳)	出生地	家族兄弟姉妹など	学齢時の出身階層(推定)	就学状況その他	出典
	崔イルレ	1916年	1923年	全羅南道霊岩郡	本人+妹、7歳のとき母病死	窮農(日雇農業労働者)	全機関不就学(貧困)、7歳時母死亡。→家族ごと祖母の家へ。貧乏なので住み込み下女。	Ⅱ
	李得南(仮名)	1918年	1925年	慶尚南道居昌	2男3女の長女	窮農	9歳=1927年頃入学、反対する父への遠慮や家事のため2年で中退。	Ⅰ
	朴順愛(仮名)	1919年	1926年	全羅北道茂朱郡	姉妹6人の3女	自作農(それなりの暮らし)	普通学校2年で中退、夜学でハングル習う。	Ⅰ
	河順女	1920年	1927年	(慶尚南道)晋州→(全羅南道)木浦→霊岩	姉妹8人、本人以外死亡	小作農	12歳=1932年頃入学、中退。父「男児不在のため、替わりに学校へ行かせる」。	Ⅰ
	金徳鎮(仮名)	1921年	1928年	慶尚南道宜寧郡大義面	2男3女の次女	小作農	全機関不就学。「飢え死寸前」、12歳で下女に。	Ⅰ
	呉五穆	1921年	〃	全羅北道井邑	2男3女の長女	窮民(野菜売り)	全機関不就学(貧困)	Ⅰ
	李順玉(仮名)	1921年	〃	慶尚北道盈徳	1男3女の長女	農業・金鉱夫	普通学校不就学。15、16歳=1936、37年頃夜学でハングル習う。教師はキリスト教信者の朝鮮人男性。	Ⅰ
	朴ヨニ(仮名)	1921年	〃	慶尚南道清道郡大成面	2男1女の一人娘	窮農(農業労働者)→土地所有へ。窮農	普通学校不就学。13歳=1934年頃馬山の兄家から働きながら夜学、36年頃馬山の簡易学校へ。兄の反対ですぐ辞める。	Ⅱ
	黄錦周	1922年	1929年	(忠清南道)扶余	1男2女の長女	豊かではないが、ソンビの家系	(父はソウルで中学、日本にも留学するも病死。) 普通学校不就学。13歳で奉公。17歳=1939年教会運営の女子講習会へ通学し、日本語、算数習う。	Ⅰ

第I期（〜1932年）	李相玉	1922年	〃	慶尚北道達城郡達成面	2男3女の長女	富農（父は面長、妹には乳母、作男雇用）	入学前に夜学へ。9歳頃＝1931年頃入学するも兄の反対で中退。10歳＝1932年頃ソウルの学校へ	I
	金粉先	1922年	〃	慶尚北道漆谷	5人兄弟で、長女＋弟、妹の三人	小作農	全機関不就学（貧困）、弟だけ簡易学校へ。	II
	ペ・ショッカン	1922年	〃	全羅北道長水郡半岩面	3姉妹の末っ子	自作農	不明（解説に「文盲に近い」とある）→全機関不就学か。	II
	呂福實	1922年	〃	全羅北道長興邑	2姉妹の長女	窮民（父日雇）	全機関不就学（貧困）、母7歳で死亡したため、家事・子守り・父の看病など。	II
	陳慶澎	1923年	1930年	慶尚南道陝川郡龍州面	1男2女の長女	窮民（作男→7歳時父は死亡。母が日雇い）	全機関不就学（貧困）。家事・子守りなど。	II
	金春子	1923年	〃	京畿道延川郡赤成面京	母48歳の子。兄弟7人死亡、兄も後に死亡	窮農	7歳で将来の結婚を約束して他家に入る、9歳で逃亡。10歳＝1933年頃入学、学費だせず数ヶ月で中退。	II
	金学順	1924年	1931年	（旧満州）吉林省→平壌	生後まもなく父死亡	窮民	普通学校不就学。7歳頃＝1931年頃平壌の教会運営の学校へ4年間通学、学費無料。	I
	文玉珠	1924年	〃	慶尚北道大邱府大明洞	2男2女の次女	（父：独立運動、母＝裁縫や物売り＝窮民）	普通学校不就学。「男の子が通う」書堂で他人の肩越しに、夜学で漢字、ハングル、日本語習う。13歳＝1937年頃勉強したくて渡日。帰国して再び夜学へ。	I
	朴頭理	1924年	〃	慶尚南道密陽郡清道	2男4女の長女	自作農→大工（「少し余裕があった」がその後没落し大工仕事）	全機関不就学（学校に行けた女の子は、村にはほとんどいない」）弟も学校へ通わず父を手伝う。	II
	孫パニム	1924年	〃	慶尚南道河東	5人兄弟の一人娘	富農（農業と果樹園、広い家「苦労して育った覚えはない」）	蓬莱普通学校に3年間通学する（就学年不明）が、母の看病と家事のため中退。	II

	金錦花	1924年	〃	忠清南道天安	兄二人妹2人の長女	窮農（農業労働者、母行商	全機関不就学か。行商にでる母の替わりに家事・子守り。7歳で家出し、ソウルの日本人の家で子守り・掃除など。	Ⅱ
	文必琪	1925年	1932年	慶尚南道晋陽郡智水面	2男9女、うち3娘は死亡	小売業（露天商？）	9歳＝1934年頃入学するも、5日目で父の反対で中退。	Ⅰ
第Ⅱ期（1933年〜）	李玉粉	1926年	1933年	慶尚北道氷川郡	3男1女の一人娘	富裕層（乾物屋、富農）	11歳＝1937年頃氷川南部小学校に1年半通学。12歳で連行。	Ⅰ
	李容女	1926年	〃	京畿道驪州郡北内面	5人兄弟の長女	窮農	全機関不就労（貧困）。8歳で奉公、11歳でソウルで女工・奉公、14歳で売られる。	Ⅰ
	金台善（仮名）	1926年	〃	全羅南道康津郡鶴鳴里	3姉妹の末っ子、10歳の時父行方不明	自作農の伯父の家で育つ	10歳＝1936年頃光州の北町普通学校に4年間通学。	Ⅰ
	崔明順（仮名）	1926年	〃	ソウル・東子洞	2男2女の次女	窮民（「よその家の手伝い」「生活苦しい」）	11、12歳＝1937、38年頃にソウルのファガン小学校に入学するも、引っ越しと学費出せず中退。	Ⅰ
	金福童	1926年	〃	慶尚北道梁山	6女の4女	地主（多くの土地所有、小作料払う人も多く「暮らしはかなりよい方」→その後没落、父死亡後無一文に）	梁山小学校を4年まで通学するが、連行の噂で母により退学。1930年代末頃と推定。	Ⅱ
	李容洙	1928年	1935年	慶尚北道大邱府	祖母、両親＋5男1女の一人娘	小作農	達城普通学校に入学（就学年不明）するも家庭事情で1年で中退、13歳＝1941年頃夜学へ1年通い歌や日本語習う。	Ⅰ
	姜舞子（仮名）	1928年	〃	日本滋賀県彦根市	2男1女の長子	測量士等	小学校不就学。東京では学校に通えず、夜学へしばらく通うが閉鎖される。	Ⅱ
	尹頭理	1928年	〃	慶尚南道釜山府	3男4女の4番目	父建築業・土地所有、富裕層、14歳時父死亡	彼女だけソウルの叔母の家からチョニョン普通学校に通学。	Ⅰ
	崔ジョレン	1928年	〃	全羅北道全州郡全州面	長女	窮民（11歳時両親出稼ぎ、3年後ソウルで商売）	全機関不就学（貧困）。ソウルでは他人の家の飯炊き。	Ⅱ

姜徳景＊	1929年	1936年	慶尚南道晋州水晶洞	父は早くに死亡、母再婚のため、母方の実家で育つ	富裕層	9歳時頃？＝1938年頃吉野国民学校に6年間通学、高等科へ入学。	Ⅰ
朴スニ（仮名）＊	1930年	1937年	（慶尚南道）陜川	8人兄弟の三女	農業・小売業（「どうにか食べれる程度」）	9歳時＝1939年頃、陜川国民学校入学、6年時に挺身隊へ。	Ⅱ
金ウンジン（仮名）＊	1932年	1939年	慶尚北道大邱府ポンサン洞→ソウルへ	兄＋5人姉妹の3女（父は培材学堂出身、独立運動家）	実業家（ボクシング事務、骨董店経営）	7歳？＝1939年頃学校へ、6年まで通う。	Ⅱ

（出典）　第Ⅰ期は、韓国挺身隊問題対策協議会・挺身隊研究会編（従軍慰安婦問題ウリヨソンネットワーク訳）『証言―強制連行された朝鮮人軍慰安婦たち』明石書店、1993年。第Ⅱ期は、同編『証言集2―強制連行された朝鮮人軍慰安婦たち』図書出版ハンウル、1997年。

（注）　1．学齢を「＋7歳」にしたのは、第二次朝鮮教育令（1922年）で「普通学校ニ入学スルコトヲ得タル者ハ年齢六歳以上ノ者トス」（第五条）に基づき、数え年齢により＋7歳とした。ほかの年、年齢も推定である。

2．名前の末尾の「＊」がついている3人は、「女子勤労挺身隊」に動員されたケースを示す。

3．初等教育の名称は、1937年まで「普通学校」、1938〜40年までは「小学校」、1941〜45年までは「国民学校」という変遷があるが、出典の原文では統一が取れていないので時期に即して三つの名称を適用する。

1　第Ⅰ期（〜一九三二年）の朝鮮人女性の「不就学」

普通学校「完全不就学率」や中退率の推移にみる第Ⅰ期の特徴は、女子の「不入学」（完全不就学）が常態化していたこと、就学しても「中途退学」（部分不就学）がほとんどであったことである。証言ではどうだろうか。

証言者三三人のうち、第Ⅰ期に学齢期を迎えたのは二一人であった（一九一六年生の崔イルレから一九二五年生の文必琪まで）。彼女たちの出身〈階級〉からみてみよう。比較的生活に余裕があったとみられるのは、朴順愛《バクスネ》（仮名、一九一九年生）、李相玉《イサンオク》（一九二二年生）、孫《ソン》パニム（一九二四年生）ぐらいである。朴順愛（仮名）のケースでは、父が自作農として「それなりの暮らし」を営み、李相玉のケースは父が行政の末端単位である面長をつとめ、作男を雇って農業を営み妹たちには乳母がつくなど、「比較的暮らしは裕福」だったと語る。孫パニムは、父が農業と果樹園を営み小作人がおり「幼い頃から苦労して育った」記憶はないという。彼女たち三人は自作農等の富農に属した（普通学校に就学した）が、それ以外は小作農・窮農・窮民などがほとんどであった。

以上をふまえて、教育経験の特徴を普通学校に対し(1)完全不就学（＝不入学）、⑵部分不就学（＝中途退学）に分類して考察してみよう。

第Ⅰ期に学齢期を迎えた証言者二一人のうち、普通学校「不入学」者は、一四人であった。このことは、第Ⅰ期、とりわけ一九二〇年代の普通学校「完全不就学率」（前節参照）に照らして何ら不思議ではなく、むしろ「完全不就学率」が九〇％以上であったことを考慮すると少ない数といえる。

⑴　普通学校「完全不就学（＝不入学）」

このうち、あらゆる教育機関に「不就学」であったと判断できるのは九人である。[7] その理由を自ら「貧困」と述べたのは五人（崔《チェ》イルレ、呉五穆《オオモク》、金粉先《キムブンソン》、呂福實《ヨボクシル》、陳慶澎《チンギョンペン》）、貧困と想定できるのが四人（金徳鎮《キムドクチン》＝仮名、朴頭理《パクドゥリ》、ペ・ジョッカン、全綿花《チョンクムファ》）である。全員「小作農」「窮農」「窮民」出身であった。証言から具体的にみてみよう。

崔イルレ（一九一六年生）は、父は日雇い農業労働者だったため「日に一度の食事すらも口にできないこともたびたび」という貧しい暮らしのなかで（七歳時に母死亡）、幼いうちから子守り等をし、また他人の家に住み込みで働かねばならず、「学校や勉強がどんなものなのかも知らずに暮らした」と語った。朴頭理（一九二四年生）は一九三〇年代初頭に学齢期を迎えるが、「学校には一度も行ったことがありません。あの頃学校に行けた女の子は、私たちの村にはほとんどいませんでした。私は今でも字を全く読めません」と述べる。就学した女子は「私たちの村にはほとんどいない」という彼女の証言は、前節の『農家経済調査』分析した際に〈階級〉横断的に女子の不就学・非識字が常態化していたという史料を裏付けるものであろう。金徳鎮（一九二一年生）も、「飢え死寸前」の生活状況のなかで「食い扶持を減らすため」、一二歳から下女になっている。このように、幼い時から家事や住み込みの下女や奉公をしたために、学校就学どころではなかった。前出農家四五戸に出てくる住み込みの下女たちは、具体的にはこのような最下層出身の女性であったのは想像に難くない。

しかし、貧困な家庭状況であっても、金粉先（一九二二年生）の場合は、「貧しかったので私は学校に行けず」

「女たちは誰も勉強どころではなかった」が、彼女の弟（一人息子）は簡易学校に行ったと語る。経済的に苦しくても息子の就学を優先したのは、前節で考察した通り、家族内ジェンダー秩序に基づく「家族戦略」とみることができるだろう。

普通学校以外の教育機関に通ったのは、五人（のべ八人）である。就学先は「男の子が通う」書堂だったと語るのは文玉珠《ムンオクチュ》（一九二四年生）、私設学術講習会に通ったは李順玉《イスノク》（一九二一年生、仮名）、朴《パク》ヨニ（一九二一年生、仮名）、黄錦周《ファングムジュ》（一九二二年生）、文玉珠、金学順《キムハクスン》（一九二四年生）の五人、簡易学校には朴ヨニ（一九二一年）が一六歳時に通った。彼女たちの出身階層（推定）は農業・金鉱夫、窮農・窮民であったので、あらゆる意味で不就学であった前記九人と類似する階層と思われる。「ソンビ（＝学識者）の家系」（黄錦周）、「父が独立運動家」（文玉珠）等の要因も作用したことを想像させる。なお、金学順が四年間通ったのは、学費無料の「平壌の教会が運営する学校」であったので、私立各種学校であった可能性がある。

このように、第Ⅰ期に普通学校「完全不就学」であった者に、富裕層出身者は皆無であった。一九二〇年代は男子でも富裕層しか就学しなかったので、そもそも高額授業料を負担できる経済的な基盤をもつ〈階級〉に属さなかったことが不就学の原因と考えられる。しかし、それだけではなく、「学校にいけた女の子は、私たちの村にはほとんどいない」（朴頭理）、「女たちは誰も勉強どころではなかった」（金粉先）という証言や、前記「完全不就学」一四人中九人が書堂・私設学術講習会等へも「不就学」であったことは、女子の教育獲得それ自体が度外視されていたこと、即ち第Ⅰ期には女子教育に否定的なジェンダー規範がそれだけ強く作用していたことを示している。

(2)　普通学校「部分不就学（＝中途退学）」

第Ⅰ期に普通学校に入学したのは二一人中七人であったが、七人全員が中途退学、したがって「部分不就学」であったことである。七人には、前述した比較的富農に属した三人を含め、とりあえず普通学校に入学可能な経済的な基盤を有していたにもかかわらず、全員が中途退学したのは次の理由からであった。

第一に、女子への教育を嫌う「父兄」が原因で就学継続を断念させられたことである（三例）。李得南《イトクナム》（仮名、一九一八年生）は「貧乏な暮らし」であったが、九歳の時（一九二七年頃）に父に内緒で母が学校に入学させてくれたにもかかわらず、ある日父に見つかり「女のくせに何が勉強だ」と本を包んだ風呂敷きを竈の火に放りこまれた。それでも母は女の子でも生きていくために学ばなくてはと学校に行かせてくれたが、父への遠慮や家の仕事で結局二年で中退した。李相玉（一九二二年生）は、家が比較的裕福ながら夜学を経て九歳で学校に入ったが、三歳上の兄に「女が勉強して何になる」と反対され行けなくなった。学校入学五日目に就学を断念させられたのが文必琪《ムンピルギ》（一九二五年生）である。両親は「さつまいも、魚、柿、菓子を売る小さな店」を経営し田畑も所有するほどであったが、九歳の頃（一九三四年前後）に入学した彼女は「女が勉強すると狐になる」といって父によって教室から引きづり出され教科書も燃やされ、二度と勉強しないことを約束させられた。

第二に、本人の意思に基づく中退のケースである（二例）。一人っ子の河順女《ハスンニョ》（一九二〇年生）は学費負担の余裕がなかったが一二歳で入学した。父は「余裕があって行かせるのではない、男の子がいないから行かせるのだ」と語って無理やり就学させようとしたが、彼女は他の児童との年齢差もあり通学を嫌って家出した。このケースも、家族から学校入学者を輩出させる際に男子不在の場合に限って女子に就学機会が与えられる「家族戦略」をかいま見せるが、本人が通学を嫌って中断した。もう一人は、普通学校二年まで通学したが「学校に行かず山に行って遊んでばかりいた」ため、母に「そんなことなら学校をやめてしまえ」といわれ「ちょうどよかった」と学校をやめたと語る朴順愛（＝仮名、一九一九年生）である。彼女は一六歳で結婚するが新郎は「無学」であったという。彼女たちにとって、学校は卒業しなければならない必要に迫られていなかったのであろう。

それ以外には、学費負担という経済的理由により入学後数ヶ月で退学（金春子《キムチュンジャ》、一九二三年生）、母の看病・家事のため二年で退学（孫パニム、一九二四年生）という事例があった。前者は〈階級〉要因に、後者は女性に課されたという意味でジェンダー要因に関わる。

以上のように、第Ⅰ期に学齢期を迎えた朝鮮人女性のライフヒストリーで特徴的なのは、第一に、普通学校「不入学」、入学後の「中途退学」という意味では二一人全員が普通学校「不就学」であったこと、第二に、入学／不入学の分化には出身〈階級〉に基づく経済力が作用したこと（就学＝自作農以上、不就学＝小作農以下）、また経済力が伴わなくても親の就学志向が反映した例（李得南＝仮名の例）もあったが、第三に、中退の事例でみたように、その有力な理由は家父長的な家族（「父・兄」）が女子への教育を忌避したという女子にのみ課された〈ジェンダー〉要因が根強かったこと（李得南、李相玉、文必琪）こと、第四に、女子本人による就学継続の拒否の事例は、卒業という学歴が女子本人や家族にとって社会生活を営むうえで重要な価値をもつとは認識されていなかったことを示している。

2　第Ⅱ期（一九三三年〜）の朝鮮人女性の「不就学」

続いて、第Ⅱ期に学齢期を迎えた少女たちの就学状況は、どのように変化したのだろうか。一二人の証言からみてみよう。

一二人のなかで、比較的生活に余裕があるとみられるのは、李玉粉《イオクプン》（一九二六年生）、金福童《キムボットン》（一九二六年生）、尹《ユン》頭理《ドゥリ》（一九二八年生）、姜徳景《カンドクキョン》（一九二九年生）、金ウンジン（一九三二年生）などである。このうち、姜徳景や金ウンジンは女子勤労挺身隊に動員させられた三人のうちの二人である（もう一人は朴スニ＝仮名）。ここでは、(1)「完全不就学」、(2)「部分不就学」という分類に加えて、(3)不就学者の就学志向を分析してみたい。(3)は第Ⅰ期から第Ⅱ期の過渡期である一九三〇年代初頭頃（＝第Ⅰ期の終わり頃）から顕著になり始めた変化であるので、第Ⅰ期に属する証言も含めて考察してみよう。

(1) 普通学校「完全不就学(=不入学)」

普通学校「不入学」(含小学校)者は、一二人中三人(李容女《イヨンニョ》、崔《チェ》ジョンレ、姜舞子《カンムジャ》)である。三人とも貧困がその原因と語った。「窮農」出身である崔ジョンレ(一九二八年生)は、「貧しかったので学校に通うことはおろか、他人の家の飯炊きをしなくてはならなかった」と語る。同じく貧農層に属した李容女(一九二六年生)も「生活が苦しかった」ため八歳で奉公に出た。

その事情は、在日朝鮮人子女でも同様であった。日本で誕生・居住した姜舞子(仮名、一九二八年日本滋賀県生、一三歳時に帰国)のケースでは、父母が底辺労働者として日本各地を流転したことにより「生活が苦しかったため学校には入れませんでした」と述べている。日本に居住する朝鮮人子女も一九三〇年以降は義務教育制の対象とされたが、このケースが物語るように実際は不就学者(とくに女子)が多数存在した。そのため一九四二年時点でも在日児童の就学率は六七・四%[田中勝文 一九六七:一六二]であったのは第2章で述べた通りである。彼女は東京で母の知人が開いた夜学に通ったが、ある日先生は捕まり本が燃やされたという。

このように、普通学校入学者が急増する第Ⅱ期以降も、朝鮮社会の貧農層に属する女子の不就学は不断に創出され続けた。それでも第Ⅰ期と比べると「完全不就学」者が相対的に減少する方向にあったと思われる。

(2) 普通学校「部分不就学(=中途退学)」

前記(1)にも関連するが、第Ⅱ期の注目すべき変化は、普通学校入学者が相対的に増えたこと、少数ながら卒業生が出現したことである。即ち、第Ⅰ期に比して、完全不就学者及び部分不就学者のいずれも相対的に減少する傾向にあった。

これを表3から確認すると、第Ⅱ期の一二人中、九人が普通学校(一九四一年から国民学校と改称)に入学した。金ウンジン(一九三二年生)の父は培材学堂(朝鮮最初のキリスト教系私立学校)出身の独立運動家であったが、彼女が五歳の時に子どもをソウルで育てたいと引っ越しをしソウルにある学校に入学したというケースもある。

一方、普通学校入学者の内訳をみると、中途退学四人、卒業及びそれに準ずるのは三人、不明が二人である（金《キム》台善《デソン》＝仮名、尹頭理）。まず、中退者からみると、入学後一年半〜四年通って学費や家庭事情のために退学したケース（崔明順《チェミョンスン》＝仮名、李容洙《イヨンス》）がある一方で、連行の噂による自主退学（金福童）や実際の連行による中断（李玉粉）があった。後者は朝鮮人の戦争動員が始まった戦時期を含む第Ⅱ期の特徴を示すが、第Ⅰ期に存在した「遊びたいから」「学校を嫌って」という本人の意思による中退ではない。また、第Ⅰ期に顕著であった女子への学校教育忌避という理由が見あたらないが、先述した入学五日後に退学させられた文必琪（一九二五年生）のケースは一九三四年頃に起こったので、第Ⅱ期でも例外とはいえない。朴ヨニ（一九二一年生）も一六歳（一九三七年頃）に簡易学校に入学したが、学校に行けなかった兄（事実上の「家長」）に「じっと家にいて嫁に行け」と反対され、抵抗できずに退めた。わずかな事例だが、結婚には教育は不要という儒教的な女性観が示されている。

次に、卒業またはそれに準ずるものは、女子勤労挺身隊として動員された次の三人である。普通学校卒業後に高等科に入学した姜徳景（一九二九年生）、六年生まで国民学校に在学した金ウンジン（一九三二年生、両者とも仮名）、朴スニ（一九三〇年生）である。三者に共通するのは、一九三〇年前後に生まれ、一九三七年に始まる「第二次計画」以降に総督府が女子教育を本格化した頃に就学し、徹底した「皇民化」教育を受けたことである。入学時に比較的裕福な家庭出身であったのは姜徳景・金ウンジンであったが、金ウンジンは学校二・三年頃に独立運動家であった父が中国に行った（亡命？）ため、貧しい生活をやり繰りして通学した。一方、朴スニは「どうにか食べていける程度」の農家出身であり裕福とはいえないが、姉たち（年齢不明）も就学・卒業した。

そうした金ウンジン・朴スニが女子勤労挺身隊に進んで参加を希望したのは、本人が皇民化教育を内面化したこともあるが、「日本に行き（女学校で）勉強させてあげる」という教師の強い勧誘があったためであった。植民地権力は、貧困ゆえに諦めていた女学校就学という幻想に訴えることによって彼女たちの動員に成功した［山田昭次二〇〇二〕。この二つの事例は、次の(3)に述べるように、朝鮮人女性が強い就学志向を持つに至ったことと関連するが、それが中等教育水準に及ぶようになったことを示している。

(3) 不就学者の就学志向

第Ⅰ期に学齢期を迎えた時点で「不就学」であっても、自らの就学意思をある程度実現できる一〇代になって就学したケースが少なくないことである。その場合、どのケースも一九三〇年代に入ってからの就学であることが注目される。学齢期を過ぎて普通学校や夜学に入学したのは、河順女(一九二〇年生。一二歳頃＝一九三二年頃普通学校入学・中退)、李順玉(仮名：一九二二年生。一五・一六歳頃＝一九三六・三七年頃に夜学へ)、朴ヨニ(仮名：一九二一年生。一三歳＝一九三三年頃に夜学、一六歳＝一九三七年頃に簡易学校)、黄錦周(一九二二年生。一七歳頃＝一九三九年頃に女子講習会)、李相玉(一九二二年生。夜学を経て九歳＝一九三一年頃に普通学校入学後すぐ中退。一〇歳頃＝一九三二年頃ソウルの学校へ)、金春子(一九二三年生。一〇歳頃＝一九三三年頃普通学校入学費だせず中退)の六人(普通学校三人、夜学・簡易学校三人)であった。

これらを具体的にみていこう。兄に反対されて通学を断念した前記の李相玉(一九二二年)は、隣家の姉が通学するのを見て「羨ましくて仕方なかった」と述懐する。結局、彼女は一〇歳のときに学校に行きたくて家出し、ソウルの伯母の元で通学した。また、一九三〇年代初頭に学齢期を迎えた文玉珠(一九二四年生、慶南大邱)は「家計が大変だったので、思うように勉強できなかった」が、「勉強したいという気持ちは大変強いものがあった」と語った。第Ⅰ期の箇所で述べた、普通学校入学五日目に就学を断念させられた文必琪(一九二五年生)も、「私が男だったら思い切り勉強できたはずです」と語っている。のちに彼女は、「勉強もできてお金も儲かるところに行かせてあげる」という甘言に引かれて慰安所へ行かされることになる。就学への強い意欲が悪用されて、「慰安婦」勧誘の就業詐欺にかかる理由になったのである。

こうしたことは、たとえば李相玉が学校に通う隣家の女性を「羨ましい」と語り就学を果たすため「家出」まで行ったように、一九三〇年代以降、「不就学」の女子にも「就学・識字の価値」が自覚され始めたこと、とくに第Ⅱ期以降に普通学校就学者の増加と女子の学校就学という新しい変化が朝鮮社会のなかで顕在化したことと密接な関係がある。そして、こうした学校教育に対する肯定的なジェンダー規範が生成されたことが女子入学率を押しあげた原因となった。しかし、逆に「不就学」が強いられた場合には強烈な剥奪感・疎外感を抱くに至ったであろうことを示している。実際に、一九三〇年代には「新教育など受くる機会」のなかった学校不就学の女性に対し、「依然旧式の無学な、時代遅れの女」(8)というまなざしが色濃くなっていったのである。

第Ⅱ期の特徴をまとめると、第一に、普通学校への「完全不就学」（一二人中三人）、「部分不就学」（九人中六人）が第Ⅰ期に比して相対的に減少し、しかも卒業者が輩出されたことである。第二に、第Ⅰ期より入学者・卒業者がそれぞれ増加したこと、朴スニ（一九三〇年生）のように裕福とはいえなくとも国民学校六学年まで修学したケースもあったことが注目される。第一、第二点めは、普通学校普及とともに進展する「就学の制度化」「就学の価値化」過程のなかで、卒業という学歴が家族や女子本人にとって価値をもつに至ったことを示している。第三に、たとえ普通学校「不就学」であっても女子自身が強い就学意欲をもち始めたことである。それは第Ⅰ期には入学後に「遊びたい」「学校を嫌って家出」中退した事例から、第Ⅱ期には「学校に行きたい」ため「家出」をした事例に変化したことに示される。第四に、以上を通じて、第Ⅱ期には学校教育をめぐるジェンダー規範が否定から肯定へと動揺しつつあったことを示すとともに、第五に、総督府が女子教育促進を本格化した一九三七年（「第二次計画」）以降の普通学校就学では就学志向が中等教育レベルに達していたことも重要である。

前章では女子の就学促進を可能にしたのは、(1)出身〈階級〉、(2)朝鮮社会の学校教育をめぐるジェンダー規範の変容、(3)結婚による階層内移動、(4)総督府の女子教育拡充政策、(5)普通学校以外の教育機関への就学、という要因をあげた。これらの要因は、「不就学」となった女性たちにはどのように作用したのか。

第Ⅰ期・Ⅱ期を通じて「不就学」の女性に共通するのは、(4)総督府の女子教育拡充政策以前に学齢期を迎え〈民族〉要因)(1)貧農など下層〈階級〉に属し〈階級〉要因)、(2)家庭内に女子教育に対し否定的なジェンダー規範が強く〈ジェンダー〉要因)、(3)結婚には教育は不要〈ジェンダー〉要因)とされ、(5)普通学校以外の教育機関への就学を(2)(3)を理由に反対された。即ち、就学促進の要因である(1)から(5)が相互的にネガティブに作用したことが「不就学」に帰結したという状況が浮かび上がってくるのである。

そのうえで強調したいのは、学校「不就学」の女性たちが、朝鮮社会が「不就学」から「就学」へと転じていくという新しい社会変動が起こった第Ⅱ期に「不就学」が刻印されたために、第Ⅰ期以上に剥奪感・疎外感を深めたであろうことである。

2 朝鮮人女性の「不就学」の歴史的位置

このように大量に創出された不就学・非識字の朝鮮人女性が、植民地社会を生き抜く選択肢は限られていた。

一つは、家父長制的家族のもとで主に家事・家内／家外労働に一定従事したあと、一五～一九歳の間に定められた結婚をすることである。その場合、「就学・識字の社会化」の進展に伴って識字が必要な日常的場面が増えるにつれて、識字技能を有する家族成員(多くの場合、男性家族)への依存を余儀なくされたと思われる。[9]

もう一つは、家庭外で、あるいは都市部に転出して何らかの職業につき、家計や自己の生計を支えることである。後者は、困窮を深める家庭経済、娘を守る立場にいる「家長」たる父・兄の不在あるいは家庭の崩壊による場合が多かった。しかし、前者と後者に明確な境界線があるわけではない。結婚したとしても、不安定な家庭経済と妻の社会的な地位が低い結婚制度のもとで、就業しながら家計・家事を担う役割を果たさなければならなかった場合も多かったからである。

後者、即ち都市部への転出の実例といえるのが、前述の『証言』に出てくる多くの「慰安婦」たちである。大半が貧しい農家に育った彼女たちの境遇で、少女期に両親とも健在であったケースは例外に属する。とくに「家長」たるべき父が病死や死亡、抗日独立運動、事業の失敗、賭け事などで「家長」としての責任を果たせず、少女期には家族・家計は崩壊寸前あるいは崩壊状態にあった。教育を受ける機会を閉ざされ家族制度に拘束も保護もされることのない幼少期をおくった彼女たちは、一〇代半ばにして家族と家計を支えることさえ期待された。「慰安婦」にされる前に、少女たちは家族の窮状をみかねて女中奉公や工場勤めを経験したり、あるいは劣悪な家庭環境に耐えかねて家出をしたり、父から飲み屋に売られたりした。しかし、女中にせよ、女工にせよ、民族差別的な賃金のうえに性差別が重なって、家計や自己の生計を支える賃金にはとうてい及ばなかったのである。前節の『農家経済調査』のなかに登場する農家雇員である「下女」は、主に住み込みで農家の家事労働に従事したが、「給衣給食」以外の労賃は支給されていない。

一方、一九三〇年代の朝鮮では工業化の進展[10]に伴って都市部の労働市場が拡大し、朝鮮人女子、とくに一六歳以下の若年女子の就業機会が急速に拡大したのは確かである。その趨勢を表４・１から窺うと、一九三〇年代を通じて工場数が急増したのに伴い、「職工」数＝労働者数も急増した。その数は一九二八年→一九四〇年では三倍増となっており、その三割近くは朝鮮人女性労働者によって占められた[11]。朝鮮人男性と違って特徴的なのは、朝鮮人女性労働者に占める一六歳以下の若年女子の割合の高さであるが、ほぼ二割近くをキープしていた。しかし、彼女たちの賃金は、表４・２が示す通り、最も高い賃金水準である日本人男性労働者の四分の一、日本人女性労働者・朝鮮人男性労働者（日本人女性のほうが高額水準）の半分以下である。若年どうしで比較しても、日本人男性労働者の三分の一、日本人女性労働者の約半分であった。低賃金・長時間労働に代表される劣悪な労働条件と不安定な雇用形態のため、朝鮮人労働者の勤続年数は一般的に短かった［河合・尹 一九九一：一一〇］。

表4・1　朝鮮人工場労働者の男女別推移

年度別	工場数	職工数 総数（人）	男（人）	女（人）	構成比 男比率	女比率	うち16歳未満の職工数 男（人）	女（人）	男女別職工への比率 男	女
1928年	4,010	77,094	51,098	25,996	66.3%	33.7%	2,326	6,241	4.6%	24.0%
1929年	4,025	78,151	52,139	26,012	66.7%	33.3%	2,333	6,241	4.5%	24.0%
1930年	4,261	83,900	55,612	28,288	66.3%	33.7%	1,931	3,150	3.5%	11.1%
1931年	4,613	86,419	58,762	27,657	68.0%	32.0%	1,662	5,450	2.8%	19.7%
1932年	4,643	89,600	60,826	28,774	67.9%	32.1%	1,656	4,239	2.7%	14.7%
1933年	4,838	99,430	66,148	33,282	66.5%	33.5%	2,263	5,334	3.4%	16.0%
1934年	5,126	113,281	74,494	38,787	65.8%	34.2%	2,994	6,668	4.0%	17.2%
1935年	5,635	135,797	90,715	45,082	66.8%	33.2%	3,817	8,514	4.2%	18.9%
1936年	5,927	148,799	98,249	50,550	66.0%	34.0%	5,078	11,379	5.2%	22.5%
1937年	6,298	166,709	112,956	53,753	67.8%	32.2%	5,045	11,239	4.5%	20.9%
1938年	6,624	182,771	123,672	59,099	67.7%	32.3%	6,405	12,404	5.2%	21.0%
1939年	6,953	212,459	144,405	68,054	68.0%	32.0%	9,338	14,662	6.5%	21.5%
1940年	7,142	230,688	157,486	73,202	68.3%	31.7%	10,962	19,201	7.0%	26.2%

（出典）　朝鮮総督府『朝鮮総督府統計年報』1935年、1941年版より作成。

表4・2　民族別・男女別の工場労働者の賃金推移

（単位＝円）

	日本人 男 成年	幼年	女 成年	幼年	朝鮮人 男 成年	幼年	女 成年	幼年
1929年	2.32	—	1.01	—	1.00	0.44	0.59	0.32
1931年	1.86	—	0.98	—	0.93	0.37	0.57	0.33
1933年	1.93	0.81	1.00	0.65	0.92	0.40	0.50	0.25
1934年	1.83	0.83	0.88	0.67	0.90	0.36	0.51	0.31
1935年	1.83	0.81	1.06	0.43	0.90	0.49	0.49	0.30
1936年	1.81	0.91	0.90	0.65	0.94	0.37	0.48	0.32

（出典）　鈴木正文『朝鮮経済の現段階』帝国地方行政学会朝鮮本部、1938年、298頁。
（注）　50人以上の従業員を有する工場に対する総督府調査である。

しかし、このような工場に就職する際も、普通学校卒業程度の学歴が採用条件である場合[12]や、学歴を有しても厳しい競争を勝ち抜かねばならないことも少なくなかった[13]。不就学／非識字の朝鮮人女性にとって、女工として働く選択肢は最初の入り口で閉ざされていたわけである。しかし、そもそも一九三〇年代前半の朝鮮では、工業化・都市化も、近代工業部門での女子労働力化も未熟であり、そうした過剰人口を吸収するまでには至っていなかったのである。

　このような時代状況下にあって、困窮していく農村から排出された女性たち、都市貧民の女性たちは、不就学／非識字であったために、職業選択の余地はきわめて限られていた。[14]その受け皿の一つが増殖を続ける性買売市場であった。一九三〇年代の『東亜日報』紙は、朝鮮人女性の家出の急増や、災害地や春窮期、飢餓線上にある農村に出没し、人事紹介業、医師、代書業、女性用小物売りなどのさまざまな業種に名を借りて、農村の少女たちに就職を斡旋するともちかけて「誘因」する人身売買業者暗躍の記事を多数報道している。[15]当時の農村社会では、自らの意思の有無にかかわらず、性買売市場へと「誘引」される要素は日常的にころがっていた。さまざまな経路を通じて管理売春に携わった女性たちの数は、一九二九年を境に朝鮮人女性の数が日本人女性を上回り［宋連玉 一九九四：五七・五八］、表5からも明らかなように一九三〇年代以降一貫して増加していく。

　娼妓たちの教育調べ（一九三〇年）によれば、日本人女性の八割以上が初等教育機関への就学経験（「尋常小学校退学」＝四〇・〇％、「尋常小学校卒」＝四四・六％）をもっていたが、朝鮮人女性の場合は不就学者が八割以上（「無学」＝八四・一％）を占めた［同前：六〇］。下層出身の娼妓であっても、教育水準は民族によって大きな格差があった。そして、このような朝鮮人娼妓たちの不就学／非識字状況は、前述した朝鮮人「慰安婦」たちのそれとほぼ類似している。出身階層をほぼ同じくする朝鮮人娼妓と朝鮮人「慰安婦」の差異は、詐欺・甘言等も含めて「誘引」された年代や行き先が、早いか遅いか、朝鮮内なのか戦地の慰安所なのかという点にあったに過ぎない。

　以上のように、不就学／非識字の朝鮮人女性が大量に創出される植民地就学構造を出発点として、一九二〇年代末から一九三〇年代前半にかけて、朝鮮人「慰安婦」輩出に至る社会構造と回路が――巧妙に操作された「行き先」の一つとして――朝鮮社会のなかで構築されていたのである。

　もちろん、不就学／非識字の朝鮮人女性全体からみれば、娼妓や「慰安婦」にされた女性の絶対数が多いとはい

表5　朝鮮人管理「売春婦」数の推移

	芸妓	娼妓	酌婦	カフェー及バー女給	総数
1928年	2,098	1,064	1,043		4,205
1929年	2,263	1,262	1,219		4,744
1930年	2,274	1,370	1,241		4,885
1931年	2,450	1,268	1,335		5,053
1932年	2,531	806	1,131		4,468
1933年	2,635	1,009	1,056	501	5,201
1934年	3,091	1,113	1,086	739	6,029
1935年	3,933	1,330	1,290	939	7,492
1936年	4,712	1,653	1,364	1,399	9,128
1937年	4,953	1,647	1,330	1,691	9,621
1938年	5,216	1,703	1,336	1,733	9,988
1939年	6,122	1,886	1,445	1,956	11,409
1940年	6,023	2,157	1,400	2,145	11,725
1941年	4,828	2,010	1,310	1,998	10,146
1942年	4,490	2,076	1,376	2,227	10,169

（出典）　朝鮮総督府『朝鮮総督府統計年報』「警察取締営業其ノ他」各年度版。

えない。家庭内に留まり家事を担いながら婚姻によって別の家父長制家族に移動する場合が大多数であったと思われる。しかし、そうではない場合の就業先は、学歴が不要な都市雑業、性売買業や「女中」等に限定されざるを得なかった。

そのことは、以下のような一九三〇年代半ばまでの植民地社会構造の諸矛盾の帰結であったとみることができる。

第一に、植民地教育政策がもたらす矛盾である。日本人とは異なり、朝鮮人への就学機会を抑制しづつけた植民地教育政策という〈民族〉要因に基づく矛盾であった。その就学機会を授業料負担という経済力で左右した〈階級〉要因による矛盾であり、植民地権力及び朝鮮人家庭の家父長権力の双方によって女子にのみ適用される教育への性別偏向的な〈ジェンダー〉規範による要因による矛盾であった。それら〈民族〉〈階級〉〈ジェンダー〉要因に基づく諸矛盾の〃ネガティブな相互作用〃として不就学／非識字の朝鮮人女性が膨大に生まれたと考えられるのである。

第二に、植民地経済政策による矛盾である。植民地権力は、朝鮮を食糧供給基地と位置づけ、工業化を抑制しつづけた。前者においては「飢餓輸出」を促進し農村を疲弊させたが、後者ではそのような農民層分解に対応するほどの朝鮮内での産業資本の形成は進まず、また学歴資格や厳しい競争のため、そのような女性たちの中心的な就業先にはなりえなかったからである。

以上が示すのは、普通学校という公教育への就学／不就学の分化が、民族間、階級間、性別間、そして男性間・女性間それぞれの序列化を拡大再生産するものとして機能し、その最底辺に位置づけられたのが不就学／非識字の朝鮮人女性たちであったということである。

終章

植民地教育とジェンダー

第1節　結論

本書では、一九二〇〜一九三〇年代半ばまでを対象として、普通学校への朝鮮人児童の就学／不就学に作用した〈民族〉〈階級〉〈ジェンダー〉諸規定要因とその変化に着目し、ジェンダーを分析の基軸にしながら分析した。

第1章では、これまでの先行研究（［呉成哲《オソンチョル》 二〇〇〇a］）が男子中心の普通学校「就学」に関する時期区分論であったのに対し、入学率という新たな算出方法を用いて女子の時期区分を検討し、第Ⅰ期（一九一二〜一九三二年）・第Ⅱ期（一九三三〜四五年）という時期区分を仮説的に提示した。これに基づき第2章・第3章では、それぞれ第Ⅰ期・第Ⅱ期における普通学校就学構造が、どのように〈民族〉〈階級〉〈ジェンダー〉諸要因によって構築されたのかについて、就学の現実を史料やデータを示しながら説明した。即ち、第Ⅰ期は「教育の学校化」、第Ⅱ期には学校「就学の制度化」が進展したが、それは階級限定的でかつ男性優位的にジェンダー化された就学構造の構築過程にほかならなかった。第4章では、第Ⅱ期に顕著になる女子「就学」を可能にした規定要因に関し普通学校を中心にしながら、書堂・私設学術講習会についても補足的に論じた。第5章では、逆に、女子「不就学」の規定要因に関し、既成の史料（『農家経済調査』）をジェンダー統計の手法で読み直し、また朝鮮人女性のライフヒストリーを用いて明らかにした。

以上をふまえて、本章では、従来の先行研究に対して本書がどのような点を明らかにし乗り越えたのかを、以下三点にわたって述べることで結論にかえたいと思う。

1 「近代」の衣をきた普通学校制度の「植民地性」——包摂と排除

本書が朝鮮人の普通学校への就学／不就学について〈ジェンダー〉を分析軸に〈民族〉・〈階級〉諸要因の重層的な相互作用関係を分析したことにより、次のような点を明らかにできた。

第一に、植民地朝鮮における初等教育機関への就学機会は「日本人」というカテゴリー、「富」という経済的基盤、「男性」というカテゴリーに対して優先的に配分されたこと、第二に、こうした階級限定的かつ男子優先的な就学構造のもとで、普通学校に「就学」という形で〝包摂〟された朝鮮人児童が増加したのは確かだが、その外部に膨大な数の児童が「不就学」という形で〝排除〟され続けたこと、第三に、男子優先的にジェンダー化された就学構造のなかで、経済力の有無を分岐点に第Ⅱ期（一九三三年〜）には朝鮮人女性間の就学／不就学の分化と階層化が鮮明化していったこと、第四に、この朝鮮人女性間の就学／不就学に際しては、不就学を正当化する際にも、就学を正当化する際にも、女子にのみ課されるジェンダー規範が構築され作用したことである。

とりわけ強調したいのは、新たに〈ジェンダー〉を導入することで、「就学」の外部にあって不可視化されてきた「不就学」を可視化できたために、「就学急増」よりも「常態的不就学」こそが朝鮮人初等教育の現実であったことを明らかにしたことである。また、普通学校就学構造の構築過程で二分化された就学／不就学がそれぞれ男性／女性に配分され、さらに言語・識字技能という側面からもそれぞれ日本語習得／非識字に配分されたことも明らかにした。このように、植民地教育の全体像と朝鮮人個々の教育経験の異質性や階層性を把握するためには「就学」＝〝包摂〟（あるいは〝同化〟の対象化）された朝鮮人児童（主に男子）だけではなく、「不就学」＝〝排除〟された児童（主に女子）をも対象にすることが求められるのである。

以下では、両者がもたらしたものを「近代性」と「植民地性」の複合的連関——植民地近代性——に着目しながら考察してみたい。

(1)　就学（包摂）のなかの植民地近代性

「韓国併合」によって朝鮮人が自立的「近代化」を切り開く可能性が断たれたことにより、「近代化」は不可避的に「日本化」を伴って帝国日本から植民地朝鮮に移植された。その過程とは日本的「近代」が生み出した諸制度が「植民地化」というフィルターを経て導入される過程であったが、ここには「日本人／朝鮮人」という民族秩序と「同化のうえで排除する」という朝鮮人に適用された二重基準が巧妙に作用した。学校教育制度もその一つである。

これを制度的な側面からみてみよう。

学年制、教科課程、学年・教科別教科書、有資格教師の存在という点で「近代的」な学校教育制度が朝鮮に導入されたのは確かである。しかし、朝鮮人児童対象の修業年限をみると、日本人児童が一貫して六年制であったことに比して、低水準に置かれ続けたことに注意が必要である。

それが露骨化したのが一九二九年以降である。一九二二年の第二次教育令・普通学校規程の制定時に「一視同仁」「差別撤廃」（政務総監水野錬太郎）が掲げられ、それまでの四年制を改め六年制を「本体」とした制度改変が行われた。にもかかわらず初等教育拡張政策として、一九二九年には農村部に四年制普通学校（「一面一校計画」）

が復活し、一九三四年には「僻地」農村に二年制簡易学校が創設された。その集大成というべき一九三五年策定の第二次計画（一九三七年〜）で打ち出されたのも、四年制普通学校・二年制簡易学校の増設であった（第二次初等教育拡張政策）。実際に、四年制学校数の変遷をたどると、一九二二年（第二次教育令時）に六〇・八％を占めた四年制は、一九二九年（一面一校計画開始年）に二八・一％にまで減少したにもかかわらず、一九三六年（同計画終了年）には四六・八％へと急増する［呉 二〇〇〇a：一二二］。これは、第一次教育令期に逆行するものであった。また、六年制普通学校においても、朝鮮人が求める上級学校への準備教育は否定され、職業教育に重点をおいた終結教育がめざされた。

即ち、一九二九年以降、とくに農村振興運動期には六年制普通学校（都市部）―四年制普通学校（農村部）―二年制簡易学校（「僻地」農村部）という朝鮮人の経済力や居住地域に対応した袋小路的な就学体系が整備されたのである。朝鮮人に対しては、日本人とは異なり、初等教育において上級学校進学を予定しない「実際的完成教育」（政務総監今井田清徳。第3章参照）が実践されたわけである。このような点から、制度面においても「近代性」と「植民地性」の接合が見出されるのである。

教育内容面でも同様である。

前述の袋小路的な就学体系とセットで、一九二九年以降に職業教育が必修化され、農村振興運動期（一九三三年から始動）にさらに「徹底」されたことである。職業教育は実業教育という名で第一次教育令期から存在したが、一九二二年の第二次教育令を前後して後退した。しかし、一九二六年以降に事実上必修科目として復活［井上薫二〇〇〇］し、一九二九年以降に名実とも必修化した。とりわけ、農村振興運動期の職業教育は、実態的には農業強制教育であった。この時期の普通学校は「職業科が学校施設の中心を為すの観」、さらには「簡易農学校」（第3章参照）とさえ称されたのである。

これこそが、宗主国日本にはない、そして在朝日本人児童にも課されない、あくまでも朝鮮人児童を対象とした

「朝鮮に於ける初等教育の内容的基本」（学務局長渡辺豊日子）[1]を示すものであった。それは植民地権力が朝鮮人児童を、日本人児童とは異なる人間像に鋳造しようとしたためであった。総督宇垣一成のいう「頭や口の働きは少々劣つても、腹の据つた確かりした、腕に働きのある、コセコセしないゆとりのある人物」がそれである。

即ち、一九二九年以降の「職業科」必修化に基づく農業教育の制度化とは、卒業後に上級学校進学や所謂近代的な職業的地位達成などは考えず、支配者の言語を理解し得る程度の識字・言語能力をもちながら、農村に張りついて総督府の意向に添って営農を行う「農業国の国民」、即ち「国語を理解する純良なる農民」（忠清南道保寧公立普通学校の教育方針）あるいは「勤労自営の忠良なる帝国臣民」（平安南道中和公立普通学校の教育方針）を初発の段階から安価に育成しようとした、教育内容における植民地主義を露骨に示すものであった。

第二次教育令期に、「近代」の衣をきた学校制度のなかで行われたのは、帝国日本の利益に忠実で支配言語を理解できる植民地農民の養成であった。普通学校への〝包摂〟（あるいは〝同化〟）は、とりもなおさず民族的序列化の構築にほかならなかった。学校「就学」を通じて「日本人」への包摂と排除は同時に行われたのである。ここに、「近代」的な普通学校制度の「植民地」的様式があると思われる。

それでも朝鮮人が普通学校を就学先として選択せざるをえなかったのは、第一に、植民地権力が私立学校や書堂、私設学術講習会などの朝鮮人（及び宗教団体）が設立した諸教育機関を一九二〇年代後半までに次々と統制することによって、これらを普通学校の下位に位置する補助的機関へと改編したこと、それを背景にして第二に、脱農離村して近代部門への就職等の社会移動機会を捕捉するために、支配言語である日本語の言語・識字技能と学歴が必要とされた植民地社会のもとで、普通学校が日本語を習得し学歴を取得できる唯一の公的なルートとなっていたためである。

遅くとも一九三〇年代には、入学競争を勝ち抜き、授業料を負担してでも、普通学校という〝包摂〟の場に積極的に入ってゆかなければ、家族集団を含めて植民地社会を生き抜くことが困難な社会構造が構築されていたのである。第Ⅱ期以降の普通学校への入学者急増は、このような植民地社会構造に朝鮮人が敏感に対応し、総督府もまた農村振興運動以降に朝鮮人児童を積極的に体制内に取り込む政策（授業料低減政策等）をとったことが相互的に作用することによって生じた現象であった。

(2) 就学（包摂）／不就学（排除）の両義的意味

普通学校制度は、「一視同仁」「差別撤廃」（第二次教育令時）や「内鮮融和」（宇垣一成）という植民地権力の掲げる額面とは異なり、実態的には属人的に展開された。即ち、カテゴリーとしての「日本人」は宗主国・植民地という居住地を問わず実質的な義務教育制度下に置かれたが、カテゴリーとしての「朝鮮人」は居住地を問わず義務教育制度不施行の下に置かれた。そのことにより、植民地朝鮮では〈民族〉〈階級〉〈ジェンダー〉諸要因に規定された普通学校「就学」普及過程そのものが、その外部に膨大な「不就学」を産み出し続けるという、小学校とは異なる普通学校就学構造が構築されたのである。

図は第Ⅰ期から第Ⅱ期への過渡期にあたる一九三二年の朝鮮農村社会にみられた普通学校就学構造を図式化したものである。

同図が示すのは、一九三〇年代初頭の朝鮮で農民の過半数を占める小作農のうち普通学校に就学できたのは二七・七％に過ぎず［盧東奎 一九七六］、三分の二の朝鮮人児童は就学構造から〝排除〟されており、その〝排除〟の大部分が朝鮮人女子であったことである。この図式は基本的に植民地支配が終焉を迎えるまで繰り返されるが、包摂と排除の反復という鮮明な暴力性に、「植民地的近代」の苛酷な性格が表れているのである。

こうした就学構造の下でむしろ教育が、民族間・階級間・性別間、そして男性間・女性間に、その後の社会的地位の格差や不平等な社会的諸関係を拡大再生産する役割を果たしたといえるのではないだろうか。

ここで留意すべきは、植民地教育機関である普通学校への〝包摂〟と〝排除〟の両義的意味である。

図　1930年代前半の朝鮮農村の就学構造と〈民族〉・〈階級〉・〈ジェンダー〉

民族		朝鮮人		
性別		男性	女性	
階級	階層		(肯定的) ←ジェンダー規範→ (否定的)	
地主 3.3%	上・中層	**普通学校→中→専・大学 (留学)**	**普通→中** (→専門) (→留学)	
自作農 16.3%	上・中層	**普通学校→中→**(専門)	普通学校	不就学
自作農 自作兼小作農	中・下層	①**普通学校→**(中) ②書堂・講習会 ③不就学	①普通学校 ②**講習会・改良書堂** ③不就学	不就学
自作兼小作農 25.3% 小作農 52.8%	下層	①**普通学校** ②**書堂・講習会** ③不就学	①普通学校 ②講習会・改良書堂 ③**不就学**	**不就学**
貧農	最下層	①普通学校 ②書堂・講習会 ③**不就学**	**不就学**	**不就学**

(注)　1．経営別農家比率は1932年『朝鮮総督府統計年報』。
　2．階級別就学率は盧東奎「朝鮮農家経済実相調査解剖(1)」(地主68.3%、自作農45.8%、自作兼小作農38.8%、小作農27.7%、窮農 7.7%)。
　3．(肯定的) とは学校教育に肯定的なジェンダー規範、(否定的) とは学校教育に否定的なジェンダー規範。
　4．太字部分は想定しうる主な就学先。

朝鮮人就学者にとって普通学校とは、植民地社会を生き抜くための日本語能力と学歴の獲得ルートを意味するが、一方で日本語習得や学校儀礼等を通じて天皇・日本国家への忠誠心を求める「同化」という〝包摂〟の暴力にさらされる両義的な教育空間であった。換言すれば、支配言語である日本語への服従と識字間（日本語と朝鮮語）の序列化が強いられると同時に、朝鮮人としての自己同定を否定する契機に日常的にさらされる場であった。しかし、朝鮮人の就学は「利害意識」に基づくものであったため、植民地権力の意図する天皇制イデオロギー注入には抗したという、接近戦のなかで抵抗——「面従腹背」——をし続けた側面があったために、必ずしも植民地権力の思惑に沿った内面化が遂行されたわけではなかった（第3章）。しかしながら、普通学校が植民地社会で階級上昇あるいは維持のための唯一のルートとなる就学構造が遅くとも一九三〇年代以降に構築されたことは、たとえば一五年戦争末期に親の反対を押し切って勤労挺身隊に「志願」した朝鮮人皇国少女や、ハングル一文字も書けない皇国少年の出現を準備したように思われる。皇民化教育という植民地主義の極限の暴力が、その威力を発揮するための土台が構築されたのである。

他方、普通学校不就学者にとっては、識字技能獲得の場から〝排除〟される暴力が行使されるが、その一方で〝同化〟の磁場からも相対的に「自由」であったとも言える。したがって、教育空間の場を通じて日々強いられる「支配―服従」の関係とも無縁であったために、逆説的に彼女／彼たちの存在そのものが支配政策――農村振興運動や戦争動員政策――の「障害」となり、結果的に「民族性」を保持しえたとの評価が可能な両義性もありえた。植民地支配末期（戦争末期）の総督府学務局長大野謙一の次の言葉が、そのことを端的に物語っている。

……従来に於ける女子に対する国民学校の教育は、男子のそれに比して、著しく普及が遅れて居た関係上、その七割内外は国語を解せず、従つて国体の本義も理解できず、兄たり聽ては夫たるべき、そして徴兵として立派に軍務を果たして帰る人達の好き伴侶たり、好い配偶たるに、余りにその基礎的教養及訓練に大きな隔りがある(2)（傍点引用者）

植民地権力は、戦争末期になっても「国語を解せず、従つて国体の本義も理解でき」ない朝鮮人女性が大量に存在したこと、なおかつ「基礎的教養及訓練に大きな隔り」のあった朝鮮人女性の存在が徴兵政策・皇民化政策の「障害」となった事実を告げている。これも植民地教育政策のもう一つの、見逃すことができない帰結であった。

しかし、その場合でも問題となるのは、第一に、一九三〇年代に学齢期を迎えた元「慰安婦」のライフヒストリーからみたように、普通学校等への不就学や非識字が、個々人の選択とはいえないことである。異民族支配のなかでの社会的経済的文化的に「強制された非識字」〔スピヴァック 一九九八＝一九九九〕であったのである。第二に、朝鮮社会が学校「就学」を前提とする識字社会に移行しつつあったことは、朝鮮人間に就学・識字の獲得有無や序列化ばかりでなく、不就学者・非識字者への抑圧的な価値観の構築を意味したことである。たとえば、一九三〇年代前半に農村識字運動を展開した『東亜日報』紙は、朝鮮農村の「文盲」問題の深刻さを論じるために、「非識字」を「無智の悲惨」「恥」「暗い頭脳」などと強調（『東亜日報』社説「無智の悲惨」一九三三年四月二四日付等）したのは、その表れであろう。

「不就学」は学校制度から無縁・自由であるかのようにみえながら、学校定着過程そのものが「近代」に固有の「就学や識字の価値」が定着する過程であるために、そこから疎外された人々――主に女性たち――にとっては、「就学」の抑圧性とは異なる意味で抑圧的であったと思われる。不就学の女性への「依然旧式の無学な、時代遅れの女」[3]というまなざしが強まるなかで、教育機会に対する剥奪感や疎外感を抱いたまま識字化していく社会に無防備に放り出される――たとえば、「（非識字者は）鉄道駅前に書きつけた駅名を読むことができずに乗り過ご」（『朝鮮日報』社説「文盲者七七《(ママ)》％」一九三四年一二月二二日付）すことが日常化していく――ことを余儀なくされたからである。そして、それが植民地支配からの解放後＝戦後の人生にも深刻な影響を与えたことは、本書「まえがき」冒頭に引用した元「慰安婦」被害者・李英淑の独白に見出すことができる。朝鮮人女性が不就学・非識字とされた結果、相対的に「民族性」を保持しえたという評価が可能だとしても、その代償は戦後も含めてあまりに大きかった。

以上のように、「近代」の衣をまといつつ「植民地主義」を体現した普通学校制度の枠組みのなかでは、就学／不就学のどちらを選択しても朝鮮人にとっては暴力として機能したといわざるをえない。重要なことは、普通学校就学構造がもたらす〝包摂〟の暴力と〝排除〟の暴力の両側面を把握し、朝鮮人のさまざまな教育経験／教育疎外経験とその後の人生を照らし出すことによって、そうした暴力を再生産しつづけた日本の朝鮮植民地支配の記憶に個別具体的に向きあうことなのである。

2　ジェンダーの視点からみた朝鮮人の就学動機

朝鮮人の普通学校就学動機に関し、一九二〇年代について分析した韓祐熙《ハンウヒ》［一九九一］は、⑴実力養成論の拡大伝播、⑵官吏・事務職進出などの地位獲得要求、⑶学校教育を官吏となるための手段とみる伝統的な教育観の三つを提起した。一九三〇年代を含めて分析した呉成哲［前掲］は、①政治的実力養成、②上昇的社会移動機会の捕捉、③不教育者への社会的差別からの脱出、④一九三〇年代を生き抜く生存戦略、の四つを仮説的に提起した。両者の論点は、呉が④を一九三〇年代に特徴的な動機であったとする以外は、ほぼ重複する。⑴及び①では実力養成論、⑵及び②では「高い職業的地位」獲得の通路、⑶及び③では「伝統的な教育観」とされている。

これらの先行研究は、植民地教育機関そのものである普通学校に対し、一九二〇年代から一九三〇年代にかけて、なぜ被治者である朝鮮人児童の就学が急増したのかを実証的に分析した点で研究史上の意義は大きい。しかし、本研究は、これらをジェンダーの視点からみたとき、次のような点で不十分な見解であることを明らかにした。

第一に、実力養成論（⑴及び①）という就学動機に関して、『東亜日報』等による言説分析から、朝鮮人男性にはあてはまっても女性には「実力養成」を求めるような議論にはならなかったのであり、結局のところ、「賢母良妻」の枠組みに組み込まれていったからである。

「韓国併合」によって朝鮮人は近代国家の自主的建設を挫折させられたが、三・一独立運動後のナショナリズム昂揚のなかで「実力養成論」――「先実力養成、後独立」の論理――が、朝鮮社会で、なかんずく朝鮮人男性知識人・民族主義者たちに共有化されるようになった。その歴史的な文脈にもっとも適合的な女性像とは、「教育する母」として新教育を受容した点で「近代」的でありながら、達成されるべき独立朝鮮の「国民の母」としても「オンドルの上での礼儀」(『東亜日報』一九二九年九月二一日付社説)をわきまえた民族文化の継承者でもあらねばならなかった。その育成のためにこそ旧来の女子教育不要論に替わって女子教育が求められた。

そうした文脈からみると、朝鮮において「賢母」が「良妻」に優先する「賢母良妻」という四字熟語で定着したことは偶然ではない。旧来社会では儒教的なジェンダー規範が日本よりも強固であったために、教育からの女性の排除、それゆえの子女の教育権からの母の排除も厳しく行われてきた。しかし、朝鮮の独立を次世代に託そうとする民族思潮のなかで、次世代「国民」への教育に関心が集まり、その担い手として「教育する母」=「賢母」が早急に朝鮮人女性に求められたゆえであった。ここで想定された「国民」とは男性「国民」であり、朝鮮人女性は予め排除された(だからこそ「女性解放」「男女平等」は退けられた)。「賢母良妻」という規範は、日本による植民地女子教育導入によって確立したというよりも、三・一独立運動後に高揚したナショナリズムと結びついて、内発的かつ屈折した植民地的近代の思想として成立したといえよう。

それでも、「賢母良妻」という規範が一九二〇年代を通じて「女性解放論」的女子教育論との言説の闘いを経て構築されたことは、階級限定的であるにせよ、女子就学の正当化を成し遂げる一助になった。朝鮮人男子の学校就学を促進した〝民族的な名分〟が「実力養成」とすれば、女子のそれは「賢母良妻」であった。即ち、女性は「実力養成」の対象ではなく、その達成手段として「賢母良妻」という役割を担わされた。したがって、韓・呉が提起した実力養成論は朝鮮人男子にはあてはまるが、女性にはあてはまらないのである。また、以上は理念上のものであったので、より実利的には以下に述べるような教育の効能が考えられる。

第二に、教育を媒介とする「高い職業的地位」(地位獲得/上昇的社会移動)獲得(⑵及び②)という見解もまた、朝鮮人女性には適用できないことである。

先行研究では、植民地社会のなかの地位獲得/上昇的社会移動とは、公教育である普通学校またはそれ以上の学歴を取得して、脱農による「給料生活者」、具体的には官公吏や会社員等になることであった。しかしながら、見逃してはならないのは、女性にはその「高い職業的地位」自体が男性以上に開放されていなかったことである。それは、植民地朝鮮における工業化・都市化の未発達や日本人による正業の独占に大きく規定されたものであった。それ以外にも女子中等学校数の不足や入学難、女性の戸外労働を規制する内外法や結婚年齢の低さ等の植民地権力及び朝鮮社会の家父長権力による朝鮮人女性に固有の要因も関わった。

したがって、一九二〇年代以降に女子就学を促したより重要な要因は、「教育の学校化」「就学の制度化」という男子の学校就学者の急増に伴う「結婚市場」の変化を背景に、就学を通じて取得する学歴をパスポートとする「結婚による階層内移動」であったと考えられる。学歴の有無を軸に「結婚市場」の変化が起こったことにより、女性からすれば所属階級上の地位にみあう男性と結婚するための地位表示的な学歴が必要とされたことが、学校就学の有力な動機となったのである。朝鮮人女性にとっては「結婚」が、男性の「高い職業的地位」に代替・匹敵する動機であったと考えられるのである。

第三に、「伝統的な教育観」(3)及び③についても、それぞれ女性には適用できないことである。まず、呉のいう③「教育を受けない者への社会的差別からの脱出」に関しては、旧来の社会では〝両班〟という特権層が〝修学〟を独占しただけでなく、男性が独占した。書堂に通学したのも男子だけであった。韓は、「官吏となるための手段とみなす伝統的教育観」と説明するが、女性は官吏になれないばかりか、教育から女性を排除する「伝統的教育観」によって学校教育からも疎外された。両者は、旧来の社会における教育に関する女性排除的な〈ジェンダー〉規範を見落としている。

このような規範に基づき、植民地期に言説化された女子教育不要論に表れた〈あるべき朝鮮人女性〉像とは、女性を「愚かな存在」とし、妻・嫁役割としての従属を求める儒教的な女性像であった。それが学校教育を受けた「新女性」との対比によって一九二〇年代に改めて言説化された。「学校や勉強がどんなものなのかも知らずに暮らした」(崔《チェ》イルレ、一九一六年生)、「学校には一度も行ったことがありません。あの頃学校に行けた女の子は、私たちの村にはほとんどいませんでした」（朴頭理《パクトゥリ》、一九二四年生）と語った証言からも、女子の不就学が当然視されていた状況を窺うことができる。しかし、その一方で、「家計が大変だったので、思うように勉強できなかった」ものの「勉強したいという気持ちは大変強いものがあった」（文玉珠《ムンオクチュ》、一九二四年生）、「私が男だったら思い切り勉強できたはずです」（文必琪《ムンピルギ》、一九二四年生）という語りが物語るように、ジェンダーの差異に基づく「不就学」を不当と感じるに至る変化が遅くとも一九三〇年代に生じていた。即ち、教育に関する男性優位のジェンダー規範が動揺をきたし、少なくとも初等教育に関しては男子と同様に教育を受けるべきであるという新たな規範が一九三〇年代には生じたのである。

このように、「伝統的な教育観」を提起するときに、旧来の社会で成立していたもう一つの「伝統的教育観」である女性排除的な〈ジェンダー〉規範の存在を見落とすことは、朝鮮人女性の教育疎外経験の歴史的な意味を看過することにつながるのではないだろうか。

第四に、呉の見解である一九三〇年代に特有の「生存戦略」④は、ジェンダーの視点からは「家族戦略」のほうが適切であることである。個人を前提に「生存戦略」とだけとらえると、なぜ男子の就学が優先されたのかが可視化できないからである。

「家族戦略」概念とは、構造的な条件の下での家族存続推進のために、家族内資源状況に配慮しながらもっとも有効な手段を選択することによって外部社会に対処・適応していく一連の行動の説明枠組みである［西野理子　一九九八］。一九二〇年代前半には、希少価値をもった普通学校卒業・修業という学歴によって社会的な上昇はある程度可能であったが、朝鮮における産業の未発達、日本人による上層官吏職上層部・正業の独占、一九二〇年代後半以降の農村疲弊・経済不況も相俟って、その回路は閉じられていく。にもかかわらず一九三〇年代に普通学校就学者が急増したのは、「惨めな業」（慶尚南道達里のケース、第3章参照）とまで言わしめるにいたった植民地的収奪下の農業から脱出し、必ずしも上昇的でなくとも社会移動機会を捕捉するためであった。植民地社会を家族集団が生き抜くために普通学校卒業程度の学歴と日本語能力が不可欠であるという教育戦略であったのである。

しかしながら、「限られた就学機会（〈民族〉要因）」と「限られた経済力（〈階級〉要因）」のもとでは、朝鮮人家族では家族内資源を考慮して兄弟姉妹のなかで「誰を就学させ、誰を就学させないか」を選択しなければならなかった。社会的な階級上昇の可能性があると想定される男子を優先的に――たとえ赤字を出しても――普通学校に就学させたのである。男子不在という家族構成の場合に、ようやく女子に就学の機会が訪れた。それが、朝鮮人の家庭内ジェンダー秩序に基づく「家族戦略」であった。

したがって、呉のいう「生存戦略」は、以上のような①社会移動機会の捕捉、②学歴取得と日本語習得、③家庭内ジェンダー秩序を考慮して、植民地支配という構造的条件下で男子の階級上昇に期待をこめて遂行された「家族戦略」としたほうが適切であると思われる。

以上のように、本書は、朝鮮人の就学動機を提示した先行研究がジェンダーの視点からみたときに〝男性史〟に過ぎないことを明らかにした。また、第Ⅱ期以降の普通学校への女子入学率の上昇は、これまで述べてきた「賢母良妻という規範」、「教育を媒介とする結婚という階層内移動」、一九三〇年代に特有の「朝鮮人家庭の教育戦略としての家族戦略」という朝鮮社会における要因と、出身〈階級〉との相関関係のなかでもたらされたと説明した（一九三七年以降は総督府の女子教育拡充政策への転換が作用した）。

その一方、それらがいずれも〈ジェンダー〉要因を軸として〈民族〉〈階級〉諸要因の枠組みにとらわれた就学動機であったゆえに、普通学校「就学」から排除され続けた女性も生み出された。圧倒的な多数を占める彼女たちが、以上で述べた近代的な「賢母良妻」とは無縁であったことは言うまでもない。

3　〈民族〉〈階級〉の分析軸としての〈ジェンダー〉

最後に、普通学校就学構造の〝包摂〟と〝排除〟の力学に作用した〈民族〉〈階級〉〈ジェンダー〉諸要因の相互の関係性について、ジェンダーを軸に考察してみたい。

(1)〈階級〉と〈ジェンダー〉

まず、普通学校「就学」における〈階級〉と〈ジェンダー〉要因の関係性について検討してみよう。問題となるのは、朝鮮人「内部の差異」についてである。

一九三〇年代に、普通学校就学は男子を中心に全階層に及び「就学の制度化」という時代状況を表出させ、窮乏化の著しい小作農・窮農からも就学する男子集団を輩出するようになった。もちろん、大部分の朝鮮人家庭では赤字を出しながらの就学であったことは、第3章・第5章で分析したとおりである。しかし、家計が赤字であっても兄弟や男子のいる朝鮮人家庭では〈階級〉横断的に彼らを優先的に就学させた一方、家計が黒字であっても姉妹や女子一人の家庭では不就学であったことは、一九三〇年代初頭までは〈ジェンダー〉要因が〈階級〉要因以上に作用したことを示す。

植民地期朝鮮における就学規定要因としての〈階級〉は、その朝鮮人家庭の必死の工夫や努力によって克服・変更可能な「内部の差異」であったといえよう（もちろん、その克服自体が困難な窮農等の階層が存在した）。即ち、就学についての「階級という差異」は減縮しうる差異であったことになる。

ところが、「ジェンダーに基づく差異」は、そうではない。生物学的に変更不可能な性別区分が社会的文化的な性別区分に一方的に結びついた差異なのである。ここにジェンダーの特殊性がある。もちろん、ジェンダーに基づく差異は、現在の韓国における女子の高い就学率・進学率や高学歴化が示すように、歴史的に可変的なものである。しかし、植民地教育史研究において、就学可否が性別に基づき非対称的であり、女子にのみ課されたジェンダーの作用による「就学」からの排除と正当化を見逃すことは、結果的に朝鮮人女子という「内部の異質な〈他者〉」の存在を隠蔽・忘却することになると思われるのである。

(2) 〈階級〉と〈民族〉

次に、強調したいのは、〈階級〉も〈民族〉も中立的・中性的存在のようにみえながら、それら自身が男性中心的に構築されていることである。〈階級〉では、その世帯主の多数は男性でありその世帯主の階級的帰属によってその他世帯成員のそれを代表させてきた［伊藤るり 一九九五］。〈民族〉においても、子の姓の父系血統主義が示すように父親の民族的帰属がその子の帰属を決定し、また女性の役割を「妻・母」など男性の付属的な存在とみなしてきたからである。そのような〈階級〉〈民族（あるいは国民）〉の男性中心的構築性は、宗主国である日本でも同様であった。

したがって、〈民族〉〈階級〉の相互作用によって一九二〇年代～三〇年代に進んだ「教育の学校化」「就学の制度化」過程が、不可避的に男性優位に振りあてられた〈ジェンダー〉化過程にならざるをえず、朝鮮人内部に性別に基づく就学の序列化を構築した（もちろん、〈階級〉の作用により男性間にも就学／不就学の亀裂をうんだ）。そして、その〈ジェンダー〉化された就学構造に、〈階級〉が媒介することによって、朝鮮人女性間の就学／不就学、初等教育機関の選択という女性間の分割と序列化もより鮮明化していったのである。

(3) 〈民族〉と〈ジェンダー〉

最後に、「日本人／朝鮮人」というカテゴリー、そして「男／女」というカテゴリーの関係について考察してみたい。

植民地期における「日本人／朝鮮人」というカテゴリーは、性別区分と同様に生物学的に「変更不可能な標識」［駒込武　一九九六：三五八］であった。大日本帝国下の朝鮮人には「国籍で包摂が、戸籍では排除が適用」［小熊英二　一九九八：六三七］され、かつ国籍離脱や戸籍の移動＝転籍が禁止されたため、朝鮮人は大日本帝国が設定した「朝鮮人」カテゴリーから離脱できない仕組みになってからである。このような構造下で、植民地朝鮮では朝鮮人を日本「国民」に統合するための教育政策が行われたのである。

ところで、伊藤によれば、民族の境界には生物学的境界や領土的境界のほかに文化的境界があり、その民族に属する女性には生物学的境界再生産の役割とともに文化的境界の標識としての役割が割りあてられる［伊藤前掲］。具体的には、①民族成員の生物学的な再生産の担い手として、②民族の境界を再生産する担い手として、③民族のイデオロギー再生産と文化伝達の役割の担い手として、④民族の差異の象徴＝文化の象徴として、⑤民族、経済、政治、軍事の各領域における闘争への参加主体として、である［Yuval-Davis, Anthias 1990, pp.6―11.］。生物学的な再生産には①②が、文化的境界には③④が関わる（⑤は位相が異なる）が、ここで重要なのは民族の境界維持をめぐって女性に対する統制が強化されることである［伊藤前掲：二一九］。

本研究に即していえば、旧来の儒教的な性規範に縛られない行動をとった「新女性」が朝鮮社会のなかで非難・嘲笑の対象になったのも、①②という生物学的な境界維持のために〝正当な手続き〟による女性の婚姻・「貞操」が重視されたからと考えられる。また、民族の文化的境界維持に関しては、朝鮮人男子は植民地教育機関である普通学校に積極的に就学させたにもかかわらず、朝鮮人女子にはその植民地教育機関での女子教育が「朝鮮的を没却」（「普通学校で教ふる婦道及び家事が不完全」であり朝鮮人の「実生活」から遊離と批判し、中等教育である女子高等普通学校では「温突の上での礼儀」は教えないと批判＝第2・4章）として女子不就学の理由となったことが示すように、朝鮮人男性知識人が朝鮮人女性を朝鮮「民族」の③「文化の伝達者」④「文化の象徴」と位置づけていることは確かであろう。だからこそ、逆説的に、不就学の朝鮮人女性たちに対し、「民族性を保持した」という積極的な評価がなされるのである。しかし、不就学の朝鮮人男性に対し同様の評価が成立するかは疑問である。
　また、朝鮮人女子への就学を正当化した「賢母良妻」という規範も、以上の文化的境界維持のために女性に与えられた役割・位置から理解することができる。「教育する母」として〝近代的〟であらねばならないが、それだけではなく朝鮮「民族」固有の生活習慣・文化を備える将来の「国民」（＝朝鮮人男性を想定）を創出するためにこそ、植民地エリート男性民族主義者たちは、「温突の上での礼儀」をわきまえた「民族」的な女子教育を求めたのである。

　このように、異民族支配のなかで構築された普通学校就学構造は、ジェンダーを媒介とする民族的境界の維持と統制をむしろ強化した側面があったと推測できる。その意味で、女性は「民族」の主体ではなく、「民族」を構成する要素として存在したのであり、男性中心の「民族の論理」が「女性を占有」した〔林《イム》志弦《ジヒョン》 二〇〇〇＝二〇〇〇〕といえよう。朝鮮人女性には、不就学に際しても、就学に際しても、「民族の論理」が作動したからである。金恩実〔二〇〇〇：六六〕の言葉を借りれば、植民地期朝鮮の民族の言説は、帝国日本への〝抵抗の言説〟である一方、「民族」を単一の主体に構成するゆえに朝鮮「民族」内部の多声性に対して――この場合、女性に対して――抑圧的な権力を行使する〝支配の言説〟でもあったことをはしなくも示している。

　これに対し、植民地権力は、「併合」以降一九三〇年代中盤に至るまで女子教育を放置した。このことは学校教育に否定的なジェンダー規範という朝鮮社会の〈ジェンダー〉要因との相互作用により、朝鮮人女子の普通学校不就学／非識字を構築する大きな要因となった。ところが、朝鮮人女性の不就学が一九三三年から本格化した農村振興運動の障害になることを「発見」するや、「第二次朝鮮人初等教育普及拡充計画」（一九三五年策定、一九三七年開始）において、初めて朝鮮人女性を積極的に「同化」対象として取り込もうとした。朝鮮人女性を「日本」的な「良妻賢母」として育成することで、その子女・家族もろとも日本「国民」に「同化」することを狙ったのである。

ここにも、女性の「生物学的再生産」「文化的境界」機能への着目がある。これは、前記「民族の論理」に対して、「帝国の論理」といえよう。

したがって、朝鮮人女性の不就学は、ともに女性排除的な「民族の論理」と「帝国の論理」の〝意図せざる共犯関係〟によって相互構築されたとみることができる。ところが、女子就学が必要とされるようになると、前者は朝鮮「民族」、後者は日本「国民」創出のために、それぞれ「賢母良妻」と「良妻賢母」が就学を正当化する論拠として登場した。朝鮮人女性は、朝鮮社会の家父長権力にとっては朝鮮「民族」を、植民地権力には日本「国民」を創出するための「手段」「媒介」とされたのである。ただし、植民地社会のなかでは、「民族の論理」と「帝国の論理」は決して対等ではなく、前者が後者に従属させられていたことは見逃してはならないだろう。

しかしながら、朝鮮人女性は「民族の論理」と「帝国の論理」に挟撃された単なる犠牲者・被害者であったわけではない。入学時に普通学校就学から排除されても一〇代になって普通学校への就学・通学を始めたり、私設学術講習会や書堂等へと識字獲得のための活路を見出す営みを繰り広げたからである。また、一九二〇年代には学校教育を受けた「新女性」たちが社会運動や女子教育を担ったのであり、そのなかから戦時期には対日協力を積極的に行う指導層女性たちも輩出したりした。さらに、植民地期に不就学・非識字を強いられ戦時中には「慰安婦」にさせられた朝鮮人女性のなかから、半世紀を経た一九九〇年代になって帝国日本による植民地支配・侵略戦争・性的被害という経験を証言する主体となった女性たちが登場したからである。

第2節　本書の意義

本書の意義は、植民地期の朝鮮人児童の普通学校への就学可否に現出した〈民族〉・〈階級〉・〈ジェンダー〉諸要因の輻輳性を分析し、これまで研究史上で等閑視されてきた〈ジェンダー〉を分析軸（連結環）にすえてこれらを統合的に把握しようとするという研究視角・方法論の開拓にある。

そのうえで、これまでの先行研究に比して本書の成果といえるのは、第一に、普通学校「就学」に関する従来の先行研究［古川宣子 一九九三、呉成哲 一九九六・二〇〇〇a］で用いられた就学率に対して、入学率や完全不就学率というより緻密な就学統計を提示したことである。「不就学」には、「学校不入学」という完全不就学と「中途退学」という部分不就学があるが、従来の就学率ではそれを区別できなかった。「完全不就学率」は両者を区別するための算出方法である。この区別が必要なのは、朝鮮人の学校へのアクセスが「就学」―「中途退学」（部分不就学）―「不入学」（完全不就学）のどのレベルであったかのかが、言語・識字技能の習得とその後の人生に大きく影響したからである。その結果、普通学校「就学」の外部に、膨大な「完全不就学」が存在したこと、しかも女性に非対称的に配分されていたことが明らかになった。

第二に、第一と関連するが、普通学校「就学」に関してジェンダーの視点を導入することによって、男子とは異なる女子独自の入学率推移や就学動機を提示し、先行研究［韓祐熙 一九九一、呉成哲 二〇〇〇a］が男子の教育経験の分析にすぎないことを明らかにした点である（本章第1節で詳述）。

第三に、植民地期に生をうけた朝鮮人女性たちのライフヒストリーに基づき、文献中心的な研究を補強したことである。植民地期の文献史料が多くの場合、植民地権力及び朝鮮社会の家父長権力という支配者中心・男性中心・中上層階級の視点で記述されており、また先行研究も学校「就学」が中心であるために男性史的な説明となっていた。しかし、「不就学」を重要な研究対象とする本研究では、当事者でなければ語り得ない当時の教育（疎外）経験を生々しく伝える彼女たちの証言を採用することによって、朝鮮人女性の「不就学」をめぐる諸状況をリアルに明らかにできたと思う。証言の検討は本書の文書資料中心の実証と分析を裏付けるための作業であるが、実は本書こそが彼女たちの証言に対する歴史的理解を深めるための「補足」であったともいえるのである。

以上のような研究上の意義があるが、本書が植民地期朝鮮初等教育のジェンダー史的研究の出発点にすぎないのも確かであり、次のような限界と課題が残されている。

まず、植民地期の朝鮮人、とりわけ女性の教育経験／疎外経験をよりリアルに把握するために、さらに広範な自伝・伝記、口述資料の発掘・収集や朝鮮人男性も含めた各階層のインタビューをする必要があった。

次に、教育費負担構造のより詳細な分析が必要である。在朝日本人の地方税負担の軽さや、補助金制度・中等高等教育費の朝鮮人への転嫁などが指摘［弘谷多喜夫・広川淑子 一九七三］されているが、在朝日本人の教育費負担と朝鮮人のそれとの関係、そして総督府の教育予算との関係性を、都市部や各道での展開や初等教育のみならず中等教育との関係も含めて明らかにする作業が残されている。

また、本書では分析対象時期を一九三〇年中盤までにしたが、その歴史的性格をより明らかにするためには、一九三七年以降の戦争動員体制のなかでの植民地権力の教育政策がどのように転換され、朝鮮人がどのように対応したかに関する分析は今後の課題として残された。戦時総動員体制のもとでの「皇民化」政策を、女子も含めて激増した入学率との関係のなかで、ジェンダー・階級・世代等に分節化しながら把握することによって、それ以前の職業教育政策期の「同化」政策との質的差異が鮮明になると思われる。兵役問題と就学政策との関連性も重要である。さらにいえば、一九四五年＝「解放」後に米軍政や李承晩政権のもとで爆発した朝鮮人の「教育熱」と比較することで、植民地就学構造を相対化する視点を獲得することができると思われる。

注

序章

1　朝鮮独自の名称とされた普通学校は、一九三八年度（第三次朝鮮教育令）から小学校、一九四一年度（国民学校令）から国民学校とされ日本・台湾と同一の学校名称となったが、本書の対象時期は第二次教育令期（一九二二〜三七年）であるため普通学校と呼称する。

2　三・一独立運動（一九一九年）後に登場した朝鮮総督斉藤実のもとで教育制度の諸改革が行われ、一九二〇年に第一次朝鮮教育令改定、二二年に第二次朝鮮教育令が制定された。その後、二九年に初等教育の改革があったが、基本的な性格は三八年第三次朝鮮教育令公布まで踏襲された。

3　スコットのジェンダーの定義で本研究にとって重要なのは、第一に「両性間に認知された差異にもとづく社会関係の構成要素」、第二に「権力の関係を表す第一義的な方法」という定義であり、両者が相互に不可欠な関係であることを明確化したことである［一九八八＝一九九二：七五］。

4　ただし、C・デルフィーは、生物学的分割であるセックスと社会文化的序列化を示すジェンダーの関係に関し、「セックスがジェンダーに先行する」という前提を退け、その逆であり序列化が分割を引き起こしたと強調した。セックスは『「自然的」な差異と（社会的に―引用者）構成された差異』であるからである［一九九一＝一九九八：五四］。いまでは、J・バトラーによって、セックスも「非構築物（自然的なもの）として構築されたもう一つのジェンダー」として社会構築物ととらえなおされている［一九九〇＝一九九九、舘　一九九九ａ］。

5　VAWW-NET Japan編、松井やより他責任編集『日本軍性奴隷制を裁く二〇〇〇年女性国際戦犯法廷の記録　第6巻　女性国際戦犯法廷の全記録Ⅱ』緑風出版、二〇〇二年。

6　藤目ゆき『性の歴史学――公娼制度・堕胎罪体制から売春防止法・優性保護法体制へ』不二出版、一九九七年。

7　舘かおる「女性の参政権とジェンダー」原ひろ子ほか編『ライブラリー相関社会科学2　ジェンダー』新世社、一九九四年。

8　伊藤るり「ジェンダー・階級・民族の相互関係――移住女性の状況を手がかりとして」井上俊ほか編『ジェンダーの社会学』岩波書店、一九九五年。

9　宋連玉「一九二〇年代朝鮮女性運動とその思想――槿友会を中心に」飯沼二郎・姜在彦編『近代朝鮮の社会と思想』未来社、一九八一年。同「朝鮮婦女総同盟――八・一五解放直後の女性運動」『朝鮮民族運動史研究　二』一九八五年。

10　同前「朝鮮植民地支配における公娼制」『日本史研究』三七一、一九九三年。同「日本の植民地支配と国家的管理売春――朝鮮の公娼を中心として」『朝鮮史研究会論文集』三二、一九九四年。

11　同前「ナショナリズムとフェミニズムの葛藤――朴花城の再評価」林哲他『二〇世紀を生きた朝鮮人――「在日」から考える』大和書房、一九九八年。同「朝鮮『新女性』に見る民族とジェンダー」三宅義子編『日本社会とジェンダー』明石書店、二〇〇一年。

12　一九九五年に開催された国際歴史学会では、ジェンダーを人種、民族、階級などをつなぐ「連結環」として位置づける分析方法によって、ジェンダーが国民国家や帝国主義、福祉社会の本質などの諸問題を捉え直すことができる重要なカテゴリーになることが示されたという［安川　一九九七、舘　一九九九ａ］。

13　ジェンダー統計は、ジェンダー不平等是正のための指標として、たとえば国連ではジェンダー開発指数（ＪＤＩ）やジェンダーエンパワメント測定（ＧＥＭ）として活用されている［法政大学日本統計研究所・伊藤陽一　一九九四］。

14　舘かおるは、①gendered ②engendering（gendering）はともに「ジェンダー化」と訳されるが、①の場合は「ジェンダー化された労働」などのように「性別に対する認識が呪縛され、社会制度が性別によって固定化、秩序化されている様態」を示すが、②が「労働概念のジェンダー化」などと学問分野で使われる場合は「対象をジェンダーの視点から分析し、『知』を再構築する」、即ち「ジェンダー概念による知の組み替え」であると説明し、①②を区別すべきと主張した［舘 一九九八：八四］。

15 「国籍法」の朝鮮への不施行は、朝鮮と陸続きの国境地帯にある中国領・間島地方に多数の朝鮮人が移住・亡命し、彼／彼女らが亡命先（清やロシアなど）の国籍を取得すること、即ち日本国籍を離脱して総督府の取締管轄外になることを防ぐためであった［小熊 一九九八：一五四―一六一］。

16 日本居住の日本人に適用された「戸籍法」は、一九三二年に樺太アイヌ民族に適用された。朝鮮人には朝鮮民事令（一九一二年）・朝鮮戸籍令（一九二二年）が、台湾では漢民族に戸籍に関する律令（一九三二年）及び台湾総督府令（一九三三年）・戸口規則（一九三五年）が適用されたが、台湾原住民族に特別な法令はない［清宮 一九四四：四二―四三］という複雑な構成になっていた。

17 日本では、一九〇〇年第三次小学校令により就学義務に対する法制が整備され修業年限が四年に統一（一九〇七年に六年に延長）、授業料原則不徴収の義務教育制度が確立された（［国立教育研究所編 一九七四］ほか）。しかし、土方苑子［一九九四］によれば、就学率が男女とも九〇％以上に達した日露戦後でも女子の中途退学者が多数存在したのであり、卒業まで小学校に在学するようになったのは一九三〇年代頃であったという。

18 大野謙一『朝鮮教育問題管見』朝鮮教育会、一九三六年、一三〇頁（渡部学・阿部洋監修『日本植民地教育政策史料集成（朝鮮篇）』東京：龍渓書舎、一九八七～一九九一年、第二八巻所収。＊以下、『史料集成』と略記する）。

19 「（秘）朝鮮教育令中改正勅令案参考資料　朝鮮教育令実施ノ概況」七及び一一頁（外務省外交資料館Ｉ-三四『本邦ニ於ケル教育制度並状況関係雑件　朝鮮教育令沿革』所収）。刊行年は明確ではないが、一九三四年五月末現在の統計が使われているので三五年前後と推測される。

20 在日朝鮮人の小学校入学に際しては、もっとも居住数が多い大阪府や東京府の場合①入学希望の申し出があった場合に入学できる申し出制、②学校施設に余裕があるときに入学が許可されるという許可制であった［伊藤悦子 一九八三］。そのため、一九四二年でも在日朝鮮人児童の就学率は六四・七％であった［田中勝文 一九六七：一六一］。

21　ただし、自作農といっても零細な場合は小作農となんら変わらない場合もあるし、一九二〇年代以降に人口が増加する都市部ではそもそも指標とはなりえないが、いったん土地所有形態に応じた〈階級〉の別を設定することは朝鮮人児童の就学がどのように経済的に規定されたのかを考察する際に有効であると判断したためである。

22　日本近代の良妻賢母規範を女子教育政策理念として分析した研究に、小山静子『良妻賢母という規範』（勁草書房、一九九一年）がある。

23　呉天錫著、渡部学・阿部洋共訳『韓国近代教育史』高麗書林、一九七九年。鄭在哲『日帝の対韓国植民地教育政策史』（ハングル）一志社、一九八五年。

24　孫仁銖『韓国近代教育史一八八五～一九四五』（ハングル）延世大学校出版部、一九七一年。盧榮澤『日帝下民衆教育運動史』（ハングル）探求堂、ソウル、一九七九＝一九九二年。石川武敏「一九二〇年代朝鮮における民族教育の一断面――夜学運動について」『北大史学』第二一号、一九八一年。李　明実「日本統治期朝鮮における夜学の実態と教育活動について」『筑波大学日本教育史研究年報』第3号、一九九四年など。

25　渡部学「朝鮮における『福次』的初等教育施設（上）（中）（下）――朝鮮近代教育理解のための領域づけへの提言」『武蔵大学論集』第八巻第四号・一九六〇年、第五号・一九六一年、『武蔵大学紀要』第二巻・一九六四年。同「『私設学術講習会』の「露頭」――日政時代私学初等教育の一領域」『韓』第三巻第一〇号、一九七四年。同「朝鮮の近代教育とは？」世界教育史研究会編『世界教育史体系5　朝鮮教育史』講談社、一九七五年など。渡部の研究で重要なのは、総督府が書堂や私設学術講習会などの周辺部の「副次」的な初等教育機関を公立普通学校へと求心的に包摂しようとする体制を構築しようとしたことを「公立普通学校体制」と呼称し、朝鮮人の側がこの求心的力学に対して自律性を保とうと遠心力を働かせようとした拮抗的力動関係のなかでこの体制をとらえ、一九三〇年現在の公立普通学校の約三割が朝鮮人創立による諸教育機関からの転身・転換であったことを実証した［一九七五：二五四―二七二］ことである。この概念は、普通学校への対応・対抗としての書堂・私設学術講習会等への朝鮮人の就学行動と植民地権力による再編という力学的構造の把握という点で意義があるが、普通学校への朝鮮人の就学動機は明確ではないと思われる。

26　佐野通夫『近代日本の教育と朝鮮』社会評論社、一九九三年。

27 木村光彦「韓国（朝鮮）における初等教育の普及――一九一一〜一九五五年」『アジア研究』第34巻第3号、一九八八年。同「近代朝鮮の初等教育」『アジア発展のカオス』勁草書房、一九九七年。

28 古川宣子「植民地期朝鮮における初等教育――就学状況の分析を中心に」『日本史研究』三七〇号、一九九三年六月。同趣旨のものとして、同「日帝時代初等教育機関の就学状況――不就学児童の多数存在と普通学校生の増加」（ハングル）『教育史学研究』第二・三号、一九九〇年があるが、ここでは前者を取りあげる。

29 日本では植民地期の朝鮮人教育が植民地支配正当化論となってしまう側面を否定できない。一九七四年一月、田中角栄首相（当時）は国会答弁で、朝鮮統治の功績の一つに義務教育制度を敷いたこと――実際には不実施――をあげ、一九七九年三月桜田武日経連会長（当時）は韓国ソウルで「韓国の現在の経済的発展は日本の統治時代の教育のおかげ」と発言し舌禍事件となった［旗田巍 一九七九］。問題は、これらが必ずしも過去の認識ではないことである。たとえば、二〇〇三年五月、麻生太郎自民党政調会長（当時）は講演で「（創氏改名は）朝鮮の人が名字をくれといったのが始まり」と発言するとともに、「ハングル文字は日本人が教えた。義務教育制度も日本がやった。正しいことは歴史的事実として認めた方がいい」と発言した（『毎日新聞』二〇〇三年六月一日付）。

30 韓祐熙「日帝植民統治下朝鮮人の教育熱に関する研究――一九二〇年代公立普通学校を中心に」（ハングル）『教育史学研究』第二・三集、一九九〇年。

31 同前「普通学校に対する抵抗と教育熱」（ハングル）ソウル大学校師範大学『教育理論』第六巻第一号、一九九一年。

32 呉成哲「一九三〇年代初等教育の拡大と朝鮮人の教育要求」（ハングル）ソウル大学校師範大学教育学科『教育理論』第六巻第一号、一九九一年。同「一九三〇年代韓国初等教育研究」（同前）ソウル大学校博士学位論文、一九九六年。後者に加筆訂正して刊行されたのが『植民地初等教育の形成』（同）教育科学社、二〇〇〇年。ここでは、新たな見解を含む『植民地初等教育の形成』を検討する。

33 呉は、普通学校膨張の社会的動因に関し「植民地工業化」という経済構造の変化にあるとする李萬奎［一九八八］・安秉直［一九八九＝一九九〇］の仮説を、①植民地工業化による第二次産業部門の雇用増大はごく制限的な規模、②総督府の初等教育膨張政策も産業資本的な労働力訓練機関ではなかったと退けている［二〇〇〇a：一七五―一八六］。

34　これに関連した日本語の論文として呉成哲「植民地朝鮮の普通学校における職業教育」（『植民地教育史研究年報』第三号、二〇〇〇年）がある。

35　古川宣子「一九一〇年代朝鮮における書堂」『アジア教育史研究』第6号、一九九七年。

36　就学率算出の前提となる朝鮮人総人口に占める推定学齢人口に関して、古川は「六―一一歳」として一九四〇年国勢調査から〇・一五六一と割り出し［一九九三：三四―三六］、呉も「六―一一歳」として一九三〇年国勢調査から〇・一四四と割り出した［二〇〇〇a：一三二］。また、木村は学齢人口を「（六―一二歳又は六―一四歳）の比率は一六―二〇％と仮定」［一九九七：三三］、「一七％」［同：四五］とするが、その根拠は示されていない。本研究では時期的に重なる呉の算出した推定学齢人口比に基づき算出することにしたい。したがって、以前の拙稿［一九九九・二〇〇〇］での就学率算出を、本研究ではやり直した。

37　土方は、『文部省年報』による就学概念、就学率を論じるときは学齢児童中の「卒業」者数を考慮する必要があるが、従来の研究における就学率算出が「就学児童数÷学齢児童数×100」であるため、「卒業」者数を見落とすか軽視していると指摘する［一九九四：二五九］。

38　たとえば、一九二五年版『朝鮮総督府統計年報』所収の「三六二、内地人学齢人口」では、「既ニ就学ノ始期ニ達シタルモノ」を「就学」と「不就学」に分類し、「就学」を「尋常小学校ノ教科ヲ修ムルモノ」「尋常小学校ノ教科ヲ卒ヘタルモノ」とし、「不就学」を「疾病」「貧窮」「学校未設」「其ノ他」と理由別にわけて記載し、「既ニ就学ノ始期ニ達シタル百人中就学歩合」＝就学率を算出している。文部省の算出方法に準拠しているのである。

39　朝鮮総督府学務局学務課『学事参考資料　昭和一二年一一月（秘）』一九三七年、二一八頁（『史料集成』第六〇巻所収）。

40　駒込武『植民地帝国日本の文化統合』岩波書店、一九九六年。

41　「一面一校計画」は正式名称「朝鮮総督府に於ける一般国民の教育普及振興に関する第一次計画」、「第二次計画」は「第二次朝鮮人初等教育普及拡充計画」であり、ともに四年制公立普通学校の増設をはかるものであるが、傍点が示すように名称が微妙に異なる。そこで本研究では一連の政策であることを示すために、前者を初等教育拡張政策、後者を第二次初等教育拡張政策とし、前者のなかには①「一面一校計画」だけでなく、②授業料低減政策、③簡易学校創設を含むものとしたい。前者の政策①②③の実施過程のなかで後者が樹立されたからである。

42 「簡易学校の教師に望む」大野謙一前掲書所収、二四七—二四九頁。

43 宇垣一成「朝鮮の将来（全国中学校長会同の席上に於ける総督の講演要旨　昭和九年九月一一日京城帝国大学講堂に於て）」（朝鮮総督府）『伸び行く朝鮮（宇垣総督講演集）』一九三五年、六〇頁。

44 たとえば、第二次大戦後すぐにだされた大蔵省管理局『日本人の海外活動に関する歴史的調査・朝鮮編』では、日本の教育政策を振り返り「日鮮《ママ》の差別をなくさうとする良心的努力」「朝鮮人が民族意識を捨てることによってのみ日本人と全く同じ天皇の赤子としての平等が与えられ得るという信念と好意とによるもの」（「第七章　教育文化政策とその実績」二七—二八頁、一九四八年）との認識が示されている。最近でも、櫻井よし子は「日本人はせめて朝鮮の人たちを内地化しようとした。日本人化しよう——それは朝鮮の人たちにとってはものすごく間違いなんですよ。もう許されない犯罪なんだけれども、日本人としては朝鮮半島の人を日本人並みに引き上げようとしたということもある」と語っている（講演「ジャーナリスト櫻井よし子が見た日本、学校、子ども」横浜市教育委員会、一九九七年一〇月三日）。

45 鄭世華「韓国近代女性教育　第Ⅱ章　日帝治下の女性教育」金永徳他著『韓国女性史　開化期—一九四五』（ハングル）梨大出版部、一九七二年。

46 丁尭燮「日帝治下における韓国女性に対する教育政策とその抵抗運動に関する研究」（ハングル）『亜細亜女性研究』九、一九七〇年。

47 孫仁銖「第七章　女性の民族的自覚と自我意識の覚醒」『韓国女性教育史』（ハングル）延世大学校出版部、一九七七年。

48 韓国女性研究会女性史分科「韓国女性史の研究動向と課題４——女性教育」韓国女性研究会編『女性と社会』（ハングル）第五号、一九九四年、三〇五—三〇七頁。

49 金ソンウン「一九三〇年代朝鮮女性教育の社会的性格」梨花女子大学校碩士学位論文、一九九二年。朴チヒャン「日帝下女性高等教育の社会的性格」『社会批評』1、ナナム、一九八八年。洪良姫「日帝時期朝鮮の〝賢母良妻〟女性観の研究」漢陽大学校大学院碩士学位論文、一九九七年。玄敬美「植民地女性教育事例研究——京城女子高等普通学校を中心に」ソウル大学校教育学碩士（修士）学位論文、一九九八年。以上、ハングル。朴宣美「朝鮮社会の近代的変容と女子日本留学――一九一〇年〜一九四五年」京都大学大学院博士前期（修士）学位論文、一九九八年。

50 盧栄澤「日帝下の女子夜学」（ハングル）『史学誌』第九号、一九七五年。呂運實「一九二〇年代女子夜学研究」（ハングル）誠信女子大学校碩士（修士）学位論文、一九九四年。

51 文昭丁「一九二〇〜三〇年代小作農家子女たちの生活と教育」（ハングル）韓国社会史研究会『韓国社会史研究会論文集第20集　韓国社会の女性と家族』文学と知性社、一九九〇年。

52 朝鮮人女性を対象とする研究ではないが、咲本和子［一九九八］は一九三五年に朝鮮ではじめて独立の女子師範学校として設立された「京城女子師範学校」に関する先駆的な研究を行った。同論文は、同校の設立背景として農村振興運動のなかで「良妻賢母」育成のための女子教育論の台頭を明らかにした点に意義があるが、その趣旨は同師範学校の教員養成過程と同校出身の日本人女性教員が皇民化教育に果たした役割にある。

53 第一集〜第五集まで発刊されている（一九九三年、一九九七年、一九九九年＝以上ハヌル、二〇〇一年・二〇〇一年＝プルピッ）。第一集のみ、韓国挺身隊問題対策協議会・韓国挺身隊研究会編・従軍慰安婦問題ウリヨソンネットワーク訳『証言―強制連行された朝鮮人軍慰安婦たち』明石書店、一九九五年として翻訳されている。

54 「第一学年生徒数」は、その記載がある朝鮮総督府学務局『朝鮮諸学校一覧』一九三六年版（一九一一〜三四年）、一九四三年（一九三五〜四二年）を利用した。同統計は、各年「五月末現在」の数字である。なお、この入学率・完全不就学率の算出方法に関しては米田俊彦先生のご教示をうけた。記して謝意を表したい。

55 朝鮮総督府『朝鮮総督府統計年報』一九二四年版（一九一二〜二四年版）、一九三三年版（一九二五〜三三年）、一九四二年版（一九三四〜四二年）に掲載された「退学」数、「入学」数、「卒業」数から算出した。

56 『史料集成』全六九巻、龍渓書舎、一九八七〜一九九一年。

57 一九二三年に創設された朝鮮教育会（前身は朝鮮教育研究会）は、会長を政務総監、副会長を学務局長が務め、会員は学校教員という官製の教育団体であった。『文教の朝鮮』は朝鮮教育會の機関誌として一九二五年九月〜一九四五年一月まで発刊された。本書では［復刻版］（エムティ出版、一九九六年〜一九九七年）を使用した。＊以下、『文』と略記する。

58　一九二六年五月一五日創刊の『朝鮮思想通信』（朝鮮思想通信社）は、一九三〇年一一月一五日から『朝鮮通信』（朝鮮通信社）と改称した。＊以下、『通信』と略記する。

59　中国武漢居住被害者の証言集である『中国に連行された朝鮮人軍慰安婦たち』（ハヌル、一九九五年）も刊行され、翻訳が刊行されている（山口明子訳、三一書房、一九九六年）。本研究では、第一集・第二集に収録された証言を採用した。

60　在日朝鮮人一世の女性への聞き書きには、むくげの会編『身世打鈴――在日朝鮮女性の半生――』（東都書房、一九七二年）や、岩井好子『オモニの歌――四八歳の夜間中学生――』（筑摩書房、一九八四年）、「百萬人の身世打鈴」編集委員編『百萬人の身世打鈴――朝鮮人強制連行・強制労働の「恨」』（東方出版、一九九九年）等がある。

第1章

1　朝鮮の公立小学校には、本国と同様に尋常小学校と高等小学校があったが、本研究の対象は前者とする。

2　一九一一年一〇月二〇日付「朝鮮総督府訓令第八六号」教育史編纂会編『明治以降教育制度発達史』第一〇巻、一九三九年、六六頁。

3　一九一四年の公立普通学校三八三校中、農業科が課せられたのは二六一校（六八・一％）、商業科八校、手工四〇校であり、「正科として農業を課せざるものと雖も、何れも多くの実習地を整備」していたという（『朝鮮彙報』一九一五年九月号、七五頁）。

4　大野謙一『朝鮮教育問題管見』一九三六年、二三五頁（『史料集成』第二八巻所収）。

5　注2に同じ。

6　第二次朝鮮教育令発布時の政務総監水野錬太郎による「声明」では、「一視同仁の聖旨に依り、差別撤廃を期し、内地と同一の制度に依るを主義」が掲げられた（前掲大野、一三〇頁）。

7　第二次朝鮮教育令第二五条によれば「特別ノ事情アル場合」に限られた。

8　磯田一雄によれば、普通学校規程での教科名は「日本歴史」であったが、教科書名は最初から「国史」とされ、しかも「国史」教科書の出現は日本よりも早かった。内容も、戦前期の日本でもっとも長く使われた『尋常小学日本歴史』（国定第三期歴史教科書）とほぼ同一であり、神功皇后の「三韓征伐」や豊臣秀吉の「朝鮮征伐」などを盛り込み朝鮮の自律性を否定し「併合」を合理化するものであった［磯田 一九九九：一九七］。

9 高尾甚造（朝鮮総督府学務局学務課長）講述『朝鮮教育の断片』一九三六年、二三―二四頁（『史料集成』第二八巻所収）。

10 「朝鮮人教員及児童に対し国語使用奨励の方法」「朝鮮人教員の国語力増進の方法」『朝鮮彙報』一九一五年五月号、一二四―一二六頁。

11 それぞれ『東亜日報』一九二五年三月二〇日付記事、及び同年五月一〇日付記事より。＊以下、『東亜日報』は『東』と略記する。

12 社説「朝鮮教育の根本的欠陥」『東』一九二七年一月一二日付、『通信』一九二七年一月一一日付訳文。以下、一九二六年五月以降の『東』社説の訳文は、断りのない限り『通信』による。

13 稲葉［一九九七：四〇］によれば、「国権回復をめざす教育救国運動の一環として日本語教育が推進」された。

14 「私立学校令解説（隆熙二年一二月）」一九〇八年、五頁（『史料集成』第六四巻所収）。

15 たとえば、一般系が修身一・日本語一〇時数に対し、宗教系の私立崇賢女学校普通科（四年制）では「聖教包含修身」三、日本語・「朝鮮及漢文」（朝鮮語の誤記と思われる―引用者）各六時数であり、解説文に「国語の如きは其の成績至て不良」と記載されるほどだった。同校は「生徒中不良の者」多く、三・一独立運動にも「職員及生徒の一部之に参加し爾不穏の言動其の跡を絶たざる状況」であった（朝鮮総督府学務局『朝鮮人教育私立各種学校状況』一九二〇年、五六―五九頁、『史料集成』第四三巻所収）。

16 たとえば、「天」という漢字を覚える際は「天」を意味する韓訳「하늘」をよみ、つづいて韓音「천」をよむ。漢字の朝鮮語としての意味と発音を同時に覚え、さらに書写（習字）を通じて文字を習得するのである［渡部 一九五五：五一］。

17 一九二〇～二八年までの『東』に登場する夜学関連記事を調査した石川［一九八二］によれば、夜学数は全部で一三六〇ヶ所あり、設立数は一九二五年を境として二〇年代前半に成長し後半は減少したという。設立主体は、①地方有志、②青年・婦人団体、③宗教者および宗教団体、④労農団体、⑤警察関係者および地方官吏、⑥教育関係者であった。

18　一九二〇〜一九二八年までの『東』紙上に現れた一〇三八個の夜学のうち「女子（婦人、婦女）夜学」は、四〇六個、約四〇％を占める［李明実　一九九四：八］。

19　女子夜学の教科目は算術、朝鮮語、漢文、日本語と読み書き・算述が中心で、既婚女性に必要とされた「家庭」「修身」のような科目もあり、修学期間は四ヶ月から六ヶ月と短かった［盧　一九七五］。

20　同件には、「公立普通学校ニ入学シ能ハザル者」（傍点引用者）への認可手続に関する記載があり、普通学校不就学児が対象とされたことが明記されている。他に「私設学術講習会夜学会ニ関スル件」でも、注意事項に朝鮮総督府または文部省編纂教科書の選定や「講習科目ハ可成修身、国語、朝鮮語、算術」「特ニ希望アラバ唱歌、体操」を指導する一方で、「同一組ノ児童ノ年齢ハ可成其ノ差ヲ少クスベシ」と記され児童が対象であった。同件の発布日時は不明であるが、すぐ後が先述の一九二一年六月一四日付法規なのでそれ以前と思われる。いずれも、釜山府『昭和一四年四月現在　例規集（学事関係）』二一三―二一五頁（『史料集成』第八巻所収）。なお、同件には「発・宛」の記述はない。

21　同件（江学第一二七号）には、「多数児童ヲ収容シ修業年限ヲ設ケ年々継続シテ之ヲ開催」する「殆ンド私立学校ニ類スル」講習会を取り締る法規である。そのうえ、同法規は「普通学校ニ収容シ得ザル児童救済ノ為開催スル講習会」の「講習科目ハ四年制普通学校ノ各科目ヲ参酌シテ定ムルコト」を指導している（江原道教育会『江原道教育要綱』一九三五年、一七二―一七三頁。『史料集成』第三八巻所収）。また、同件も「発・宛」の記述はない。

22　同前一九二五年江原道通牒文。

23　一九三〇年八月七日附江原道通牒文「私設学術講習会ニ関スル件」（江学第五九四号）、前掲江原道教育会所収、一七三―一七四頁。

24　渡部［一九六一：八二］によれば、一九二四年度慶尚北道では講習会数は一八七ヶ所、生徒数一三、七四九人であり、同道の全機関数に占める割合はそれぞれ一二・八％、二〇・四％であった。生徒数では二割を占め軽視できない勢力であった。渡部は全国で二〇〇〇ヶ所は存在したと推測する［同：八四］。

25　序列化は総督府編纂の各種統計資料類に如実に示される。『朝鮮総督府統計年報』「教育」の項で、最初は「小学校」、次いで「普通学校」であり、両者は入卒業者数・退学者・日々出席欠席平均・経費・資産・教員資格及俸給に至る記載がである（ただし普通学校就学率の記述はない）のに比して、「私立各種学校」「書堂」は同項の末尾に簡単な記載があるだけである。「私設学術講習会」に至っては記載がみられない。

第2章

1 「（秘）朝鮮教育令中改正勅令案参考資料」七頁（外務省外交資料館I—三四『本邦ニ於ケル教育制度並状況関係雑件朝鮮教育令沿革』所収）。刊行年は一九三五年前後と推測される。

2 韓祐熙［一九九一］は実力養成論の基本論理を「教育または啓蒙を通して自強（実力）を蓄え国権を恢復する」と定義し、「併合」前の愛国啓蒙運動にその根があるが三・一運動以後の実力養成論もこの範疇にあるとする。その特徴を①「教育→実力→独立」という基本論理は変わらないが、独立という目標と教育という手段との関係が遠くなった点、②実力養成の場が私立学校という固定概念に変化が生じ公立普通学校が「同化教育」の場から「実力養成の場」に変わったととらえる。即ち、「普通学校に子女を送ったとしても、祖国の観念や朝鮮人の観念を捨てるのではない」［七二］というのが普通学校就学の民族的名分である。

3 「第四章　教育」『朝鮮彙報』一九一五年九月号、六二頁。

4 一九一九年度の平安南道寧遠公立小学校のケース。朝鮮総督府学務局『大正八年　朝鮮諸学校一覧』五三—五四頁（『史料集成』第五三巻所収）。

5 「学校組合の状況」『朝鮮』一九二一年四月号、九一頁。

6 前掲「（秘）朝鮮教育令中改正勅令案参考資料」七頁。

7 一九一八年一二月に樹立された三面一校制度は、当初は一九一九年から二六年までの八カ年の計画だったが、一九一九年の三・一独立運動後である一九二〇年一月に、一九二二年までの四カ年に計画が短縮された。朝鮮総督府学務局長柴田善三郎によれば、一九一九年現在の公立普通学校数四七六校を、四カ年で「四百校だけ増設」し九百校にする計画であった（朝鮮総督府学務局『大正一〇年五月　新施政と教育』一九二一年五月、四—五頁。『史料集成』第一六巻所収）。

8 普通学校数は朝鮮総督府学務局『昭和四年編纂　朝鮮諸学校一覧』（『史料集成』第五五巻所収）より、面数・洞里数は

朝鮮総督府『朝鮮総督府統計年報』一九二八年度版より引用した。

9　慶尚南道南海郡（島）の場合、「もっとも遠距離の児童の通学所要時間」では、小学校就学児童は「三分」「四五分」であるが、普通学校児童は一時間から最長で二時間半を費やした（南海郡教育会『南海郡郷土誌』一九三三年、一八五―二五一頁。『韓国地理風俗誌叢書（一四五）』所収）。また、江原道でも、公立普通学校への「通学不可能なる部落相当多」いという記載がある（江原道教育会『江原道教育要綱』一九三五年、一六五頁。『史料集成』第三八巻所収）。

10　安城郡では、道庁の指示で一九二五年内に普通学校一校を郡内に新設する計画をもち、学校分布上適当な瑞雲面内に設置のため校舎建築費に充当する寄付金募集をした。しかし、寄付金の応募がないため、替わりに寄付金を集めた三竹面で開校した（「新設校は三竹に――瑞雲面民の失望」『東』一九二五年三月二日付記事）。

11　安成郡一竹面の事例では、同面の住民が寄付金を融通して学校設置に関して学校費評議会と郡庁当局もこれに対応したが、道当局は三面一校制度が実現したことを理由に不許可にした（社説「教育に対する当局の不誠意――学校の不許可、寄付の不許可」『東』一九二二年七月一〇日付）。なお、学校設置過程における植民地権力と朝鮮人の交渉関係の実態は解明されているとは言い難いので、今後の課題としたい。

12　一九二五年に政務総監下岡忠治は、「朝鮮の民度に照らして数の増加よりも寧ろ質の改良に重点をおき、この際学校の濫設を戒め内容の改善に留意する時期と信じる」と発言した（社説「朝鮮総督府の教育方針――下岡総監の大胆な告白」『東』一九二五年五月二二日。［呉 一九九六：三〇］より再引用）。

13　たとえば、一九二一年五月、第二次朝鮮教育令のために設置された臨時教育調査委員会（委員長：水野錬太郎政務総監）に対して、各道の有志人士、釜山有力者で組織した月例会、その他釜山有志からそれぞれ「朝鮮教育改善建議」が提出された（「教育建議提出」「教育改善建議（1）意見書（2）建議案」『東』一九二一年五月三日付、金鍾範「教育調査委員に対する吾人の希望（上）（下）」同年五月三・四日付、「釜山の建議書」同年五月五日付）。

14　前掲社説「朝鮮総督府の教育方針」。

15　詳しくは、高倉翔・河宗根の研究［一九八四］参照。

16　『大正一一年慶尚北道教育及宗教一斑』九、一一頁（『史料集成』第三九巻・下所収）。

17　『昭和二年全羅南道教育及宗教一班』九、二〇頁（『史料集成』第三九巻・上所収）。

18　民族別の教育費負担構造は、民族別の税負担構造や総督府の教育関係予算等のなかでとらえる必要があるので、今後の課題としたい。

19　たとえば、一九二〇年度の慶尚南道の五組合、平安南道の一組合では、組合員の多額な賦課金や寄付金額によって当該小学校の教育関係費を賄えたため、組合員子女の小学校授業料を徴収していない（前掲「学校組合の状況」一〇一頁）。

20　「20、教育」「359内地人学齢児童」朝鮮総督府『朝鮮総督府統計年報』一九三〇年版等。

21　前述の三面一校計画への学校数不足という批判に対し、朝鮮総督府学務局長柴田善三郎は「経費の関係即はち負担の関係或は教員養成の関係等」のために「此れ以上の実行計画は樹て得られない」とした（朝鮮総督府学務局『大正一〇年五月 新施政と教育』一九二一年、四―五頁。『史料集成』第一六巻所収）。

22　学務局長関屋貞三郎「小学校及普通学校の教育上特に注意すべき事項」『朝鮮彙報』一九一六年三月、九三及び九六頁。

23　「朝鮮総督府ニ於ケル一般国民ノ教育普及及振興ニ関スル第一次計画」一九二八年、二頁（『史料集成』第一七巻所収）。

＊以下、「一面一校計画」と略記する。

24　同前書。朝鮮人初等教育に関し〝少数者への教育向上〟から〝多数民衆への教育普及〟への軌道修正を図ったのが、一九二九年からはじまる「一面一校計画」からである。詳しくは本章第3節参照。

25　一九三五年の京都市の調査によれば、在日朝鮮人の不就学理由でもっとも多かったのが「貧困」（二八・五九％）、次いで「女児故」（一六・二〇％）であったという［田中前掲：一六八―一六九］。

26　古川宣子［一九九六：九九―一〇二］によれば、授業料免除は一九一二年から徴集に、教科書貸与は一九一三年から自費購入に変化した。それでも、一九一五年二月八日現在三八二校の普通学校のうち、授業料徴集校は二七三校で、徴収額は「五銭、七銭、八銭、一〇銭、一五銭、二〇銭」の六種類（最多が一〇銭＝一四六校）、非徴集校は一〇九校であった。

27　社説「授業料を引き下げよ」『中外日報』。『通信』一九三〇年七月三日付訳文より。

28　「公普の授業料は徴収成績が良好」『東』一九二三年一一月一四付記事。

29　一九二六年六月一日付『東』から普通学校学父兄会会費として「月額一〇銭づゝ徴集」の記事が引用されている。

30　朝鮮総督府『朝鮮の小作習慣』一九二九年三月、三八頁。

31　李如星・金世鎔共著、宮嶋博史訳「数字朝鮮研究」第一輯、二一九頁（『朝鮮史叢』第一号、一九七九年所収）。

32　たとえば、京城府内諸普通学校の授業料滞納者への督促状発布（社説「授業料の滞納と強制徴収」『東』一九二八年五月三〇日付）、授業料徴収時の児童殴打（社説「普通学校授業料問題」同一九二八年二月二六日付）、未納児童への差押（社説「普校月謝と器皿差押」同一九二七年二月一五日付、「授業料未納児童（全南）長城だけで千余名、郡当局で差押を開始」同二八年一一月六日付記事）、授業料滞納者への差押または督促状発布（「授業料滞納者一郡に六百余名（咸南）端川郡から督促状発布」同一九二八年一二月二六日付記事）など。

33　孫直銖は、女性の教育機関がなかった理由として、儒教の理念にもとづき家族中心体制の確立の一環として男女有別の内外法（内外とは、男女間の礼儀として互いに顔を向けあうのを避けること―出典注）をあげている。つまり、「男子は外、女子は内」という厳格な役割観念が与えられ、女性の外出は禁止・制限されたため、女性の活動範囲は家庭内に限定されたからとする［一九八二：七―八］。

34　第一次朝鮮教育令公布時に出された一九一一年一一月一日付の寺内正毅朝鮮総督の諭告文「……女子ノ教育ニ於テハ特ニ貞淑温良ノ徳ヲ涵養スルヲ要ス」による（教育史編纂会『明治以降教育制度発達史』第十巻、六四頁）。

35　深谷は「良妻賢母を日本特有の近代化の過程が生みだした歴史的複合体」［復刊版一九九八：一一］、中嶌は儒教的でも欧米的でもない、日本独自の「天皇制国家を支えるあるべき女性像」［一〇二］ととらえて両者とも日本の特殊性を強調するのに対して、小山は良妻賢母思想を「戦前日本の特殊な女性規範」ではなく、「戦後の日本社会や欧米の近代国家における期待される女性像との共通点・連続面をもつ、『近代の思想』」［七］とし、近代国民国家形成・近代家族成立と不可分の思想とその普遍性を強調するという違いがあるが、第4章で再論する。

36　朝鮮人女性には一九一一年に「女子高等普通学校規則」が、在朝日本人女性には一九一二年に「朝鮮公立高等女学校規則」が定められ、日本国内の「高等女学校令及同施行規則」が準用（同第八条）された。前者が四年制普通学校卒業生を対象とする三年制であったのに対し、後者は六年制小学校卒業生を対象に修業年限四年～五年制だった（朝鮮人男子向けの高等普通学校も、中学校より一年短い四年制）。

37　異なるのは朝鮮人向けに「国民タルノ性格」涵養、「国語ニ熟達」「善良ナル風俗」尊重の文言（規程第八条）、朝鮮語があったこと、修身時間数が高等女学校の方が週二時間（高等女子普通学校は週一時間）と重視されたことである。
38　三・一独立運動後に総督府は就学政策の見直しを行ったが、中等教育に関しては「目下初等教育に全力を注がなければならぬ」として高等普通学校二校増設、女子高等普通学校一学年一学級を二学級に増加したのに留まった（朝鮮総督府学務局前掲『新施政と教育』一九二一年、一一頁。『史料集成』第一六巻所収）。
39　一九二二年度分は『大正一二年編纂（大正一一年五月末現在）朝鮮諸学校一覧』一―二頁（『史料集成』第五四巻所収）、一九二九年度分は『昭和四年編纂（昭和四年五月末現在）朝鮮諸学校一覧』一―二頁（同第五五巻所収）による。
40　幣原坦『朝鮮教育論』一九一九年、一八八頁（『史料集成』第二五巻所収）。
41　普通学校規程第四六条「全校ニ於ケル女児ノ数一学級ヲ編制スルニ足ルトキハ男女ニ依リ学級ヲ別ツヘシ」による。
42　太田秀穂他「朝鮮施政二五周年に際し半島の女子教育を語る（上）」『家事及裁縫』第九巻第一一号、一九三四年、八〇頁。
43　朝鮮総督府『施政三〇年史』一九四一年、同『朝鮮総督府統計年報』各年度版、咲本　一九九八、佐野　一九九三、弘谷・広川　一九七三等を参照した。
44　制度上第一部は小学校教員養成、第二部は普通学校教員養成であった。生徒は第一部が日本人生徒のみ、第二部は日本人・朝鮮人の共学であった。修業年限は六年、女子五年とされた［弘谷・広川　一九七三ほか］。
45　官立（一校）には、一九二一年から朝鮮人男性が入学し始めた。日本人男性の生徒数比率はしだいに低下するとはいえ四分の三を占めている。逆に公立（一三校）では朝鮮人男性の生徒数が九〇％以上を占めている（朝鮮総督府『朝鮮総督府統計年報』各年度版より算出）。
46　官立京城師範学校の女性生徒数は、一九二五年六九人（民族別不明）、二六年八〇人（日本人四〇人・朝鮮人四〇人）、二七年七一人（二六人・四五人）、二八人（二二人・四四人）であり、総生徒数の一〇％前後に過ぎない（朝鮮総督府『朝鮮総督府統計年報』各年度版より算出）。
47　『通信』一九二九年三月二七日付訳文より。

48 金振国「一〇、普通学校の女子教育」(「朝鮮人と普通教育」『朝鮮日報』)、訳文は『通信』一九二七年一一月二日〜七日付より。なお、金振国「朝鮮普通教育の欠陥(12)」を所収した一九二七年二月二二日付『通信』に、金振国の名が慶南密陽公立普通学校(総督府職員録)に掲載との記載があるので公立普通学校教職員と考えられる。＊以下、『朝鮮日報』は『朝』と略記する。

49 ほかに「教員生活も四ヶ月の果て今では酒店売女、たちの悪い運命に翻弄される新女性」『東』一九二五年九月一二日付等。

50 たとえば、一九二〇年代に使われた『普通学校修身教科書』(一九二二〜二四年発行)は、それまでに比べて朝鮮の人物が一七人と大幅に増えたが、朝鮮人女性は洪瑞鳳の母、金貞夫人だけである。その他は皇后、お綱、滝鶴台の妻、ナイチンゲール、吉田松陰の母滝子、井上でんである。各課の中心人物は一〜六学年まで延べ四七人中、女性は八人である(朝鮮総督府『普通学校修身書編纂趣意書』一九二四年。『史料集成』第一九巻・上所収)。

51 普通学校規程第九条「修身」では、女子に対して「特ニ貞淑ノ徳ヲ養ハムコト」と規定されていた。

52 朝鮮総督府前掲『普通学校修身書編纂趣意書』一頁。

53 朝鮮総督府編纂前掲『普通学校修身書(児童用)』巻六、一九二四年、一七—一八頁。

54 同前巻五、一九二四年、二一—二四頁。なお、「主婦の務」『同(教師用)』巻五には、補助教材として「呂東賢の妻辺氏」が「妻たる道」を尽くしたモデル教材として掲載されている。

55 前述の洪瑞鳳の母、金貞夫人の二人の朝鮮人女性は、それぞれ「思ヒヤリ」(巻五)、「勤倹」(巻六)の項に登場するが、滝子のような国家を支える母役割を担った女性像としては描かれていない(同前巻五・巻六)。

56 第一次教育令期には「裁縫」等の教授時間の規定はなかった。法文上の規定では一九二〇年代の第二次教育令期には六年制・五年制普通学校では四学年から二〜三時数、四年制では三学年から各学年二時数ずつ行われ、その教科内容は「裁縫ハ通常ノ衣類ノ縫ヒ方裁チ方等ヲ習熟セシメ」「其ノ材料ハ日常所用ノモノニ取リ」(一九二二年「普通学校規程」第一九条)と定められていた。なお、この教科規定は在朝日本人女児向けの「裁縫」教育と一字一句同じである(一九二二年小学校規程第二五条)。

57 朝鮮総督府『朝鮮総督府編纂教科用図書概要』一九二五年九月（『史料集成』第一九巻・上所収）参照。

58 金振国によれば、京畿道は京城、開城、慶尚南道は東莱、慶尚北道は大邱・慶州・尚州、全羅南道は木浦、全羅北道は全州、平安南道は明倫・南山、咸鏡南道は咸興・北青の一二校であり、忠清南道、江原道、黄海道、平安北道、咸鏡北道にはなかった（金振国前掲、一九二七年一一月二日付）。

59 一九三〇年五月開催の「第八回朝鮮教育会総会記録」での全羅北道の「金」という朝鮮人教師の発言（『文』一九三〇年七月号、七八頁）。

60 『中外日報』婦人時評（『通信』一九二七年四月二一日の訳文より）。

61 林虎蔵（安山公立普通学校校長）『体験五年　安山の卒業生指導』一九三二年一一月（『史料集成』第二九巻所収）。同校の所在地である秀禿面は、京城府（現ソウル特別市）に距離的には近いものの「交通甚だ不便」［八］（乗合自動車の定期的往来は一九三〇年一〇月以後）であり、農民の八割弱が自小作農及び小作農［九―一〇］という純然たる農村地帯であった。その意味で農村部にある普通学校の一般的な事例といえよう。

62 朝鮮総督府学務局『昭和四年編纂　朝鮮諸学校一覧』一四一―一四二頁（『史料集成』第五五巻所収）。

63 給料生活者を志向していることに関しては、崔基泳（江原道通川郡農会長）「（普通学校）卒業生は或いは労働を忌避して農業に従事する者が少なく、従に僅少なる俸給生活を希望する状態」（原文ハングル漢字）「農村振興と中堅人物」（『朝鮮農会報』第二巻第二号、一九二八年、三〇頁）など。また農村における向都熱や上級学校への進学志向に関しては、八尋生男「農村青年指導」（同第一巻第二号、一九二七年）など。

64 一九三〇年の朝鮮総督府国費支弁職員数は、日本人三一、七六一人、朝鮮人一七、〇四七人、警察官数はそれぞれ一一、三九八人、七、四一三人であり、朝鮮人は地方官僚に占める割合が高かった［橋谷 一九九〇：一四〇］。なお、朝鮮人は、就職難の朝鮮人青年の不平・不満を医治する方法は「官界における内鮮人《（ママ）》の差別を撤廃」し、「朝鮮人を官吏に多数登用すること」であると論じている（社説「朝鮮人の官吏登用問題」『民衆新聞』一九三〇年二月七日付・八日付、社説「朝鮮人の官吏登用は民族意識の差別撤廃也」同三月一日付。『通信』同月付訳文より）。

65 慶尚南道では一九三〇年に総戸数二九万三千余戸中、一万一千戸人口三万人が転業し、そのほとんどは小作農であった

（MF生「農村不況と農家の転業」『朝鮮農会報』第五巻第五号、一九三一年）。
66 同前、五二頁。
67 朝鮮人一人当米消費量は一九一〇年代（一九一二〜一六年）〇・七二石が一九三〇年代（一九三二〜三六年）には〇・四〇石に急減し、それの代替する雑穀消費量も減少した（同一・二五石→一・二〇石）（久間健一〈京畿道農村振興課〉「朝鮮農業の強靭性と脆弱性（2）」『朝鮮行政』一九四〇年一〇月号、二一頁）。
68 同前（2）、二二頁より再引用。
69 前者は、社説「就学難」『朝』一九三〇年一月三七日付、後者は社説「普校授業料を免除せよ——義務教育の階梯として」『東』一九三一年二月二六日付より。いずれも『通信』同日の訳文より。
70 白民「入学期と卒業期に当たって」（ハングル）『農民』一九三三年四月号、二頁。
71 「授業料減免の途を啓くべし」「行政論壇」『朝鮮地方行政』一九三一年八月号、七二頁。
72 一九二九年四月六月二〇日付「朝鮮総督府訓令」第二六号、普通学校規程改定に対する朝鮮総督山梨半造の道知事への注意事項（『文』一九二九年七月号、三二頁）。
73 前掲「一面一校計画」一頁。
74 同前、二頁。
75 同、一三頁。
76 たとえば、「朝鮮に於ける現下教育は全体より見て総督府が朝鮮人の教育に誠意なく、随って普及せしむべきを拡張せざるのみならず、此の貧弱なる朝鮮人の教育費を以て日本人の教育まで行ひつつある有様」、普通学校は「日本語専門学校」社説「朝鮮教育の根本的欠陥」（『東』一九二七年一月一二日付）。ほかに、学校補助金・学校設立・教員待遇に関し、日本人との教育格差是正を主張する社説「教育上の差別相」『中外日報』（『通信』一九二七年四月二日付）など。
77 社説「義務教育実施」『東』一九二八年一月一三日付、社説「義務教育の実施に付いて」『朝』一九二八年三月二〇日付、ほか多数。
78 政務総監池上四郎は、「輓近、政治、行政、経済、産業等ノ発達ガ何レモ皆国民全般ノ資質ヲ基礎トセザルベカラザルコトニ相成リマシタル時勢ノ趨向」にあり、これに背馳すれば施政上「頗ル憂フベキ事象ヲ将来」と懸念を示している（「道視学打合会議に於ける政務総監訓示」『文』一九二八年四月号、一三頁）。

79 「修業年限ヲ四ヶ年トスルヲ常例」とする四年制普通学校を「普通通学校ノ未ダ設置ナキ面一一五〇ニ対シ各一校二学級以上ノ学校ヲ新設」するというものであった（前掲「一面一校計画」三頁）。

80 「従来四ケ年ノ学校ハ特別ノ事情ナキ限リ其ノ儘」とされた（前掲「一面一校計画」二―三頁）。

81 李学務局長「教育審議委員会の状況に就て」『文』一九二八年九月号、五二頁。

82 前掲「第一次計画」四頁。一九二八年当時の普通学校就学者数「四五万人」に対し一六万余人増えても、その割合は「推定学齢児童数凡二百六〇万人」中、ほぼ二三・五％にすぎない。

83 福士末之助「朝鮮教育諸法令改正等に就いて」『文』一九二九年八月号、二八―二九頁。福士は当時の学務課長。

84 社説「教育振興案と経費問題」『東』一九二八年五月二一日付。

85 社説「当局の普校拡張案――根本精神を更めよ」『東』一九二八年一〇月二九日付。

86 社説「普通校年限縮小説」『東』一九二八年三月二〇日付。

87 社説「教育普及と授業料及教材」『東』一九二八年四月九日付。

88 前掲「教育振興案と経費問題」。

89 社説「年中行事の試験地獄」『東』一九三一年二月二四日付。

90 総督府学務局長武部欽一によれば、「教育の実際化」とは、日本では為政者により従来の教育が「全く抽象的な概念を詰込」み、その結果「学校を卒業してもまるで役に立たない」という批判から「国民生活の実際に即した教育」として主唱されたが、「朝鮮に於ては一層必要」という認識から中等教育（中学校・高等普通学校）に「実業」を課す改定をするとともに、初等教育（小学校・普通学校）にも導入されたという（「教育上に於ける当面の諸問題」『文』一九三一年四月号）。

91 朝鮮総督府警務局『朝鮮における同盟休校の考察』一九二九年三月、五頁（『史料集成』第一七巻所収）。

92 **表**（次頁）が示すように、私立学校から始まった同盟休校は一九二五年以降公立が上回り、学生運動の主導権は私立から公立の学生に移行した。

93　朝鮮総督府警務局前掲書、二〇頁。警務局は一九二六年の六・一〇万歳運動頃から「民族的反感乃至総督政治に対する反抗気分の反影」が最近「極めて濃厚になり、左傾的思想さへも含まる」と分析している。六・一〇万歳運動時に高麗共産党青年会員の作成による標語「朝鮮人教育は朝鮮人本位に！　普通教育を義務教育に！　普通学校用語を朝鮮語に！　普通学校長を朝鮮人に！　中等以上学生の集会を自由に！　大学は朝鮮人を中心に！」が、「昭和二（一九二七）年以来の盟休が此の各条項を漏れなく要求して居ることは見逃すことの出来ない事実」（四六―四八頁）としている。

94　前掲政務総監池上四郎、一二頁。

95　慶尚北道農会技手洪在鎬は、「離村者には覇気があり進取気象がある一般優秀者が多数」であるため農村振興は百年の河清を待つに等しいとしている（「農村青年の覚悟を望む」〈原文ハングル漢字〉『朝鮮農会報』第二巻第三号、一九二八年、二七頁）。

96　この臨時教科書調査委員会では、「内鮮融和の実を挙ぐる」とともに、「勤労好愛、興業治産、職業尊重及自立自営の精神を涵養」「朝鮮に於ける家庭及び社会の風習を改善」「軽佻詭激の性情を誘発する虞ある資料は努めて之を避くる」などの教科書改訂の方向が審議された（「臨時教科書調査委員会」『文』一九二八年九月号、五七―五八頁）。これに基づき、一九三〇年代に教科書が改訂された。

97　前掲（学務局長）武部欽一、九頁。

98　一九二八年時点で〈農業〉科目は五・六年制普通学校で九一・四％、四年制普通学校で六九・五％が加設された［井上 二〇〇〇：八二］。

99　「職業科」導入とセットで普及した「卒業生指導」は、普通学校卒業生を対象に個別営農指導を行うというものであったが、一九三〇年前後の経済恐慌のなかで全道的に普及していく。

表　1920年代官・公・私立学校同盟休校件数

年度	1921	1922	1923	1924	1925	1926	1927	1928	1929
官・公立	8	24	23	11	32	41	50	45	58
私立	25	28	34	13	16	14	22	38	20
合計	33	52	57	24	48	55	72	83	78

（出典）金成植著・金学鉉訳『抗日韓国学生運動史』高麗書林、1974年、184～185頁より作成。

100　冨田［一九八一b：一五五］では、出典がしめされないまま、職業科時間数は男子の場合「四・五年生一週三時間、六年生は四時間」とあるが、誤りである。

101　（慶尚南道）南海郡教育会、前掲書。以下、本文中の［　］は同書からの引用頁を示す。

102　その内容は、「農事手伝い、牛飼、薪取、子守、炊事、養豚、養蚕」などである。農繁期も「高学年は父兄の片腕、下学年は手伝子守等」等の家事手伝いを行っていた。なお、南海郡に二校ある小学校就学児童は、商業の手伝いを二時間程度行っている場合もあるが約一割程度である（同前書）。

103　今井田清徳「道学務課長及視学官会同に於ける政務総監訓示」一九三五年一〇月二六日、朝鮮総督府『自昭和二年四月至昭和一二年三月　朝鮮施政に関する諭告、訓示竝に演術集』一九三七年、三九〇頁（『史料集成』第一一巻所収）。

104　女子への職業科設置は、「女子自身の職業と共に、男子の背後の内助者として、男子の職業の理解がなければとの親心も含まれてゐる」とされている（川村光也「朝鮮の教育」『朝鮮』一九三四年六月号、二一頁）。

105　忠南・洪城公立普通学校長大友喜幸「我校女子職業科の実際」「全鮮職業教育研究大会々員意見発表」『文』一九三一年六月号、四二頁。

106　京畿道教育会「小学校・普通学校　職業科　教授項目編成草案」『文』一九三〇年四月号。

107　大邱府初等学校委員会「小学校・普通学校　職業科　教授項目編成草案　教材配当表教材分類表（女児の部）」（『文』一九三〇年五月号）においても、女子用は洪城普通学校の例と類似の教科要目であった。

108　その他に、同校は「女子職業科」の成果をあげるため、①女子卒業生の指導②「母姉の教化の必要」から婦人講習会の設置をしている。後者は一九三〇年末に三日間にわたり地方婦人四〇人を集め「地方婦人の自覚を促し、生活の改善を促進し、婦人女子の勤労の風を訓致し、生活戦線に活動せしむる」ために、「家庭衛生、婦人衛生、育児法、婦人心得等」を講演する婦人講習会を開催した。これも農村振興運動での女性政策の先取りである（前掲大友喜幸、四二—四三頁）。

109　前掲福士末之助、四二頁。

110　「朝鮮ノ旧習ニ徴」することが強調されるとともに「女子ノ日常生活ニ適切ナラシメン」とされた（朝鮮総督府山梨半造、道知事宛の「朝鮮総督府訓令」第二六号、一九二九年六月二〇日付。『文』一九二九年七月号、三一—三二頁）。

111 「家事及裁縫」時間数は、六年制では三一時間中四学年二時間、五・六学年四時間、四年制では三一時間中三・四学年で各三時間ずつであった。この時間数は「普通学校規程」(一九二二年)時よりも一時間多く、しかももっとも多い国語(六・五・四年制で一二―九時間)、算術(同六―四時間)に次ぐ時間数である(第2章表6参照)。

112 「従来女教員は女子学級か下学年を担当し、余裕を以て裁縫家事科の授業を受持ち来」るとされた(「京畿道初等学校女教員職業科講習会」『文』一九三六年七月号、一六一頁)。

113 ここで簡単に一九三〇年代前半の教員養成策にふれると、一九二九年の師範学校規定改正により公立師範学校は廃止され師範学校は官立のみに一元化された。その結果、京城、平壌、大邱の師範学校だけが存続した。一九三〇年代前半は教員育成の一時的な後退期にあたる。なお、女性教員数が普通学校数を上回るのは一九四〇年以降である。

114 前掲「京畿道初等学校女教員職業科講習会」一六一頁。

115 「第六回朝鮮教育会代議員会提案」『文』一九二八年八月号、一八頁。

116 西川末吉(釜山公立普通学校長)『昭和一〇年五月廿五日　各科教育の動向』一九三五年、一五五・一七四頁(『史料集成』第一九巻・中所収)。

第3章

1 学務局長渡辺豊日子「朝鮮教育に対する展望」『文』一九三五年一月、七頁。

2 社説「普校就学率の飛躍的増加」『毎日申報』。『通信』一九三四年一〇月一三日付訳文による。

3 社説「入学試験と教育者の覚悟」『東』一九三四年一〇月一三日付。

4 盧東奎「昭和七年(一九三二年)朝鮮農家経済実相調査解剖(1)」『韓』一九七六年一月号。訳者の渡部学によれば、同論文は学海社発行『学海』(編集兼発行人洪炳哲、一九三七年一二月、京城)中の同名論文を訳出したものである。

5 三三カ所の内訳は、朝鮮南部一四カ所(全南三、全北四、慶北一、忠南六)、中部朝鮮八カ所(京畿道四、江原道一、黄海道三)、朝鮮北部は一一カ所(平南七、咸南二、咸北二)である(同前文)。

6 同調査は地域差・階級差を調査対象に朝鮮農家の実情を内在的に調査するというユニークな視点をもちながら、「正確性を考証するため」総督府統計との整合性にも留意した貴重な調査である。しかし調査対象農家の平均耕地面積が一般的な農家の「平均よりも優秀」であったので、平均以上に富裕な農家であったことに留意が必要である。

7　同調査の「窮農」概念は、総督府の「窮農」が「春窮時に農糧が不足する農家」をさすのとは異なり、「家族の生活を保障するための最小限度の小作地をも持たない小作農」「自己所有の住家もな」い場合が多いが決定要素ではないため、広義の「小作農」と把握できる。したがって、同調査の「小作農」と「窮農」の合計数が、総督府調査の「小作農」に相当することになる。

8　慶北義城郡丹密公立普通学校李泰源「農村普通学校に於ける学級経営案」『文』一九三六年九月、七六頁。

9　今井田清徳「道学務課長及視学官会同に於ける政務総監訓示」一九三五年一〇月二六日、朝鮮総督府『自昭和二年四月至昭和一二年三月　朝鮮施政に関する諭告、訓示竝に演術集』一九三七年、三九〇頁（『史料集成』第一一巻所収）。

10　本テーマに関連する農村振興運動についての主要論文は、宮田　一九七三、富田　一九八一ａ・ｂ、松本　一九九六、板垣　二〇〇〇等を参照のこと。

11　八尋生男「職業科の社会化について」『文』一九三三年七月号、三頁。八尋は、京畿道で「卒業生指導」制度を開始し、のちに総督府嘱託として農村振興運動を実質的に先導した人物である。

12　一九三一年五月末日現在の『蔚山公立普通学校一覧表』では「授業料月額六〇銭」、また一九三二年五月一日現在『新義州公立普通学校一覧表』では授業料は「区域内」八〇銭、「区域外」一円である（いずれも『史料集成』四三巻・上所収）。

13　社説「教育普及振興計画に就いて（2）」『毎日申報』。『通信』一九二八年四月一一日付訳文より。

14　社説「授業料を引き下げよ」『中外日報』。『通信』一九三〇年七月三日所収の訳文より。

15　社説「普校教科書価格問題」『朝』一九二九年八月一三日付。

16　鶏山「農家の負債と其の原因」『朝鮮農会報』第五巻第六号、一九三一年。

17　「教科書、学用品減下と授業料半減を運動」『朝』一九三一年一月五日付記事、及び社説「普校学父兄の総奮起——学用品価授業料の軽減要求」同紙同年一月六日付。「公普後援会の連合計画」『毎日申報』社説一九三一年一月一〇日付等。

18 「総督府編纂児童用教科書の値下」『文』一九三一年二月号、一三七―一三八頁。「最近普通学校教科書等の定価値下の要望」（武部学務局長談）を理由に、一九三一年二月には一～三銭の教科書値下げを行った。

19 地主出身の普通学校一年生の年間教育費は授業料八円八〇銭、書籍代一円、諸雑費二円、計一一円八〇銭、「上農」出身と分類される普通学校生では授業料八円八〇銭、書籍代四円、其他学用品三円、計一五円八〇銭が計上されている。後者の家計費は赤字である（「咸鏡北道慶源郡農家経済状況調査」『朝鮮総督府調査月報』一九三二年一二月号）。

20 全羅北道警察部『（秘）昭和七年六月　細民ノ生活状態調査　第二報』（一九三二年分）。近現代資料刊行会企画編集『植民地社会事業関係資料集〈朝鮮編〉』近現代資料刊行会、一九九九年、第一巻所収。文中の［　］は同書の頁数を示す。

21 同警察部の調査では春窮期に昼食携帯できない生徒比率を「四割内外」と見積もっているが、春窮期を過ぎた六月中旬でも昼食不携帯生徒数は七九九二名、二五・三％（一九三二年）に及んだ（同前、三七二頁）。

22 授業料徴収に関し教員から徴収向上案が提案されるほど深刻であった。斉藤文松「普通学校授業料納入成績向上案」『文』一九二八年四月号。丁俊榮「普通学校授業料教育的徴収実際案」『文』同年六月号。丁は授業料徴収が困難な理由を「普通学校児童の多くは余裕ある家庭の子弟が極少数で、殆んど生活難で汲々する状態」と記している。

23 『東亜日報』等には頻繁に授業料未納による授業拒絶、差押、滞納による殴打、授業料未納児童への帰宅指示、授業料滞納による児童減少等の記事が掲載されている。たとえば、授業料未納による授業拒絶（咸南豊山公立普通学校の例『朝日』。『通信』一九三〇年一二月一二日付訳文）、差押断行（全南綾州の例『朝日』。『通信』一九三一年一〇月一五日付訳文）、全北での授業料のため差押一万三千名（『東』。『通信』一九三〇年一二月一五日付訳文）、授業料滞納のため郡庁徴収員による殴打（「授業料徴収員の学童殴打」『朝』社説。『通信』一九三一年一〇月二八日付訳文）、授業料未納生徒への学校からの帰宅指示（『朝日』。『通信』一九三一年一一月七日付訳文）、授業料滞納による学童減少（『朝日』。『通信』一九三一年八月一二日付訳文）等。

24 社説「普校授業料を免除せよ――義務教育の階梯として」『東』一九三一年二月二六日付。

25 さらに一九三四年度には一人平均一〇銭、一九三五年度からは一人二〇銭の軽減を実施し、一九三六年度現在の授業料は第四学年以下は「四〇銭」、第五学年以上は「最高六〇銭最低五〇銭」と、これまでに比べて授業料の負担減を実施し

た（京畿道『京畿道勢概要』一九三六年、二五四頁。『韓国地理風俗誌叢書（一二九）』景仁文化社、一九九一年所収）。

26 江原道教育会『江原道教育要綱』一九三五年、一〇三―一〇四頁（『史料集成』第三八巻所収）。

27 社説「授業料撤廃の決議――慶南道会の痛快な決議」『東』一九三三年一一月二日付。

28 大野謙一『朝鮮教育問題管見』一九三六年、二六一頁（『史料集成』第二八巻所収）。

29 「授業料ノ一部低減」は、「多数ノ未就学児童ニ対シテ就学ヲ容易ナラシムルノ一助」と位置づけている（朝鮮総督府政務総監今井田清徳「各道学務課長及道視学官会同状況」『文』一九三四年七月、一八頁）。

30 大野前掲、二六一頁。

31 農村振興運動の展開過程で農村負担の軽減策として地税減免、学校費の負担軽減とともに「普通学校に於ける授業料の軽減」がはかられた（「全鮮農山漁村振興関係官会同に於ける政務総監演術要旨〈一九三五年四月三〇日〉」朝鮮総督府編『第二輯　農村更生の指針』一九三五年、六三頁）。

32 大野前掲、二六二頁。

33 江原道・原州公立普通学校「職業科実習指導状況」には、生徒たちが生産物を市場や家庭に販売に行った感想文が掲載されている（『文』一九三三年一〇月号、一八六・一八七頁）。

34 社説「普校の授業料を免除せよ――義務教育の精神に基きて」『東』。『通信』一九三〇年一〇月三〇日付訳文、ほか。

35 ただし、「僻地」農村にのみ設立されたのではない。咸鏡北道吉州郡長白（普通学）校付設英湖簡易学校は、普通学校設立誘致運動に敗れたため「地勢上或は人口状態から見ても将来第二の普通学校の候補地」と認められる場所にあり、通学地域も広大であった（同校朴宗憲「簡易学校経営に関する経験記」『文』一九三五年四月、一二〇頁）。

36 一九三四年一月学秘第二号、各道知事宛政務総監通牒「簡易初等教育ノ機関設置ニ関スル件」朝鮮総督府学務局学務課編纂『朝鮮学事例規』一九三八年、三五六頁（『史料集成』第六巻所収）。

37 「簡易初等教育機関設置要項実施上の参考資料」『文』一九三四年五月号、七四頁。

38 一九三四年一月各道知事宛　学務・内務・農林局長通牒「簡易初等教育機関ノ設置ニ関スル件」によれば、設立主体は郡島学校費であり一郡島ニ校設置を原則としたが、「僻地」農村の「可成農村振興計画ニ依ル農家更生ニ関スル指導部落内」への設置が求められた（前掲朝鮮総督府学務局学務課編纂、三六三頁）。

39　「本施設（＝簡易学校をさす―引用者注）ハ普通学校ノ一面一校増設計画トハ全ク別個ノモノ」の記載がある（同前、三六三頁）。

40　同前、三六六頁。

41　実際の民族別の教員数をみると、一九三四〜三六年では朝鮮人教員が八〇％前後を占めた（一九三四年日本人八八：朝鮮人三〇五人、三五年一〇九人：五一四人、三六年一一九人：六五五人）。すべて男性である（朝鮮総督府学務局『朝鮮諸学校一覧』一九三六年度、一〇八頁。『史料集成』第六〇巻所収）。

42　「簡易学校の教師に望む」大野謙一前掲所収、二五一頁。

43　同前、二五一頁。

44　同、二五七頁。

45　慶尚北道迎日郡杞溪公立普通学校附設大谷簡易学校の場合は、講習会の土地・建物を接収した。藤原美歌「草創期の簡易学校〈1〉その実践記録」『韓』第七巻一一・一二号、一九七八年、二〇四頁。

46　忠北忠州郡の洗星簡易学校の場合（朝鮮総督府視学官「忠北忠州郡涳味、公立小学校附設洗星簡易学校を観て」『文』一九三四年一一月号）。

47　書堂や講習会就学者が簡易学校に「転学」した例として、新亭簡易学校（京畿道金浦郡）では児童数四三名中「夜学校」出身一四名（男一三名、女一名）、書堂出身六名（男のみ）であった（同校・訓導上萬英夫「新設簡易学校の実際――京畿道金浦郡陽東公普、新亭簡易学校の大要」『文』一九三四年七月、一〇四―一〇五頁）。

48　前掲一九三四年一月各道知事宛学務・内務・農林局長通牒によれば、簡易学校は普通学校等の教育機関と「全然其ノ体系ヲ異ニスルモノ」であり、「他ノ学校トノ連絡即チ転学又ハ卒業後ノ他ノ学校ヘノ入学資格等ニ就テハ全ク考慮スル所ナク」と説明されている（三六二頁）。

49　咸尚勲「当局の教育政策を論ずる――義務教育、中等学校増設、専門学校入学率の差別撤廃等」『朝光』一九三六年六月号、一三七頁。咸は、四年制普通学校や二年制簡易学校を退け、「最小限六年」の義務教育制度の即時実施を要求した。

50 学務局長渡辺豊日子「朝鮮教育に対する展望」『文』一九三五年一月、八頁。

51 「（一九三四、三五年の実績によれば）平均年齢は数え年の一一・二歳、収容児童の八、九割までは男児」であった（大野掲、二五九頁）。また、巻末〈付表4〉参照。

52 一九三五年四月の普通学校就学率の「未だ曾て見ざる好成績」の原因に対し、植民地権力側は「民衆自覚の昂進」「公立普通学校に於ける授業料の低減、簡易学校制度の創設」のほかに、「経済界の好調」をあげている（宇垣一成「（道知事会議）総督訓示要旨」『朝鮮』一九三五年五月号、五頁）。また、一九三四年の輸移出入総額は過去最高を記録した。このように、不況を脱したことも、入学率の急増の要因となったと思われる。

53 大野前掲、二九〇頁。

54 普通学校に関しては、①「一面一校計画」による四年制二学級普通学校の学級増設（面所在地）を柱にして、それ以外は②一面二校制の実施によって学校を増設する。簡易学校は、学校増設（毎年二二〇校、一〇年間で二、二〇〇校）に力点を置く。毎年それぞれ七万人、一万五千人ずつ就学者を増やし、最終的には両者を併せて九一万七千人を収容し「推定学齢児童数ノ六割強即チ凡ソ一六八万人ヲ収容」することで、就学率の大幅アップをはかる計画であった（今井田清徳〈政務総監〉「第二次朝鮮人初等教育普及拡充計画樹立ニ就テ」『文』一九三六年二月号、三—四頁）。

55 同前、三頁。

56 同、二頁。

57 同、五頁。

58 同、三頁。

59 経費は⑴経常費凡一六〇〇万円、⑵臨時費凡三三〇〇万円、計四九〇〇万円を予定した。財源は、⑴経常費では六〇〇万を国庫補助、その他は授業料・府税及び学校費賦課金を予定した。具体的には朝鮮人に対する「学校費賦課金ハ一戸当平均毎年一五銭強宛ヲ増徴」、完成年度には「其ノ負担ハ現在ノ凡ソ二倍半」の「平均一円五四銭強ノ増徴」を見込んでいた。⑵臨時費の大部分も府税や群島学校費の負担、地元の寄付をあてにしていた（同、四頁）。

60 前掲「全鮮農山漁村振興関係官会同に於ける政務総監演術要旨」五八—五九頁。

61 今井田前掲、四—五頁。
62 一九三五年一〇月に開かれた第一三回朝鮮教育会総会で議長役をつとめた時の発言（「第一三回朝鮮教育会総会」『文』一九三五年一二月号、二二一頁）。
63 今井田前掲、五頁。
64 「（秘）昭和一三年二月　朝鮮教育令改正ニ関スル枢密院ニ於ケル説明資料」一九三八年、九頁。外務省外交史料館I—三四「本邦ニ於ケル教育制度並状況関係雑件　朝鮮教育令改正参考資料」所収。
65 のちに徴兵制実施決定と呼応して、朝鮮総督府学務局は一九四三年一月に「義務教育制度実施計画」を発表し、六年制の義務教育制度の一九四六年施行と初年度就学率目標「男子学齢児童の九割、女子五割」を掲げた。しかし、一九四四年四月に朝鮮人男子に徴兵制を実施したが、義務教育制度実施は帝国崩壊により空手形に終わった。
66 宇垣一成「朝鮮の将来（全国中学校長会同の席上に於ける総督の講演要旨　昭和九年九月一一日京城帝国大学講堂に於て）」（朝鮮総督府）『伸び行く朝鮮（宇垣総督講演集）』一九三五年、五八頁。
67 同前、六〇頁。
68 一九三四年には普通学校二一三三校のうち一三二六校、六二％が指導校に指定された［富田 一九八一b：一五八—一五九］。
69 一九三三年一一月には、「著シキ進境」をみた「卒業生指導」の徹底とならんで、普通学校職業科教育の「徹底」が指示されている。一九三三年一一月の「各道農村振興指導主任者打合会に於ける指示及希望」の「指示事項」一五項目中の「一二、普通学校に於ける卒業生指導施設及職業科教育の徹底と農村振興計画」より（朝鮮総督府編前掲『第二輯　農家更生の指針』一一四—一一八頁）。
70 忠清南道『振興の忠南』一九三五年、一三二—一三三頁（前掲『韓国地理風俗誌叢書（四七）』所収）。
71 一九三五年二月一四日付内務部長府尹、各郡守宛「普通学校児童ニ対シ農家更生計画教授ノ件」咸鏡北道編『農家更生計画指導指針』一九三五年、五四—五五頁。
72 全羅南道羅州公立普通学校「我が校の公民訓練施設」『文』一九三三年四月、一二四頁。

73　普遍学校長の経験のある三浦勇（前光州小学校長）によれば、「朝鮮でも都市の方は従来の普通学校と違はないけれども、面の学校はまるで簡易農学校ですよ。校長をはじめ朝から巻ゲートルに地下足袋で、現地指導と云ふのをやるんです。何しろ朝まだ暗いうちから指導が始まるので、八時間労働どころか一二時間労働といふ勤労ぶり」（傍点引用者）であった（「朝鮮始政25周年に際し半島の女子教育を語る（下）」『家事及裁縫』第九巻第一二号、一九三四年、一五一頁）。

74　忠清北道甘谷公立普通学校宮田實「職業科実施経営案」『文』一九三三年一一月号、八九頁。

75　忠清南道保寧公立普通学校「職業指導状況　昭和八年七月二五日調」『文』一九三四年三月、五七頁。

76　金鍾烈（高等科）「堆肥造り」江原道・原州公立普通学校「職業科実習指導状況」『文』一九三三年一〇月、一八六頁。

77　朝鮮総督府警務局編『最近に於ける朝鮮治安状況　昭和一一年五月』一一五頁、不二出版復刻版、一九八六年。

78　宇垣前掲、六五頁。

79　たとえば、咸鏡北道吉州郡長白校付設英湖簡易学校の場合、改良書堂を経た朝鮮人児童が入学したため「朝漢文は勿論、国語、算術等の学力方面は、相当できる」が「国民的訓練は白紙」と判断されたため、開校式までの間に「君が代に依る訓練」「勅語奉読に依る訓育」「四大節に依る国民的訓練及国旗掲揚奨励」等が課されている。しかし、「君が代」練習では「全然皇室に対する観念が無い所に、歌詞の説明より、唱ひ方等を授けるのには其苦心は一通りでなかつた」。「国旗掲揚」を生徒に競争させて、祝祭日に「各洞の児童相互に、国旗掲揚状況を調べさせて、其れに等級を定めて僅少なる賞品」を与えるという方策をとった（同校朴宗憲、前掲文）。

80　当時、京城日報論説部長の任にあり各地の簡易学校を視察した池田林蔵は、「職業科は児童将来の生活の縮図であり、簡易学校児童の学校生活の総て」と極言している（『朝鮮と簡易学校』一九三五年、一六三頁）。

81　前掲「簡易初等教育機関設置要項実施上の参考資料」七四—七五頁。

82　慶南河東公立普通学校付設興龍簡易学校・鄭寿龍「簡易学校を紹介す」『文』一九三四年七月、九八頁。

83　黄海・長連公立普通学校金徳兆「簡易学校の統合的経営の卑見」『文』一九三四年六月、五二頁。

84　池田前掲、三三頁。

85　咸鏡南道群仙公立普通学校附設大禾簡易学校・申榮吉「私の簡易学校生活」『文』一九三四年一〇月、一一三頁。

86　黄海・殷栗郡殷南公立普通学校附設清溪簡易学校・高亨鎮「簡易学校開校一箇月記録」『文』一九三四年九月、一一三頁。
87　同前、一一四頁。
88　藤原美歌「草創期の簡易学校〈Ⅱ〉——その実践記録（大谷簡易学校を繞る人々）——」『韓』第八巻第一号、一九七九年、九八頁。
89　前掲「簡易学校の教師に望む」二四七—二四九頁。
90　簡易学校就学者のうち保護者の〈階級〉別構成がわかる次の二例からみてみよう。新亭簡易学校の場合は、四三名の児童中「小作農＝四〇名、自作農＝三名（小作も兼）」（上萬英夫前掲文、一〇五頁）、聖臺簡易学校では四三名中「小作＝三五名、自作＝八名」（全羅北道聖臺簡易学校久光茂「簡易学校指導者としての感想を述ぶ」『文』一九三四年九月、一一〇頁）。これらの〈階級〉構成比を先述の盧東奎の調査や慶尚北道義城郡丹密公立普通学校の一学級のそれ（「地主二、自作一一、小作三、自作兼小作三〇、極貧者四」（慶北義城郡丹密公立普通学校李泰源前掲文）と比べると、階級差は歴然である。
91　申榮吉前掲、一二二頁。
92　上萬英夫前掲、一〇七頁。
93　学務局長渡辺豊日子「念頭の辞」『文』一九三六年一月号、六頁。渡辺は、このような「半島教育の特異性」として、「初等教育に於ける職業科の重視、卒業生指導の普及徹底、特に農村の実情に適したる簡易学校の実施及び実業補習校の改善、実業学校の増設」をあげている（傍点引用者）。
94　川村光也「朝鮮の教育」『朝鮮』一九三四年六月、五頁。
95　日本では、一九二六年四月に「高等小学校ノ改善」を「主眼」に小学校令及び小学校令施行規則が改正され、「高等小学校ノ教育ヲシテ実際生活ニ適切ナラシメムコト力メタルコト」を目的に「実業」（農業・工業・商業の一ないし数科目）が必設科目とした。その「意図」は、「初等教育の完成過程としての『袋小路』的な高等小学校制度……の性格を完成しよう」するものだった［国立教育研究所 一九七四：5学校教育（3）二一一—二一三］。

96　前掲『朝鮮総督府統計年報』一九三〇年度版「29、現住戸口職業別」によれば、一九三〇年度の在朝日本人及び朝鮮人の職業別世帯比率は表（下）の通り。

97　同前一九三〇年度版「25、現住戸口府群島別」によれば、在朝日本人一二六、三一二世帯のうち、「京城府」「釜山府」など全道の一四府に居住する世帯数は六二、七三四であり、四九・七％を占めている。在朝日本人世帯の半数は都市在住者であった。

98　一九二九年改定の小学校規程第二一条二項「土地ノ情況ニ適切ナルモノヲ選ビ」「職業ヲ授クルニハ家庭ノ業務ト密接ナル関係アラシメンコトニ留意」による。「土地ノ情況」を尺度に朝鮮人に農業、日本人にはそれ以外が課されたのである。

99　同校長光行岡蔵「我校に於ける職業科実施の概要」『文』一九三一年六月号、五四—五七頁。

100　一九三二年三月一三日付江原道訓令第四号「職業科教授実施規程」江原道教育会『江原道教育要綱』一九三五年、九四—九五頁（『史料集成』第三八巻所収）。

101　朝鮮総督府学務局学務課長福士末之助「朝鮮の教育」『朝鮮農会報』第三巻第九号、一九二九年、二、七頁。

102　高橋濱吉「初等学校に於ける職業科の要旨とその運用」『文』一九三一年一月号、二二—二四頁。

103　一九二九年改定の普通学校規程第一五条第二項「職業ヲ授クルニハ家庭ノ業務トノ密接ナル関係アラシメンコトニ留意」による。

104　たとえば、農村にある忠清北道・甘谷公立普通学校では、「全戸数の八割が農業であるが故」に、「児童をして徒らに上級学校や都会生活を憧憬することなく、農村に踏み止つて農村開発の先頭に立たしめ」るため、卒業後は「可成農業に従事せしめるべく指導誘掖が行われ」、上級学校に入学希望者の保護者を「出頭せしめて懇談」し、上級学校への「受験」

表　在朝日本人と朝鮮人の職種別世帯数及び比率（1930年度）

	農業林業牧畜業	漁業及製塩業	工業	商業及交通業	公務及自由業	その他の有業者	無業及職業無申告	合計	人口
在朝日本人	9,329	3,115	17,570	34,669	49,557	7,838	4,234	126,312	501,867
同比率	7.4%	2.5%	13.9%	27.4%	39.2%	6.2%	3.4%	100.0%	
朝鮮人	2,879,201	59,803	89,789	255,870	108,434	212,722	73,644	3,679,463	19,685,587
同比率	78.3%	1.6%	2.4%	7.0%	2.9%	5.8%	2.0%	100.0%	

（出典）朝鮮総督府『朝鮮総督府統計年報』1930年度版

を四件「中止せしめた」という（同校・宮田實前掲文、九四―九七頁）。

105 総督宇垣は、中等程度の学校新設は「当分は実業的のもの以外は之れを許可せざる方針」を表明した（宇垣前掲「朝鮮の将来」五八頁）。

106 前掲忠清南道保寧公立普通学校、五七頁。

107 平安南道中和公立普通学校「職業科実施経営案」『文』一九三四年三月号、七二頁。

108 宇垣一成『宇垣一成日記Ⅱ』みすず書房、一九七〇年、九八一―九八二頁。

109 一九三五年一月の道知事会議席上での総督訓示（大野謙一前掲、二〇一―二〇二頁）。

110 学務局長渡辺豊日子「非常時に於ける朝鮮の初等教育」『文』一九三四年一月号、四頁。

111 具体的には「国体を尊崇し、君国に忠実に、道義に精進することが国民たるべき資格の基礎であり、最高の義務」であるとし、そのため「学芸技能に堪能」でもこの「修養に欠くる」人物やそれを養成する学校は「国家に無用否有害」であると断言して、退学・廃校も辞さないという強固な姿勢を示した（宇垣前掲「朝鮮の将来」五六頁）。

112 咸鏡北道・花台公立普通学校長本田栄三郎「満州帝国の建設を一転機として朝鮮に於ける国語普及を切望す」『文』一九三四年四月号、一一一頁。

113 平壌にある南山公立普通学校の例［徳田のぶ 一九九三］。徳田については後述。

114 釜山公立普通学校の例。西川末吉『各科教育の動向』一九三五年、四九―五六頁。

115 前掲『宇垣一成日記Ⅱ』昭和六年（一九三一年）一二月二七日、八二一頁。

116 宇垣前掲「朝鮮の将来」五七頁。「国旗掲揚」は一九三一年一一月の民心作興施設実行項目の一つに掲げられた（「民心作興運動に関する施設」『朝鮮』一九三二年一一月号）。

117 一九三三年度実施の第一次更生指導部落一九五〇部落の五箇年の「国旗掲揚台」数の推移によれば、一九三三年当時二一三部落（九％）が五年後には一八九八部落（九七％）に達した（朝鮮総督府『昭和八年度実施（第一次）更生指導農家竝ニ部落ノ五箇年間ノ推移』一九三九年、三四頁）。

118 江原道「職業科教授要目」『文』一九三五年六月号、一二七頁。

119 前掲慶尚北道義城郡丹密公立普通学校李泰源、八七頁。

120 前掲忠清南道保寧公立普通学校、五五頁。

121 松本武祝は、農村振興運動は総督府による農民の組織化過程であるとし、「『中堅人物』層の主導の下に行われた『下から』の村落組織化再構築の試みが、彼／彼女らの主観的な意図とは無関係に、結果的に総督府による村落組織化の方向に構造化されざるを得なかった」と指摘する（［松本 一九九八：一六四］参照）。

122 達里は米単作的色彩の強い「純農村」として階級分化が激しく、その一方で比較的交通が便利という土地柄であった。調査対象である「定着戸」一三一戸六三七人の階級別構成は、自作九戸（地主兼自作三戸含む）七％、自小作四一戸三二％、小作六一戸四八％、農業労働者一五戸一二％、他五戸不明であった。これを慶尚南道の構成比と比べると自作以上は全道の二分の一（道平均一四％）、逆に農業労働者が三倍（同四％）であったので、大部分の達里農民の生活条件は厳しかった（姜鋌澤執筆「はしがき」『朝鮮農村の人口排出機構』日満農政研究会、一九四〇年）。

123 そのため達里は深刻な人材不足に陥り、一九三六年に農村振興運動の対象となって指導部落に指定されたものの運動の「効果すら挙げ得ずに終始」したという（同前、三一頁）。

124 同前書「第一三表 小学以上卒業又は修業生の農村定着状況 昭和一四（＝一九三九）年末現在」によれば、その内訳は、小学校卒三九、小学校修業三、農業補習学校卒七、農業補習学校卒ないし小卒後日本留学中二、商業学校卒業一である。職業から推察するに男子と思われる（同前、二六─三〇頁）。

125 具体的には、①農家の「経営規模の零細性」②農業や文化的活動における「家長の統制」③「農村文化建設に情熱を注がんとする欲望は官権に依て禁圧」され、④農村が「文化的砂漠」［二六］であるためという。

126 近代日本におけるアイヌ児童対象の小学校の実態解明をした小川正人は、一九一〇年代のアイヌ民族の就学率「急上昇」の実相をこう分析している［一九九七：二九二］が、朝鮮人の教育要求の実相と相通じる卓見であると思う。

127 梶村は、渡日と教育の関係に関して、「公教育を受けたことと渡日との相関関係はきわめて高」く「学校での日本語習得が渡日に結びつくという関係はかなりあったのではないか」と推測している［一九八〇：六六─六七］。

128 『史料集成』第一九巻・中所収。以下、本文中の［ ］は同書からの引用頁を示す。

129 「話聴科」の教員（朝鮮人）は、逆に「国語習得に対する意欲が他地方に比べて薄い――国語を多く使用するから余り大した問題にしていないせいか――」［四〇］と観察している。いずれにせよ、児童が「国語」を教育空間で使用しているという点では共通している。

130 ［青柳 一九九七：五三―六二］には、作者・朴花城の略歴と「下水道工事」の粗筋が紹介されている。朴花城の伝記的研究に関しては、宋 一九九八参照。

131 一九三〇年代中盤ごろに平壌南山普通学校で教員生活を送った徳田のぶの自伝によれば、普通学校への志望者が増加した理由として、朝鮮人教員が「日本語が出来なければ、社会に出ても一人前には扱われないとわかった」からと応答する場面がある［徳田 一九九三：一二八］。

132 岡本晃「朝鮮に於ける初等教育」（日本文）『新興教育』第三巻第三号一九三二年四月、一二五―一二六頁。『新興教育』は、日本におけるプロレタリア教育運動の一環として一九三〇年八月に設立された新興教育研究所の機関誌である。朝鮮教育に関するパンフレット第一輯として一九三一年七月に李北満『帝国主義治下に於ける朝鮮の教育状態』（日本文、『史料集成』第二八巻所収）を発刊している。岡本晃はペンネームと思われる。なお、この雑誌に関わり治安維持法違反で逮捕された在朝日本人教師・上甲米太郎に関しては、新藤 一九八一参照。

133 一九三七年末の「国語」を解する朝鮮人の割合は一一・〇五％（男性一八・〇％、女性三・九％）と、一九三三年七・八一％に比して増加した。道別にもっとも多い順（一九三七年）から、①咸鏡北道二〇・三％、②京畿道一七・八％、③釜山府を含む慶尚南道一四・八％ である（朝鮮総督府文書課「国語を解する朝鮮人調」『朝鮮総督府調査月報』一九三八年七月号、三五頁）。

134 「第一三回朝鮮教育会総会」『文』一九三五年一二月号、一八三頁。

135 浅井［一九九五］は、保護国期に朝鮮社会の周辺的な位置にいた朝鮮人が日本留学などで習得した日本語や学歴等をバネに、政治的な地位上昇を行おうとしたことを明らかにした。

136 渡辺豊日子は「朝鮮人も生活の方便といふ功利的立場からではなく、真によき我が国の国民たるため、我が国民精神の理解認識のため」の「国語」習得を強調している（前掲「非常時に於ける朝鮮の初等教育」七頁）。

137 たとえば、男子は「おれ、ちくしょう、なぐるそ、文句云ふな、あんぽん、オタンチン」、女子は「あきれた、あんた、うち、なあん？」など〔四一〕。その理由を「多くの労働者が口伝えで習ふ」「釜山は……内地人との交渉が多い」〔四〇〕からと記しているが、これらは植民地における日本語の使用例でもある。青柳優子が指摘するように、「（植民地期に）朝鮮人に対して使われた、生きた日本語は、……相手を上から見下すぞんざい語であり、命令調が基本」〔青柳 一九九七：五八〕であったことを、朝鮮人児童の「不良語」は示しているのではないか。

138 李鍾極「国語教育と普通学校教員の発音問題の筆者に」『文』一九三一年五月号。

139 咸鏡北道・花台公立普通学校長によれば、「学校の門内では国語の練習をする様に勧めても中々之が実行が困難」「無論家庭では不可能」「私立学校等に於ては是以上」であると「学校が国語化」しないことを嘆いている（前掲「満州帝国の建設を一転機として朝鮮に於ける国語の普及を切望す」一一二頁）。

140 沈宜麟（京城師範学校訓導）「朝鮮風習と学校訓練」京城師範学校内朝鮮初等教育研究会『修身訓練の諸問題と其の実際』一九二九年一二月、五四頁。

141 一九九三年刊（自費出版）。自伝的な作品であるが、普通学校の朝鮮人児童・教員、日本人教員・校長などの人間像と様子が具体的に描写されている。文中では「柚木和子」と名乗っている。文中の「 」は徳田からの引用、〔 〕は筆者による場面の補足である。

142 朝鮮人女子挺身隊員に関しては「戦後責任を問う・関釜裁判を支援する会一九九八」参照。彼女たちは一九四四～四五年時に国民学校六年生時及び卒業後に「志願」し日本の軍需工場で働かされ、戦後に戦後補償を求めて提訴した。また、在日朝鮮人詩人として知られる金時鐘（一九二九年、朝鮮生）は、日本敗戦＝朝鮮解放時に一七歳、中学四年生であったが、「自分の国の言葉」や「歴史を知らない」「ハングル文字の一つも書けない、赫々たる皇国臣民の少年」であったと証言している（「記憶せよ、和合せよ　済州島四・三事件と私」『図書新聞』第二四八七号、二〇〇〇年五月二七日付）。

第4章

1 社説「朝鮮女子教育の普及と向上」『東』一九二九年三月二七日付。『通信』同日付訳文による。

2 鎮南浦第一公立普通学校長光行岡蔵「都市教育に於ける勤労教育施設方案」『文』一九三四年七月号、一三四頁。

3 本節に関連する先行研究を検討したい。羅瓊喜［一九八七］は、一九二〇～三〇年代の「東亜日報」「朝鮮日報」社説を抽出しその量的分析と女子教育を含む社説内容を紹介したが、当時の女性の状況や女性運動、社会変化との関連分析がなく概説に留まっている。一九二〇年代の女性解放をめざした女子教育論を分析した李松姫論文［一九九四］は、その画期性と限界をとらえようとするが、女子教育論と朝鮮人女性の具体的な就学状況、就業状況、学歴と結婚市場との関連性の具体的な分析がないため歴史的な位置づけが一般的であると思われる。東アジアの良妻賢母主義と家父長制を比較した瀬地山・木原［一九八九］及び瀬地山論文［一九九六］では、朝鮮での賢母良妻主義の導入過程を女子教育観との関連で分析したが、一九二〇年代の朝鮮社会の賢母良妻をめぐる多様な言説が分析されていないために、その内在的な定着過程がとらえられていないのではないか。植民地期の「賢母良妻」女性観を研究した洪良姫論文［一九九七］は、儒教的女性観と比較することでその近代性を明らかにし、女子高等普通学校の導入・伝播過程を分析することでその思想を導入した日帝の目的（日帝の国民統合、西欧思想浸透阻止）を解明しようとした。しかし、日本の良妻賢母思想との拮抗やナショナリズムとの関連から朝鮮社会で内発的に産み出された賢母良妻思想の独自性やその階級限定的性格への視点が不充分と思われる。また、同じく植民地期の賢母良妻論を分析した申栄淑論文［一九九九：一一一］は、日本式の近代的賢母良妻教育が当時の社会や女性に拒否感なく受容されたとするが、当時のさまざまな批判の存在を無視しており、肯定できない。本節では、このような先行研究の成果と限界に留意して論をすすめるものとする。

4 金元周談「女子教育の必要」『東』一九二〇年四月六日付。

5 「新女性」とは「新女子」とも呼ばれ、当時は「（女子）高等普通学校と同等またはそれ以上の程度を卒業した女子」、あるいは「真の個性をもち個人としての意識に目覚めた女性」（『新女性』創刊号、一九二三年一一月）と定義された。

6 日本の与謝野晶子や欧米の女性参政権問題が社説や紙面で取り上げられている。与謝野晶子「自己に生きる婦人」（1）～（4）『東』一九二〇年六月二一日～二四日付、社説「婦人参政権」同一九二〇年八月三一日付、社説「日本の婦人運動」一九二三年三月二日付。社説「英国男女平等選挙権案」一九二八年五月一一日付、社説「英国婦選拡張案　上院通過」同年六月二三日付等。

7　『東亜日報』の主要メンバーは、金性洙（社長＝一九二〇年七月〜二一年九月）、宋鎮禹（社長＝一九二一年九月〜二四年四月、主筆＝二五年四月〜二七年一〇月）、張徳秀（主幹＝一九二〇年四月〜二一年九月、主筆兼副社長＝二一年九月〜二三年四月）、洪命熹（主筆・編輯局長＝二四年五月〜二五年四月）、李相協（編輯局長＝一九二〇年四月〜二四年四月）、李光洙（編輯局長＝一九二六年一一月〜二七年九月、二九年一二月〜三三年八月、編輯顧問＝二七年九月〜二九年一二年）など（東亜日報社史編纂委員会『東亜日報社史』巻一〈一九二〇〜一九四五年〉、一九七五年）。

8　『開闢』は天道道系の雑誌として一九二〇年六月に創刊され一九二六年八月に廃刊された。主なメンバーに李敦化、金起田、朴達成、姜仁澤、方定煥等がいる。

9　徐椿「新教育の効果を論じる」（2）『東』一九二一年五月二日付、朴：二四四から再引。

10　両者の関係性に関して植民地権力は、次のように分析した。朝鮮人の間でも三・一独立運動時に新教育を受けた者が「中堅」となり「其の行動が機敏で秩序」あるのをみて、新教育が「祖国の観念を滅却」するものではなく逆であり、新教育を通じて実力養成をはかり「独立」をめざすという潮流が顕在化した結果、「就学児童は一斉に激増」したとする（朝鮮総督府警務局『朝鮮に於ける同盟休校の考察』一九二九年、四頁。『史料集成』第一七巻所収）。

11　その後東亜日報グループが民族改良主義を深めて民族主義左派との亀裂が顕在化し対日協力へと傾斜していく。両紙とも一九二〇年代末から一九三〇年代前半にかけて農村識字運動を展開することになる。

12　日本で「良妻賢母」が熟語として定着したのは、文部大臣菊地大麓の女子教育政策からとされている［深谷　一九九八：一五六―一五七］。

13　羅惠錫（一八九六〜一九四九?年）は画家・文筆家、植民地期の代表的な「新女性」の一人。ソウルの進明女学校を卒業後、東京女子美術専門学校に留学し留学生の同人誌『学之光』『女子界』に女性解放論を唱えた文学作品を寄稿した。帰国後、三・一独立運動への参加・逮捕を経て、朝鮮美術展覧会で女性として初めて特選を受賞、画家として活躍したが、婚姻外恋愛・離婚等で社会的非難をあびる。詳しくは、山下　二〇〇〇、宋連玉　二〇〇一、などを参照。

14　東京女子留学生親睦会『女子界』三号、一九一八年九月。宋連玉先生より同資料を提供していただいた。記して感謝の意を表したい。

15 金元周（一八九六～一九七一年）は文学者にして、著名な「新女性」の一人。一九一九年に「新貞操論」を主張し『新女子』の主筆となる一方、詩や小説を文壇に発表するなど活躍した。一九三〇年代には仏教に帰依した［申栄淑 一九八九：九一―九二］。

16 『東』一九二〇年八月一六・一七日付。

17 張徳秀（一八九五～一九四七年）は、独立運動家。大韓民国臨時政府設立に参与、一九一八年逮捕。一九二〇年『東亜日報』初代主幹。

18 一九二一年六月一四日に金海女子夜学会主催の講演会では、張徳秀が「女子の解放」と題して講演を行い、五〇〇余人の聴衆の熱狂的な歓呼を受けたという（「女子夜学会講演会」『東』一九二一年六月二〇日付記事）。

19 社説「朝鮮女子教育会」（上）（下）一九二一年四月四日・五日付、「女子教育会の巡回講演」同年七月一一日付、「女子界の黎明――女子留学生と女子教育界の各地講演」同年九月一日付、「女子教育会の事業」同年一〇月一日付など。

20 前掲徐椿「新教育の効果を論じる」より。

21 李一貞は、一九〇七年にハーグ万国平和会議に密使として派遣され憤死した李儁の後妻である。

22 ただし李一貞は「今日の婦人界が世界風潮にしたがって、著しく自由光明の道を快諾して一歩づつ解放の凱歌を奏でる」ようになったのは「女子の一大勝利」と語っている。ここに、当時の女性論が保守層も含めて世界的なフェミニズム運動の趨勢に影響をうけていることが窺える。

23 社説「朝鮮女子教育会（上）（下）」『東』一九二一年四月四日・五日付。

24 他の社説でも「社会文明に対する責任と義務は同一」であっても「男女分業の基礎的原理」によって「社会に対する貢献方法は必ずしも同じでない」（社説「女子界の黎明運動」一九二一年九月一日付）、あるいは「女子のもっとも重大な責任が子女を産み子女を育てることにあるのは勿論」「日常生活の雑役を主掌するのは必然」（社説「女子大学の必要――解放と教育、貢献と教育」一九二三年二月二五日付）と述べているように、家事・育児への従事を女性の第一義的責任としたうえで、女性の社会的活動を奨励している。

25 「寄書・人権と男女平等」（1）（2）、『東』一九二〇年七月九・一〇日付。

26　ほかにも鄭春渓（当時、在上海）は、女性解放実現のためには女子教育が必要だが、その教育とは「目下我が国で施行されている女子教育ではな」く「独立して人格を完成させる最新教育」が必要と主張。そして「良母賢妻」は、「有夫有子の婦女の一部責任に過ぎないのであり、実に女子の全人生的目的ではない」と批判した（「婦女解放運動に対して（6）（7）」『朝鮮日報』一九二三年八月二七・二八日付）。

27　梁柱東（一九〇三〜一九七七年）は朝鮮の詩人、古典文学研究家。

28　「女子教育を改良せよ」（1）〜（6）『東』一九二二年一一月一三〜一九日付。

29　前述の李一貞は「いわゆる新女子」を「貞操観念が地に落ち女子の神聖を冒涜して品位を低下させた点に至っては、新女子は一大罪責を帯びた」とセクシュアリティの点から「新女性」を非難した。一方、金元周は先の談話のなかで彼女たちの多くが「高尚な理想と遠大な目的をもっても実現できない」のは、「こうした女子を理解・活用」できない朝鮮社会・家庭のあり方にあると主張した。

30　一九二一年二月〜三月の『東』に掲載された「新進女流の気焔」「新女子の結婚生活」等。

31　そのほかの記事でも、「教員生活も四ヶ月の果て今では酒店売女、たちの悪い運命に翻弄される新女性」『東』一九二五年九月一二日付等。

32　同社説の訳文は『通信』一九二六年一〇月八日付より。

33　詳しくは、藤目一九九七参照。

34　宋連玉［一九九四：七八］は、公娼制度の罪は「不労所得の略奪者である遊郭主人にあり、現状を保護する官僚にあり、貧富対立の社会制度にある」（木覔山人「公娼廃止運動と社会制度」『開闢』一九二四年三月号）という文章を引用して、これが当時のおおかたのジャーナリズムの一致したの見解であると分析している。

35　宋［同前］によれば、一九一〇〜二〇年代の都邑の遊郭で日本人男性は朝鮮人男性の一二倍の頻度で買春し、遊興費も二倍だった。農村も含めると日本人は朝鮮人の五七倍買春した（一九二九年）。日本人貸座敷業者の経営規模は朝鮮人業者の五倍強（納税額＝日本人業者八二・七二円、朝鮮人業者一六・一六円）であり、また町の有力者も多かった。

36　その後公娼制度は朝鮮社会に人身売買の蔓延や買売春文化の浸透をまねき、さらに朝鮮人女性たちを組み込みながら日本の支配地域である東アジア一帯に空間的な広がり（日本・台湾・「満州」・サハリン・中国本土）をもって拡散し、戦時期の「慰安婦」制度形成の土台となり、解放後も含めて朝鮮社会や朝鮮人のセクシュアリティ形成に深刻な影響を与えることになる。朝鮮植民地支配と朝鮮人「慰安婦」の形成及び展開過程に関しては、宋連玉 一九九四、藤永 二〇〇〇、尹明淑 二〇〇三など参照。

37 金恩実［二〇〇〇］は、民族主義という言説が、発せられるポジションによって抵抗の声あるいは支配の声としてそれぞれ作動したと指摘する。植民地期のナショナリズムとフェミニズムの関係を考察する際にふまえるべき指摘である。

38 洪命熹（一八八八～一九六八年）は、朝鮮の独立運動家、作家。「東亜日報」主筆、時代日報社社長を歴任、一九二七年に民族主義左派・社会主義者の民族統一戦線として結成された新幹会（～三一年）の初代副会長をつとめる。

39 安在鴻（一八九一～一九六五年）は、朝鮮の独立運動家、政治家、歴史家。一九二四～二八年まで「朝鮮日報」主筆。二七年新幹会結成に参加。

40 李光洙（一八九二～一九五〇年）は、朝鮮近代文学の代表作家。日本留学中の一九一九年二・八独立運動宣言を起草し上海に亡命、大韓民国臨時政府に加わり『独立新聞』を主宰。戦時中の対日協力でも有名。

41 社説「朝鮮女子教育の現状と根本精神」『東』一九二七年七月八日付。

42 許貞淑（一九〇八～一九九一年）は女性運動家。培花女子普通学校卒業後、日本や中国・上海に留学。社会主義思想にふれ一九二四年に「女性同友会」を結成。『東亜日報』記者、『新女性』編集者となる。『新女性』一九二五年一〇月号で女性の断髪を主張、自身も同友会メンバーとともに最初の断髪をした。一九二九年からは槿友会幹部として指導的役割を果たした。一九三六年に中国に亡命［申 一九九六］。

43 「婦人運動と婦人問題研究―朝鮮女性地位は特殊」（1）～（3）『東』一九二八年一月三日～五日付。

44 一九二八年四月までは支会二〇戸、会員二〇〇〇余名、二八年七月まで支会四〇個であり、海外の支会は東京、京都、間島、長春、延辺に存在した。一九二七年五月の結成時の綱領は「一、朝鮮女性の固き団結を図る。一、朝鮮女性の地位向上を図る」であった。一九二七年第二回大会では「一、朝鮮女性の歴史的使命を遂行するために鞏固なる団結と意識的訓練を期す　一、朝鮮女性の政治的・経済的・社会的・全的利益の擁護を期す」に修正された［宋連玉 一九八一］。

45　『朝』社説の訳文は『通信』同日付。以下、『朝』社説は断りがないかぎり『通信』訳文による。

46　同様の社説・論説は繰り返し掲載されている（新幹会・洪命熹「槿友会に希望」「東亜一人一語」『東』一九二七年五月三〇日付）、社説「女性運動者」『朝』一九二八年一月九日付、など）。

47　社説「槿友会の全国大会」『朝』一九二九年七月二七日付では、もっと露骨に「質としての（女性―引用者）の進出よりも量として多い女性の啓蒙的の教養」に傾注すべきと主張している。

48　崔南善（一八九〇～一九五七年）は文学者、歴史学者。三・一独立独立宣言文の起草者。その後、右派民族主義の立場で言論活動や歴史研究従事。のちに対日協力活動を行う。

49　「朝鮮今日の女子」「東亜一人一話」『東』一九二七年六月四日付。

50　進明女高普・吉明順「建設すべき女性文化――教育上の機会均等を得よう　男女平等は結局実力問題」。

51　たとえば、「腐敗した朝鮮を改良して、活気ある新しい朝鮮を建設」するため、女性がすべきことは「解放運動即ち女権」ではない、「社会と国家の根本は家庭」にあるのだから「品性と人格を完全に養成して女性らしい女性となって新しい朝鮮を建設して新しい社会」をつくることにあると主張する（培花女校・盧明鐘「社会の発展は家庭から」）。さらに、別の女学生は「私たち女子は、何よりも第二国民である子女を教育して有為な人間につくりあげ文明域に突進して世界的に闊歩するようにしなければならない。私たちは男女同権を叫ぶよりも、恋愛至上主義を論ずるよりも、何よりも私たちの第二国民を教養することに専力《ママ》を尽さねばならない」（貞信女校・李在順「私たちの使命は子女教育」。同前『東』(2)）。ほかに梨花高普・李達男「女性の美点は犠牲精神」、淑明四年・金清錦「女性らしい新女性――子女教育がもっとも大きな使命　自らの賤視は大禁物」など。

52　社説「女子の職業教育に就いて――女子医学校設立説を聞いて」『東』一九二八年三月二六日付。同「女教員の不足問題――教育家を志望する女性に」同年一二月七日付。同「女子への門戸開放――改訂弁護士法と京城帝大の男女共学実施」一九三一年一一月二六日付。

53　そうした主張は、『東亜日報』に限らない。キリスト教系女学校に対してその気風を改良して「将来主婦たるべき彼等に対し朝鮮人の家庭にもっとも適合する実際生活を修練させ模範的主婦にすることは少くとも我が女子教育の一大要諦」

と主張し、西洋的でもない「朝鮮人の家庭にもっとも適合」する「模範的主婦」教育を強調した社説「朝鮮家庭経済──主婦教育の必要」『中外日報』一九二七年四月二八日付。

54 張の投稿時の肩書は不明だが、「諸名士の朝鮮女子解放観」(『開闢』一九二〇年一〇月号)の肩書は「微文高等普通学校教授」であり、『朝鮮』一九三六年一〇月号掲載時は「総督府視学官」であった。

55 比較史的に興味深いのは、一九二〇年代前後の植民地台湾で存在した一九二〇年代台湾の女子教育論との差異である。洪郁如[二〇〇〇:九八―一〇〇]によれば、一九二〇年代前後の植民地台湾で存在した「斉家興国」論的女子教育論の特徴は、家の利益重視と「国家」の曖昧さの二つであるという。台湾人知識人が女子教育論のなかで「国」を用いる場合、「中国」、あるいは「日本」、さらには台湾をさす「我々」とも解読できる。したがって、実質的な意味をもったのは「斉家」の次元であり「興国」は実質的な意味を伴わないことから、「植民地的」斉家興国論と言い換えている。しかし、朝鮮では、みてきた通り、女子教育論で論じられた「民族」「国家」「国民」とは、明らかに朝鮮をさしている。朝鮮「民族」再興・「国民」創出のために女性には「賢母」役割を求め、そのためにこそ女子教育論が論じられたのである。

56 両者の共通性を具体的にいうと、①「愚かな女性像」からの離脱という意味では儒教と一線を画し、②日本にとっては欧米の女性像を、③朝鮮にとっては日本の女性像を(女子教育政策も含めて)屈折して吸収し、④それぞれの生活習慣や文化、「貞操観念」を継承するよう、儒教的徳目が読み替えられ、⑤「国家」の担い手としては男性と同等であるが、家庭内存在として次代「国民」の育成者である、という点においてである。したがって両者共通のキーワードは、次代の「国民」を「教育する母」役割にあったのであり、両者とも「近代の思想」といえる。

57 「賢母」が「良妻」に優先したことの歴史的意味に関し、趙景達先生にご教示をうけたことを記して感謝したい。

58 この点に関して、舘かおるが近代日本天皇制国家が女子に求めた徳目は「良妻賢母」、男子のそれは「立身出世」であるという見解に示唆をうけた[舘 一九八四:一九五]。

59 林志弦は、植民地朝鮮の文化的民族主義が「帝国の論理に対抗する民族の論理」であると同時に、「朝鮮民族の多様な熱望を民族の言説の枠内に規範化させることで民衆を占有しようとする植民地エリートの権力の言説」と指摘している[二〇〇〇＝二〇〇〇:一三三]が、「賢母良妻」思想の構築過程は「女性の占有」の実例であるといえる。

60 天野正子［一九八七］は、女性がその所属階層上の地位にみあった男性と結婚することが学歴を媒介とする階層内移動であり、女子の就学動機であったことを明らかにした。本節は、天野の見解をふまえている。

61 第3章で考察した慶尚南道達里のケースで、普通学校不就学であった村落内最下層の農業労働者が村落外に多数流出したことは、それを裏付けている。

62 「進学」に注目すると、六年制では女子の方（一九三一年二〇・五％、三四年一九・八％）が男子（それぞれ一六・〇％、一五・三％）より上級学校への進学率は高い。このことは、都市部に多い六年制に就学した女子の属する階層が男子以上に上中流であったことを示している。

63 公立女子高等普通学校は一九二五年段階で二校（ソウル、平壌）しかなく、二六・二七年に全州（全北）・大邱（慶北）・釜山（慶南）・光州（全南）、三一〜三八年に海州（黄海）・咸興（咸南）・羅南（咸北）・新義州（平北）・大田（忠南）と一一校設立されたが、結局全一三道には設立されなかった（除忠北・江原道）。一方、私立系の方が収容人数は多かったが、ソウル及び京畿道に集中（一二校中六校及び八校）していた［古川 一九九六］。朝鮮総督府学務局学務課作成の「女子高等普通学校生徒入学状況累年調」（公立ノ分／私立ノ分）によれば、一九二〇年代後半の競争激化（入学達成率公立三四％、私立四五％）から一九三〇年前後には緩和（公立六〇％、私立六五％前後）されたあと、三〇年代後半に再び激化（公立四〇％前後、私立33％）した（朝鮮総督府学務局学務課『（秘）学事参考資料』一九三七年、一〇一―一〇二頁。『資料集成』第六〇巻所収）。

64 これに関し、普通学校長の経験がある三浦勇（前光州小学校長）は、「（朝鮮人）女子を高等普通学校に入れるやうな家庭は、良い家ばかりですから……内地ぢや大工の子も左官の娘も皆入れるけれども、朝鮮では所謂階級の良い家の子供ばかり」と述べている（前朝鮮総督府視学官ほか〈座談会〉「朝鮮始政二五周年に際し半島の女子教育を語る（上）」『家事及裁縫』第九巻第一一号、一九三四年、八四頁）。

65 「職業戦線に躍進する女性　募集員の四倍、九倍超過のバス車掌と女店員に」『東』一九三一年三月一四日付、「二百名女職工募集に志願ニ四名超過」同一九三三年一〇月一八日付、「女子職業戦線異状　電車女車掌五五名募集に二三七名の志願」同一九三五年六月五日付等。

66 総督府職員みずからも認めているように、朝鮮北部や南部の山間地帯では女性による田植などの野外労働が行われており（総督府嘱託八尋生男「農村振興指導雑俎（六）」『朝鮮農会報』第七巻第七号、一九三三年、一九頁）、朝鮮人女性の野外労働には地域差・階級差があった。

67 「昭和六年の結婚、離婚及配偶数」『朝鮮総督府調査月報』一九三二年七月号。ちなみに朝鮮人男性の場合は「二〇～二四歳」三二・五％、「一七～一九歳」三一・二％である。日本人の場合は女性でもっとも多いのは「二〇～二四歳」五三・二％、男性は「二五～二九歳」四三・七％である。

68 「自己解放を忘却した朝鮮の新女性（4）」『東』一九二六年一〇月一四日付。

69 張膺震（総督府視学官）「朝鮮婦人問題に対する管見」『朝鮮』一九三六年一〇月号、一六―一七頁。

70 金活蘭（一八九九～一九七〇年）は教育者。梨花学堂を卒業しキリスト教の布教活動をしたが、アメリカに留学、一九三一年朝鮮人女性として初めて博士号を取得し帰国。戦時中に梨花女子専門学校校長に就任。対日協力的活動を行った。

71 「職業戦線と朝鮮の女性（上）」『新東亜』九月号。『通信』一九三二年九月一六日付訳出より。

72 一記者「旧式処女の結婚難」『新女性』一九二六年三月号、二八頁。

73 小作料は平均五、六割、最高九割という例があり、米作地帯である朝鮮南部で高率化が激しかった［宮田 一九七三］。

74 たとえば、「朝鮮農村疲弊の最大原因は、先つ以て婦人が野外労働を営まないのに依る」からとされた（杉喜代作〈京城道富川郡平田農場〉「疲弊農村の挽回策と婦人の野外労働」『朝鮮農会報』第五巻第八号、一九三一年、三九頁）。しかし、女性の野外労働可否には地域差・階級差があったのは先述したとおりである。

75 運動の準備段階の一九三二年一一月一〇日に発布された「民心作興施設」の「実行綱目」では、「婦人の社会的地位の改善向上」「婦人の屋外活動の勧奨」「家族制度の美風高潮」「良妻賢母としての婦人教育の徹底」「婦人の教養施設助長」が言及されている（「民心作興運動に関する施設」『朝鮮』一九三二年一一月号。詳しくは［金静美 一九八〇］参照）。

76 「全鮮農山漁村振興関係官会同に於ける総督訓示」一九三五年四月三〇日、朝鮮総督府編『第二輯　農村更生の指針』一九三五年、三二二頁。

77 それ以外の女性政策として、総督府は婦人会を組織し夜学、修身講話、色服着用、家計簿記入、迷信打破、冗費節約、共同耕作、養蚕養鶏、叺織などの副業指導を行うことで、朝鮮人女性を運動の担い手として取り込もうとした。会員数は、一九三七年五月までに六八七六団体、会員三五万二七〇六人に達したという［富田 一九八一 a：八六］。

78 家計簿記帳を女性の役割とする総督府の認識は、主婦が家計を握るという日本の性別役割分担をスライドさせたものと推測されるが、朝鮮人家庭の実情に即していなかったようである。朝鮮人主婦が必ずしも家庭経済を把握していないという観察は、総督府関係の文章から散見できる。たとえば、「朝鮮の家庭では一般に経済的全権を男子が之を握り一銭一厘も之を婦人に委ねざるの風がある」（増田収作「朝鮮に於ける農村自力更生の一考察」『文』一九三二年一一月号、七八頁）。

79 同前、七九頁。

80 朝鮮教育会（一九二三年創立）は、会長を政務総監、副会長を学務局長が務め、会員は学校の教員という官製の教育団体であった。『文教の朝鮮』はその機関誌（一九二五年九月～一九四五年一月）である。

81 「第一一回朝鮮教育会総会」『文』一九三三年六月号、一〇一―一〇六頁。

82 同前、一〇八―一一〇頁。

83 「第一二回朝鮮教育会総会」での発言。『文』一九三四年八月号、一七〇―一七一頁。

84 「第八回朝鮮教育会総会記録」『文』一九三〇年七月号、七八―七九頁。

85 「第九回朝鮮教育会総会」『文』一九三一年一二月号、一〇六―一一二頁。

86 学務局長渡辺豊日子「朝鮮教育に対する展望」『文』一九三五年一月号、九―一〇頁。

87 大友喜幸「我校女子職業科の実際」「全鮮職業教育研究大会々員意見発表」『文』一九三一年六月号、四四頁。

88 太田秀穂ほか「朝鮮施政二五周年に際し半島の女子教育を語る（上）」『家事及裁縫』第九巻第一一号、七九―八一頁。

89 大野謙一『朝鮮教育問題管見』四〇二―四〇三頁（『史料集成』二八巻所収）。同文は『文』一九三三年九月号にも所収。

90 渡辺豊日子『朝鮮教育の側面観』一九三四年九月、三三一―三四頁（『史料集成』第二八巻所収）。

91 『全満朝鮮人民会連合会会報』一九三六年一月号（第三五号）、六六頁。

92 「編輯後記」『文』一九三六年一月号、二二五頁。

93　同特集号の冒頭で「○朝鮮施政の根幹としての農村更生を考へ、心田開発を謂ふ場合、当然問題として取上げられるべきは朝鮮婦人の存在に就てである　○遠き伝統、深き因襲……時代に適せぬ病弊」と指摘し、運動展開上の「障害」としての朝鮮人女性の存在が植民地権力のなかで共通の認識となっていたことを窺わせる。

94　宇垣一成「朝鮮婦人の覚醒を促す」『文』一九三六年一月号、八―三八頁。以下本文はこのテキストによる。

95　具体的には、①は「まず合格」、②「家政整頓」は「素養が欠けたる」結果「概して不十分」と評し、③「子女の教養」は「『養』の方だけは一通り出来てをる」が「『教』に方に至りましては、極めて不十分」であり「母の見識低きが為に、家庭内で破壊され、又抹消されてをる節が多々存する」と評した。④「家庭和楽」も「甚だしく欠けてをる」が、それは「和楽の中心たるべき婦人にその心掛と素養が欠けてをるのが、主な原因」と断じた。ここには、宇垣自身が朝鮮人女性に対して「無識」「固陋」「無自覚」「時代の動きに対して目覚める程度の著しく低い」［一二二］と断言するようなバイアスが如実に示されている。

96　大邱公立女子高等普通学校「朝鮮家庭改善要義（上）」『文』一九三四年四月号、三九―四一頁。

97　同前文（下）には、「下僕に対する心得」（『文』一九三四年五月号、九七頁）があることからも、「要義」の対象者は中等教育以上の女性が対象であることがわかる。

98　渡辺豊日子「年頭の辞」『文』一九三六年一月号、七頁。

99　大野前掲、二五九頁。

100　宇垣前掲、二五頁。

101　咲本は、三段階の選抜試験をくぐりぬけた「思想」的にも問題のない日本人・朝鮮人のエリート女性たちが、学校生活・寄宿舎生活で「内鮮一体」をたたき込まれたうえで、教員となった後は「お母さん」的役割を果たし「内鮮一体」を「善意」で具現化していったことが、より「効果」的に支配の貫徹に貢献したと結論する［咲本　一九九八］。この結論は、一九四四年以降朝鮮人女子勤労挺身隊員が日本国内の軍需工場へ行く際に、日本人（女性）教員の勧奨・甘言がもっとも大きな動機となった経緯からも首肯できる［戦後責任を問う・関釜裁判を支援する会　一九九八、山田　二〇〇一］。

102　徳田のぶ『遥かなる雲』一九九三年。一九一三年鹿児島生まれの徳田は、二七年平壌高等女学校に転校、二九年同校卒

業。一九三〇年に京城師範学校女子演習科（一年）卒業後、同年に居昌普通学校（慶南）に赴任後、江西普通学校（平南）、平壌南山普通学校（平南）、校峴国民学校（忠北）で教員生活を送った。

103 同前、一八頁。徳田が赴任した平壌南山普通学校は「国語教育」に力をいれており、「朝鮮語を知らない内地人の先生が、日本語を知らない朝鮮人の一年生を最初から日本語で指導する」「朝鮮人の先生が担任する時でも国語だけで指導する」という日本人校長の方針によって、徳田が一～二年生を担任したという描写がある。

104 同前、二〇六、一六六頁。同前書に登場する朝鮮人男性教員は、「御真影」「教育勅語」を「ただの紙きれ」と公言して辞任した（二〇三―二〇六頁）。また、待遇格差として日本人教員に「六割の外地加俸と宿泊料」が支給されたため、徳田（当時一七歳）の初任給は朝鮮人教頭より高かった（同、三二頁）。

105 女性教員は三四、三五歳になると退職勧告があった（同前、一六四頁）。

106 同前、一六八頁。

107 「説明書　第一　師範学校ノ増減員」拓務省拓務省「昭和一〇年三月朝鮮総督府諸学校官制中改正ノ件」（ページ数無記載。外務省外交史料館I-一九「昭和八年　本邦ニ於ケル教育制度並状況関係雑件　朝鮮関係」所収）。

108 福士末之助「朝鮮教育諸法令改正等に就いて」『文』一九二九年八月号、二八―二九頁。

109 改定内容は、「監督官庁ニ於テ学校ノ事業ヲ為スモノト認メタルトキハ其ノ旨ヲ関係者ニ通告シテ本令ノ規定ニ依ラシメ又ハ之ヲ禁止スベシ」（第一六条ノ二）であった（教育史編纂会『明治以降教育制度発達史』巻一〇、教育資料編纂会、一九三九年、一〇四四―一〇四五頁）。

110 一九二九年二月付「私立学校規則改正ニ関スル件」（学務局長より各道知事宛通達）には、「学校ニ類スル事業」を「名称ノ如何ヲ問ハズ」「永続且ツ公ノ目的ヲ以テ一定ノ場所ヲ設ケ且ツ一定ノ学課過程ヲ定メテ学科ヲ教授スルモノ」と定義していることから、当時の講習会が私立学校と同様の学課過程を有していたことがわかる。一方、同通達には、これら講習会業に対し「積極的ニ指導監督ヲ為サントスル趣旨」も盛られており、利用対象として考えていることが窺える（朝鮮総督府学務局学務課編纂『朝鮮学事例規』一九三二年、六六八頁。『史料集成』第五巻所収）。

111 学務局長より忠清南道知事宛一九三〇年五月付通達「書堂ノ指導監督ニ関スル件」によれば、「学校類似ノ事業ヲ為ス内容ヲ持チタル私設学術講習会ヲ其儘ノ内容ニ於オイテ新ニ書堂トシテ認ムルハ大正七年二月訓令第九号（＝「書堂規則発布ニ関スル件」一九一八年—引用者）ニ依ル書堂本来ノ組織竝内容ニ悖ルモノニシテ認可セザルヲ適当トス」と記載されている。このように、一九一八年「書堂規則」は届け出制であったために、講習会の内容を有しながら形式上は書堂として届けた事例があったことが窺える（同前朝鮮総督府学務局学務課編纂、六七九頁）。

112 一九二九年「書堂規則」改定同日に発せられた改正趣旨説明のための各道知事宛の朝鮮総督府訓令第二五号によれば、①書堂開設認可申請時の調査を周到にすること、②書堂と学校、講習会等との区別に留意すること、③書堂の設備・教育内容に留意すること等が義務づけられた（前掲教育史編纂会、七〇二—七〇三頁）。

113 崔根植によれば、一九二八年からはじまった夜学閉鎖は一九三〇年から本格化し、植民地期の閉鎖夜学数三五七九箇所（一九二一〜一九三九年）のうち一九三〇〜一九三四年の間だけで三四五三箇所が閉鎖された［崔根植 一九九二：一六、五九］。この件数は閉鎖夜学数全体の九六・五％に当たり、一九三〇年代前半に講習会に対しいかに集中的な統制があったかが知れよう。

114 前掲教育史編纂会、七〇〇—七〇一頁。

115 前掲の一九二九年「書堂規則」改正同日付発布の道知事宛朝鮮総督府訓令第二五号による（教育史編纂会前掲書、七〇二—七〇三頁）。「国語、算術ノ教授」が「勧奨」されていたが、同訓令でさらに「4、国民道徳ニ関スル事項」教授が義務化された。

116 書堂や講習会は「非正規」の教育機関と位置づけられていたため、朝鮮総督府刊行の全道を網羅する統計・資料類では記述が限定されており、その実態や全国的な展開の把握は困難である。とくに、講習会はそれらに登場すらしない。書堂に関して、全羅北道の書堂を調査した朴来鳳によれば、「総督府発表の書堂の統計は信憑性が希薄」「数において当局発表よりもかなり多かった」という指摘もある。一九三七年度の同道淳昌郡の書堂数は八個と記録（同郡『郡勢一斑』一九三七年）されているが、朴の調査では一五個であった［朴 一九七七〈Ⅳ〉：七二—七七］。

117 朝鮮総督府学務局『書堂改善ニ関スル具体的意見』一九三三年、二七、三三頁（『史料集成』第一七巻所収）。

118 大野前掲、四一七頁。

119 京畿道『昭和一一年　京畿道の教育と宗教』一九三六年、六一頁（『史料集成』第三五巻所収）など。

120 南海郡教育会『南海郡郷土誌（上）』一九三三年、二八五―三〇一頁（『韓国地理風俗誌叢書（145）』所収）。

121 大邱府編纂『大邱府勢一班』一九三六年、五一頁（『韓国地理風俗誌叢書（58）』所収）。

122 朴による全羅北道の書堂調査によれば、一九七〇年まで持続した書堂もあった［朴　一九七七〈Ⅳ〉：八五］。

第5章

1 正式には朝鮮農会『農家経済調査（京畿道ノ分）昭和五年度』一九三二年。同『農家経済調査（全羅南道ノ分）昭和五年度』一九三二年。同『農家経済調査（慶尚南道ノ分）昭和六年度』一九三四年。同『農家経済調査（平安南道ノ分）昭和六年度』一九三三年。同『農家経済調査（咸鏡南道ノ分）昭和七年度』一九三四年。

2 「七～一五歳」と設定したのは、①盧東奎の前掲調査でも農家学齢児童を「七歳以上一五歳以下」と設定した点、②一九二二年「普通学校規程」第五条の就学年齢は「六歳以上」であるが、義務教育が施行されなかった朝鮮では七～八歳以上で就学する児童が少なくなかったからである。

3 儆新学校は、「京城府」にある、一九〇九年に「H・H・アンダーウッド」によって創立された宗教系各種学校（中等以上）である（京畿道『京畿道勢概要（上）』一九三六年。『韓国地理風俗誌叢書（一二九）』所収、二九二頁）。

4 D・ウルフ［一九九〇］は、家族戦略というより「世帯戦略 Household Stratesies」の観点から、インドネシア・ジャワと台湾における女子工場就労をめぐる家族内の意思決定過程を分析した。前者は娘の自由意思が反映されるが、後者は家族家計の一部として娘の労働をみなし、親が影響力を行使することを明らかにした。そのうえで、ジェンダー・イデオロギーと権力関係、とくに家族あるいは世帯内に存在する権力を媒介する過程の分析や、それら世帯内の非対称性や政治的経済的な構造変化にともなう過程を連関させるという課題を提示した［同：六七］。

5 第一集～第三集（一九九三年・一九九七年・一九九九年）＝以上ハヌル、第四集～第五集（二〇〇〇年・二〇〇一年）＝プルピッ。第一集のみ、韓国挺身隊問題対策協議会・韓国挺身隊研究会編・従軍慰安婦問題ウリヨソンネットワーク訳『証言―強制連行された朝鮮人軍慰安婦たち』（明石書店、一九九五年）として翻訳されている。また、中国・武漢に残留・居住する被害者10人の証言集『中国に連行された朝鮮人軍慰安婦たち』(ハヌル、一九九五年)も刊行された。日本語で同名の翻訳が刊行されている(山口明子訳、三一書房、一九九六年)。

6 これに対し、第三集以降の証言集では「被害の経験をできるだけ生々しく伝えるため」「被害者たちの言葉を忠実に掲載」[第三集、六]する形式をとったため、就学に関する経験を必ずしも詳しく語っているわけではない。被害者の立場から、どちらが伝えたい経験の証言に近いのかは言うまでもない。しかし、植民地期の朝鮮人女性の就学可否を対象とする本研究では、教育経験が比較的整理されている前者を採用するものである。在日朝鮮人女性一世の聞き書き記録([むくげの会編 一九七二、岩井好子 一九八四、「百萬人の身世打鈴」編集委員編 一九九九]等)は、同じ理由で採用できなかった。また、筆者の聞き取りも戦時期に偏ったため採用しなかった。

7 九人のうち二人が就学有無に関しては不明であるが、ペ・ジョッカンのケースは、聞き取り整理者の解説では「ほとんど文盲《ママ》に近い」との記述から、また全錦花は両親が死亡し学齢期をむかえる七歳には空腹のあまり家出したとあるので不就学と推測した。

8 張膺震(総督府視学官)「朝鮮婦人問題に対する管見」『朝鮮』一九三六年一〇月号、一七頁。

9 第4章でみたように、朝鮮人女性の結婚年齢は、女性でもっとも多いのが「一五—一九歳」(五五・八%)次いで「二〇—二四歳」(二八・八%)であった(「昭和六年の結婚、離婚及配偶者数」『朝鮮総督府調査月報』一九三二年七月号、五五—六頁)。

10 植民地期の工業化には、①一九三〇年代から始まり三〇年代半ばまで主流となっていた軽工業を中心とする工業化、②日中戦争以降の戦時工業化、という二つの流れがあった。前者は紡績業・精米業を中心として朝鮮人資本や朝鮮人家内工業が大きな比重をもち、後者では工業人口が急増して朝鮮社会全体の構造的変化をもたらしうる変化であったが、解放までのわずか数年間に過ぎなかった[橋谷 一九九〇a]。

11 松本によれば、この比率は、一九〇九年の日本の全職工数に対する女性職工比率が六一・六%であったのに比べると、高い比率とはいえないという[松本 一九九〇:一一三]。

12 清州郡是工場等では「女工」応募資格は普通学校卒業であった([宋 一九九四:八二])。また、専売局職工二八四二名

（一九三一年七月現在調査）の「教育程度」は、男女合計「無学者」が二割八厘、「小学程度の学校に通学したことのある職工」五割七部一厘、「小学を卒業した者」一割八分一厘であり、識字者が多数を占めた（男女比不明）。女工のうち二〇歳未満が五割四分と過半数を占めた。成年工の平均賃金は五〇銭内外、幼年工の賃金は平均二五銭であった（「専売局の職工統計、二〇歳未満女工が五割」『東』一九三一年七月二一日付）。

13　清州郡是工場による女工募集に二三〇〇名の応募者があり、普通学校卒業程度の学歴を採用条件にすると八七〇名に絞られ、三三〇名が採用された［宋同前：八二］。また、清州郡是製糸工場で一九三一年に補欠女工二五名を募集すると応募者が八〇〇名に達し選抜試験を行った（『通信』一九三一年三月二八日付）。他にも「三〇女工募集に応募無慮四〇〇余（群山）」一九三二年五月五日付、「一〇名募集に志願二〇〇余平壌で起こった就職戦女工求職の戦線も混乱」一九三三年九月七日付、「二〇〇名女職工募集に志願二〇〇〇名超過（郡山）」一九三三年一〇月二八日付等、この種の記事は多い。

14　「出家婦女子激増　大概は誘引魔の毒牙に」一九三三年八月二四日付など。社説「頻発する少女失踪事件――警察は果たして健在か」『東』一九三五年八月三日付では、頻発する少女失踪事件は「過失による偶然的な発生事故ではない。それは某種の魔手によって計画的に実行されたもの」と推測する。

15　たとえば、「満州遊郭を目標とする農村婦女の誘引団」『東』一九三三年四月一九日付。「就職させてあげると農村処女を誘引」同一九三四年四月一三日付。「被災地の後を尋ね探す婦女誘引団の魔手：生途を探して夫を捨て妻は毒牙にかかり酌婦に」同一九三四月一二月四日付。「農村処女誘引　異域青楼へ売喫　窮農期に跋扈する悪魔」同一九三五年六月一五日付。「医師、代書業者等結託〝飢餓農村婦女〟誘引　魔手にかかった婦女全朝鮮で二五名　二回に四一名を送局」同一九三六年三月五日付。「人事紹介業看板かかげ婦女誘引団を検挙」同一九三六年一月二一日付。「（女性用）小間物商売手先　誘引魔の毒牙　窮乏の農家、不和の家庭探し　公印偽造、人身売買」同一九三六年一月三一日付。「春窮をねらう悪魔！　農村に人肉商跋扈　就職の甘餌に処女等を誘出」同一九三六年三月一五日付。「災害地婦女ねらう　誘因魔を厳重取締　惨憺たる災害後に潜む〝黒い手〟慶北道で各警察に厳達」同一九三六年八月二五日付。社説「春窮期と人身売買問題――人身売買制度を撤廃せよ」『東』一九三六年二月二五日付では、朝鮮内「売笑婦」の急増が農村の没落の副産物であり人身売買業者の商品と化していると批判している。

終章

1　渡辺豊日子「朝鮮教育に対する展望」『文』一九三五年一月号、八頁。
2　大野謙一「決戦下の新年に際し全鮮の教育戦士に呼びかける」『文』一九四四年一月号、一二四頁。
3　張膺震（総督府視学官）「朝鮮婦人問題に対する管見」『朝鮮』一九三六年一〇月号、一七頁。

資料及び引用・参考文献

●資料

1　教育政策関係文書

渡部学・阿部洋監修『日本植民地教育政策史料集成（朝鮮篇）』全六九巻、東京：龍渓書舎、一九八七〜一九九一年（『史料集成』と略記）
教育史編纂会編『明治以降教育制度発達史』第一〇巻、東京：教育資料調査会、龍吟社、一九三九年
近代日本教育制度史料編纂会編『近代日本教育制度史料』第八巻、東京：大日本雄弁会講談社、一九五六年
朝鮮教育会『文教の朝鮮』一九二五年九月〜一九四五年一月、復刻版エムティ出版、一九九六〜一九九七年（『文』と略記）
近現代資料刊行会企画編集『戦前・戦中期アジア研究資料1　植民地社会事業関係資料集［朝鮮編］』東京：近現代資料刊行会、一九九九年
『朝鮮彙報』『朝鮮』
朝鮮総督府『官報』
――――『朝鮮総督府統計年報』各年度版（一九一〇〜四二年）
――――『新施設と教育』一九二一年五月、『史料集成』第一六巻所収

――『普通学校修身書（児童用）』巻一〜巻六、一九二二〜二四年
――『普通学校修身書（教師用）』巻一〜巻六、一九二三〜二四年
――『普通学校修身書編纂趣意書』一九二四年、『史料集成』第一九巻（上）所収
――『普通学校編纂教科用図書概要』一九二五年九月、『史料集成』第一九巻（上）所収
――『（秘）朝鮮の言論と世相』一九二七年
――『朝鮮の小作習慣』一九二九年三月
（――）『伸び行く朝鮮（宇垣総督講演集）』一九三五年
――『第二輯　農家更生の指針』一九三五年
――『自昭和二年四月至昭和一二年三月　朝鮮施政に関する諭告、訓示並に演術集』一九三七年、『史料集成』第一一・一二巻所収
――『施政三〇年史』一九四一年
朝鮮総督府学務局『朝鮮諸学校一覧』各年度版（一九一八、一九一九、一九二二、一九二六、一九二九、一九三一、一九三二、一九三三、一九三四、一九三六、一九三七、一九三八、一九四〇、一九四一、一九四二、一九四三）、『史料集成』第五三〜六二巻所収
――『朝鮮人教育　私立各種学校状況』一九二〇年、『史料集成』第四三巻所収
――『（秘）騒擾と学校』一九二〇年一二月、『史料集成』第一五巻所収
――『新施政と教育』一九二一年、『史料集成』第一六巻所収
――「朝鮮総督府ニ於ケル一般国民ノ教育普及振興ニ関スル第一次計画」一九二八年、『史料集成』第一七巻所収
――「官公私立学校学生生徒卒業者状況表」『朝鮮総督府調査月報』一九三二年一一月
――「書堂改善ニ関スル具体的意見」、『史料集成』第一七巻所収
――「官公私立学校卒業者状況」『朝鮮総督府調査月報』一九三四年一一月
――「朝鮮人学齢児童就学ノ状況（併合ヨリ昭和九年まで）」、『史料集成』第一七巻所収

朝鮮総督府学務局学務課『学事参考資料　昭和一二年一一月』一九三七年、『史料集成』第六〇巻所収
――『朝鮮学事例規』一九三二年、『史料集成』第五巻所収
――『朝鮮学事例規』一九三八年、『史料集成』第六巻所収
朝鮮総督府警務局編『朝鮮に於ける同盟休校の考察』一九二九年、『史料集成』第一七巻所収
――『最近に於ける朝鮮治安状況昭和一一年五月』一九三六年、不二出版復刻版、一九八六年
朝鮮総督府内務局「咸鏡北道慶源郡農家経済状況調査」『朝鮮総督府調査月報』一九三二年一二月
（朝鮮総督府）文書課「国語を解する朝鮮人調べ」『朝鮮総督府調査月報』一九三八年七月号
『私立学校令解説』一九〇八年、『史料集成』第六四巻所収

2　国勢調査関係

朝鮮総督府『昭和五年朝鮮国勢調査報告　全鮮編　第一巻結果表』一九三五年
――『昭和五年朝鮮国勢調査報告　全鮮編　記述報文』一九三五年

3　地方誌関係

『京畿道教育及宗教一班　大正一〇年度』一九二一年、『史料集成』第三五巻所収
『京畿道教育及宗教一斑　大正一三年度』一九二四年、『史料集成』第三五巻所収
『京畿道教育及宗教要覧　昭和三年度』一九二八年、『史料集成』第三五巻所収
『京畿道ノ教育ト宗教（昭和五年）』一九三〇年、『史料集成』第三五巻所収
『京畿道の教育と宗教　昭和一一年』一九三六年、『史料集成』第三五巻所収
京畿道『京畿道勢概要（上）』一九三六年、『韓国地理風俗誌叢書（一二九）』所収
『京畿道　教育と宗教要覧　昭和一四年』一九三九年、『史料集成』第三六巻所収
『京畿道　教育と宗教要覧　昭和一六年』一九四一年、『史料集成』第三六巻所収

『京畿道々勢一班　昭和七年』
『京畿道勢一班　昭和一五年版』
忠清北道『忠清北道要覧』、『韓国地理風俗誌叢書（四八）』所収
忠清北道『教育及社寺宗教一覧　昭和一〇年度』一九三六年、『史料集成』第三六巻所収
『平安南道の教育と宗教　昭和七年度』、『史料集成』第三七巻所収
平安南道教育会『平安南道の教育と宗教　昭和一二年度』一九三八年、『史料集成』第三六巻所収
平安北道『教育及宗教一班　大正一二年』、『史料集成』第三七巻所収
『黄海道々勢一斑　昭和一三年』
黄海道『黄海道学事及宗教　昭和一三年度』一九三九年、『史料集成』第三七巻所収
咸鏡南道教育会『咸鏡南道教育一班　大正一五年度』一九二六年、『史料集成』第三八巻所収
咸鏡北道『学事及宗教要覧　昭和六年編』一九三一年、『史料集成』第三八巻所収
江原道教育会『江原道教育要綱』一九三五年、『史料集成』第三八巻所収
『全羅南道教育及宗教一班　大正一五年度』、『史料集成』第三九巻（上）所収
『昭和二年全羅南道教育及宗教一班』、『史料集成』第三九巻（上）所収
全羅南道『教育及宗教一班　昭和六年』、『史料集成』第三九巻（上）所収
全羅南道内務部編『大正一二年一二月編　小作慣行調査書』一九二三年一二月
全羅北道『教育及宗教要覧　昭和六年八月編集』、『史料集成』第三九巻（上）所収
全羅北道警察部『（秘）昭和七年六月　細民ノ生活状態調査　第二報』（一九三二年分）、『植民地社会事業関係資料集』第1巻所収
『慶尚南道学事及社寺宗教一班　大正一二年度』、『史料集成』第三九巻（下）所収
釜山府『昭和一四年四月現在　例規集（学事関係）』一九三九年、『史料集成』第八巻所収
南海郡教育会『南海郡郷土誌（上）（下）』一九三三年、『韓国地理風俗誌叢書（一四五）（一四六）』所収

『慶尚北道教育及宗教一班　大正一一年度』、『史料集成』第三九巻（下）所収
『大正一二年慶尚北道教育及宗教一班』、『史料集成』第三九巻（下）所収
慶尚北道『（慶尚北道）道勢一斑』
大邱府『大邱府勢一班』一九三六年、『韓国地理風俗誌叢書（五八）』所収
『京城　寿松公立普通学校一覧表（昭和七年）』、『史料集成』第四三巻（上）所収
『富民公立普通学校一覧表（昭和七年）』、『史料集成』第四三巻（上）所収
『蔚山公立普通学校一覧表（昭和六年）』、『史料集成』第四三巻（上）所収
新義州公立普通学校『学校経営（付・学校一覧表）（昭和七年）』、『史料集成』第四三巻（上）所収

4　植民地期の朝鮮人の教育論

『東亜日報』（『東』と略記）『朝鮮日報』（『朝』と略記）『毎日申報』
『学之光』『女子界』『開闢』『新女性』『新東亜』『朝光』
『朝鮮思想通信』（一九三〇年『朝鮮通信』と改称。『通信』と略記）

5　関連資料・論文

俵　孫一（学部　次官）『漢城府内基督教学校状況一斑』一九〇八年、『史料集成』第六七巻所収
学部（学部次官・俵　孫一）『韓国教育ノ現状』一九一〇年、『史料集成』第六三巻所収
隈本繁吉『北韓地方ニ於ケル基督教学校視察復命』一九一二年、『史料集成』第六七巻所収
幣原　旦『朝鮮教育論』一九一九年、『史料集成』第二五巻所収
京城師範学校内朝鮮初等教育研究会『修身訓練の諸問題と其の実際』一九二九年一二月、『史料集成』第一九巻（下）所収
李　北満『帝国主義治下に於ける朝鮮の教育状態』（日本文）一九三一年、『史料集成』第二八巻所収
岡本　晃「朝鮮に於ける初等教育」（日本文）『新興教育』一九三二年四月号

朝鮮農会『農家経済調査（京畿道ノ分）昭和五年度』一九三二年
――――『農家経済調査（全羅南道ノ分）昭和五年度』一九三二年
――――『農家経済調査（慶尚南道ノ分）昭和六年度』一九三四年
――――『農家経済調査（平安南道ノ分）昭和六年度』一九三三年
――――『農家経済調査（咸鏡南道ノ分）昭和七年度』一九三四年
林　虎蔵（安山公立普通学校長）『体験五年安山の卒業生指導』一九三二年、『史料集成』第二九巻所収
渡辺豊日子（朝鮮総督府学務局学務課長）『朝鮮教育の側面観』一九三四年、『史料集成』第二八巻所収
西川末吉（釜山公立普通学校長）『各科教育の動向』一九三五年、『史料集成』第一九巻（中）所収
『家事及裁縫』第九巻第二号、一九三四年
池田林蔵『朝鮮と簡易学校』一九三五年
拓務省「昭和一〇年三月朝鮮総督府諸学校官制中改正ノ件」（ページ数無記載）、外務省外交史料館I―二九「昭和八年　本邦ニ於ケル教育制度並状況関係雑件　朝鮮関係」所収
高尾甚造（朝鮮総督府学務局学務課長）講述『朝鮮教育の断片』一九三六年、『史料集成』第二八巻所収
大野謙一『朝鮮教育問題管見』朝鮮教育会、一九三六年、『史料集成』第二八巻所収
盧東奎「朝鮮農家経済実相調査解剖（一）」『韓』5―1. 一九七六年一月（原典は、学海社発行『学海』編集兼発行人洪炳哲、一九三七年一二月刊行・所収の同名論文）
松岡修太郎『外地法』東京：日本評論社、一九三六年
鈴木正文『朝鮮経済の現段階』帝国地方行政学会朝鮮本部、一九三八年
「(秘）昭和一三年二月　朝鮮教育令改正ニ関スル枢密院ニ於ケル説明資料」一九三八年、外務省外交史料館I―三四『本邦ニ於ケル教育制度並状況関係雑件　朝鮮教育令改正参考資料』所収
朝鮮総督府『昭和八年度実施（第一次）更生指導農家竝ニ部落ノ五箇年間ノ推移』一九三九年
朝鮮総督府農村振興課編『朝鮮農村振興運動関係例規』帝国地方行政学会地方本部、一九三九年

久間健一（京畿道農村振興課）「朝鮮農村の強靭性と脆弱性（1）（2）――事変を契機とする機構の自己批判」『朝鮮行政』一九四〇年九・一〇月号
姜鋌澤執筆『朝鮮農村の人口排出機構』日満農政研究会、一九四〇年
清宮四郎『外地法序説』東京：有斐閣、一九四四年

●引用・参考文献

日本語文献（五十音順）

青柳優子　一九九七『韓国女性文学研究Ⅰ』東京：御茶の水書房
浅井良純　一九九五「日帝侵略初期における朝鮮人官吏の形成について――大韓帝国官吏出身者を中心に」『朝鮮学報』155, pp. 47–90.
阿部　洋　一九六〇「併合初期における朝鮮総督府とキリスト教主義学校――植民地教育政策の一側面」『教育学研究』27–2, pp.31–42.
阿部宗光・天野郁夫　一九六七「開発段階にあるアジア諸国における初等教育のWASTAGE」『国立教育研究所紀要』56.
天野正子　一九八七「婚姻における女性の学歴と社会階層――戦前期日本の場合」『教育社会学研究』42, pp.70–91.
アンダーソン・ベネディクト／白石さや・白石隆訳　一九八三、一九九一＝一九九七『増補　想像の共同体――ナショナリズムの起源と流行』東京：NTT出版
安　秉直　一九八九＝一九九〇「植民地朝鮮の雇用構造に関する研究――一九三〇年代の工業化を中心に」中村哲ほか『朝鮮近代の経済構造』pp.303–339. 東京：日本評論社
磯田一雄　一九九九『「皇国の姿」を追って――教科書にみる植民地教育文化史』東京：皓星社
石川武敏　一九八一「一九二〇年代朝鮮における民族教育の一断面――夜学運動について」『北大史学』21, pp.35–52.
――――　一九八二「『東亜日報』にみられる夜学に関する一覧表（一九二〇–一九二八）」『史朋』14, pp.38–62.

板垣竜太　一九九九「植民地期朝鮮における識字調査」『アジア・アフリカ言語文化研究（東京外国語大学アジア・アフリカ言語文化研究所）』58, pp.277–315.

――――　二〇〇〇「農村振興運動における官僚制と村落――その文書主義に注目して」『朝鮮学報』175, pp.1–42.

――――　二〇〇二「植民地下の普通学校と地域社会――慶北尚州の一学校を中心に」『朝鮮史研究会論文集』40, pp.247–275.

伊藤悦子　一九八三「大阪における『内鮮融和期』の在日朝鮮人教育」『在日朝鮮人史研究』12, pp.1–28.

伊藤るり　一九九五「ジェンダー・階級・民族の相互関係――移住女性の状況を手がかりとして」井上俊ほか編『岩波講座現代社会学第一一巻　ジェンダーの社会学』pp.209–226. 東京：岩波書店

稲葉継雄　一九九七『旧韓末「日語学校」の研究』福岡：九州大学出版会

井上　薫　一九九二「日本帝国主義の朝鮮における植民地教育体制形成と日本語普及政策――韓国統監府時代の日本語教育を通じた官吏登用と日本人配置」『北海道大学教育学部紀要』58, pp.163–195.

――――　一九九五a「第一次朝鮮教育令下における日本語普及・強制政策――「国語講習会」「国語講習所」による日本語普及政策とその実態」『北海道大学教育学部紀要』66, pp.33–56.

――――　一九九五b「日本統治下朝鮮の日本語普及・強制政策――一九一〇年代初期における私立学校・書堂の利用・弾圧」『北海道大学教育学部紀要』69, pp.157–220.

――――　一九九六「『韓国併合』前後における日本帝国主義の私立学校弾圧政策――「寄付金品募集取締規則」等による財政基盤破壊」『教育学研究』63–2, pp.109–118.

――――　一九九七「日本統治下末期の朝鮮における日本語普及・強制政策――徴兵制導入に至るまでの日本語常用全解運動への動員」『北海道大学教育学部紀要』73, pp.105–153.

――――　一九九九「日帝下朝鮮における四年制公立普通学校――三・一独立運動直後の修学年限延長と学校増設政策の実態」『釧路短期大学紀要』26, pp.11-20.

――――　二〇〇〇「日帝下朝鮮における実業教育政策――一九二〇年代の実科教育、補習教育の成立過程」渡部宗助・竹中

憲一編『教育における民族的相克　日本植民地教育史論Ⅰ』pp.63–91. 大阪：東方書店
井上卓也　一九九五『植民地期朝鮮における初等教育の展開――一九一〇年代の公立普通学校を中心に』東京学芸大学大学院修士学位論文
李　明実　一九九四「日本統治期朝鮮における夜学の実態と教育活動について」『筑波大学日本教育史研究年報』3, pp.1–9.
林志弦／板垣竜太訳　二〇〇〇＝二〇〇〇「朝鮮半島の民族主義と権力の言説――比較史的問題提起」『現代思想』28―7, pp.126–144.
李　如星・金世鎔共／宮嶋博史訳　一九七九「数字朝鮮研究　第一輯」『朝鮮史叢』1, pp159–258.
イ・ヨンスク　一九八七「朝鮮における言語的近代」『一橋研究』12–2, pp.81–95.
岩井好子　一九八四『オモニの歌――四八歳の夜間中学生――』東京：筑摩書房
上野千鶴子　一九九五「歴史学とフェミニズム――『女性史』を超えて」『岩波講座　日本通史　別巻1』pp.149–184. 東京：岩波書店
エッカート・カーター・J／橋谷弘訳　一九九四「植民地末期朝鮮の総力戦・工業化・社会変化」『思想』841, pp.28–56.
宇垣一成　一九七〇『宇垣一成日記Ⅱ』東京：みすず書房
江原由美子　二〇〇一『ジェンダー秩序』東京：勁草書房
大門正克　一九九一「近代日本における農村社会の変動と学校教育――一九二〇年代の社会移動を中心に」『ヒストリア』133, pp.175–200.
――　一九九二「学校教育と社会移動――都会熱と青少年」中村政則編『日本の近代と資本主義―国際化と地域―』pp.157–187. 東京：東京大学出版会
――　二〇〇〇『民衆の教育経験――農村と都市の子ども〈シリーズ日本近代からの問い③〉』青木書店
大蔵省管理局　一九四八『日本人の海外活動に関する歴史的調査　朝鮮編　第七章　教育文化政策とその実態』
小川正人　一九九七『近代アイヌ教育制度史研究』札幌：北海道大学図書刊行会
荻野美穂　一九九七「女性史における〈女性〉とは誰か――ジェンダー概念をめぐる最近の議論から」『ジェンダーと女性』

pp.115–134. 東京：早稲田大学出版部
――― 二〇〇〇「思想としての女性――〈女性〉史、〈ジェンダー〉史、それとも?――」『岩波講座　世界歴史28』pp.229–248. 東京：岩波書店
小熊英二　一九九八『〈日本人〉の境界――沖縄・アイヌ・台湾・朝鮮　植民地支配から復帰運動まで』東京：新曜社
小沢有作・土屋忠雄　一九六二「植民地の教育」『岩波講座現代教育学⑤』pp.335–361. 東京：岩波書店
呉　成哲　二〇〇〇b「植民地朝鮮の普通学校における職業教育」『言語と植民地支配　植民地教育史研究年報』3, pp.82–97. 東京：皓星社
呉　天錫／渡部学・阿部洋共訳　一九七九『韓国近代教育史』東京：高麗書林
梶村秀樹　一九八〇「一九二〇～三〇年代朝鮮農民渡日の背景」『在日朝鮮人史研究』6, pp.55–69.
河合和男　一九七九「朝鮮『産米増殖計画』と植民地農業の展開」『朝鮮史叢』2, pp.3–56.
河合和男・尹　明憲　一九九一『植民地期の朝鮮工業』東京：未来社
夏　暁虹／清水賢一郎・星野幸代訳　一九九五＝一九九八『纏足をほどいた女たち』東京：朝日選書六〇三
韓国挺身隊問題対策協議会・韓国挺身隊研究会（所）編／従軍慰安婦問題ウリヨソンネットワーク訳　一九九三＝一九九五『証言――強制連行された朝鮮人軍慰安婦たち』東京：明石書店
―――／山口明子訳　一九九五＝一九九六『中国に連行された朝鮮人慰安婦』東京：三一書房
菊池久一　一九九五『「識字」の構造――思考を抑圧する文字文化』東京：勁草書房
金　恩実　一九九八＝二〇〇〇「民族言説と女性――文化、権力、主体に関する批判的読みのために」『思想』914, pp.63–87.
金　富子　一九九八『植民地期朝鮮における女子教育――一九三〇年代の初等教育を中心に』東京学芸大学大学院修士学位論文
――― 一九九九「一九三〇年朝鮮国勢調査にみる識字とジェンダー」『人民の歴史学』142, pp.13–34.
――― 二〇〇〇「一九一〇～一九二〇年代植民地期朝鮮における初等教育機関への就学――民族・階級・ジェンダー諸要因分析を中心に」お茶の水女子大学大学院人間文化研究科『人間文化論叢』2, pp.85–96.

――― 二〇〇二「植民地期朝鮮における普通学校『不就学』とジェンダー」『歴史学研究』764, pp.13–25.
金 静美 一九八〇「朝鮮農村女性に対する日帝の政策」『朝鮮史叢』3, pp.85–130.
金 成植／金学鉉訳 一九七四『抗日韓国学生運動史』高麗書林
金 翼漢 一九九五『植民地期朝鮮における地方支配体制の構築過程と農村社会変動』東京大学大学院博士学位論文
木村光彦 一九八八「韓国（朝鮮）における初等教育の普及――一九一一〜一九五五年」『アジア研究』34–3, pp.73–91.
――― 一九九七「近代朝鮮の初等教育」板谷茂他『アジア発展のカオス』pp.29–63. 東京：勁草書房
洪 郁如 二〇〇一『近代台湾女性史――日本の植民統治と「新女性」の誕生』東京：勁草書房
国立教育研究所 一九七四『日本近代教育百年史 5 学校教育(3)』
駒込 武 一九九六『植民地帝国日本の文化統合』東京：岩波書店
――― 二〇〇二「植民地支配と教育」辻本雅史・沖田行司編『新体系日本史一六 教育社会史』pp.393–438. 東京：山川出版社
小森陽一ほか編 一九九七『メディア・表象・イデオロギー――明治三〇年代の文化研究』東京：小沢書店
小山静子 一九九一『良妻賢母という規範』東京：勁草書房
咲本和子 一九九八「植民地のなかの女性教育――『皇民化』政策期朝鮮における京城女子師範学校」巨大情報システムを考える会編『〈知〉の植民地支配』pp.29–50. 東京：社会評論社
桜井哲夫 一九八四『「近代」の意味――制度としての学校・工場』東京：NHKブックス
佐藤秀夫 一九七四「第二編第一章第二節四 児童の就学」国立教育研究所編『日本教育近代百年史三 学校教育（一）』pp.592–634. 国立教育研究所
佐野通夫 一九九三『近代日本の教育と朝鮮』東京：社会評論社
新藤東洋男 一九八一『在朝日本人教師――反植民地教育運動の記録』東京：白石書店
スコット・W・ジョーン／荻野美穂訳 一九八八＝一九九二『ジェンダーと歴史学』東京：平凡社
―――／荻野美穂訳 一九九九「ジェンダー再考」『思想』898, pp.5–34.

スピヴァック・G・C／後藤浩子訳　一九九九　「女性史の異議申し立て」『思想』898, pp.35–44.
瀬地山角・木原葉子　一九八九　「東アジアにおける良妻賢母主義――近代社会のプロジェクトとして」『中国–社会と文化』（東大中国学会）4, pp.277–293.
瀬地山角　一九九六　『東アジアの家父長制――ジェンダーの比較社会学』東京：勁草書房
戦後責任を問う・関釜裁判を支援する会　一九九八　『関釜裁判判決文全文』
宋　連玉　一九八一　「一九二〇年代朝鮮女性運動とその思想――槿友会を中心に」飯沼二郎・姜在彦編『近代朝鮮の社会と思想』pp.321–360. 東京：未来社
――――　一九八五　「朝鮮婦女総同盟――八・一五解放直後の女性運動」『朝鮮民族運動史研究　二』pp.63–102.
――――　一九九三　「朝鮮植民地支配における公娼制」『日本史研究』371, pp.52–66.
――――　一九九四　「日本の植民地支配と国家的管理売春――朝鮮の公娼を中心として」『朝鮮史研究会論文集』32, pp.37–66.
――――　一九九八　「ナショナリズムとフェミニズムの葛藤――朴花城の再評価」林哲他『二〇世紀を生きた朝鮮人――「在日」から考える』pp.207–234. 東京：大和書房
――――　二〇〇一　「朝鮮『新女性』に見る民族とジェンダー」三宅義子編『叢書　現代の経済・社会とジェンダー第三巻　日本社会とジェンダー』pp.129–156. 東京：明石書店。
高倉翔・河宗根　一九八四　「韓国における公教育財源保障制度の発達（一）――日本植民地時代を中心として」『論集・教育学系』〈筑波大〉9―1, pp.25–38.
舘かおる　一九八四a　「良妻賢母」女性学研究会編『講座女性学一　女のイメージ』pp.184–209. 東京：勁草書房
――――　一九九四b　「女性の参政権とジェンダー」原ひろ子他編『ジェンダー』pp.122–140. 東京：新世社
――――　一九九五　「性規範の現在」中内敏夫・長島信弘ほか『社会規範――タブーと褒賞』pp.141–167. 東京：藤原書店
――――　一九九八　「ジェンダー概念の検討」『ジェンダー研究』1, pp.81–95.
――――　一九九九a　「歴史認識とジェンダー――女性史・女性学からの提起」『歴史評論』588, pp.44–52.

――― 一九九九b 「ジェンダー統計からみた大学の現状」大阪女子大学女性学研究センター『女性学研究』7, pp.1–17.
田中勝文 一九六七 「戦前における在日朝鮮人子弟の教育」『愛知県立大学文学部論集』18, pp.157–173.
崔在錫／伊藤亜人・嶋陸奥彦訳 一九七五＝一九七九『韓国農村社会研究』東京：学生社
デルフィー・クリスティーヌ／井上たか子・加藤康子・杉藤雅子訳 一九八四＝一九九六『なにが女性の主要な敵なのか――ラディカル・唯物論的分析』東京：勁草書房
―――／杉藤雅子訳 一九九一＝一九九八 「ジェンダーについて考える――なにが問題なのか」棚沢直子編『女たちのフランス思想』pp.37–63. 東京：勁草書房
徳田のぶ 一九九三 『遙かなる雲』（自費出版）
利根啓三郎 一九八四 「民衆の教育需要の増大と寺子屋」「講座日本教育史」編集委員会編『講座 日本教育史第二巻』pp.179–204. 東京：第一法規出版
富田晶子 一九八一a 「準戦時下朝鮮の農村振興運動」『歴史評論』三七七号
――― 一九八一b 「農村振興運動下の中堅人物の養成――準戦時体制期を中心に」『朝鮮史研究会論文集』18, pp.148–173.
――― 一九八四 「植民地期朝鮮社会経済の統計的研究（一）農業（一）」村上勝彦他共著『東京経大学会誌』136, pp.7–35.
中嶌 邦 一九八四 「女子教育の体制化――良妻賢母主義教育の成立とその評価」「講座日本教育史」編集委員会編『講座日本教育史 第三巻』pp.101–126. 東京：第一法規出版
永原和子 一九八二 「良妻賢母主義教育における『家』と職業」女性史総合研究会編『日本女性史 第四巻』pp.149–184. 東京：東京大学出版会
並木真人 一九八九 「植民地期民族運動の近代観――その方法論的考察」『朝鮮史研究会論文集』26, pp.93–124.
――― 一九九三 「植民地期朝鮮人の政治参加について――解放史との関連において」『朝鮮史研究会論文集』31, pp.29–59.
西野理子 一九九八 「『家族戦略』研究の意義と可能性」丸山茂他編『家族のオートノミー』pp.54–75. 東京：早稲田大学

出版部

VAWW-NET Japan編　二〇〇〇～二〇〇二『日本軍性奴隷制を裁く二〇〇〇年女性国際戦犯法廷の全記録』Vol.Ⅰ～Ⅵ東京：緑風出版。

朴　一　一九九七「植民地工業化を見る眼――植民地朝鮮工業化論の再検討」板谷茂他『アジア発展のカオス』pp.115-138. 東京：勁草書房

朴　宣美　一九九八『朝鮮社会の近代的変容と女子日本留学――一九一〇年～一九四五年』京都大学大学院博士前期学位論文

朴　来鳳　一九七四～一九八〇「日本統治下書堂教育の具体相――全羅北道を中心にⅠ～Ⅵ」『韓』Ⅰ＝3-10、Ⅱ＝3-12（以上一九七四）、Ⅲ＝5-11（一九七六）、Ⅳ＝5-11（一九七七）、Ⅴ＝Vol.7 No.11・12（一九七八）、Ⅵ＝9-11・12（一九八〇）

橋谷　弘　一九九〇a「一九三〇・四〇年代の朝鮮社会の性格をめぐって」『朝鮮史研究会論文集』27, pp129-154.

――　一九九〇b「植民地都市としてのソウル」『歴史学研究』614, pp.7-15, 63.

旗田　巍　一九七九「朝鮮統治美化論と停滞論」『歴史評論』355, pp.3-7.

バトラー・ジュディス／竹村和子訳　一九九〇＝一九九九『ジェンダー・トラブル――フェミニズムとアイデンティティの攪乱』東京：青土社

花井　信　一九九九『製糸女工の教育史』東京：大月書店

土方苑子　一九八七「『文部省年報』就学率の再検討――学齢児童はどのくらいいたか」『教育学研究』54-4, pp.361-370.

――　一九九四『近代日本の学校と地域社会――村の子どもはどう生きたか』東京：東京大学出版会

――　二〇〇二『東京の近代学校――「国民」教育制度の成立過程』東京：東京大学出版会

「百萬人の身世打鈴」編集委員編　一九九九『百萬人の身世打鈴――朝鮮人強制連行・強制労働の「恨」』大阪：東方出版

ひろたまさき　一九八二「文明開化と女性解放論」女性史総合研究会編『日本女性史』第四巻、pp.1-40. 東京：東京大学出版会

――　一九九五「近代エリート女性のアイデンティティと国家」脇田晴子ほか編『ジェンダーの日本史　下』pp.199-

227. 東京：東京大学出版会

弘谷多喜夫・広川淑子　一九七三「日本統治下の台湾・朝鮮における植民地教育政策の比較史的研究」『北海道大学教育学部紀要』22, pp19–92.

深谷昌志　一九八一（＝一九九八）『増補　良妻賢母主義の教育』名古屋：黎明書房

藤永　壮　二〇〇〇「朝鮮植民地支配と『慰安婦』制度の成立過程」VAWW-NET Japan編『「慰安婦」戦時性暴力の実態Ⅰ　日本・台湾・朝鮮編』pp.196–231. 東京：緑風出版

藤目ゆき　一九九七『性の歴史学――公娼制度・堕胎罪体制から売春防止法・優性保護法体制へ』東京：不二出版

古川宣子　一九九三「植民地期朝鮮における初等教育――就学状況の分析を中心に」『日本史研究』370, pp.31–56.

――　一九九六a「植民地期朝鮮における中・高等教育」『日本植民地研究』8, pp.18–32.

――　一九九六b「併合前後の私立学校状況――統監府・総督府の政策との関連で」『朝鮮史研究会論文集』34, pp.107–137.

――　一九九七「一九一〇年代朝鮮における書堂」『アジア教育史研究』6, pp.41–56.

――　二〇〇二「書評・呉成哲『植民地初等教育の形成』」『植民地教育史研究年報』第四号、pp.306–311. 東京：皓星社

法政大学日本統計研究所・伊藤陽一編著　一九九四『女性と統計――ジェンダー統計論序説』千葉：梓出版社

松本武祝　一九九〇「一九三〇年代朝鮮の農家経済――『農家経済概況調査』分析を中心に」中村哲ほか著『朝鮮近代の経済構造』pp.101–127. 東京：日本評論社

――　一九九八『植民地権力と朝鮮農民』東京：社会評論社

水野直樹　一九七七「新幹会運動に関する若干の問題」『朝鮮史研究会論文集』14, pp.87–123.

宮嶋博史　一九九五『両班――李朝社会の特権階層』東京：中公新書

宮田節子　一九七三「朝鮮における『農村振興運動――一九三〇年代日本ファシズムの朝鮮における展開――』」『季刊現代史』2, pp.52–90.

――　一九八五『朝鮮民衆と「皇民化」政策』東京：未来社
――　一九九一「皇民化政策の構造」『朝鮮史研究会論文集』29, pp.41–59.
むくげの会編　一九七二『身世打鈴――在日朝鮮女性の半生――』東京：東都書房
牟田和恵・慎芝苑　一九九八「近代のセクシュアリティの創造と『新しい女』」『思想』886, pp.89–115.
森川輝紀　一九八七『近代天皇制と教育』千葉：梓出版社
安川悦子　一九九七「フェミニズムと歴史学」『歴史評論』564, pp.172–186.
安川寿之助　一九六二「義務教育における就学の史的考察――明治期兵庫県下小学校を中心として」『教育学研究』29–3, pp.49–59.
山内弘一　一九九〇「子どものしつけと女大学――朝鮮の儒教教育」柴田三千雄ほか編『〈シリーズ世界史への問い五〉規範と統合』pp.17–44. 東京：岩波書店
山下英愛　一九九二「朝鮮における公娼制度の実施」尹貞玉ほか著『朝鮮人女性がみた「慰安婦問題」』pp.128–167. 東京：三一新書
――　二〇〇〇「近代朝鮮における『新女性』の主張と葛藤――洋画家羅蕙錫を中心に」井桁碧編著『「日本」国家と女』pp.214–285. 東京：青弓社
山田昭次　二〇〇一「朝鮮女子勤労挺身隊の成立」『在日朝鮮人史研究』31, pp.17–40.
尹　健次　一九八二『朝鮮近代教育の思想と運動』東京：東京大学出版会
尹　海東／藤井たけし訳　二〇〇〇＝二〇〇二「植民地認識の『グレーゾーン』――日帝下の「公共性」と規律権力」『現代思想』30–6, pp.132–147.
尹　明淑　二〇〇三『日本の軍隊慰安婦制度と朝鮮人軍隊慰安婦』東京：明石書店
米田俊彦　一九九三「中等教育における性差の構造の形成」寺崎昌男・編集委員会共編『近代日本における知の配分と国民統合』pp.218–231. 東京：第一法規出版
渡部　学　一九五五「書堂の教育――朝鮮近代教育における重層性の一面」『兵庫農科大学研究報告』二–一（人文科学篇）、

pp.49–58.

——一九五六「二〇世紀初期朝鮮における私立学校と書堂」『兵庫農科大学研究報告』二-二（人文科学篇）、pp.116–127.

——一九六〇「朝鮮における『福次』的初等教育施設（上）——朝鮮近代教育理解のための領域づけへの提言」『武蔵大学論集』8-4, pp.1–27.

——一九六一「朝鮮における『福次』的初等教育施設（中）——朝鮮近代教育理解のための領域づけへの提言」『武蔵大学論集』8-5, pp.77–111.

——一九六四「朝鮮における『福次』的初等教育施設（下）——朝鮮近代教育理解のための領域づけへの提言」『武蔵大学紀要』2, pp.32–77.

——一九七四「『私設学術講習会』の「露頭」——日政時代私学初等教育の一領域」『韓』3–10, pp.63–89.

——一九七五「朝鮮の近代教育とは?」世界教育史研究会編『世界教育史体系5　朝鮮教育史』pp.213–292. 東京：講談社

ハングル文献（가나다順）

姜　萬吉　一九八七『日帝時代貧民生活史研究』서울：創批新書七九

김성은　一九九二『一九三〇년대 조선여성교육의사회적성격』梨花女子大学校碩士論文

金　永徳기타共著　一九七二『韓国女性史　開化期——一九四五』서울：梨大出版部

김진규・정근식　一九九七『근대주체와　식민지규율권력』서울：문화과학사

羅　瓊喜　一九八七『日帝下韓国新聞에나타난女性運動観——「東亜日報」와「朝鮮日報」의社説内容을中心으로』高麗大学校大学院碩士論文

盧　榮澤　一九七五「日帝下의女子夜学」壇国大史学会『史学誌』9, pp.89–111.

——　一九七九『日帝下民衆教育運動史』서울：探求堂

文　昭丁　一九九〇「一九二〇～三〇년대소작농가자녀들의생활과교육」『韓国社会史研究会論文集第二〇集韓国社会의女性과家族』20, pp.72–120. 서울：文学과知性社

―――　一九九一『일제하한국농민가족에관한연구―――一九二〇～三〇년대빈농층을중심으로』서울大学校大学院博士学位論文

朴　容玉　一九八四『韓国近代女性運動史研究』서울：韓国精神文化研究院

朴　지향　一九八八「일제하 여성고등교육의 사회적성격」『사회비평』一、서울：나남

朴　賛勝　一九九二『한국근대정치사상사연구―――민족주의우파의실력양성운동론』서울：歴史批評社

―――　一九九三「一九二〇년대중반～一九三〇년대초민족주의좌파의신간회운동론」『韓国史研究』80, pp.57–89.

申　栄淑　一九八五「日帝下新女性의社会認識―――『新女性』과『開闢』誌를 中心으로―――」『梨大史苑』21, pp.87–115.

―――　一九八九『日帝下韓国女性社会史研究』梨花女子大学校大学院博士学位論文

―――　一九九六「일제시기 여성운동가의 삶과 그 특성 연구―――조신성과 허정숙을 중심으로―――」『歴史学報』105, pp.129–158.

―――　一九九九「일제시기현모양처론과그실상 연구」서울여자대학교여성연구소『여성연구 논총』14, pp.101–121.

孫　仁銖　一九七一『韓国近代教育史一八八五～一九四五』서울：延世大学校出版部

―――　一九七七『韓国女性教育史』서울：延世大学校出版部

孫　直銖　一九八二『朝鮮時代女性教育研究』서울：成均館大学校出版部

呂　運實　一九九四「一九二〇年代女子夜学研究」誠信女子大学校大学院碩士（修士）学位論文

呉　成哲　一九九一「一九三〇年代初等教育의拡大과朝鮮人의教育要求」서울大学校師範大学教育学科『教育理論』六−一、pp.1–28.

―――　一九九六『一九三〇年代韓国初等教育研究』서울大学校大学院博士学位論文

―――　二〇〇〇a『식민지 초등 교육의 형성』서울：教育科学社

尹　惠源　一九八七「開化期女性教育」亜細亜女性問題研究所『韓国近代女性研究』서울：淑明女子大学校

李 명화 一九九二「朝鮮総督府学務局의機構変遷과機能」『韓国独立運動史研究』六、pp.41–86.

李 萬奎 一九八八『朝鮮教育史Ⅱ』서울：거름

李 松姫 一九九四「一九二〇년대女性解放教育論에 관한一考察」『釜山女大史学』12, pp.323–350.

李 効再 一九七六「日帝下의韓国女性労働者問題研究」『韓国近代史論三』pp.93–140. 서울：知識産業社

鄭 世華 一九七二「韓国近代女性教育 第Ⅱ章 日帝治下의女性教育」金永徳기타著『韓国女性史 開化期―一九四五』pp.320–346. 서울：梨大出版部

鄭 在哲 一九八五『日帝의 対韓国植民地教育政策史』서울：一志社

丁 堯燮 一九七〇「日帝治下에 있어서韓国女性에대한教育政策과그抵抗運動에관한研究」『亜細亜女性研究』9, pp.1–37.

崔 根植 一九九二『일제시대 야학운동의 규모와성격』高麗大学校大学院碩士学位論文

韓国女性研究会女性史分科 一九九四「韓国女性史의研究動向과課題―근대편 四、女性教育」韓国女性研究会編『여성과사회』5, pp.305–308, 322–323.

韓国挺身隊問題対策協議会・挺身隊研究会編 一九九三『증언집Ⅰ―강제로 끌려간조선인 군위안부들』서울：한울

韓国挺身隊問題対策協議会・挺身隊研究会編 一九九五『五〇년후의 증언―중국으로끌려간조선인 군위안부들』서울：한울

韓国挺身隊問題対策協議会・韓国挺身隊研究会編 一九九七『증언집―강제로끌려간조선인군위안부들2』서울：한울

韓国挺身隊研究所・韓国挺身隊問題対策協議会編 一九九九『증언집―강제로끌려간조선인군위안부들3』서울：한울

韓国挺身隊問題対策協議会二〇〇〇년 일본군성노예전범여성국제법정한국위원회증언팀編 二〇〇一『강제로 끌려간 조선인 군위안부들4―기억으로 다시 쓰는 역사』서울：풀빛

韓国挺身隊問題対策協議会二〇〇〇년 일본군성노예전범여성국제법정한국위원회・韓国挺身隊研究所編 二〇〇一『강제로 끌려간 조선인 군위안부들5』서울：풀빛

韓 祐熙 一九九〇「日帝植民統治下朝鮮人의教育熱에관한 研究―一九二〇年代公立普通学校를 중심으로」서울大学校教育史学会『教育史学研究』2・3、pp.121–135.

――― 一九九一「普通学校에대한抵抗과教育熱」서울大学校師範大学教育学科『教育理論』六-一、pp.53-76.
玄 敬美 一九九八『식민지여성교육사례연구――경성여자고등보통학교를 중심으로』서울大学校大学院碩士学位論文
洪 良姫 一九九七『日帝時期朝鮮의〝賢母良妻〟女性観의研究』漢陽大学校大学院碩士学位論文
古川宣子 一九九〇「日帝時代初等教育機関의就学状況――不就学児童의多数存在과普通学校生의増加」서울大学校教育史学会『教育史学研究』2・3、pp.136-174.
――― 一九九六『日帝時代普通学校体制의形成』서울大学校大学院博士学位論文

英語文献（ａｂｃ順）

Enloe, C. 1989. *Bananas, Beaches and Bases : Making Feminist Sense of International Politics*, University of California Press.
Stoler, Ann Laura. 1997. "Sexual Affronts and Racial Frontiers," In Frederick Cooper and Ann Laura Stoler, eds. *Tention of Empire : Colonial Cultures in a Bourgeois World*, 198-237, Berkeley : University of California Press.
Wolf, Diane L. 1990. "Daughters, Decisions and Domination : An Empirical and Conceptual Critique of Household Strategies," Development and Change, Vol. 21 : 43-74.
Yuval-Davis, Nira. Anthias, Floya. ed. 1990. *Woman-Nation-State*, Macrmillan.

〈付表 1〉 公立普通学校への 男女別「入学率」及び「完全不就学率」(1912～42年)

年度	朝鮮人総人口			推定6歳児人口			入学者数			入学率			完全不就学者		
	総人口	男子	女子	合計	男子	女子	合計	男子	女子	合計	男子	女子	合計	男子	女子
1912 年	14,566,783	7,585,674	6,981,109	378,736	197,228	181,509	16,762	14,998	1,764	4.4%	7.6%	1.0%	95.6%	92.4%	99.0%
1913 年	15,169,923	7,870,875	7,299,048	394,418	204,643	189,775	17,707	15,347	2,360	4.5%	7.5%	1.2%	95.5%	92.5%	98.8%
1914 年	15,620,720	8,086,554	7,534,166	406,139	210,250	195,888	19,622	17,094	2,528	4.8%	8.1%	1.3%	95.2%	91.9%	98.7%
1915 年	15,957,630	8,192,614	7,765,016	414,898	213,008	201,890	21,492	18,448	3,044	5.2%	8.7%	1.5%	94.8%	91.3%	98.5%
1916 年	16,309,179	8,387,343	7,921,836	424,039	218,071	205,968	24,954	21,301	3,653	5.9%	9.8%	1.8%	94.1%	90.2%	98.2%
1917 年	16,617,431	8,552,392	8,065,039	432,053	222,362	209,691	28,805	24,035	4,770	6.7%	10.8%	2.3%	93.3%	89.2%	97.7%
1918 年	16,697,017	8,589,661	8,107,356	434,122	223,331	210,791	29,841	24,723	5,118	6.9%	11.1%	2.4%	93.1%	88.9%	97.6%
1919 年	16,783,510	8,632,605	8,150,905	436,371	224,448	211,924	27,622	22,883	4,739	6.3%	10.2%	2.2%	93.7%	89.8%	97.8%
1920 年	16,916,078	8,701,988	8,214,090	439,818	226,252	213,566	40,135	33,570	6,565	9.1%	14.8%	3.1%	90.9%	85.2%	96.9%
1921 年	17,059,358	8,778,862	8,280,496	443,543	228,250	215,293	57,876	47,702	10,174	13.0%	20.9%	4.7%	87.0%	79.1%	95.3%
1922 年	17,208,139	8,855,524	8,352,615	447,412	230,244	217,168	79,542	65,246	14,296	17.8%	28.3%	6.6%	82.2%	71.7%	93.4%
1923 年	17,446,913	8,970,812	8,476,101	453,620	233,241	220,379	86,832	70,762	16,070	19.1%	30.3%	7.3%	80.9%	69.7%	92.7%
1924 年	17,619,540	9,045,641	8,573,899	458,108	235,187	222,921	81,677	66,266	15,411	17.8%	28.2%	6.9%	82.2%	71.8%	93.1%
1925 年	18,543,326	9,466,994	9,076,332	482,126	246,142	235,985	80,693	65,820	14,873	16.7%	26.7%	6.3%	83.3%	73.3%	93.7%
1926 年	18,615,033	9,509,323	9,105,710	483,991	247,242	236,748	85,634	70,185	15,449	17.7%	28.4%	6.5%	82.3%	71.6%	93.5%
1927 年	18,631,494	9,512,491	9,119,003	484,419	247,325	237,094	86,080	70,340	15,740	17.8%	28.4%	6.6%	82.2%	71.6%	93.4%
1928 年	18,667,334	9,521,317	9,146,017	485,351	247,554	237,796	92,096	74,192	17,904	19.0%	30.0%	7.5%	81.0%	70.0%	92.5%
1929 年	18,784,437	9,569,706	9,214,731	488,395	248,812	239,583	95,896	76,853	19,043	19.6%	30.9%	7.9%	80.4%	69.1%	92.1%
1930 年	19,685,587	10,003,042	9,682,545	511,825	260,079	251,746	101,216	81,407	19,809	19.8%	31.3%	7.9%	80.2%	68.7%	92.1%
1931 年	19,683,168	10,023,837	9,659,331	511,762	260,620	251,143	99,641	79,398	20,243	19.5%	30.5%	8.1%	80.5%	69.5%	91.9%
1932 年	20,037,273	10,183,362	9,853,911	520,969	264,767	256,202	103,228	80,572	22,656	19.8%	30.4%	8.8%	80.2%	69.6%	91.2%
1933 年	20,205,591	10,269,286	9,936,305	525,345	267,001	258,344	118,428	93,109	25,319	22.5%	34.9%	9.8%	77.5%	65.1%	90.2%
1934 年	20,513,804	10,416,040	10,097,764	533,359	270,817	262,542	138,150	107,569	30,581	25.9%	39.7%	11.6%	74.1%	60.3%	88.4%
1935 年	21,248,864	10,769,916	10,478,948	552,470	280,018	272,453	152,662	116,494	36,168	27.6%	41.6%	13.3%	72.4%	58.4%	86.7%
1936 年	21,373,572	10,842,097	10,531,475	555,713	281,895	273,818	164,751	122,496	42,255	29.6%	43.5%	15.4%	70.4%	56.5%	84.6%
1937 年	21,682,855	10,997,432	10,685,423	563,754	285,933	277,821	190,169	140,093	50,076	33.7%	49.0%	18.0%	66.3%	51.0%	82.0%
1938 年	21,950,616	11,128,074	10,822,542	570,716	289,330	281,386	236,811	172,736	64,075	41.5%	59.7%	22.8%	58.5%	40.3%	77.2%
1939 年	22,098,310	11,170,910	10,927,400	574,556	290,444	284,112	270,313	194,603	75,710	47.0%	67.0%	26.6%	53.0%	33.0%	73.4%
1940 年	22,954,563	11,572,035	11,382,528	596,819	300,873	295,946	293,531	203,545	89,986	49.2%	67.7%	30.4%	50.8%	32.3%	69.6%
1941 年	23,913,063	12,033,728	11,879,335	621,740	312,877	308,863	314,457	209,314	105,143	50.6%	66.9%	34.0%	49.4%	33.1%	66.0%
1942 年	25,525,409	12,805,543	12,719,866	663,661	332,944	330,717	332,056	219,684	112,372	50.0%	66.0%	34.0%	50.0%	34.0%	66.0%

(出典) 朝鮮人総人口は、朝鮮総督府『朝鮮総督府統計年報』1932年度版(1912～32年)、1942年度版(1933～42年)、入学者数は朝鮮総督府学務局『朝鮮諸学校一覧』1936 年度(1912～34年)、1943 年度(1935～42 年)の「第一学年生徒数」(五月末現在)より作成。

(注)「推定 6 歳人口」は、総人口 ×0.026(『昭和五年朝鮮国勢調査報告』朝鮮人総人口に対する 6 歳児人口比 0.026 による)で算出。

〈付表2〉 朝鮮人児童の官公私立普通学校への就学者数・就学率の推移（1912～42年）

年度	朝鮮人総人口	推定学齢人口	官立普通学校		公立普通学校		私立普通学校		「普通学校」			公普校生徒	
			機関数	生徒数	機関数	生徒数	機関数	生徒数	機関数計	生徒数計	就学率	就学率	比率
1912年	14,566,783	2,097,617	2	368	341	41,063	24		367	41,431	2.0%	2.0%	99.1%
1913年	15,169,923	2,184,469	2	385	366	47,066	20		388	47,451	2.2%	2.2%	99.2%
1914年	15,620,720	2,249,384	2	432	382	50,753	20	1,834	404	53,019	2.4%	2.3%	95.7%
1915年	15,957,630	2,297,899	2	467	410	58,757	17	1,436	429	60,660	2.6%	2.6%	96.9%
1916年	16,309,179	2,348,522	2	486	426	65,653	19	1,489	447	67,628	2.9%	2.8%	97.1%
1917年	16,617,431	2,392,910	2	476	435	73,157	24	2,055	461	75,688	3.2%	3.1%	96.7%
1918年	16,697,017	2,404,370	2	469	469	76,061	36	3,613	507	80,143	3.3%	3.2%	94.9%
1919年	16,783,510	2,416,825	2	419	535	76,918	33	3,295	570	80,632	3.3%	3.2%	95.4%
1920年	16,916,078	2,435,915	2	522	641	102,024	38	4,819	681	107,365	4.4%	4.2%	95.0%
1921年	17,059,358	2,456,548	3	748	755	152,305	36	6,308	794	159,361	6.5%	6.2%	95.6%
1922年	17,208,139	2,477,972	3	1,011	900	228,674	44	8,373	947	238,058	9.6%	9.2%	96.1%
1923年	17,446,913	2,512,355	3	1,072	1,040	293,318	56	11,643	1,099	306,033	12.2%	11.7%	95.8%
1924年	17,619,540	2,537,214	3	1,034	1,152	332,222	63	11,634	1,218	344,890	13.6%	13.1%	96.3%
1925年	18,543,326	2,670,239	2	808	1,242	365,741	78	17,102	1,322	383,651	14.4%	13.7%	95.3%
1926年	18,615,033	2,680,565	2	794	1,309	387,747	81	18,070	1,392	406,611	15.2%	14.5%	95.4%
1927年	18,631,494	2,682,935	2	760	1,395	400,037	81	19,460	1,478	420,257	15.7%	14.9%	95.2%
1928年	18,667,334	2,688,096	2	759	1,463	409,584	81	19,803	1,546	430,146	16.0%	15.2%	95.2%
1929年	18,784,437	2,704,959	2	759	1,620	420,608	78	19,966	1,700	441,333	16.3%	15.5%	95.3%
1930年	19,685,587	2,834,725	2	808	1,750	436,475	79	21,041	1,831	458,324	16.2%	15.4%	95.2%
1931年	19,710,168	2,838,264	2	789	1,860	445,813	80	21,827	1,942	468,429	16.5%	15.7%	95.2%
1932年	20,037,273	2,885,367	2	730	1,980	470,074	82	23,563	2,064	494,367	17.1%	16.3%	95.1%
1933年	20,205,591	2,909,605	2	690	2,020	535,547	83	26,645	2,105	562,882	19.3%	18.4%	95.1%
1934年	20,513,804	2,953,988	2	675	2,133	607,694	86	29,866	2,221	638,235	21.6%	20.6%	95.2%
1935年	21,248,864	3,059,836	2	660	2,274	685,162	87	33,020	2,363	718,842	23.5%	22.4%	95.3%
1936年	21,373,572	3,077,794	2	659	2,417	765,706	85	35,087	2,504	801,452	26.0%	24.9%	95.5%
1937年	21,682,855	3,122,331	6	2,448	2,503	857,384	92	39,793	2,601	899,625	28.8%	27.5%	95.3%
1938年	21,950,616	3,160,889	8	3,044	2,599	1,000,089	100	45,000	2,707	1,048,133	33.2%	31.6%	95.4%
1939年	22,098,310	3,182,157	9	3,862	2,727	1,157,361	117	51,754	2,853	1,212,977	38.1%	36.4%	95.4%
1940年	22,954,563	3,305,457	10	4,262	2,851	1,320,950	134	57,878	2,995	1,383,090	41.8%	40.0%	95.5%
1941年	23,913,063	3,443,481	11	4,624	2,973	1,500,164	145	63,548	3,129	1,568,336	45.5%	43.6%	95.7%
1942年	25,525,409	3,675,659	12	5,259	3,110	1,701,187	141	63,454	3,263	1,769,900	48.2%	46.3%	96.1%

（出典）〈付表1〉に同じ。

（注） 1．推定学齢人口は、朝鮮人総人口×0.144（[呉成哲 2000a：132] による）で算出。

2．「普通学校」は、官立、公立、私立普通学校の合計である。

3．公普校生徒の比率は、「普通学校」に占める公立普通学校の生徒比率である。

〈付表3〉　植民地期の各初等教育機関（普通学校・簡易学校・私立学校・書堂）の就学者数の推移（1912〜42年）

年度	朝鮮人総人口	推定学齢人口	「普通学校」		簡易学校		私立各種学校		書堂	
			機関数計	就学者数	機関数計	就学者数	機関数計	就学者数	機関数計	就学者数
1912年	14,566,783	2,097,617	367	41,431			1,323	55,313	18,238	169,077
1913年	15,169,923	2,184,469	388	47,451			1,285	57,514	20,268	195,689
1914年	15,620,720	2,249,384	404	53,019			1,214	53,875	21,358	204,161
1915年	15,957,630	2,297,899	429	60,660			1,090	51,724	23,441	229,550
1916年	16,309,179	2,348,522	447	67,628			973	48,643	25,486	259,531
1917年	16,617,431	2,392,910	461	75,688			827	43,643	24,294	264,835
1918年	16,697,017	2,404,370	507	80,143			780	35,197	23,369	260,975
1919年	16,783,510	2,416,825	570	80,632			698	34,975	24,030	275,920
1920年	16,916,078	2,435,915	681	107,365			661	51,008	25,482	292,625
1921年	17,059,358	2,456,548	794	159,361			625	57,074	24,193	298,067
1922年	17,208,139	2,477,972	947	238,058			653	71,157	21,057	280,862
1923年	17,446,913	2,512,355	1,099	306,033			637	68,443	19,613	256,851
1924年	17,619,540	2,537,214	1,218	344,890			628	68,520	18,510	231,754
1925年	18,543,326	2,670,239	1,322	383,651			583	55,622	16,873	208,310
1926年	18,615,033	2,680,565	1,392	406,611			573	49,795	16,089	196,838
1927年	18,631,494	2,682,935	1,478	420,257			560	46,248	15,069	189,260
1928年	18,667,334	2,688,096	1,546	430,146			533	46,010	14,957	191,672
1929年	18,784,437	2,704,959	1,700	441,333			508	46,396	11,469	162,247
1930年	19,685,587	2,834,725	1,831	458,324			489	45,977	10,036	150,892
1931年	19,710,168	2,838,264	1,942	468,429			461	44,307	9,208	146,901
1932年	20,037,273	2,885,367	2,064	494,367			446	46,122	8,630	142,668
1933年	20,205,591	2,909,605	2,105	562,882			413	49,591	7,529	148,105
1934年	20,513,804	2,953,988	2,221	638,235	384	17,669	388	54,743	6,843	153,684
1935年	21,248,864	3,059,836	2,363	718,842	579	35,696	367	60,710	6,209	161,774
1936年	21,373,572	3,077,794	2,504	801,452	746	48,204	349	65,314	5,944	169,999
1937年	21,682,855	3,122,331	2,601	899,625	927	60,077	347	70,279	5,681	172,786
1938年	21,950,616	3,160,889	2,707	1,048,133	1,145	76,192	318	68,441	5,293	172,456
1939年	22,098,310	3,182,157	2,853	1,212,977	1,327	86,979	292	65,025	4,686	164,507
1940年	22,954,563	3,305,457	2,995	1,383,090	1,488	99,108	257	58,544	4,105	158,320
1941年	23,913,063	3,443,481	3,129	1,568,336	1,618	110,869	236	57,428	3,504	150,184
1942年	25,525,409	3,675,659	3,263	1,769,900	1,680	117,211	216	54,323	3,052	153,784

（出典）〈付表1〉に同じ

（注）1．推定学齢人口は、〈付表2〉に同じ。

2．「普通学校」は、〈付表2〉に同じ。

3．私立各種学校は、1912〜32年度までは『朝鮮総督府統計年報』1926年度版（1912〜26年）／1933年度版（1927〜32年）より作成。ただし、1933年度版から「中等程度」と「初等程度」の分類が単年度の記載で始まったので、「初等程度」のみを同『統計年報』の各年度版を参照に記した。1932年度以前は両者の分類がなされていないのでそのまま記載した。

〈付表4〉 植民地期の各初等教育機関（普通学校・簡易学校・私立学校・書堂）の男女別就学者数の推移（1912〜42年）

年度	朝鮮人総人口		推定学齢人口		「普通学校」				簡易学校		私立各種学校		書堂		三機関就学者総数		
	男子	女子	男子	女子	男子数	男子就学率	女子数	女子就学率	男子数	女子数	男子数	女子数	男子数	女子数	男子数	女子数	同右男女比
1912年	7,585,674	6,981,109	1,092,337	1,005,280	38,190	3.5%	3,241	0.3%			48,863	6,450	168,728	349	255,781	10,040	25.5
1913年	7,870,875	7,299,048	1,133,406	1,051,063	43,692	3.9%	3,759	0.4%			50,411	7,103	195,298	391	289,401	11,253	25.7
1914年	8,086,554	7,534,166	1,164,464	1,084,920	48,590	4.2%	4,489	0.4%			46,272	7,603	203,864	297	298,726	12,389	24.1
1915年	8,192,614	7,765,016	1,179,736	1,118,162	55,027	4.7%	5,663	0.5%			43,556	8,168	229,028	522	327,611	14,353	22.8
1916年	8,387,343	7,921,836	1,207,777	1,140,744	61,161	5.1%	6,467	0.6%			40,362	8,281	258,614	917	360,137	15,665	23.0
1917年	8,552,392	8,065,039	1,231,544	1,161,366	67,670	5.5%	8,018	0.7%			36,538	7,105	264,023	812	368,231	15,935	23.1
1918年	8,589,661	8,107,356	1,236,911	1,167,459	70,744	5.7%	9,399	0.8%			28,950	6,247	260,146	829	359,840	16,475	21.8
1919年	8,632,605	8,150,905	1,243,095	1,173,730	71,316	5.7%	9,316	0.8%			28,798	6,177	275,261	659	375,375	16,152	23.2
1920年	8,701,988	8,214,090	1,253,086	1,182,829	94,939	7.6%	12,426	1.1%			40,756	10,252	290,983	1,642	426,678	24,320	17.5
1921年	8,778,862	8,280,496	1,264,156	1,192,391	139,911	11.1%	19,450	1.6%			47,430	9,644	295,280	2,787	482,621	31,881	15.1
1922年	8,855,524	8,352,615	1,275,195	1,202,777	204,302	16.0%	33,456	2.8%			60,060	11,097	275,952	4,910	540,314	49,463	10.9
1923年	8,970,812	8,476,101	1,291,797	1,220,559	264,097	20.4%	41,936	3.4%			54,575	13,964	251,063	5,788	569,735	61,688	9.2
1924年	9,045,641	8,573,899	1,302,572	1,234,641	295,447	22.7%	49,443	4.0%			55,741	12,775	226,430	5,324	577,618	67,542	8.6
1925年	9,466,994	9,076,332	1,363,247	1,306,992	325,624	23.9%	58,027	4.4%			44,836	10,786	203,580	4,730	574,040	73,543	7.8
1926年	9,509,323	9,105,710	1,369,343	1,311,222	343,982	25.1%	62,709	4.8%			39,518	10,277	192,241	4,597	575,741	77,583	7.4
1927年	9,512,491	9,119,003	1,369,799	1,313,136	354,133	25.9%	66,124	5.0%			44,744	12,117	184,541	4,719	583,418	82,960	7.0
1928年	9,521,317	9,146,017	1,371,070	1,317,026	360,339	26.3%	69,807	5.3%			42,315	11,803	186,195	5,477	588,849	87,087	6.8
1929年	9,569,706	9,214,731	1,378,038	1,326,921	368,076	26.7%	73,257	5.5%			41,775	14,321	157,066	5,181	566,917	92,759	6.1
1930年	10,003,042	9,682,545	1,440,438	1,394,286	378,663	26.3%	79,661	5.7%			40,690	13,953	144,913	5,979	564,266	99,593	5.7
1931年	10,023,837	9,659,331	1,443,433	1,390,944	383,565	26.6%	84,864	6.1%			42,039	14,250	140,034	6,867	565,638	105,981	5.3
1932年	10,183,362	9,853,911	1,466,404	1,418,963	401,034	27.3%	93,333	6.6%			40,256	14,942	134,639	8,029	575,929	116,304	5.0
1933年	10,269,286	9,936,305	1,478,777	1,430,828	453,355	30.7%	109,527	7.7%			42,614	14,660	137,283	10,822	633,252	135,009	4.7
1934年	10,416,040	10,097,764	1,499,910	1,454,078	511,259	34.1%	126,976	8.7%	16,393	1,276	39,482	15,261	139,381	14,303	690,122	156,540	4.4
1935年	10,769,916	10,478,948	1,550,868	1,508,969	569,752	36.7%	149,090	9.9%	31,980	3,716	43,841	16,869	142,468	19,306	756,061	185,265	4.1
1936年	10,842,097	10,531,475	1,561,262	1,516,532	626,714	40.1%	174,738	11.5%	41,502	6,702	46,947	18,367	147,558	22,441	821,219	215,546	3.8
1937年	10,997,432	10,685,423	1,583,630	1,538,701	692,828	43.7%	206,797	13.4%	49,472	10,605	48,926	21,353	145,365	27,421	887,119	255,571	3.5
1938年	11,128,074	10,822,542	1,602,443	1,558,446	795,685	49.7%	252,448	16.2%	59,692	16,500	47,159	21,282	142,055	30,401	984,899	304,131	3.2
1939年	11,170,910	10,927,400	1,608,611	1,573,546	907,203	56.4%	305,774	19.4%	66,582	20,397	43,068	21,957	129,967	34,540	1,080,238	362,271	3.0
1940年	11,572,035	11,382,528	1,666,373	1,639,084	1,016,257	61.0%	366,833	22.4%	70,625	28,483	36,657	21,887	121,837	36,483	1,174,751	425,203	2.8
1941年	12,033,728	11,879,335	1,732,857	1,710,624	1,114,729	64.3%	453,607	26.5%	75,800	35,069	34,475	22,953	111,240	38,944	1,260,444	515,504	2.4
1942年	12,805,543	12,719,866	1,843,998	1,831,661	1,238,361	67.2%	531,539	29.0%	77,607	39,604	31,207	23,116	106,033	47,751	1,375,601	602,406	2.3

（出典）〈付表1〉に同じ。

（注）1．推定学齢人口の男女統計は、『朝鮮総督府統計年報』男女別人口×0.144（[呉成哲 2000a：132] による）で算出。

2．「普通学校」は、〈付表2〉に同じ。

3．私立各種学校の男女別統計は、〈付表3〉（注）3に同じ。「中等程度」と「初等程度」の分類についても同様。

〈付表5〉 公立普通学校教員の民族別／男女別内訳（1912～43年）

年度	学校数	学級					教員					教員比率				教員内容別			
								日本人		朝鮮人		日本人		朝鮮人		朝鮮人教員		女性教員	
		学級数	学級数	混合学級数	女子学級数	女子学級比率	教員計	男性	女性	男性	女性	男性	女性	男性	女性	人数	比率	人数	比率
1912年	328	1,034		－			1,391	343	19	1,011	18	24.7%	1.4%	72.7%	1.3%	1,029	74.0%	37	2.7%
1913年	351	1,208		－			1,589	385	33	1,144	27	24.2%	2.1%	72.0%	1.7%	1,171	73.7%	60	3.8%
1914年	381	1,333		－			1,761	450	34	1,233	44	25.6%	1.9%	70.0%	2.5%	1,277	72.5%	78	4.4%
1915年	397	1,403		－			1,843	492	38	1,267	46	26.7%	2.1%	68.7%	2.5%	1,313	71.2%	84	4.6%
1916年	416	1,555		－			1,999	543	40	1,345	71	27.2%	2.0%	67.3%	3.6%	1,416	70.8%	111	5.6%
1917年	441	1,708		－			2,166	587	44	1,423	112	27.1%	2.0%	65.7%	5.2%	1,535	70.9%	156	7.2%
1918年	462	1,832	1,657	－	175	9.6%	2,266	625	55	1,447	139	27.6%	2.4%	63.9%	6.1%	1,586	70.0%	194	8.6%
1919年	482	1,878	1,699	－	179	9.5%	2,339	605	75	1,524	135	25.9%	3.2%	65.2%	5.8%	1,659	70.9%	210	9.0%
1920年	559	2,255	2,030	－	225	10.0%	2,707	748	109	1,685	165	27.6%	4.0%	62.2%	6.1%	1,850	68.3%	274	10.1%
1921年	675	2,926	2,610	－	316	10.8%	3,493	848	167	2,276	202	24.3%	4.8%	65.2%	5.8%	2,478	70.9%	369	10.6%
1922年	808	3,887					4,301	1,005	228	2,822	246	23.4%	5.3%	65.6%	5.7%	3,068	71.3%	474	11.0%
1923年	956	4,786					5,425	1,276	282	3,521	346	23.5%	5.2%	64.9%	6.4%	3,867	71.3%	628	11.6%
1924年	1,807	6,146					6,475	1,530	360	4,141	444	23.6%	5.6%	64.0%	6.9%	4,585	70.8%	804	12.4%
1925年	1,187	6,900					7,199	1,630	392	4,665	512	22.6%	5.4%	64.8%	7.1%	5,177	71.9%	904	12.6%
1926年	1,258	7,398					7,711	1,738	402	5,023	548	22.5%	5.2%	65.1%	7.1%	5,571	72.2%	950	12.3%
1927年	1,377	7,718					8,076	1,869	390	5,252	565	23.1%	4.8%	65.0%	7.0%	5,817	72.0%	955	11.8%
1928年	1,423	7,804					8,350	2,006	366	5,416	562	24.0%	4.4%	64.9%	6.7%	5,978	71.6%	928	11.1%
1929年	1,500	8,029					8,531	2,010	342	5,602	577	23.6%	4.0%	65.7%	6.8%	6,179	72.4%	919	10.8%
1930年	1,639	8,338					8,766	2,149	329	5,743	545	24.5%	3.8%	65.5%	6.2%	6,288	71.7%	874	10.0%
1931年	1,774	8,618					9,099	2,275	310	5,874	640	25.0%	3.4%	64.6%	7.0%	6,514	71.6%	950	10.4%
1932年	1,891	8,887					9,348	2,364	307	6,010	667	25.3%	3.3%	64.3%	7.1%	6,677	71.4%	974	10.4%
1933年	2,015	9,207					9,689	2,520	319	6,083	767	26.0%	3.3%	62.8%	7.9%	6,850	70.7%	1,086	11.2%
1934年	2,128	9,480	2,016	6,668	796	8.4%	10,180	2,803	331	6,138	908	27.5%	3.3%	60.3%	8.9%	7,046	69.2%	1,239	12.2%
1935年	2,269	10,143	2,183	7,095	865	8.5%	10,726	3,110	358	6,269	989	29.0%	3.3%	58.4%	9.2%	7,258	67.7%	1,347	12.6%
1936年	2,411	10,814	2,306	7,612	896	8.3%	11,396	3,512	380	6,475	1,029	30.8%	3.3%	56.8%	9.0%	7,504	65.8%	1,409	12.4%
1937年	2,553	11,912	2,345	8,585	982	8.2%	12,525	4,034	460	6,762	1,269	32.2%	3.7%	54.0%	10.1%	8,031	64.1%	1,729	13.8%
1938年	2,599	13,625	2,833	8,721	2,071	15.2%	14,265	5,203	537	7,171	1,354	36.5%	3.8%	50.3%	9.5%	8,525	59.8%	1,891	13.3%
1939年	2,727	15,791	3,747	10,549	1,495	9.5%	16,159	6,430	741	7,467	1,521	39.8%	4.6%	46.2%	9.4%	8,988	55.6%	2,262	14.0%
1940年	2,851	18,039	4,062	12,105	1,872	10.4%	18,001	7,395	1,205	7,386	2,015	41.1%	6.7%	41.0%	11.2%	9,401	52.2%	3,220	17.9%
1941年	2,973	20,550	4,878	13,350	2,322	11.3%	20,567	7,623	1,972	8,439	2,533	37.1%	9.6%	41.0%	12.3%	10,972	53.3%	4,505	21.9%
1942年	3,110	23,258	5,172	15,670	2,416	10.4%	23,020	7,089	2,665	10,321	2,945	30.8%	11.6%	44.8%	12.8%	13,266	57.6%	5,610	24.4%
1943年	3,717	26,014	6,437	16,337	3,240	12.5%	26,060	6,509	2,907	13,517	3,127	25.0%	11.2%	51.9%	12.0%	16,644	63.9%	6,034	23.2%

（出典） 朝鮮総督府学務局『朝鮮諸学校一覧』1931年度版（1912～31年）、1942年度版（1932～42年）、1943年度版（1943年）より作成。

（注） 1．女子学級統計は、『朝鮮諸学校一覧』1922年度版（1918～21年）、1943年度版（1934～43年）より、空白は統計資料の不在を示す。

2．1942年度版『朝鮮諸学校一覧』によれば、1933年度朝鮮人女性教員数は「1086人」と記載されているが、前後の年度に比して不自然に多い人数であることと、1936年度版『朝鮮諸学校一覧』では民族別人数の記載はないものの、女性教員総数（日本人・朝鮮人計）が「1086人」とあることから、「767人」と訂正した。朝鮮人男性教員数も原文では「8603人」だが、同様に「6083人」に訂正した。

あとがき

本書は、お茶の水女子大学大学院博士学位論文「植民地期朝鮮における普通学校への就学・不就学とジェンダー——民族・階級との関連を中心に——」（二〇〇二年九月学術博士学位取得）に加筆、訂正したものである。また、次の発表論文は、各章の一部を構成している。

第2章　「一九一〇〜一九二〇年代植民地期朝鮮における初等教育機関への就学——民族・階級・ジェンダー諸要因分析を中心に」（お茶の水女子大学大学院人間文化研究科『人間文化論叢』2、二〇〇〇年）

第4章　「植民地期朝鮮における普通学校『就学』とジェンダー規範の変容——一九二〇年代の女子教育論と『賢母良妻』という規範の構築をめぐって——」（『青丘学術論集』第二二集、二〇〇三年）

第5章　「植民地期朝鮮における普通学校「不就学」とジェンダー——民族・階級との関連を中心に——」（『歴史学研究』七六四号、二〇〇二年。歴史学研究会編『性と権力関係の歴史』青木書店、二〇〇四年に再収録）

本書が刊行されるまで、実に多くの方々にお世話になった。振り返れば、社会活動に明け暮れてきた三〇代・子持ちであったわたしが、研究者になる当てもないまま一九九二年にお茶の水女子大学女性文化研究センター（現・ジェンダー研究センター）の研究生になったことが始まりだった。

この研究生時代からお茶の水女子大学大学院博士後期課程大学院生を経てCOE研究員となった現在にいたるまで、指導教官であった舘かおる先生（同大現ジェンダー研究センター教授）からいただいた学恩は言葉に尽くせない。時には厳しく叱咤され時には暖かく励まされながら、論文を書く際の貴重なヒントや発表のチャンスをいただいた。先生の一言で発想の転換をはかれたこともたびたびであった。本書の出版も舘先生のご紹介による。何よりもジェンダー研究に目を開いてくれたのは、すべて舘先生のおかげである。

博士後期課程で指導教官をしていただいた駒込武先生には、京都大学に移られてからも植民地教育史研究の先達として機会あるたびに視野を広げるアドバイスをくださった。駒込先生が審査員をつとめる学術誌に投稿した論文を落とされたことがあるが、なぜ落としたのかをわざわざ説明しに来てくださったことも博士論文を書く発憤材料となった。本書出版に際してもご多忙ななか時間を割いて初稿を丁寧に読んでくださり、有益なご助言をたまわった。まことに感激の至りである。本書が学恩に報いるものとなれば幸いである。

舘先生、駒込先生とともに博士学士請求論文の審査をしてくださった米田俊彦先生、伊藤るり先生、戒能民江先生にもひとかたならぬお世話になった。米田先生による日本教育史研究からのご指導なくしては、本研究のオリジナリティーともいうべき「入学率」「完全不就学率」算出にたどり着けなかったように思う。伊藤先生にはジェンダー研究における理論の大切さに関し貴重な助言や援助をいただき、戒能先生にはいつも暖かい励ましの言葉をいただいた。厚く御礼申し上げる。

馬渕貞利先生は、東京学芸大学大学院修士時代の恩師である。もともと博士学位論文は、修士論文「植民地期朝鮮における女子教育―一九三〇年代の初等教育を中心として」をジェンダー史として全面的に書き直したものである。修士論文作成のときには、馬渕先生が在外研究中であったにもかかわらず、初稿がまっ赤になるほどの丁寧なアドバイスを送ってくださった。厚く感謝の意を表したい。

そして、この修士論文のもとをたどれば、吉見義明・林博史編著『共同研究　日本軍慰安婦』（大月書店、一九九五年）に書いた拙稿にいきあたる。吉見・林両先生をはじめとする日本の戦争責任資料センター「慰安婦」部会のメンバーに感謝を申し上げる。

同じ在日朝鮮人二世として、女性研究者として、朝鮮近代女性史あるいはジェンダー研究者として、険しい道のりを先駆者として切り開いてきた宋連玉先生（青山学院大学教授）の名前を忘れるわけにはいかない。宋先生が目の前を歩いていたからこそ、安心して歩くことができた。歴史研究にかぎらず、さまざまな事象をみる際の宋先生の視点や発想の深さには、つねにハッとさせられた。公私ともにお世話になり、感謝の言葉もみつからない。

また、趙景達先生や金栄さんをはじめとする在日朝鮮人研究者の方々から貴重なアドバイスをいただいた。研究生時代に、金栄さんとともに聞き取りをして執筆した「第二次世界大戦（解放）直後の在日朝鮮人女性運動」で在日朝鮮人女性一世の識字率の低さに改めて気がついたことが本研究の原点となった。

故小沢有作先生、山田昭次先生からそれぞれいただいた貴重な資料や研究からも多くの示唆をうけた。感謝いたします。

その他にも、多くの方々に支えられたと思う。いちいち名前は記さないが、舘ゼミ・駒込ゼミ・伊藤ゼミ（お茶の水女子大学）、馬渕ゼミ（東京学芸大学）、宮田節子先生のゼミ（早稲田大学）、そして駒込先生に紹介されて参加した大学院横断的な植民地勉強会、在日朝鮮人運動史研究会、上甲米太郎の日記を読む会などのメンバーそれぞれからも、さまざまな刺激や励ましをうけた。お礼を申し上げる。

また、一九九〇年代以降に「慰安婦」問題をめぐる活動をともに担った従軍慰安婦問題ウリヨソンネットワーク、在日の「慰安婦」裁判を支える会、VAWW-NETジャパン、そして韓国挺身隊問題対策協議会、韓国挺身隊研究所のみなさんにも、ありがとうと言いたい。何気ない会話から問題意識を広げることができたばかりでなく、たくさんの元気をもらったからである。学位取得を喜んでくれた故松井やよりさんをはじめ故高嶋たつ江さん、西野瑠美子さん、そして梁霊芝さん、朱秀子さんには、格別の謝意を表したい。

そして何よりも、本書が植民地期に生きた朝鮮人、朝鮮半島から渡ってきた在日朝鮮人一世世代、そして「慰安婦」制度被害者の方々との出会いに触発されて生まれたことを記さないわけにいかない。

一九七七年夏に初めて韓国を訪れ慶尚南道南海郡（島）にある父の実家に行ったときのことである。日本から来たのが珍しいのか、隣近所からたくさんの人々が集まってきた。そのなかのあるハルモニが韓国語の不明なわたしに向かって、流ちょうな日本語で話しかけながら歴代天皇の名前を古代からすべて諳んじてみせてくれたことがある。それが皇民化教育の威力であることを後に知ることになった。その一方で、わたしの周囲の一世世代の朝鮮人女性たちのほとんどは、文字が読めなかった。それがどれほど大変なことかを知ったのは、この韓国旅行の帰りに寄った大阪でコモ（＝叔母）といっしょに電車に乗ったときのことだった。文字が読めないコモは、駅の看板が読めない。行き先を間違わないようにと、コモは駅の名前を告げるアナウンスや駅の風景の違いに気をくばりながら、降車駅の順番を指折り数えて反復していた。コモの住む大都会、その至るところに文字は氾濫している。しかし、文字が読めなければ、文字は意味のない暗号でしかない。そのことにはじめて思い至った。（陽気なコモは、最近になって識字学校で日本の文字をならい、カラオケの字が読めるようになって歌のレパートリーが増えたと喜んでいる。）

わたしの父母とて大同小異である。亡くなったアボジ（＝父、一九二四年生）は六兄弟姉妹の三男坊であったにもかかわらず、長兄・次兄などをさしおいて、祖母の判断でなぜか唯一人普通学校に通学したという。父が祖母から渡された、飼っていた犬を売ってつくったという、なけなしの授業料「五〇銭」を学校の机に入れておいたら、それが無くなってしまい（盗まれたのか、落としたのか）、泣きながら学校から帰ってきたという思い出話を話してくれたことがある。また、比較的裕福な家庭に生まれたオモニ（＝母、戸籍上は一九二八年生、実際は一九二七年生）は、ほかの弟妹がすべて学校に入学したにもかかわらず、下の弟妹の世話と家事手伝いのために夜学（＝私設学術講習会）にしか通わせてもらえず、長女ゆえに就学できなかったことをずっと恨みに思っていたという。戦時中であったので、夜学では朝鮮人の先生は日本語ばかりを教えハングルは全然教えてくれなかった。一九四五年八・一五解放をアボジは日本で、オモニは故郷で迎えた。解放された朝鮮では堰をきったようにハングル教育熱が盛り上がったが、オモニがハングルの読み書きができるのはその時に習ったおかげである。結婚後に故郷に帰れなくなったアボジを追って日本に渡ってきたオモニは、日本の学校に通うわたしや弟の使い古しの小学校「国語」（＝日本語）教科書を手本に夜な夜な日本語の勉強をしていた。娘の大学進学に反対する父を母が体をはって説得してくれたのは、こうした母の体験ゆえであろう。わたしの胸のなかには、疲れた体で机に向かって綴り方の勉強をしていた母の姿や、亡き父から聞いた授業料「五〇銭」にまつわる記憶がいまも生々しく残っている。こうしたことが植民地教育について考える原体験となったように思う。

一九九〇年代に入ってからは、たくさんの朝鮮人元「慰安婦」制度被害者の方々との出会いがあった。また、インタビューのために韓国・金海市の老人ホームを訪れたことがある。在日朝鮮人一世の女性の何人かにもインタビューする機会があった。ここでは多くを記さないが、植民地期に生を受けた朝鮮人女性たちの大部分に共通しているのは、やはり、まともに初等教育を受けた経験がないことであった。そして多くの場合、そのことを悔しいと思っていたことである。

その一方で、「慰安婦」問題浮上の端緒をつくった尹貞玉先生（韓国挺身隊問題対策協議会元共同代表、元梨花女子大学教授）のように、植民地期にあっても梨花女子専門学校まで進学したという最高レベルの教育を受けた女性の存在も見逃せない（挺身隊動員のための書面押印を拒否して自主退学）。インタビューの際の尹貞玉先生の細部に関する鮮やかな記憶力に、舌を巻いたことがたびたびであった。

こうしたさまざまな出会いと見聞が心身に刻まれていったことが、本研究のテーマ選択や執筆の直接の動機となったように思う。心からの感謝とともに、本書を捧げたいと思う。

なお、博士論文作成にあたっては一九九九年度トヨタ財団研究A（個人研究助成金）、および二〇〇〇年度韓国文化研究振興財団（個人研究助成金）、また本書出版にあたっては二〇〇四年度韓国文化研究振興財団出版助成金を得ることができた。年齢的に若くはない“若手”研究者である筆者にとって、助成金は励みとなった。記して感謝したい。

本書の出版を引き受けてくれただけでなく、専門書を少しでも読みやすくするさまざまな工夫を提案してくれたうえに、遅々として進まない原稿提出や校正作業を叱咤激励しながらも辛抱強くつきあってくれた世織書房の伊藤晶宣さんに感謝申し上げる。本書の出版まで丸々二年もかかってしまったのは、わたしの怠慢ゆえである。

最後に、何ごとにも不器用なわたしを傍らで支えてくれた夫と二人の息子、異国の地日本で必死に育ててくれた母、そして亡き父に心からの謝意を捧げて本書の締めくくりとしたい。

二〇〇五年三月

金　富子

著者紹介

金　富子（キム・プジャ）

青森県生まれの在日朝鮮人２世。

北海道大学文学部卒業。東京学芸大学大学院修士課程修了。お茶の水女子大学大学院博士後期課程修了、同大学院にて学術博士号（gender history）取得。

現在、青山学院大学ほか非常勤講師・お茶の水女子大学COE研究員。

主な共著に『性と権力関係の歴史』（青木書店）、『裁かれた戦時性暴力』（白澤社）、『東アジアで生きよう！　経済構想・共生社会・歴史認識』（岩波書店）、『継続する植民地主義』（青弓社）などがある。

植民地期朝鮮の教育とジェンダー

——就学・不就学をめぐる権力関係

2005年５月10日　第１刷発行©

著　者	金　富子
カバー写真提供	上甲伊利一
発行者	伊藤晶宣
発行所	㈱世織書房
印刷・製本所	㈱シナノ

〒224-0042　神奈川県横浜市西区戸部町７丁目240　文教堂ビル

電話045(317)3176　振替00250-2-18694

落丁本・乱丁本はお取替いたします　Printed in Japan

ISBN4-902163-16-0

人名索引

ナ行

ハ行

マ行

ヤ行

ワ行

事項索引

図表一覧

第３章

第４章

第５章